W0268320

Informatik-Fachberichte

Herausgegeben von W. Brauer
im Auftrag der Gesellschaft für Informatik (GI)

20

Angewandte Szenenanalyse

DAGM Symposium, Karlsruhe
10. – 12. Oktober 1979

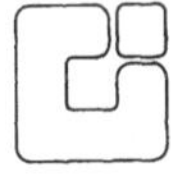

Herausgegeben von J. P. Foith

Springer-Verlag
Berlin Heidelberg New York 1979

Herausgeber
Dr. Jörgen P. Foith
Fraunhofer-Institut
für Informations- und Datenverarbeitung (IITB)
Sebastian-Kneipp-Str. 12-14
7500 Karlsruhe

AMS Subject Classifications (1970): 68−00, 68−02
CR Subject Classifications (1974): 3.63

ISBN-13: 978-3-642-67446-4   e-ISBN-13: 978-3-642-67445-7
DOI: 10.1007/978-3-642-67445-7

Vorwort

Es ist Aufgabe der Szenenanalyse, Beschreibungen über Art, Anzahl, Lage und Zustand
der in der Szene enthaltenen Objekte zu liefern. Derartige Beschreibungen werden für
eine Vielzahl von Anwendungen benötigt. Methodisch kommen Verfahren der Bildverarbeitung und Mustererkennung zum Tragen. Die Vielzahl der Aspekte macht regelmäßige
Fachgespräche der auf diesen Gebieten tätigen Wissenschaftler erforderlich. Die
DAGM wollte durch diese Symposium-Reihe ein Forum für einen solchen Gedankenaus-
tausch bieten. Wie sehr eine derartige Veranstaltung gewünscht wurde, zeigt sich an
der regen Teilnahme beim 1. Symposium in Oberpfaffenhofen im Herbst 1978. Die rege
Beteiligung hält auch bei der zweiten Veranstaltung an und wird sicherlich zu einer
Vertiefung des Gedankenaustausches führen.

Das Symposium wird von der Deutschen Arbeitsgemeinschaft für Mustererkennung (DAGM)
organisiert und vom Fraunhofer-Institut für Informations- und Datenverarbeitung
(früher IITB) ausgerichtet. Die DAGM ist ein Dachverband folgender wissenschaft-
licher Gesellschaften:

      Deutsche Gesellschaft für angewandte Optik (DGaO)

      Deutsche Gesellschaft für Nuklearmedizin (DGNM)

      Deutsche Gesellschaft für Ortung und Navigation (DGON)

      Deutsche Gesellschaft für Medizinische Dokumentation,
          Information und Statistik (GMDS)

      Deutsche Gesellschaft für Angewandte Datenverarbeitung
          und Automation in der Medizin (GADAM)

      Gesellschaft für Informatik (GI)

      Nachrichtentechnische Gesellschaft (NTG).

Die DAGM fördert den Erfahrungsaustausch auf dem Gebiet der Mustererkennung und ist
Mitglied der International Association for Pattern Recognition (IAPR).

Für die Arbeit im Programm-Ausschuß bedanke ich mich herzlich bei:
Prof. Diehl, Düsseldorf; Prof. Fercher, Essen; Prof. Kazmierczak, Karlsruhe, Dr. Laue,
Köln; Prof. Niemann, Erlangen; Dr. Pöppl, München; Dr. Pretschner, Hannover.

Den Mitarbeitern des Fraunhofer-Instituts für Informations- und Datenverarbeitung
danke ich für die tatkräftige Mitarbeit bei der Organisation - insbesondere meinem
Kollegen H. Geißelmann für die Unterstützung bei der Zusammenstellung des Tagungs-
bandes. Nicht zuletzt bedanke ich mich bei den Autoren für die gute Kooperation.

Es bleibt zu wünschen, daß diese Veranstaltung für alle Beteiligten zu einem
interessanten Erlebnis wird.

                         Jörgen. P. Foith

INHALTSVERZEICHNIS

SEGMENTATION

ANWENDUNGEN I

ANWENDUNGEN II

AUTORENVERZEICHNIS

Abele, L.   Institut für Nachrichtentechnik, Technische Universität
                          Arcisstr. 21, 8000 München

Ahmayr, W.   Gesellschaft für Strahlen- und Umweltforschung mbH.
                          Ingolstädter Landstr. 1, 8042 Neuherberg

Aus, H.M.   Institut für Virologie und Immunbiologie, Universität
                          Versbacher Landstr. 7, 8700 Würzburg

Bartsch, B.   Institut für Informatik (Mustererkennung), Universität
                          Martensstr. 3, 8520 Erlangen

Bausch, U.   Forschungsinstitut für Informationsverarbeitung und
                          Mustererkennung, Forschungsgesellschaft für angewandte
                          Naturwissenschaften, Breslauerstr. 48, 7500 Karlsruhe

Bernroider, G.   Zoologisches Institut der Universität
                          Akademiestr. 26, A-5020 Salzburg (Austria)

Bertelsmeier, R.   Unternehmensberatung Rubow Weber, Dieckmühlenweg 2,
                          2000 Hamburg 62

Blanz, W.E.   Institut für Phys. Elektronik, Böblingerstr. 70/72,
                          7000 Stuttgart 1

Borst, H.   Gesellschaft für Strahlen- und Umweltforschung mbH
                          Ingolstadter Landstr. 1, 8042 Neuherberg

Brandt, A.v.   Lehrstuhl für Nachrichtentechnik, Technische Universität
                          Arcisstr. 21, 8000 München

Burger, G.   Gesellschaft für Strahlenschutz und Umweltforschung mbH
                          Institut für Strahlenschutz, Ingolstädter Landstr. 1
                          8042 Neuherberg

Burow, M.   Lehrstuhl für Nachrichtentechnik, Technische Universität
                          Arcisstr. 21, 8000 München

Craubner, S.   Institut für Optoelektronik, DFVLR Oberpfaffenhofen
                          8031 Weßling

Doepfer, D.   Augenklinik- und Poliklinik rechts der Isar,
                          Technische Universität, Ismaningerstr. 22, 8000 München

Foith, J.P.   Fraunhofer Institut für Informations- und Datenverar-
                          beitung, Sebastian-Kneipp-Str. 12-14, 7500 Karlsruhe

Gais, P.   Gesellschaft für Strahlen- und Umweltforschung mbH.,
                          Institut für Strahlenschutz, Ingolstädter Landstr. 1,
                          8042 Neuherberg

Gemmar, P.   Forschungsinstitut für Informationsverarbeitung und
                          Mustererkennung, Forschungsgesellschaft für angewandte
                          Naturwissenschaften, Breslauerstr. 48, 7500 Karlsruhe

Gerlach, H.   Forschungsinstitut für Informationsverarbeitung und
                          Mustererkennung, Forschungsgesellschaft für angewandte
                          Naturwissenschaften, Breslauerstr. 48, 7500 Karlsruhe

Geuen, W.   Institut für Theor. Nachrichtentechnik, Universität
Callinstr. 32, 3000 Hannover

Groch, W.D.   Forschungsinstitut für Informationsverarbeitung und
Mustererkennung, Forschungsgesellschaft für Angewandte
Naturwissenschaften e.V., Breslauerstr. 48,
7500 Karlsruhe

Harms, H.   Institut für Virologie und Immunbiologie
Universität, Versbacher Landstr. 7, 8700 Würzburg

Haussmann, G.   Drittes Physikalisches Institut, Universität
Bürgerstr. 42-44, 3400 Göttingen

Heiniger, F.   Institut für angewandte Physik, Universität
Sidlerstr. 5, 3012 Bern, Schweiz

Heygster, G.   Max-Planck-Institut für experimentelle Medizin
Abt. Neurochemie, Hermann-Rein-Str. 3
3400 Göttingen

Hille, G.   Unternehmensberatung Rubow Weber, Dieckmühlenweg 2,
2000 Hamburg 62

Hirzinger, G.   Institut für Dynamik der Flugsysteme
DFVLR Oberpfaffenhofen, 8031 Weßling

Höbel, W.   Institut für medizinische Datenverarbeitung
Gesellschaft für Strahlen- und Umweltforschung
Arabellastr. 4/III, 8000 München 81

Keicher, M.   Institut für medizinische Datenverarbeitung
Gesellschaft für Strahlen- und Umweltforschung
Arabellastr. 4/III, 8000 München 81

Kelle, H.   Theor. Nachrichtentechnik, Callinstr. 32,
3000 Hannover

Kestner, W.   Forschungsinstitut für Informationsverarbeitung
und Mustererkennung. Forschungsgesellschaft für
Angewandte Naturwissenschaften e.V., Breslauerstr. 48
7500 Karlsruhe

Klement, V.   Institut für Nuklearmedizin, Med. Hochschule
Karl-Wiechert-Allee 9, 3000 Hannover 61

Korn, A.   Fraunhofer-Institut für Informations- und Datenverarbeitung, Sebastian-Kneipp-Str. 12-14, 7500 Karlsruhe

Kraasch, R.   Institut für Informatik, Universität, Schlüterstr. 70
2000 Hamburg 13

Kronberg, H.   Max-Planck-Institut für experimentelle Medizin,
Hermann-Rein-Str. 3, 3400 Göttingen

Kuckuck, W.   Bundeskriminalamt, Thaesstr. 11, Postfach 1820,
6200 Wiesbaden

Kugler, J.	Gesellschaft für Strahlen- und Umweltforschung Ingolstädter Landstr. 1, 8042 Neuherberg
Laeri, F.	Institut für angewandte Physik, Universität Sidlerstr. 5, 3012 Bern, Schweiz
Landzettel, K.	Institut für Dynamik der Flugsysteme DFVLR Oberpfaffenhofen, 8031 Weßling
Lauterborn, W.	Drittes Physikalisches Institut, Universität Bürgerstr. 42-44, 3400 Göttingen
Liedtke, C.E.	Theoretische Nachrichtentechnik und Informations- verarbeitung, Technische Universität Callinstr. 32, 3000 Hannover
Lux, A.	Laboratoire IMAG, BP 53,Université,F38041 Grenoble Cédex
Mertz, M.	Augenklinik- und Poliklinik rechts der Isar Technische Universität, Ismaningerstr. 22, 8000 München
Mühlenfeld, E.	Institut für Regeltechnik und Elektronik, Universität Leibnitzstr. 28, 3392 Clausthal
Nagel, H.-H.	Institut für Informatik, Universität Schlüterstr. 66-72, 2000 Hamburg
Nawrath, R.	Ernst-Leitz Wetzlar GmbH Quantitative Mikroskopie, Postfach 2020, 6330 Wetzlar
Neuhoff, V.	Max-Planck-Institut für experimentelle Medizin, Hermann-Rein-Str. 3, 3400 Göttingen
Neumann, B.	Fachbereich Informatik, Universität Schlüterstr. 70, 2000 Hamburg 13
Nickel, N.	Theoretische Nachrichtentechnik, Technische Universität Callinstr. 32, 3000 Hannover
Niemann, H.	Institut für Informatik (Mustererkennung), Universität Martensstr. 3, 8520 Erlangen
Obermöller, U.	Forschungsinstitut für Informationsverarbeitung und Mustererkennung, Forschungsgesellschaft für Angewandte Naturwissenschaften e.V., Breslauerstr. 48 7500 Karlsruhe
Poppl, S.J.	Institut für medizinische Datenverarbeitung Gesellschaft für Strahlen- und Umweltforschung Arabellastr. 4/I, 8000 München 81
Pretschner, D.P.	Dept. Radiologie, Med. Hochschule, Karl-Wiechert-Allee 3000 Hannover 61
Radig, B.	Fachbereich Informatik, Universität Schlüterstr. 70, 2000 Hamburg 13
Reinhardt, E.R.	Institut für physikalische Elektronik, Universität Böblingerstr. 70, 7000 Stuttgart 1

Rieger, B.

Bundeskriminalamt, Thaerstr. 11, Postfach 1820
6200 Wiesbaden

Rodenacker, K.

Gesellschaft für Strahlenschutz und Umweltforschung mbH
Institut für Strahlenschutz, Ingolstädter Landstr. 1
8042 Neuherberg

Röhler, R.

Institut für medizinische Optik, Universität
Theresienstr. 37, 8000 München 2

Rüter, A.

Institut für Virologie & Immunbiologie, Universität
Versbacher Landstr. 7, 8700 Würzburg

Schärf, R.

Forschungsinstitut für Informationsverarbeitung und
Mustererkennung, Forschungsgesellschaft für angewandte
Naturwissenschaften, Breslauerstr. 48, 7500 Karlsruhe

Schneeberger, B.

Institut für angewandte Physik, Universität
Sidlerstr. 5, 3012 Bern, Schweiz

Schultes, N.

Augenklinik und -poliklinik rechts der Isar
Technische Universität, Ismaninger Str. 22
8000 München 80

Schwarzmann, P.

Institut für physikalische Elektronik, Universität
Böblingerstr. 70, 7000 Stuttgart 1

Steinke, K.H.

Bundeskriminalamt, Thaerstr. 11, Postfach 1820
6200 Wiesbaden

Sties, M.

Forschungsinstitut für Informationsverarbeitung und
Mustererkennung, Forschungsgesellschaft für
Angewandte Naturwissenschaften e.V., Breslauerstr. 48
7500 Karlsruhe

Therburg, R.D.

Institut für Regeltechnik und Elektronik, Universität
Leibnitzstr. 28, 3392 Clausthal

Thönnessen, U.

Forschungsinstitut für Informationsverarbeitung und
Mustererkennung, Forschungsgesellschaft für angewandte
Naturwissenschaften, Breslauerstr. 48, 7500 Karlsruhe

Tilgner, R.D.

Institut für Nachrichtentechnik,Technische Universität
Arcisstr 21, 8000 München

Tropf, H.

Fraunhofer-Institut für Informations- und Datenverarbeitung, Sebastian-Kneipp-Str. 12-14, 7500 Karlsruhe

Tschudi, T.

Institut für angewandte Physik, Universität
Sidlerstr. 5, 3012 Bern, Schweiz

Wahl, F.

Lehrstuhl für Nachrichtentechnik, Technische Universität
Arcisstr. 21, 8000 München

Wedlich, G.

Fraunhofer-Institut für Informations- und Datenverarbeitung, Sebastian-Kneipp-Str. 12-14, 7500 Karlsruhe

Zach, W.   Institut für Informatik, Universität
                                Schlüterstr. 10, 2000 Hamburg 13

Zamperoni, P.   Institut für Nachrichtentechnik, Techn. Universität
                                Schleinitzstr. 23, 3300 Braunschweig

Zimmer, H.-G.   Max-Planck-Institut für experimentelle Medizin
                                Hermann-Rein-Str. 3, 3400 Göttingen

ÜBERSICHTSVORTRAG

Ueber die Repraesentation von Wissen zur Auswertung von Bildern

Hans-Hellmut Nagel
Fachbereich Informatik der Universitaet Hamburg

1 Einfuehrung

Als Rahmen fuer die Diskussion von Segmentationsalgorithmen hat Kanade 78 ein Modell der algorithmischen Bilddeutung (image understanding) vorgelegt. Dieses Modell bietet eine Struktur von Konzepten an, mit deren Hilfe nicht nur Segmentations-Algorithmen sondern auch darueber hinausgehende Fragen der algorithmischen Bilddeutung behandelt werden koennen. Aufbauend auf einer kurzen Darlegung dieses Modells von Kanade sollen eine Reihe von Problemen bei der Repraesentation von Wissen zur Auswertung von Bildern diskutiert werden.

Die bis ins erste Drittel 1975 erschienene Literatur zu diesem Problemkreis ist in einer kritischen Uebersicht von Barrow und Tenenbaum 75 behandelt worden. Eine Weiterfuehrung bieten die Uebersichtsartikel von Kanade 77 und Shirai 78. Eine Reihe von einschlaegigen Fragen wird bereits in dem Lehrbuch von Duda und Hart 73 aufgegriffen, juengere Entwicklungen auch in den neu erschienenen Lehrbuechern ueber digitale Bildverarbeitung , z.B. von Gonzalez und Wintz 77 oder von Pratt 78. Eine ausfuehrliche Behandlung dieser Problematik findet sich in dem Sammelband von Hanson und Riseman 78a.

2 Kanades Modell fuer die algorithmische Bilddeutung

Kanade 78 unterscheidet zwischen Repraesentationen im zweidimensionalen (2-D) Bildbereich (picture domain) und im dreidimensionalen (3-D) Szenenbereich (scene domain) - siehe Abb. 1 .

Im Szenenbereich unterscheidet Kanade zwischen den Szenenbereichs-Hinweisen (scene domain cues), dem als generische Beschreibung zu verstehenden Szenenmodell (model) sowie einer Auspraegung (instantiated model) dieser generischen Beschreibung. Die generische Beschreibung stellt nach Kanade ein Prototyp fuer diejenigen Szenen dar, deren Bilder zu analysieren sind. Sie

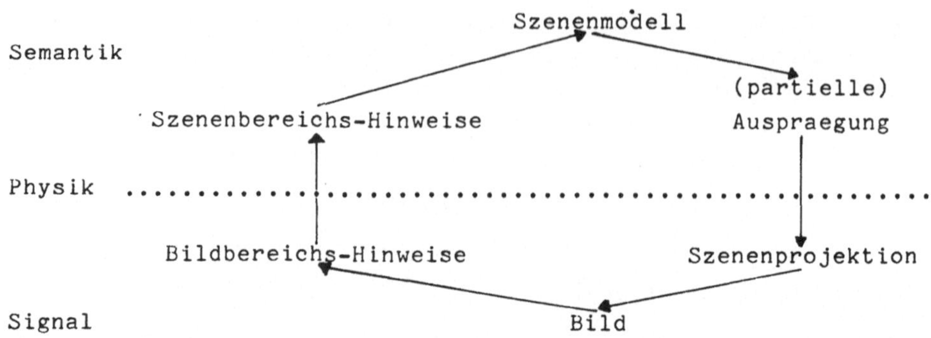

Abb. 1 Modell von Kanade zur algorithmischen Bilddeutung

umfasst alle Szenenkomponenten (objects), deren individuelle 3-D Struktur sowie die 3-D Beziehungen dieser Szenenkomponenten zueinander. Die generische Beschreibung enthaelt Parameter, deren Wertebereich die Variationsmoeglichkeiten des Prototyps angibt, z.B. die Groesse einer Szenenkomponente. Durch geeignete Festlegung dieser Parameter erhaelt man eine Auspraegung, d.h. die 3-D Beschreibung einer bestimmten Szene, z.B. derjenigen, deren Bild analysiert werden soll.

Im Bildbereich ordnet Kanade ausser den digitisierten Bildsignalen (image) noch zwei weitere Darstellungen an, die Bildbereichs-Hinweise (picture domain cues) und die Szenenprojektion (view sketch). Unter Bildbereichs-Hinweisen versteht er 2-D Merkmale des Bildes wie z.B. Kanten und homogene Bildausschnitte. Aufgrund von a priori Wissen, Hypothesen oder (Teil-) Ergebnissen moege eine - gegebenenfalls nur partielle - 3-D Beschreibung der Szene vorliegen, deren Bild zu analysieren ist. Analog seien Angaben ueber die Szenenbeleuchtung sowie ueber Lage und Orientierung des abbildenden Systems verfuegbar. Die Projektion dieser 3-D Auspraegung in das 2-D Koordinatensystem des Eingabebildes ergibt die Szenenprojektion. Fuer jede Komponente der Szenenprojektion laesst sich angeben, aus welcher Komponente der 3-D Szenenbeschreibung sie hervorgegangen ist. Deckt sich die so gewonnene Szenenprojektion mit den eingegebenen Bildsignalen oder daraus abgeleiteten 2-D Beschreibungen, so ist das Eingabebild gedeutet.

Der Uebergang von der 3-D Szene zum Bild ist nicht einfach umkehrbar. Die Gesetzmaessigkeiten der perspektivischen Abbildung sowie der Lichtreflektion an Oberflaechen bewirken, dass vielfaeltige Kombinationen von Beleuchtung, Beobachtungsstandpunkt, Oberflaechen-Struktur und -Orientierung zu derselben Bildintensitaet fuehren koennen. Allein auf den Eingabesignalen beruhende Bildbereichs-Hinweise reichen im allgemeinen nicht aus, um den Uebergang aus dem Bildbereich zurueck in den Szenenbereich zu bewerkstelligen. Fuer diesen Uebergang sind die Gesetzmaessigkeiten des Abbildungsvorganges mit heranzuziehen. Um diesen Sachverhalt anzudeuten, spricht Kanade von Signalaspekten im Bildbereich, von Semantikaspekten im Szenenbereich und der beim Uebergang zwischen diesen Aspekten zu beruecksichtigenden Physik.

3 Modifikationen an dem Modell von Kanade

Fuer die weitere Diskussion ist es zweckmaessig, Kanades Modell an zwei Stellen zu modifizieren. Auf der einen Seite sollten Angaben ueber die Szenenbeleuchtung und die Eigenschaften des abbildenden Systems nicht nur implizit beim Uebergang von der Auspraegung zur Szenenprojektion auftreten. Der Szenenprototyp muss ergaenzt werden durch Prototypen fuer die Szenenbeleuchtung und fuer das bilderzeugende System.

Die generische Beschreibung der Szenenbeleuchtung sollte Angaben ueber die Zahl der Lichtquellen, deren Position und Orientierung sowie ueber weitere Eigenschaften enthalten, z.B. Farbe des Lichtes und gegebenenfalls Form eines Lichtbuendels. Die generische Beschreibung des bilderzeugenden Systems sollte u. a. dessen Position und Orientierung sowie weitere Eigenschaften umfassen, z.B. Angaben ueber Verzerrungen, Empfindlichkeit und Rauschen des Sensors. Analog zur 3-D Auspraegung der Szenenbeschreibung erhaelt man explizit ausgepraegte Beschreibungen von Szenenbeleuchtung und bilderzeugendem System. Implizit finden sich Ansaetze zur Beruecksichtigung des bilderzeugenden Systems in einer Reihe von Arbeiten, u.a. Yoda et al. 75, Wong 77, Clark et al. 79. Die Vereinigung der generischen Beschreibungen der Szene und ihrer Komponenten, der Beleuchtung der Szene sowie des bilderzeugenden Systems werde als Weltausschnitt-Modell bezeichnet.

Darueberhinaus sollte das Konzept der Szenenprojektion differenziert werden. Kanade versteht darunter eine abstrakte Beschreibung des erwarteten Bildes unter Verwendung von Kanten, Bereichen und anderen Bildmerkmalen, die zur Repraesentation der Bildbereichs-Hinweise eingesetzt werden. Dieses Teilkonzept soll im folgenden als Szenenskizze bezeichnet werden. Im Unterschied zur Szenenskizze werde eine aus der Auspraegung abgeleitete Intensitaetsdarstellung als synthetisches Bild bezeichnet. Analog zur Szenenskizze ist fuer jedes Element des synthetischen Bildes die Beziehung zum zugeordneten Oberflaechenelement der ausgepraegten 3-D Szenenbeschreibung bekannt.

4 Datenstrukturen in Systemen fuer die Szenenanalyse

Reddy und Newell 75 hatten eine hierarchisch organisierte Datenstruktur (Abb. 2a) vorgeschlagen, wobei Beschreibungskomponenten aus einer Ebene mithilfe von Ueberfuehrungs-Regeln (rewriting rules) zur Beschreibung einer umfassenderen Komponente in der jeweils uebergeordneten Ebene vereinigt werden sollten. In einer empirischen Untersuchung zur Ermittlung moeglicher Ueberfuehrungs-Regeln (Akin und Reddy 77) werden noch zwei weitere Wissenskategorien eingefuehrt: Operatoren zur Gewinnung von Merkmalen, die in die Ueberfuehrungs-Regeln eingehen, sowie Wissen zur Steuerung der Auswertung (flow of control), d.h. Auswahl und Anwendung der Merkmals-Operatoren und der Ueberfuehrungs-Regeln. Pixel- und Segment-Ebene entsprechen dem Bild bzw. den Bildbereichs-Hinweisen bei Kanade. Da auf der Regions-Ebene bereits Einfluesse von Schatten, Verdeckungen und Glanzlichtern erkannt und ausgeschaltet sein sollten, d.h. der Einfluss physikalischer Effekte zu beruecksichtigen ist, laesst sich die Regions-Ebene nicht mehr dem Bildbereich von Kanade zuordnen. Die bei Akin und Reddy 77 aufgefuehrten Uebergangs-Regeln lassen keine saubere Trennung zwischen Einfluessen aus dem Bildbereich und Einfluessen der Physik des Abbildungsvorganges erkennen. Daher ist an dieser Stelle mit Problemen zu rechnen. Das "environmental level" entspricht der generischen Szenenbeschreibung, wobei die Strukturierung der Szene in Komponenten bei Reddy und Newell 75 explizit als "structural level" und "object level" in Erscheinung tritt.

In Abb. 2b ist die im VISIONS System von Hanson und Riseman 78b implementierte Datenstruktur angegeben. Sie ist soweit ausdifferenziert, dass man die Beschreibungsmoeglichkeiten bis einschliesslich der "regions" klar dem Bildbereich von Kanade zuordnen kann. Die darueber liegenden Beschreibungsebenen (surfaces, volumes) lassen sich den Szenenbereichs-Hinweisen zuordnen. Die oberen Ebenen (objects, schemas) entsprechen der generischen Szenenbeschreibung bei Kanade.

Die primaere Skizze (primal sketch) bei Marr 78 entspricht den

environmental level   schemas

structural level

object level   objects

                                             volumes

region level   surfaces

segment level   regions
                                             segments
                             (i.e. boundaries of regions)
                                             vertices

pixel level   pixels

(Reddy and Newell 75)   (Hanson and Riseman 78b)

Abb. 2 a   Abb. 2 b
Datenstrukturen zur redundanten Darstellung von
Informationen aus einem Bild

Bildbereichs-Hinweisen bei Kanade. Entsprechend kann man die 2 1/2-D
Skizze von Marr den Szenenbereichs-Hinweisen und die 3-D Modelle von
Marr der generischen Szenenbeschreibung von Kanade zuordnen. Marr
verwendet das von Binford 71 eingefuehrte Konzept des verallgemeinerten
Kegels zur rekursiven Modellierung von zusammengesetzten Objekten.

Waehrend Marr sich zunaechst darauf beschraenkt, in der 2 1/2-D Skizze
Angaben ueber Oberflaechen-Orientierung, ueber den Verlauf von
Unstetigkeiten der Oberflaechen-Orientierung sowie ueber die Lage der
Oberflaechenelemente relativ zum Beobachter darzustellen, erweitern
Barrow und Tenenbaum 78 dieses Konzept zu einer Menge von
"innewohnenden Bildern" (intrinsic images). Sie gehen dabei von der
Vorstellung aus, dass jedem Pixel des Eingabebildes ein
Oberflaechenelement in der 3-D Szene entspricht, dem man definierte
Werte fuer eine Reihe von Attributen zuordnen kann: ausser den bereits
von Marr in der 2 1/2-D Skizze herangezogenen Beschreibungen u.a. auch
noch Beleuchtung und Reflektionsvermoegen. All diese Attribute wirken

beim Zustandekommen der fuer das betreffende Pixel beobachteten Signalintensitaet mit. Um die Einfluesse dieser Attribute auf die beobachtete Intensitaet zu separieren und damit auf die Attribute selber zurueckschliessen zu koennen, schlagen Barrow und Tenenbaum vor, zu der Intensitaetsangabe fuer jedes Pixel je Attribut noch eine weitere Beschreibungskomponente hinzuzufuegen. Dadurch werden dem durch die Intensitaet wiedergegebenen Bild noch soviel "innewohnende Bilder" ueberlagert wie Attribute pro Oberflaechenelement im Zuge der Deutung zu bestimmen sind. Als Ausgangsdaten fuer die Festlegung der Werte fuer die Attribute sollen zusaetzlich zu den Intensitaeten noch daraus ermittelte Kanten- und Regions-Darstellungen dienen, d.h. Bildbereichs-Hinweise im Sinne von Kanade.

In dem von Binford und Mitarbeitern (Brooks et al. 79) entwickelten ACRONYM-System wird die generische Szenenbeschreibung als Objekt-Graph dargestellt. Objekte werden modelliert als eine Hierarchie von Komponenten, wobei generalisierte Kegel (Binford 71) als volumetrische Primitive eingesetzt werden. In Produktions-Regeln formuliertes Wissen ermoeglicht es, aufgrund weniger Angaben eines Operateurs ueber ein auszuwertendes Bild eine partielle Auspraegung in symbolischer Form als Sichtbarkeits-Graph (observability graph) zu ermitteln. Der Sichtbarkeits-Graph enthaelt Angaben, nach welchen Objekten bzw. Objekt-Konfigurationen mit welcher Erscheinungsform in dem auszuwertenden Bild zu suchen ist. Darueberhinaus enthaelt der Sichtbarkeits-Graph Angaben, die diese Suche steuern koennen. Liegen Hinweise zu den Beobachtungsbedingungen vor - z.B. wenn Luftaufnahmen eines Flugplatzes auszuwerten sind -, so koennen die Angaben ueber Objekte im Sichtbarkeits-Graphen durch Auswertung eines expliziten Modells der Beobachtungsbedingungen (generic viewing conditions) weiter spezifiziert werden. Im Sinne des anfangs vorgestellten Modells zur Bilddeutung muss man dem Sichtbarkeits-Graphen sowohl Zuege der Auspraegung wie einer Szenenskizze zuschreiben, wobei die in ihm ebenfalls enthaltenen Angaben zur Steuerung der Suche in dem Modell der Bilddeutung z.Zt. nicht explizit vorgesehen sind.

Aus dem Eingabebild bestimmt das ACRONYM-System einen Bild-Graphen (picture graph), dessen Knoten aus symbolischen Beschreibungen fuer Baender, Oberflaechen und Kurven bestehen, zwischen denen raeumliche Beziehungen vorliegen. Wird der Bild-Graph nur aus einem einzigen Eingabebild bestimmt, so handelt es sich um 2-D Beziehungen. In diesem Fall entspricht der Bild-Graph den Bildbereichs-Hinweisen von Kanade. Allerdings ist das ACRONYM-System auch fuer die Verarbeitung von Stereo-Aufnahmen vorgesehen, wobei in den Bild-Graphen auch 3-D

Aussagen aufgenommen werden koennen. Auch der Bild-Graph laesst sich daher nicht zweifelsfrei entweder dem Bildbereich oder dem Szenenbereich zuordnen.

Ballard et al. 78 stellen die von ihnen als "model" bezeichnete generische Szenenbeschreibung in Form eines semantischen Netzes (vgl. dazu Findler 78) dar, wobei es nicht deutlich wird, in welchem Umfang 3-D Eigenschaften erfasst werden. Aus dem Eingabebild werden Bildbereichs-Hinweise ermittelt, die zusammen mit dem Eingabebild als "image data structure" bezeichnet werden. Im Zuge der Bilddeutung wird eine Datenstruktur (sketchmap) aufgebaut, die als (partielle) Auspraegung der generischen Beschreibung den Uebergang zum Bildbereich widerspiegelt. Obwohl die als "sketchmap" bezeichnete Datenstruktur Charakteristika einer Szenenskizze aufweist, ist eine solche Einordnung aus Mangel an klaren Angaben ueber einen Projektionsvorgang vom 3-D Szenenbereich in den 2-D Bildbereich nicht moeglich. Vielleicht haengt dies mit den bisher von Ballard et al. untersuchten Aufgaben - Teilauswertung von Luftbildern und Roentgenaufnahmen des Brustkorbes - zusammen, bei denen eine generische Beschreibung der Draufsicht - d.h. ein 2-D Modell - zunaechst als ausreichend erachtet werden kann.

5 Deutungszyklus

Im Modell von Kanade ist ein Deutungszyklus impliziert: ausgehend vom Bild ueber die Auswertung von Bild- und Szenenbereichs-Hinweisen zur Auspraegung einer 3-D Szenenbeschreibung und Verifikation der resultierenden Szenenprojektion am Eingabebild. Es ist fraglich, ob eine vollstaendige Deutung in einem einzigen Durchlauf dieses Zyklus moeglich ist. Mackworth 78 diskutiert die Vorstellung, dass eine vollstaendige und global konsistente Deutung nur bei wiederholtem Durchlauf eines solchen Zyklus zu gewinnen ist. Jeder Durchlauf traegt zu einer Verfeinerung der Deutung bei, indem Auspraegungen korrigiert oder ergaenzt sowie zunaechst noch mit groesseren Fehlermargen behaftete Parameterwerte weiter eingegrenzt werden. Um ein besseres Verstaendnis fuer diese Problematik zu gewinnen, ist es wichtig, auch Teile des Deutungszyklus zu studieren, wobei noch nicht erschlossene Aussagen ueber das Eingabebild durch a priori Wissen ersetzt werden.

Barrow und Tenenbaum 78 diskutieren Ansaetze, mit deren Hilfe unter gewissen Voraussetzungen die zunaechst unbekannten Werte von "innewohnenden Bildern" ermittelt werden sollen. Die Werte der einzelnen Attribute sind aus der Forderung zu bestimmen, dass sich aus ihnen nach bekannten Gesetzmaessigkeiten in global konsistenter Weise die gemessenen Intensitaeten berechnen lassen.

Horn 75, 77 hat gezeigt, wie bei festgelegter Beleuchtungs- und Beobachtungsrichtung sowie einem durch das Lambert sche Gesetz gegebenen Reflektionsvermoegen die Form und Orientierung einer reflektierenden Oberflaeche aus dem Intensitaetsverlauf im Bild erschlossen werden kann. Die Annahme einer Beleuchtung der Szene durch eine entfernte Lichtquelle aus einer bestimmten Richtung entspricht einer Auspraegung des Beleuchtungsmodells. Die Festlegung der Beobachtungsrichtung sowie die Annahme einer orthographischen Projektion stellt eine Auspraegung des Beobachtungsmodells dar. Diese Teilauspraegungen fuehren zusammen mit der Annahme einer bestimmten Winkelabhaengigkeit der Reflektion auf das Konzept der Reflektionskarte (reflectance map), die die im Bild zu beobachtende Intensitaet als

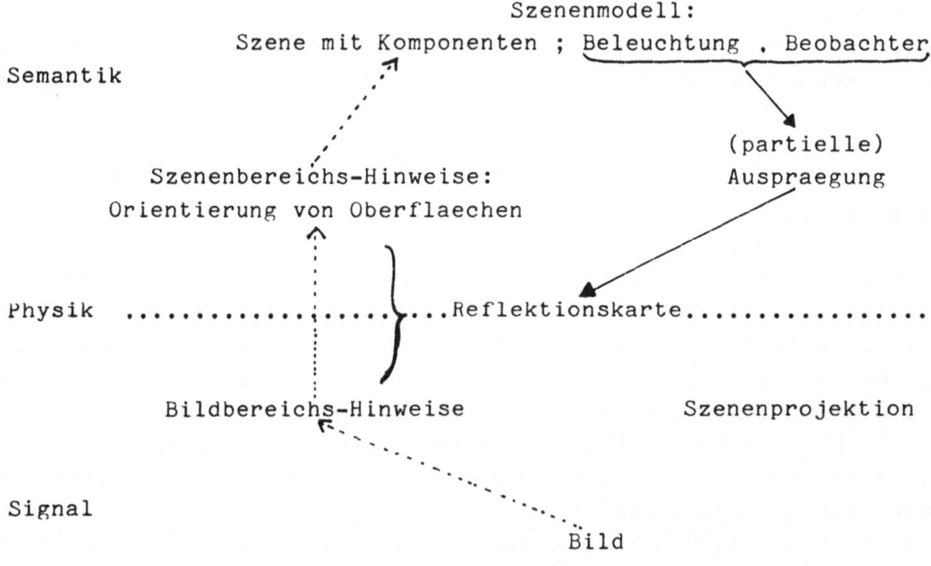

Abb. 3   Die Reflektionskarte von Horn, berechnet aufgrund
         einer Modell-Auspraegung fuer Beleuchtung und Beo-
         bachter, vermittelt den Uebergang vom Bildbereich
         (Intensitaet) zu den Szenenbereichs-Hinweisen
         (Orientierung von Oberflaechenelementen)

Funktion der Orientierung des reflektierenden Oberflaechenelementes im 3-D Raum angibt. Woodham 77, 78a hat einen Algorithmus entwickelt, der mithilfe einer solchen Reflektionskarte sowie der Hypothese, dass die abgebildete Flaeche im 3-D Raum lokal glatt ist, die Orientierung der Flaechenelemente im 3-D Raum aus dem Intensitaetsverlauf im Bild ermittelt. Die Teilauspraegungen von Beleuchtungs- und Beobachtermodell koennen mit den Gesetzmaessigkeiten des Abbildungsvorganges derart zu Beschraenkungen kombiniert werden, dass in diesem Spezialfall der Uebergang vom Bildbereich auf Szenenbereichs-Hinweise moeglich ist, d.h. Teile der "innewohnenden Bilder" bestimmbar werden (vgl. Abb. 3).

Wird dieselbe Szene bei festgehaltenen Beobachtungs- bedingungen aus zwei verschiedenen Richtungen beleuchtet und kennt man die zu diesen Einfallsrichtungen gehoerenden Reflektionskarten, so laesst sich die Orientierung der reflektierenden Oberflaechenelemente aus den Intensitaetsverlaeufen der beiden Bilder ohne zusaetzliche Annahme ueber die lokale Glattheit der Oberflaeche bestimmen. Dieser als "photometric stereo" bezeichnete Ansatz ist nicht zu verwechseln mit Methoden, die 3-D Angaben ueber eine Szene mithilfe von Lichtstreifen ermitteln (Popplestone et al. 75; Roecker and Kiessling 75; Shirai 78). Erweitert man diesen "photometric stereo" Ansatz auf drei nicht koplanare Beleuchtungsrichtungen, so laesst sich zusaetzlich zur Orientierung auch noch die Albedo fuer jedes Oberflaechenelement ermitteln (Woodham 78a,b; Horn et al. 78). Damit erhaelt man Werte fuer ein weiteres "innewohnendes Bild" im Sinne von Barrow und Tenenbaum.

Ein anderer Teil des Deutungszyklus kann durch die Arbeit von Horn und Bachman 78 illustriert werden. Diese Autoren verwenden ein Gelaendemodell fuer einen kleinen Teil der Alpen sowie eine Reflektionskarte, um ein synthetisches Bild des betreffenden Gebietes zu erzeugen, das mit einem Ausschnitt aus einer Satellitenaufnahme dieses Gebietes zur Deckung gebracht wird. Aus den an einigen Stellen auftretenden systematischen Differenzen zwischen berechneter und gemessener Intensitaet kann geschlossen werden, dass die fuer das meist felsige Gebiet im allgemeinen zutreffend angenommene Albedo nicht den an solchen Stellen vorliegenden Verhaeltnissen entspricht. Da ueber das synthetische Bild der Rueckverweis auf das Gelaendemodell vorliegt, kann man die im Rahmen dieser Untersuchung nur bezueglich der Oberflaechenform vorliegende Teilauspraegung des Gelaendemodells durch Angaben ueber Reflektionseigenschaften verfeinern.

Horn und Sjoberg 79 zeigen, wie sich die bei solche Untersuchungen erforderliche Reflektionskarte fuer die verschiedensten Auspraegungen von Beleuchtungs- und Beobachter-Modell sowie unterschiedlichen Ansaetzen fuer das Reflektionsverhalten berechnen laesst. Auch aus der Identifikation von Bildbereichen als Glanzeffekte (Forbus 77) oder Schatten (Agin 79) lassen sich Szenenbereichs- Hinweise ableiten.

Andere Autoren verwerten nicht die Grauwerte selber, sondern charakteristische Gruppierungen von Grauwertuebergaengen (Kantenelementen), um Rueckschluesse von diesen Bildbereichs-Hinweisen auf die Oberflaechenform im Raum, d.h. Szenenbereichs-Hinweise, zu gewinnen. Marr 77 hat gezeigt, dass unter bestimmten Annahmen aus der verdeckenden Kontur eines Objektbildes auf eine 3-D Beschreibung des Objektes als generalisierter Kegel geschlossen werden kann.

Kender 79 untersucht, inwieweit Texturhinweise im Bildbereich umgesetzt werden koennen in Hinweise auf die Orientierung der abgebildeten Oberflaechen-Elemente im 3-D Raum.

Im ACRONYM-System (Brooks et al. 79) hat ein Suchalgorithmus (matcher) die Aufgabe, den Bild-Graphen als spezialisierte Realisation des Sichtbarkeits-Graphen zu erkennen und auf diese Weise die im Sichtbarkeits-Graphen noch vorhandenen Variationsmoeglichkeiten fuer die Bilddeutung weitestgehend einzuschraenken. Dieser Suchalgorithmus arbeitet nur mit seinen Kenntnissen der Struktur des Sichtbarkeits- und Bild-Graphen sowie der in den Knoten dieser Graphen vorgefundenen Werte. Die diesen Graphen zugrunde liegenden generischen Beschreibungen von Szene und bilderzeugendem System (generic viewing conditions) sind fuer den Suchalgorithmus ohne Belang.

6 Diskussion

Die Einordnung einiger Ansaetze zur Szenenanalyse in das anfangs behandelte Modell fuer die algorithmische Bilddeutung sollte zeigen, dass sich brauchbare Begriffe zur Charakterisierung von Szenenanalysesystemen herausschaelen. Vor diesem Hintergrund sollen im folgenden eine Reihe noch zu klaerender Fragen angeschnitten werden.

Erwuenscht ist z.B. eine genaue Uebersicht der in bereits implementierten Szenenanalysesystemen verwendeten Bildbereichs-Hinweise, der Algorithmen zu ihrer Berechnung sowie von Abschaetzungen des dazu erforderlichen Rechenzeit- und

Speicherplatz-Bedarfes.   Dabei waere auch zu klaeren, ob man das Konzept der Bildbereichs-Hinweise auf rein symbolische Beschreibungen einschraenken kann.   In diesem Fall sollte man die Szenenskizze ebenfalls als rein symbolische Beschreibung definieren, die mit denselben Beschreibungs-Primitiven wie die Bildbereichs-Hinweise dargestellt werden muesste. Die Suche nach einer Entsprechung zwischen Szenenskizze und Bildbereichs-Hinweisen wuerde damit allein durch Vergleich von Symbolen erfolgen.   Als Gegensatz zu einem derart praezisierten Begriff der Szenenskizze wuerde das synthetische Bild als ikonische Repraesentation einer Szenenprojektion aufgefasst. Entsprechungen zwischen synthetischem Bild und Eingabebild sind mit klassischen Verfahren der Bildverarbeitung (z.B. Kreuzkorrelation) zu suchen.

Es gibt Anwendungen, bei denen ein 2-D Modell zunaechst als ausreichend angesehen wird, z.B. in der Produktions-Automatisierung (Yachida and Tsuji 77, Perkins 78) oder bei Roentgenaufnahmen des Brustkorbes (Harlow and Eisenbeis 73, Ballard et al. 78) bzw. des Herzens (Tsotsos et al. 77). Hier waere zu untersuchen, inwieweit man eine Szenenprojektion, die sich aus einer partiellen Auspraegung eines 3-D Modells ergibt, als 2-D Modell auffassen kann, z.B. wie es Lieberman 79 fuer die Werkstueck-Erkennung vorsieht.   Im Zusammenhang mit dem Sichtbarkeits-Graphen des ACRONYM-Systems wurde diese Problematik bereits angeschnitten.   Alternativ muesste das anfangs dargelegte Modell fuer algorithmische Bilddeutung durch die Moeglichkeit einer expliziten 2-D Modellierung ergaenzt werden.

Eine Diskussion verschiedener Ansaetze zur expliziten Modellierung von 3-D Szenen und ihrer Komponenten findet sich bei Badler and Bajcsy 78. Ueber die reinen Darstellungsprobleme hinaus sind die verschiedenen heuristischen Ansaetze zu studieren, mit deren Hilfe eine Uebereinstimmung zwischen Eingabebild oder daraus abgeleiteten Beschreibungen auf der einen Seite und Modell-Auspraegungen auf der anderen Seite gesucht und bewertet wird - vgl. hierzu Bajcsy and Bourne 78.   Dabei geht es mindestens ebenso um konzeptionelle wie um implementatorische Probleme. Lassen sich z.B.   Suchverfahren wie im ACRONYM-System oder bei Ballard et al.   78 als iteratives Durchlaufen des oben skizzierten Deutungszyklus verstehen oder ist diese Vorstellung unzureichend ?   Ist das Wissen, das einen solchen Suchvorgang steuert, explizit in das Modell zur algorithmischen Bilddeutung einzubauen, oder laesst es sich als Teil der generischen Beschreibung der Szene, ihrer Komponenten, der Beleuchtung und des bilderzeugenden Systems auffassen ?

Tritt ein Szenenanalysesystem als Komponente eines interaktiven Systems auf, so kann eine vom Benutzer formulierte Anfrage bereits viele implizite Hinweise zur Steuerung einer partiellen Bilddeutung enthalten - vgl. z.B. Ballard et al.78 oder Rosenthal and Bajcsy 78. In diesem Zusammenhang wird auch das Ziel verfolgt, fuer den Benutzer wesentliche Ergebnisse in Form einer relationalen Datenbank bereitzustellen, um auf die bereits vorliegenden Erfahrungen mit - moeglichst natuerlich-sprachlichen - Anfragen an relationale Datenbanken zurueckgreifen zu koennen (Chang and Fu 79).

Bei natuerlich-sprachlichen Dialogsystemen ueber Szenen (vgl. v. Hahn et al. 78) ergibt sich die weitergehende Frage, ob und in welcher Weise dasselbe Weltausschnitt-Modell sowohl zur Steuerung der Bilddeutung als auch zur Analyse der natuerlich-sprachlichen Anfrage bzw. zur Formulierung der Antwort eingesetzt werden kann. So muessen beispielsweise raeumliche Beziehungen zwischen Komponenten einer Szene nicht nur durch richtige Auspraegung einer 3-D generischen Szenenbeschreibung erkannt, sondern auch mithilfe eines Modells von Standpunkt und Blickrichtung des Beobachters richtig formuliert werden.

Tsotsos et al. 79 berichten ueber einen Ansatz, bei dem Ergebnisse aus der Analyse von Roentgen-Bildfolgen in natuerlicher Sprache beschrieben werden sollen. Erste Ansaetze zur natuerlich-sprachlichen Beschreibung von Aktionen in algorithmisch gedeuteten Zeichentrickfilmen finden sich bei Tsuji et al. 77,79. In letzterer Arbeit wird eine Bildfolge analysiert, bei der sich nicht nur eine Figur bewegt, sondern auch der Szenenhintergrund sich verschiebt, um die bewegte Figur etwa in der Mitte des Bildes zu halten. Es sind also Veraenderungen der Beobachtungs-Bedingungen relativ zum Szenenhintergrund zu beschreiben, was auf die Notwendigkeit einer expliziten Modellierung des bilderzeugenden Systems hinweist.

Eine Uebertragung des eingangs vorgestellten Modells fuer die algorithmische Bilddeutung auf raeumliche oder zeitliche Bildfolgen wirft weitere Fragen auf. So ist zu untersuchen, unter welchen Bedingungen eine aus frueheren Aufnahmen einer Bildfolge ermittelte Szenenprojektion als 2-D Modell die Auswertung einer spaeteren Aufnahme steuern kann. Dies geht ueber in die Frage, inwieweit die Loesung des Korrespondenzproblems (Duda and Hart 73, p. 399) zwischen zwei Aufnahmen einer Folge als Spezialfall der Ermittlung einer Korrespondenz zwischen Eingabebild und geeignet gewaehlter Auspraegung eines Modells gesehen werden kann (vgl. hierzu Kraasch et al. 79). Eine

solche Sicht regt zur Untersuchung an, die im Rahmen der
algorithmischen Deutung von Einzelbildern entwickelten Abstandsmetriken
zur Beurteilung der Unterschiede zwischen Modell-Auspraegung und Bild
(bzw. daraus abgeleiteten Bildbereichs-Hinweisen) auf Unterschiede
zwischen zwei Bildern einer Folge zu uebertragen. Ein Vergleich
zweier Aufnahmen einer Folge unter Einschaltung eines expliziten
Modells der abgebildeten Szene wuerde es ermoeglichen, viele jetzt als
Stoerung betrachtete Einfluesse wie z.B. Beleuchtungsaenderungen,
Verdeckungen, Aenderungen der Kamera-Lage oder -Orientierung etc.
angemessen zu beruecksichtigen. Manche Rueckschlaege bei sehr
signalnahen Ansaetzen fuer die Auswertung von Bildfolgen weisen
Analogien auf zu Problemen bei der Deutung von Einzelbildern, sobald
der Deutungsansatz auf impliziten und daher oft partiell unzureichenden
Modellen des abgebildeten Weltausschnitts beruht.

Ziel der hier diskutierten Ueberlegungen ist es, einen Rahmen
vorzuschlagen, innerhalb dessen sich die bei speziellen Ansaetzen zur
Bilddeutung auftretenden Schwierigkeiten als Auspraegungen
allgemeinerer Probleme erkennen und beschreiben lassen. Dabei ist davon
auszugehen, dass das hier diskutierte Modell fuer eine algorithmische
Bilddeutung mit zunehmendem Verstaendnis der Gesamtproblematik noch zu
modifizieren sein wird.

        Literatur

    IJCAI = International Joint Conference on Artificial Intelligence
    IJCPR = International Joint Conference on Pattern Recognition
    WCATVI = IEEE Workshop on Computer Analysis of Time Varying Imagery
             Philadelphia / PA , April 5-6, 1979

Agin 79
        Knowledge-Based Detection and Classification
        of Vehicles and Other Objects in Aerial
        Road Images
        G.J. Agin
        Proc. Image Understanding Workshop
        L.S. Baumann (ed.)
        Palo Alto/CA, April 24-25, 1979, pp. 66-71
        Science Applications, Inc., Arlington/VA 22209

Akin and Reddy 77
    Knowledge Acquisition for Image Understanding Research
    O. Akin and R. Reddy
    Computer Graphics and Image Processing 6 (1977) 307-334
Badler and Bajcsy 78
    Three-Dimensional Representations for Computer
    Graphics and Computer Vision
    N.I. Badler and R. Bajcsy
    Proc. SIGGRAPH 78, R.L. Phillips (ed.)
    Atlanta/GA, August 23-25, 1978
    Computer Graphics 12 (1978) 153-160
Bajcsy and Bourne 78
    Representation of Knowledge in Computer Vision
    Systems: A Comparative Analysis of Pattern Recognition
    and Artificial Intelligence Approaches with
    Applications to Reconstruction of 3-D Objects
    R. Bajcsy and D.A. Bourne
    MS-CIS-78-38 (1978)
    Department of Computer and Information Science
    University of Pennsylvania, Pittsburgh/PA
Ballard et al. 78
    An Approach to Knowledge-Directed Image Analysis
    D.H. Ballard, C.M. Brown, and J.A. Feldman
    in: Hanson and Riseman 78a, pp. 271-281
Barrow and Tenenbaum 75
    Representation and Use of Knowledge in Vision
    H.G. Barrow, J.M. Tenenbaum
    ACM SIGART Newsletter No. 52 (June 1975) 2-8
Barrow and Tenenbaum 78
    Recovering Intrinsic Scene Characteristics from Images
    H.G. Barrow and J.M. Tenenbaum
    in: Hanson and Riseman 78a, pp. 3-26
Binford 71
    Visual Perception by Computer
    T.O. Binford
    presented to IEEE Conference on Systems and Control
    (Dec. 1971), Miami/Florida
Brooks et al. 79
    The ACRONYM Model-Based Vision System
    R.A. Brooks, R. Greiner, and T.O. Binford
    preprint IJCAI-79

Clark et al. 79
        High-Accuracy Model Matching for Scenes
        Containing Man-Made Structures
        C.S. Clark, W.O. Eckhardt, C.A. McNary,
        R. Nevatia, K.E. Olin, and E.M. Van Orden
        Proc. SPIE Conference Huntsville/Alabama
        (May 22, 1979)
Chang and Fu 79
        A Relational Database System for Images
        N.S. Chang and K.S. Fu
        TR-EE 79-28 (May 1979)
        School of Electrical Engineering, Purdue University
        West Lafayette/IN 47907
Duda and Hart 73
        Pattern Classification and Scene Analysis
        R.O. Duda, P.E. Hart
        John Wiley & Sons, New York, 1973
Findler 78
        Associative Networks - the Representation and
        Use of Knowledge in Computers
        N.V. Findler (ed.), Academic Press, New York 1978
Forbus 77
        Light Source Effects
        K. Forbus
        AI-Memo 422 (May 1977) MIT, Cambridge/MA
Gonzalez and Wintz 77
        Digital Image Processing
        R.C. Gonzalez and P. Wintz
        Addison-Wesley Publ. Co., Reading/MA 1977
v.Hahn et al. 78
        HAM-RPM: Natural Dialogues with an Artificial Partner
        AISB/GI Conference on Artificial Intelligence,
        July 18-20, 1978 Hamburg, pp. 122-131
Hanson and Riseman 78a
        Computer Vision Systems
        A.R. Hanson and E.M. Riseman (eds.)
        Academic Press, New York 1978
Hanson and Riseman 78b
        VISIONS: A Computer System for Interpreting Scenes
        A.R. Hanson and E.M. Riseman
        in: Hanson and Riseman 78a, pp. 303-333

Harlow and Eisenbeis 73
        The Analysis of Radiographic Images
        Ch.A. Harlow and Sh.A. Eisenbeis
        IEEE Trans. Computers C-22 (1973) 678-689
Horn 75
        Obtaining Shape from Shading Information
        B.K.P. Horn
        in P.H. Winston (ed.), The Psychology of Computer Vision,
        McGraw-Hill, New York, 1975, pp. 115-155
Horn 77
        Understanding Image Intensities
        B.K.P. Horn
        Artificial Intelligence 8 (1977) 201-231
Horn and Bachman 78
        Using Synthetic Images to Register Real Images with
        Surface Models
        B.K.P. Horn and B.C. Bachman
        C. ACM 21 (1978) 914-924
Horn and Sjoberg 79
        Calculating the Reflectance Map
        B.K.P. Horn and R.W. Sjoberg
        Applied Optics (June 1979)
Horn et al. 78
        Determining Shape and Reflectance Using Multiple
        Images
        B.K.P. Horn, R.J. Woodham, and W.M. Silver
        AI-Memo 490 (August 1978) MIT, Cambridge/MA
Kanade 77
        Model Representations and Control Structures in
        Image Understanding
        T. Kanade
        IJCAI-77, pp. 1074-1082
Kanade 78
        Region Segmentation: Signal vs. Semantics
        T. Kanade
        IJCPR-78, pp. 95-105
Kender 79
        Shape from Texture: A Computational Paradigm
        J.R. Kender
        Proc. Image Understanding Workshop, pp. 134-138
        L.S. Baumann (ed.), Palo Alto/CA, April 24-25, 1979,
        Science Applications, Inc., Arlington/VA 22209

Kraasch et al. 79
        Automatische dreidimensionale Beschreibung bewegter
        Gegenstaende
        R. Kraasch, B. Radig, W. Zach
        2. DAGM Symposium, Karlsruhe, Oktober 1978 (dieser Band)
Lieberman 79
        Model Driven Vision for Industrial Automation
        L. Lieberman
        in: Advances in Digital Image Processing,
        P. Stucki (ed.) , Plenum Press, New York 1979
Mackworth 78
        Vision Research Strategy: Black Magic,
        Metaphors, Mechanisms, Miniworlds and Maps
        A.K. Mackworth
        in: Hanson and Riseman 78a, pp. 53-59
Marr 77
        Analysis of Occluding Contour
        D. Marr
        Proc. Royal Soc. B 197 (1977) 441-475
Marr 78
        Representing Visual Information - a Computational Approach
        D. Marr
        in: Hanson and Riseman 78a, pp. 61-80
Perkins 78
        A Model-Based Vision System for Industrial Parts
        W.A. Perkins
        IEEE Trans. Computers C-27 (1978) 126-143
Popplestone et al. 75
        Forming Models of Plane-and-Cylinder Faceted Bodies
        from Light Stripes
        R.J. Popplestone, C.M. Brown, A.P. Ambler, G.F. Crawford
        IJCAI-75, pp. 664-668
Pratt 78
        Digital Image Processing
        W.K. Pratt
        Wiley, New York 1978
Reddy and Newell 75
        Image Understanding: Some Notes
        R. Reddy and A. Newell
        Minutes of the ARPA Image Understanding Workshop,
        (March 1975) pp. 3-8
        Science Applications, Inc., Arlington/VA 22209

Roecker and Kiessling 75
        Methods for Analyzing Three Dimensional Scenes
        F. Roecker and A. Kiessling
        IJCAI-75, pp. 669-673
Rosenthal and Bajcsy 78
        Conceptual and Visual Focussing in the Recognition
        Process as Induced by Queries
        D. Rosenthal and R. Bajcsy
        IJCPR-78, pp. 417-420
Shirai 78
        Recent Advances in 3-D Scene Analysis
        Y. Shirai
        IJCPR-78, pp. 86-94
Tsotsos et al. 77
        An Interactive Knowledge-Based Systems Approach
        to Cardiac Image Description and Analysis
        J.K. Tsotsos, R. Baecker, H.D. Covvey,
        W. Reeves, J. Mylopoulos, and E.D. Wigle
        Proc. IEEE Computers in Cardiology
        October 1977, Rotterdam, pp. 377-384
Tsotsos et al. 79
        A Framework for Visual Motion Understanding
        J.K. Tsotsos, J. Mylopoulos, H.D. Covvey, and S.W. Zucker
        WCATVI-79, pp. 56-58
Tsuji et al. 77
        Understanding a Simple Cartoon Film by a Computer
        Vision System
        S.Tsuji, A. Morizono, and S. Kuroda
        IJCAI-77, pp. 609-610
Tsuji et al. 79
        Three Dimensional Movement Analysis of Dynamic Line Images
        S. Tsuji, M. Osada, and M. Yachida
        preprint IJCAI-79
Wong 77
        Sensor Transformation
        R.Y. Wong
        IEEE Trans. Systems, Man, and Cybernetics SMC-7 (1977) 836-841
Woodham 77
        A Cooperative Algorithm for Determining Surface
        Orientation from a Single View
        R.J. Woodham
        IJCAI-77, pp. 635-641

Woodham 78a
    Reflectance Map Techniques for Analyzing
    Surface Defects in Metal Castings
    R.J. Woodham
    TR-457 (June 1978)
    Artificial Intelligence Laboratory, MIT, Cambridge/MA
Woodham 78b
    Photometric Stereo: A Reflectance Map Technique
    For Determining Surface Orientation from Image Intensity
    R.J. Woodham
    Proc. SPIE 155 (August 1978)
Yachida and Tsuji 77
    A Versatile Machine Vision System for Industrial Parts
    M. Yachida and S. Tsuji
    IEEE Trans. Computers C-26 (1977) 882-894
Yoda et al. 75
    Direction Coding Method and its Application
    to Scene Analysis
    H. Yoda, J. Motoike, M. Ejiri
    IJCAI-75, pp. 620-627

KONTUR-ANALYSEN

KANTENDETEKTION MIT LOKALEN OPERATOREN

J. Kugler (*), F. Wahl (**)

(*) Kontron Elektronik GmbH, Eching b. Muenchen
(**) Lehrstuhl f. Nachrichtentechnik, Techn. Universitaet Muenchen

Zusammenfassung

Gradientenoperationen sind zur Kantendetektion in der digitalen
Bildverarbeitung von grundlegender Bedeutung. In dieser Arbeit werden
verschiedene, aus der Literatur bekannte Verfahren (siehe z.B./1/,/2/,
/3/) miteinander verglichen und auf geeignete Testbilder angewendet.
Es sind dies folgende Operatoren: Roberts-Gradient, Summen-Gradient,
Sobel-Operator, Mittelwerts-Differenzen mit Operatorgroesse 3 x 3 und
5 x 5, verschiedene Laplace-Operatoren, positive und absolute Mittelwert-Median-Differenz sowie positiver und absoluter Momenten-Operator.
Die Ergebnisse werden bildlich dargestellt und diskutiert. Mit dieser
Uebersicht soll die Auswahl des fuer eine bestimmte Anwendung
geeigneten Gradientenverfahrens erleichtert werden.

1. Einleitung

In einem lokalen Fenster von n x n Bildelementen (n=2 bis 5) werden
zum Teil richtungsabhaengige Tiefpassoperationen (bei Sobel, Mittelwerts-Differenzen, Momenten-Operator) und orthogonal dazu die Absolut-
betraege von den Differenzen (1. oder 2.Ableitung) gebildet. Die
betragsmaessig groesste Differenz bzw. die Summe der Differenzen geben
dann den lokalen Wert des Gradienten an.
Bild 1 zeigt das systemtheoretische Prinzip der meisten Gradientenverfahren. Wegen der Betragsbildung und der Maximumbestimmung sind die
Gradientenverfahren nichtlinear.

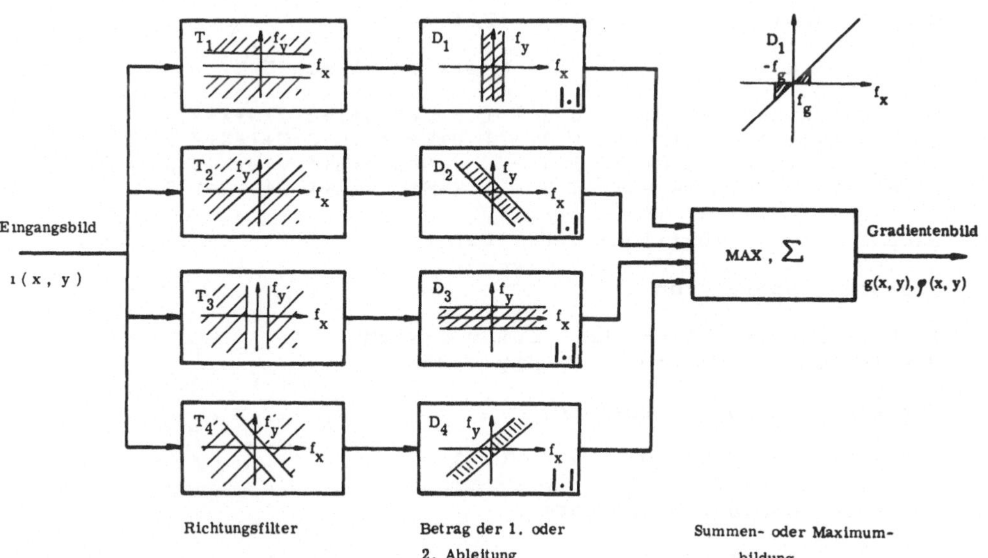

Bild 1: Prinzip der Gradientenverfahren

2. Beschreibung der Gradientenverfahren

Der Gradient fuer den Bildpunkt mit den Koordinaten Xo,Yo (in Bild 2 dargestellt mit seinen Nachbarbildpunkten) ist fuer die untersuchten Verfahren so definiert:

Bild 2:
Lokales Fenster fuer
die Operatorgroessen
2x2, 3x3 und 5x5

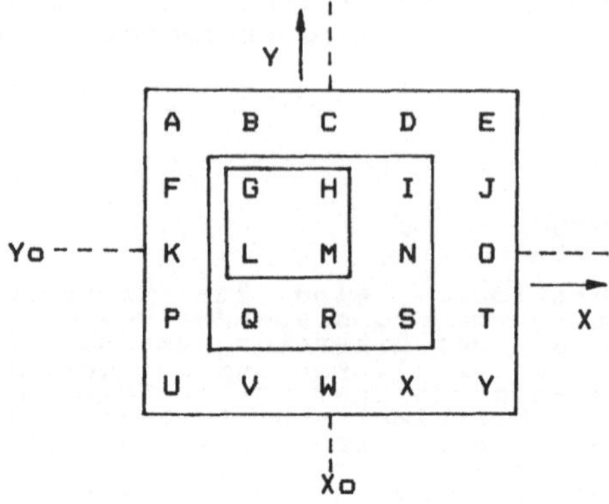

2.1. Roberts - Gradient:

$$G(ROB) = MAX [|G-M|,|H-L|]$$

2.2. Summen - Gradient:

$$G(SUM) = |G-M| + |H-M| + |L-M|$$

2.3. Sobel - Operator:

$$G(SOBEL) = |[G+2H+I]-[Q+2R+S]| + |[G+2L+Q]-[I+2N+S]|$$

2.4. Mittelwerts - Differenzen mit Operatorgroesse 3 x 3:

$$Dv = [G+H+I] - [Q+R+S] \qquad Dd = [G+H+L] - [N+R+S]$$
$$Dh = [G+L+Q] - [I+N+S] \qquad De = [H+I+N] - [L+Q+R]$$

$$G(MD3) = MAX \{ |Dv|,|Dh|,|Dd|,|De| \}$$

2.5. Mittelwerts - Differenzen mit Operatorgroesse 5x5:

$$Dv = [A+B+C+D+E+F+G+H+I+J] - [P+Q+R+S+T+U+V+W+X+Y]$$
$$Dh = [A+B+F+G+K+L+P+Q+U+V] - [D+E+I+J+N+O+S+T+X+Y]$$
$$Dd = [A+B+C+D+F+G+H+K+L+P] - [J+N+O+R+S+T+V+W+X+Y]$$
$$De = [B+C+D+E+H+I+J+N+O+T] - [F+K+L+P+Q+R+U+V+W+X]$$

$$G(MD5) = MAX \{ |Dv|,|Dh|,|Dd|,|De| \}$$

Laplace - Operatoren

2.Ableitung in X-Richtung $\quad \triangle^2 x = L+N-2M$
2.Ableitung in Y-Richtung $\quad \triangle^2 y = H+R-2M$

2.6. Positiver Laplace - Operator

$$G(Pos.Lap.) = MAX [0 ,\triangle^2 x + \triangle^2 y]$$

2.7. Absoluter Laplace - Operator

$$G(Abs.Lap.) = |\triangle^2 x + \triangle^2 y |$$

2.8. Positiver Pseudo - Laplace - Operator

$$G(Pos.Ps.Lap.) = MAX [0 , \triangle^2 x , \triangle^2 y]$$

2.9. Absoluter Pseudo - Laplace - Operator

$$G(Abs.Ps.Lap.) = MAX [| \triangle^2 x | , | \triangle^2 y |]$$

2.10. Positive Mittelwert - Median - Differenz (Operatorgroesse 3x3)

m = Medianwert der 3x3 Bildpunkte
μ = Mittelwert der 3x3 Bildpunkte

$$G(Pos.MMD) = MAX [0 , m - \mu]$$

2.11. Absolute Mittelwert - Median - Differenz (Operatorgroesse 3x3)

$$G(Abs.MMD) = | m - \mu |$$

2.12. Positiver Momenten - Operator

```
Mv = G+H+I+Q+R+S        Md = G+H+L+N+R+S
Mh = G+I+L+N+Q+S        Me = H+I+N+L+Q+R
```

$$G(Pos.M.Op.) = MAX \{ 0 , MAX [Mv,Md] - MIN [Mh,Me] \}$$

2.13. Absoluter Momenten - Operator

$$G(Abs.M.Op.) = | MAX [Mv,Md] - MIN [Mh,Me] |$$

3. Ergebnisse

Die Wirkungsweise der Gradientenverfahren wurde an einfachen Test-
mustern, wie Stufenkante, Rampenkante und isoliertem Stoerpunkt untersucht und wird an den Bildbeispielen (Kontrastbild, Architekturbild)
demonstriert.
Bild 3a ist ein rechnergeneriertes Kontrastbild mit verschiedenen
Stufenkanten und einfachen geometrischen Figuren (mit 128x128 Bildelementen, Intensitaetsbereich: 0-600). Das Architekturbild (Bild 5a)
soll das Verhalten der Gradienten bei feinen Strukturen und schwachen
Kontrasten aufzeigen (256x256 B.e., Int.ber. 0-1023). Der Stoereinfluss
von additivem gauss'schen Rauschen auf die Gradientenverfahren wird
bei dem verrauschten Kontrastbild Bild 4a (Standardabweichung der
Rauschquelle σ =25 Intensitaetseinheiten) und dem verrauschten Architekturbild Bild 6a (σ =100 I.e.).
Alle Bilder wurden auf den gleichen Intensitaetsbereich normiert, da
bei den verschiedenen Gradientenbildern sehr unterschiedliche Intensi-
taetsbereiche auftreten. Die Bilder fuer den absoluten Laplace-
Operator und den absoluten Momenten-Operator konnten aus Platzgruenden
nicht abgebildet werden. Die Bilder des absoluten Laplace-Operators
sind denen des absoluten Pseudo Laplace-Operators sehr aehnlich.
Zwischen den Bildern des positiven und absoluten Momenten-Operators
ist visuell kein Unterschied feststellbar.

Aus der Tabelle 1 sind die Vor- und Nachteile der einzelnen Operatoren qualitativ ersichtlich.

Verfahren	Konturbreite* (Schaerfe)	Rausch-empfindlichkeit**	Bemerkung
Roberts-Gradient	1-2	hoch	
Summen-Gradient	1-2	hoch	
Mittelwerts-Differenzen (3x3)	2-4	mittel	
Mittelwerts-Differenzen (5x5)	4	niedrig	
Sobel-Operator	2-4	mittel	
Positiver Laplace-Operator	1-2	sehr hoch	
Absoluter Laplace-Operator	2-3	sehr hoch	abgerundete Ecken, unempfindlich bei Rampen
Positiver Pseudo-Laplace-Operator	1-2	sehr hoch	
Absoluter Pseudo-Laplace-Operator	2-3	sehr hoch	
Positive Mittelwert-Median-Differenz	1-2	niedrig	unempfindlich bei Rampen
Absolute Mittelwert-Median-Differenz	2-3	niedrig	
Positiver Momenten-Operator	1-2	hoch	Verzerrungen, an Ecken Unterbrechungen und Ausstuelpungen, rampenunempf.
Absoluter Momenten-Operator	1-2	hoch	

Tabelle 1: Eigenschaften der Gradientenverfahren

* Breite der Sprungantwort (Zahl der Bildpunkte); bei den meisten Operatoren wird die Breite der Kontur von der Orientierung der Kante beeinflusst.

** Streuung des Gradienten bezogen auf die Streuung einer Stoerung des Originalbildes.

4. Diskussion

Die Leistungsfaehigkeit aller vorgestellten Verfahren nimmt bei verrauschten Bildern sehr stark ab. Die Laplace-Operatoren sind bei hoch-
frequentem Rauschen unbrauchbar, da sie auf die Stoerung staerker
reagieren wie auf Kanten. Eine Vorverarbeitung zur Stoerbeseitigung
z B. mit Medianfilterung ist daher ratsam. Am besten verhalten sich
bei Rauschen das positive und absolute Mittelwert-Median-Differenz-Ver-
fahren, da hier eine Tiefpassfilterung enthalten ist. Durch die Wahl
eines groesseren lokalen Fensters (z.B. 5 x 5) kann man die Rausch-
empfindlichkeit verringern (Mittelwerts-Differenzen-Verfahren 5 x 5),
nimmt aber dafuer breitere Konturen in Kauf.

Beschriftung zu den Bildern 3,4,5,6 :

(a) Original
(b) Roberts-Gradient
(c) Summen-Gradient
(d) Sobel-Operator
(e) Mittelwerts-Differenzen (3x3)
(f) Mittelwerts-Differenzen (5x5)
(g) Positiver Laplace-Operator
(h) Positiver Pseudo Laplace-Operator
(i) Absoluter Pseudo Laplace-Operator
(j) Positive Mittelwert-Median-Differenz
(k) Absolute Mittelwert-Median-Differenz
(l) Positiver Momenten-Operator

Literatur

/1/ B.J.Schachtner, A.Rosenfeld
    Some new methods of detecting step edges
    Computer Science Center: Technical Report TR-481
/2/ A.Rosenfeld, A.C.Kak
    Digital Picture Processing
    Academic Press New York 1976
/3/ W.K.Pratt
    Digital Image Procsseing
    John Wiley & Sons 1978

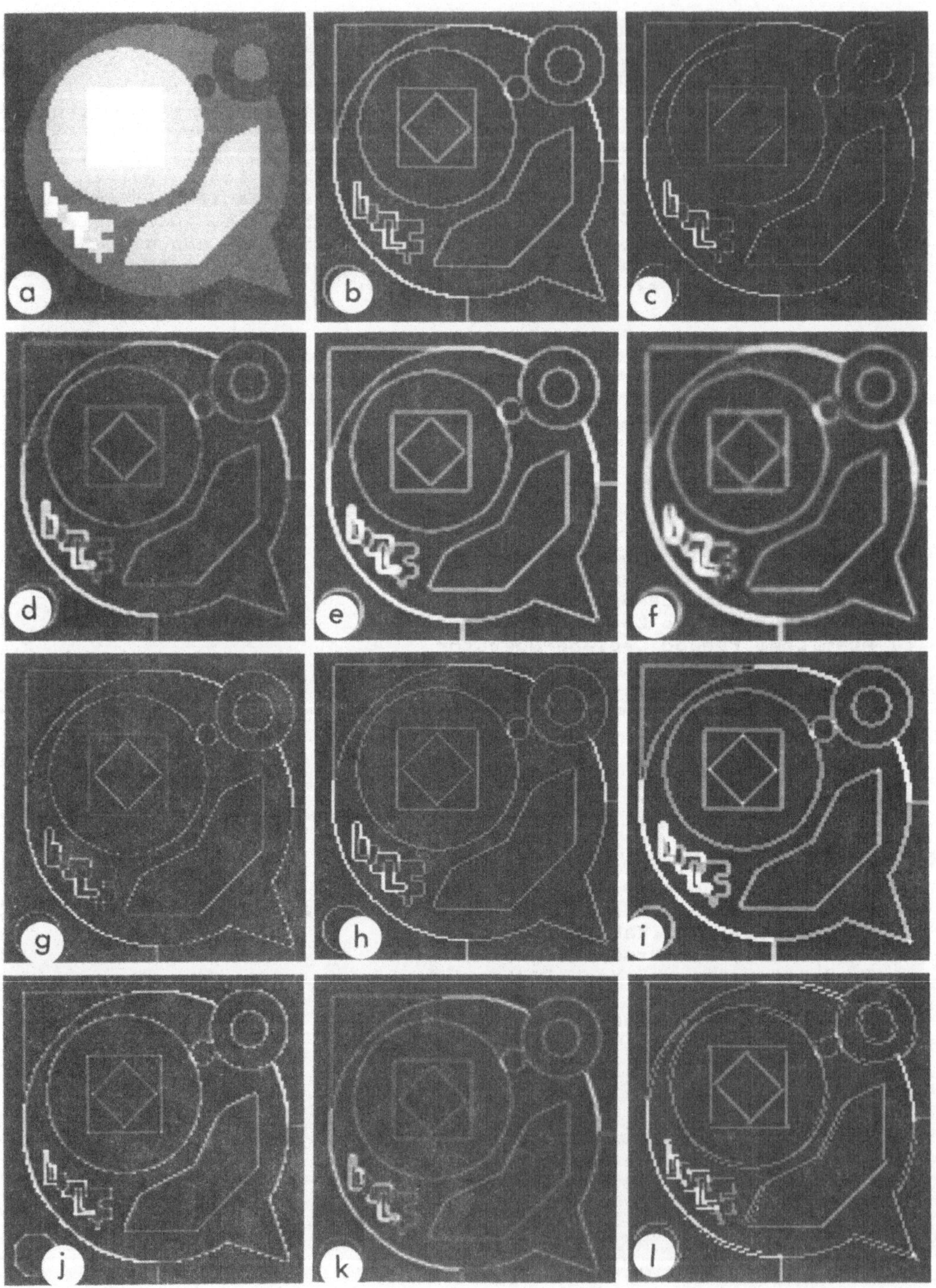

Bild 3: Kontrastbild Original und Gradientenbilder

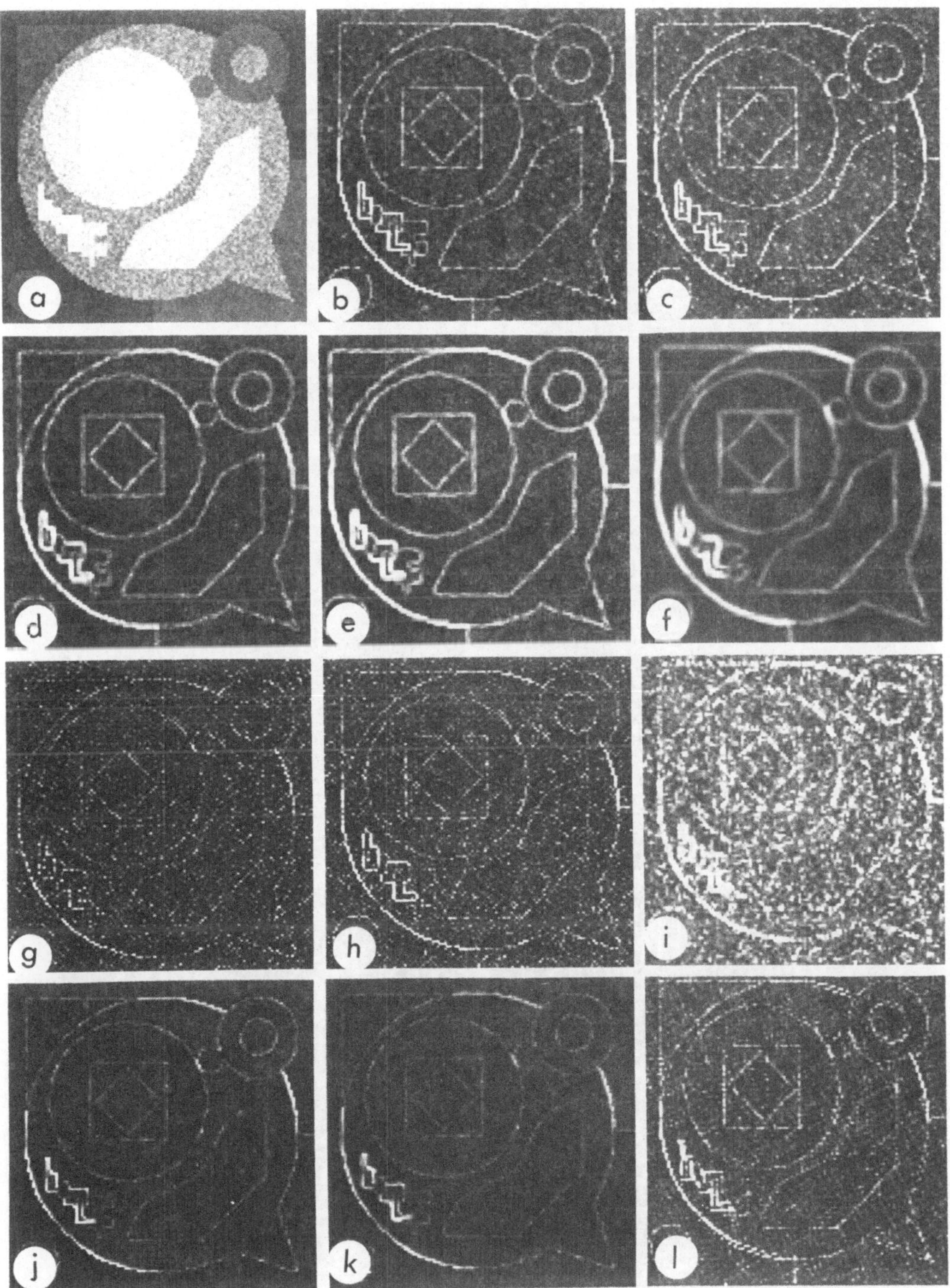

Bild 4: Kontrastbild verrauscht und Gradientenbilder

Bild 5: Architekturbild Originalbild und Gradientenbilder

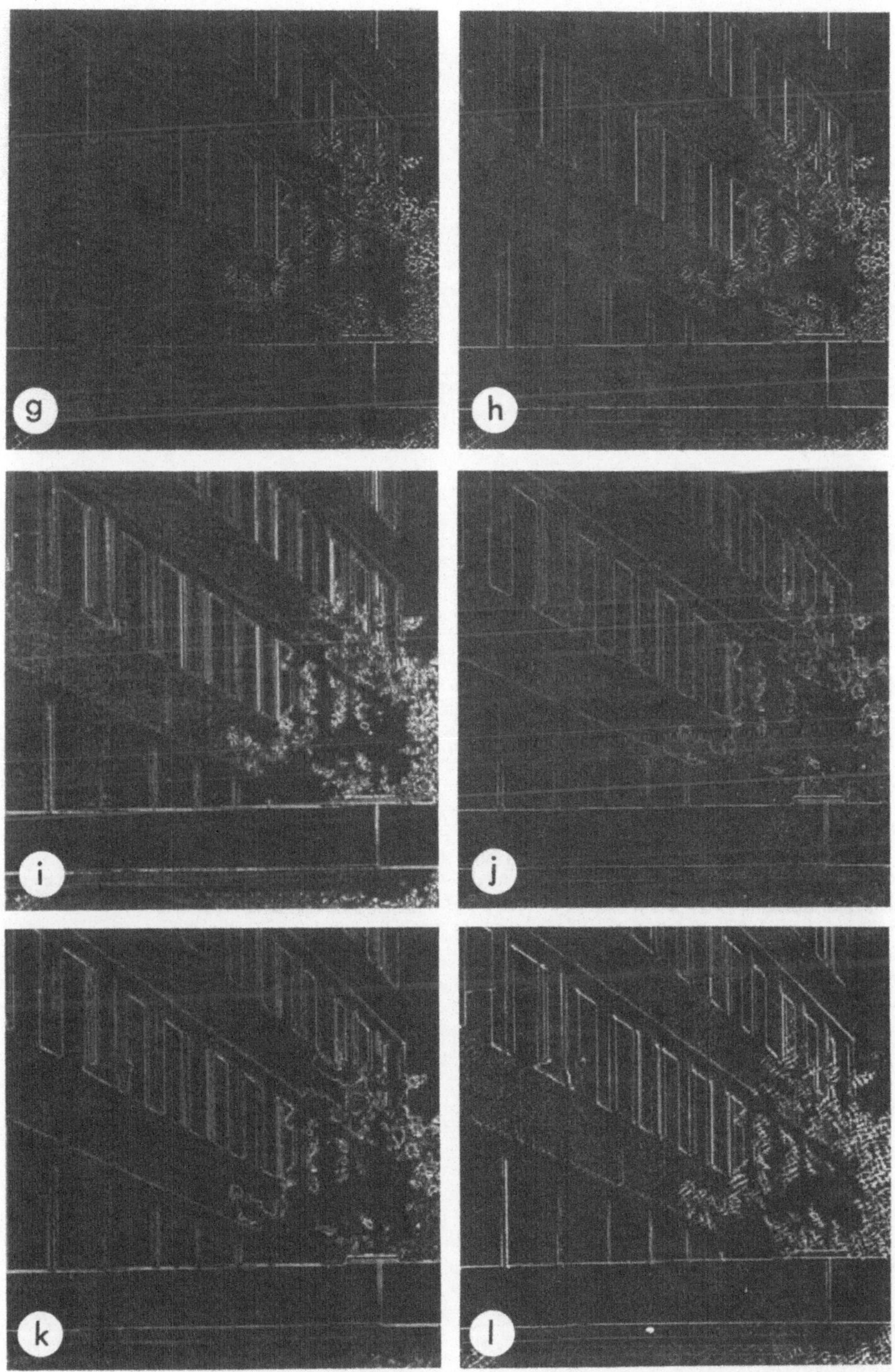

Bild 5: Fortsetzung

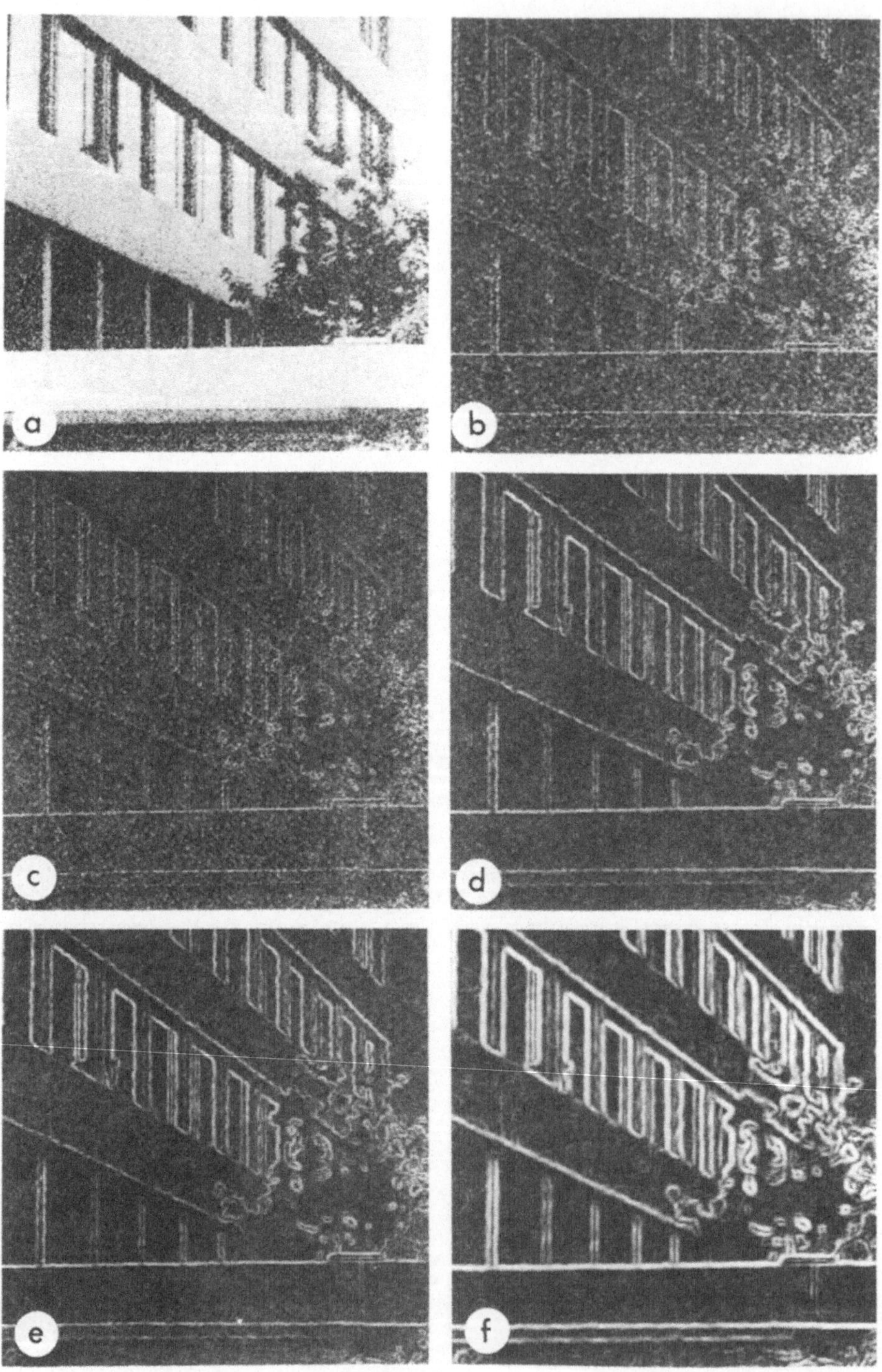

Bild 6: Architekturbild verrauscht und Gradientenbilder

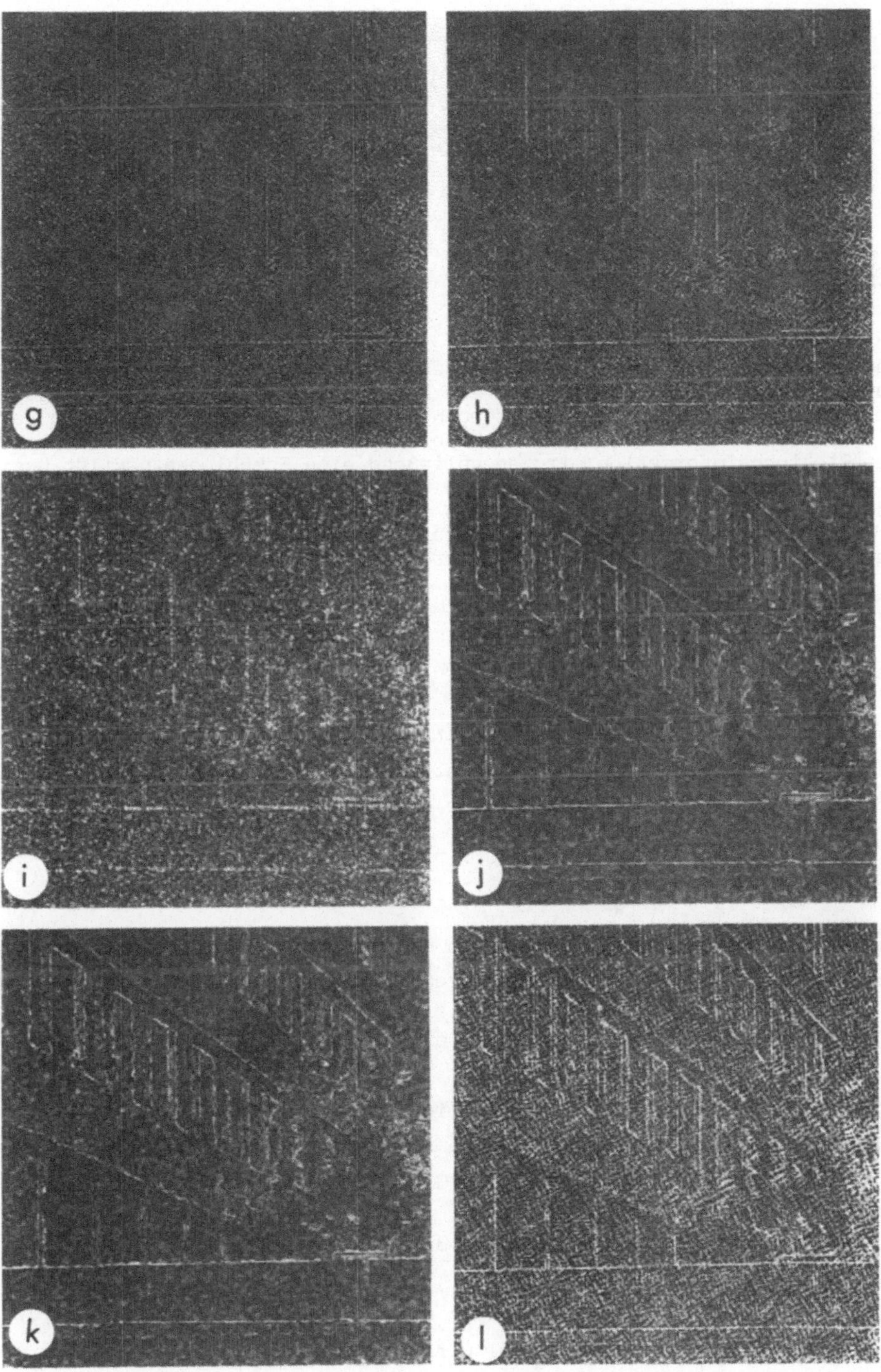

Bild 6: Fortsetzung

<u>EINE VERBESSERTE VERSION DES KANTENDETEKTIONSVERFAHRENS NACH MERO/VASSY</u>

M. Burow, F. Wahl

Lehrstuhl für Nachrichtentechnik, Techn. Universität München

Zusammenfassung

Für die Segmentation von Bilddaten ist eine Kantendetektion, die auch bei stark
gestörten Bildsignalen zuverlässige Ergebnisse liefert, eine entscheidende
Voraussetzung. Im Vorliegenden wird ein Operator vorgestellt, der im ersten
Schritt unter Verwendung zweier orthogonaler einfacher Basisfunktionen nach
MERO/VASSY (/1/) die Richtung einer Modellkante ermittelt. Unter Ausnutzung
dieser Richtungsinformation wird anschließend eine Schablonenfunktion über das
Bildfenster verschoben und für jede Position das zugehörige 'Match' berechnet.
Für die optimale Position der Schablone nimmt dieses seinen Maximalwert an.
Hierfür wurde ein aufwandsgünstiger Algorithmus entwickelt. Die Ergebnisse
werden anhand von Bildbeispielen dargestellt und diskutiert.

1. Einleitung

Neben anderen Verfahren zur Kantendetektion haben sich für gestörte Bildsignale
Methoden zur Approximation des Bildinhaltes durch Modellkanten bewährt.
Innerhalb eines Bildausschnittes D soll die durch

$$F(x,y,\beta,h,d,b) = \begin{cases} b+d & \text{für} \quad y - x \tan \beta \geq h \\ b & \text{für} \quad y - x \tan \beta < h \end{cases} \qquad (1)$$

gegebene, ideale Modellkante (Abb.1) an die Grauwerte E(x,y) des Bildausschnittes so angepaßt werden, daß der mittlere quadratische Fehler minimiert wird:

$$\iint_D (E(x,y) - F(x,y,\beta,h,d,b))^2 \, dx \, dy \; = \; \text{min.} \qquad (2)$$

HUECKEL (/2/) verwendet einen kreisförmigen Bildausschnitt D. Er löst die
Minimierung von Gl.(2) im Hilbert'schen Funktionenraum mit 8 Basisfunktionen.
MERO und VASSY weisen in /1/ nach, daß Gl.(2) gleichbedeutend ist mit:

$$M(\beta,h,d,b) = \iint_D E(x,y) \, T(x,y,\beta,h,d,b) \, dx \, dy \; = \; \text{max.} \qquad (3)$$

Gesucht wird also eine Schablone T(x,y) aus der Menge aller Kanten F(x,y),
deren Match bezüglich E(x,y) maximal wird. Sie repräsentiert die in E(x,y)
vorliegende Kante. MERO/VASSY geben eine Methode an, mit der sich die

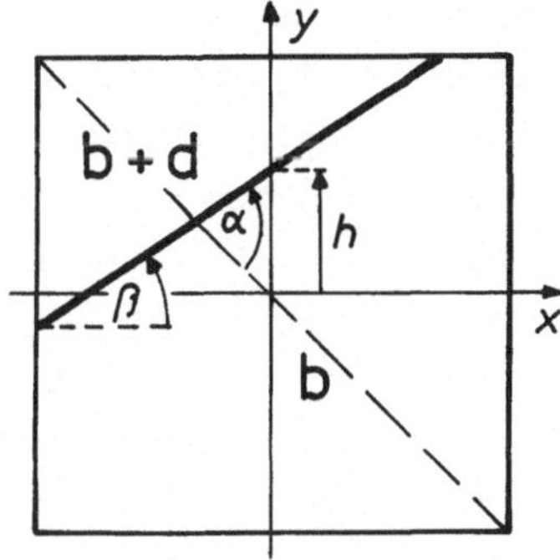

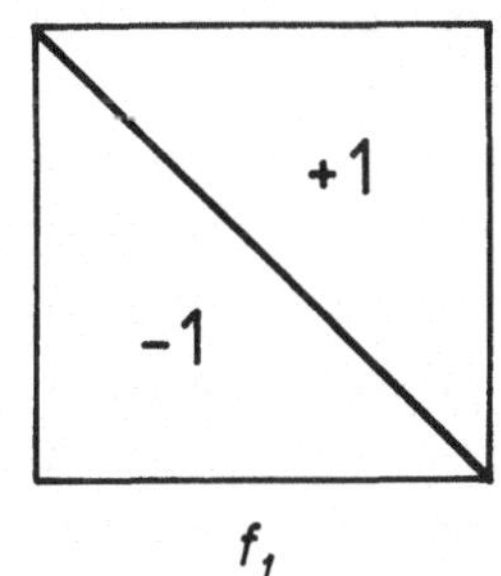

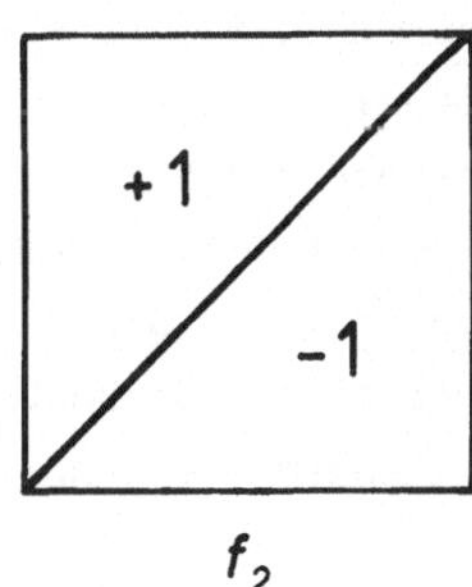

Abb 1: Modellkante nach Gl.(1)   Abb. 2: Basisfunktionen nach MERO/VASSY

Kantenrichtung β_m der optimalen Schablone $T(x,y,\beta_m,h_m,d_m,b_m)$ unabhängig von h, b,d berechnen läßt. Unter Verwendung der einfachen Basisfunktionen $f_1(x,y)$ und $f_2(x,y)$ aus Abb.2 in einem quadratischen Bildfenster D wird

$$\tan \alpha_m = \frac{1 + \tan \beta_m}{1 - \tan \beta_m} = \frac{\iint\limits_D E(x,y)\, f_2(x,y)\, dx\, dy}{\iint\limits_D E(x,y)\, f_1(x,y)\, dx\, dy} \qquad (4)$$

Zur Berechnung des noch unbekannten Lageparameters h_m müssen zusätzlich d_m, b_m und der Mittelwert von $E(x,y)$ bekannt sein. MERO/VASSY bestimmen d_m und b_m nur näherungsweise als Mittelwerte von $E(x,y)$ in Teilbereichen von D. Daher kann die Lage der Schablone im allgemeinen nur sehr ungenau berechnet werden.

2. Ein verbesserter Kantenoperator

Der oben erwähnte Nachteil wird durch das von uns verbesserte Verfahren vermieden. Die Bestimmung des Winkels β_m wird nach Gl.(4) durchgeführt. Zur Berechnung von h_m greifen wir jedoch auf das Match-Verfahren von Gl.(3) zurück. Hierzu wird $E(x,y)$ durch Normierung mittelwertfrei gemacht. Dann läßt sich eine vereinfachte Schablone mit der Kantenrichtung β_m verwenden:

$$f(x,y,h) = \begin{cases} + 1 & \text{für} \quad y - x \tan \beta_m \geq h \\ - 1 & \text{für} \quad y - x \tan \beta_m < h \end{cases} \qquad (5)$$

Damit nimmt das Match

$$M_a(h) = \left| \iint\limits_D E(x,y)\, f(x,y,h)\, dx\, dy \right| \qquad (6)$$

sein Maximum für $h=h_m$ an. Im diskretisierten Bildfenster von n x n Bildpunkten ist die Menge der durch Gl.(5) definierten Schablonen auf die n^2 Schablonen der

Menge $Q(\beta_m)$ begrenzt, die im diskreten Fall unterscheidbar sind. Zur Konstruktion von $Q(\beta_m)$ entwickelten wir eine Methode, die den Winkel β_m optimal approximiert. Die diskretisierte Schablone $S(k) \in Q(\beta_m)$ wird wie in Abb.3(a) als Begrenzung der k oberhalb gelegenen Bildpunkte $\{P_o\}$ definiert. Man denke sich in Abb.3(b) eine Gerade, die parallel zur Geraden g von oben nach unten verschoben wird. Sie überstreicht die Mitten aller Bildelemente P_1 in der Reihenfolge ihrer Abstände $a(P_1)$ von g. Jeder neu erfaßte Bildpunkt wird der Menge $\{P_o\}$ zugeordnet und damit die nächste Schablone $S(k+1)$ definiert. Bezeichnen wir mit i und j die Zeilen- bzw. Spaltennummer des Bildpunktes P, dann ist $a'(i,j)=i+(j-1)\tan\beta_m$ eine monotone Funktion des geometrischen Abstands $a(i,j)$ zu g. Um die Punkte $P_k=(i(k),j(k))$ nach der Reihenfolge k zu ordnen, so daß $a'(i(k+1),j(k+1)) \geq a'(i(k),j(k))$ für alle k gilt, entwickelten wir einen Algorithmus, der $i=i(k)$ und $j=j(k)$ mit geringem Aufwand liefert (/3/). Gegenüber üblichen Sortierverfahren wird die Zahl der Rechenschritte um den Faktor 10 bis 30 (abhängig von n) reduziert. Mit den so definierten Schablonen $S(k) \in Q(\beta_m)$ und der Bezeichnung $E_1=E(i(1),j(1))$ für den normierten Grauwert des l-ten Bildpunktes der Folge wird Gl.(6) im diskretisierten Fall zu

$$M_a(k) = \left| \sum_{l=1}^{k} E_1 - \sum_{l=k+1}^{n^2} E_1 \right| = \max_{(k)} \qquad (k=1,\ldots,n^2) \qquad (7)$$

Wegen der Normierung von $E(i,j)$ ist

$$\sum_{l=1}^{n^2} E_1 = 0 \quad \text{und daher} \quad M_a(k) = 2\left| \sum_{l=1}^{k} E_1 \right| = \max_{(k)} \qquad (8)$$

Durch dieses Vorgehen erhalten wir mit minimalem Rechenaufwand das k_m, welches Gl.(8) erfüllt. Der Fall $\tan\beta_m < 0$ wird durch Spiegelung auf den beschriebenen Fall zurückgeführt. Die resultierende optimale Schablone $S(k_m)$ wird im Bildfenster des Gradientenbildes durch ihre oberhalb gelegenen Begrenzugspunkte P_s repräsentiert, die durch $(i(l_s),j(l_s))$, $k_m-n < l_s \leq k_m$ eindeutig bestimmt sind. Sie bekommen im Gradientenbild den Grauwert $G_s=M_a(k_m)$ zugewiesen. Dadurch werden Kanten in der Mitte von D stärker gewichtet.

Abb. 3: Zur Konstruktion von $Q(\beta_m)$

a) Beispiel:
Schablone $S(17) \in Q(\beta_m)$,
für $\beta_m=22$;
$\{P_o\}$ ist mit den Rangnummern k bezeichnet

b) zur Definition des Abstands $a(i,j)$

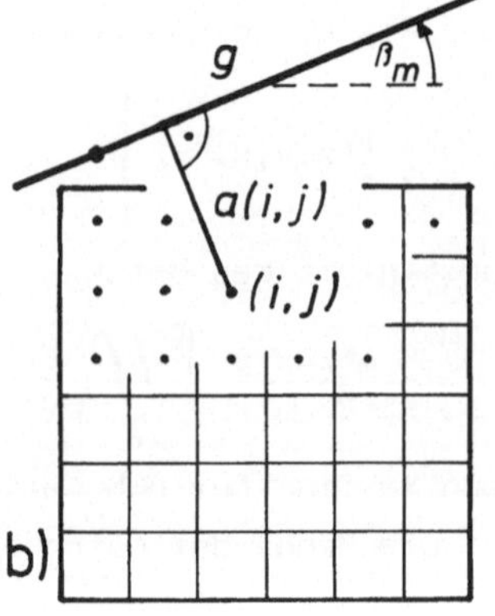

a)

1	2	3	5	7	10
4	6	8	11	13	16
9	12	14	17		
15					

b)

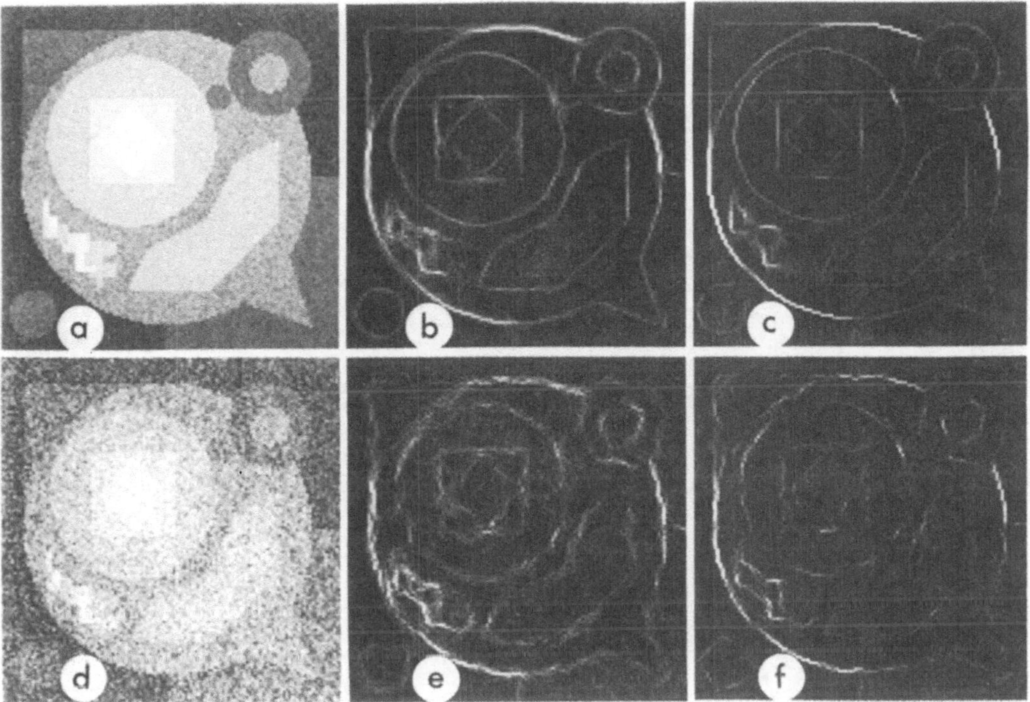

Bild 1: Vergleich des verbesserten Operators mit dem Operator von MERO/VASSY

3. Ergebnisse

Da mit dem oben beschriebenen Operator nicht nur die Richtung, sondern auch die
Lage der Kante innerhalb des Fensters D genau bestimmt werden kann, muß der
Operator nicht für jeden Punkt des Eingangsbildes angewendet werden. Wir verschieben das Operatorfenster um jeweils einen Bruchteil v seiner Höhe und
Breite n von links nach rechts bzw. von oben nach unten. Für v haben sich Werte
zwischen 1/n und 2/3 als brauchbar erwiesen. Im Gradientenbild wird die vom
Operator detektierte Kante additiv eingetragen. Dadurch erhalten von überlappen-
den Operatorfenstern übereinstimmend detektierte Kantenpunkte größeres Gewicht
und erscheinen heller. Die Qualität des Gradientenbildes läßt sich noch verbessern, wenn man eine Gradientenschwelle in der Größenordnung der minimalen zu
detektierenden Kantengradienten verwendet. Eine Kante wird nur dann in das
Gradientenbild eingetragen, wenn der Kantengradient größer als die Schwelle ist.
Wir demonstrieren die Leistungsfähigkeit unseres Operators anhand von Testbildern. Die Bilder 1(a),(d) zeigen ein mit Hilfe des Rechners erzeugtes, mit
einem gaußverteilten Rauschsignal additiv überlagertes Testbild von 128 x 128
Bildpunkten. Die Grauwerte des unverrauschten Originals sind in Schritten von
100 im Bereich von 100 bis 600 gestuft. Die Standardabweichung der Rauschver-
teilung ist $\sigma = 25$ für Bild 1(a) bzw. $\sigma = 100$ für Bild 1(d).

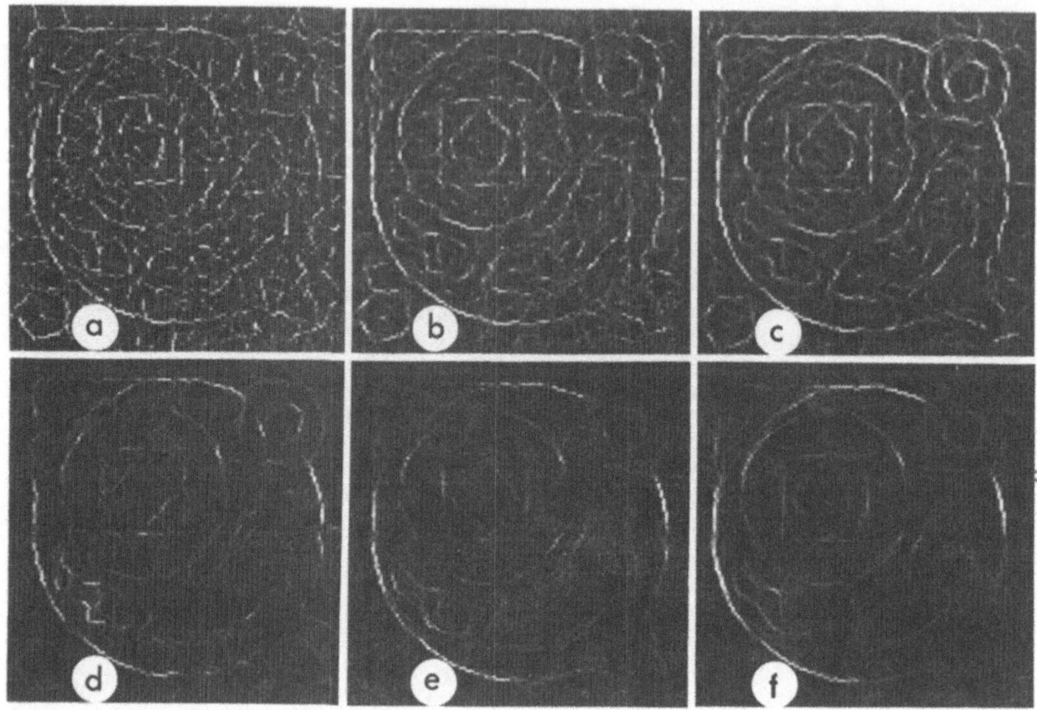

Bild 2: (a),(b),(c) Effekt der additiven Kanteneintragung im 'worst case'
(d),(e),(f) Einfluß der Fenstergröße n auf Rauschen und Kantenformen

Die Bilder 1(b),(e) zeigen die mit dem von MERO/VASSY angegebenen Operator
(Parameter: n=8, v=1/4, Schwelle=80 aus 1(a),(d) errechneten Gradientenbilder.
Zum Vergleich zeigen 1(c),(f) die Ergebnisse des verbesserten Operators (unter
Verwendung derselben Parameter). Die verbesserte Bestimmung der Kantenlage ist
deutlich zu erkennen. Sowohl in 1(b),(e) wie auch in 1(c),(f) wurden die Kanten
- wie beschrieben - additiv überlagert. Wegen der genaueren Lagebestimmung
resultiert bei unserem Verfahren eine Verstärkung der 'erwünschten' Kanten
und damit eine bessere Unterdrückung des Rauschens. Je geringer die Verschiebung
v, desto ausgeprägter ist dieser Effekt. Dies zeigt Bild 2(a),(b),(c), wobei v
entsprechend zu 1/2, 1/4, 1/8 gewählt wurde; die Fenstergröße ist n=8, Eingangsbild war 1(d). Um gleichzeitig das Verhalten unter Worst-case-Bedingungen zu
demonstrieren, wurde keine Gradientenschwelle gesetzt und überdies wurden die
Kanten unabhängig vom Kantengradienten mit dem Grauwert 1 eingetragen.
Der Einfluß der Fenstergröße n wird in Bild 2(d),(e),(f) mit n = 6, 10, 12 aufgezeigt. Das Eingangsbild und die Parameter sind dieselben wie für Bild 1(f).
Man erkennt, daß mit wachsendem n zwar das Rauschen besser unterdrückt wird,
gekrümmte Kanten aber durch das verwendete Kantenmodell nicht mehr genau genug
angenähert werden können.

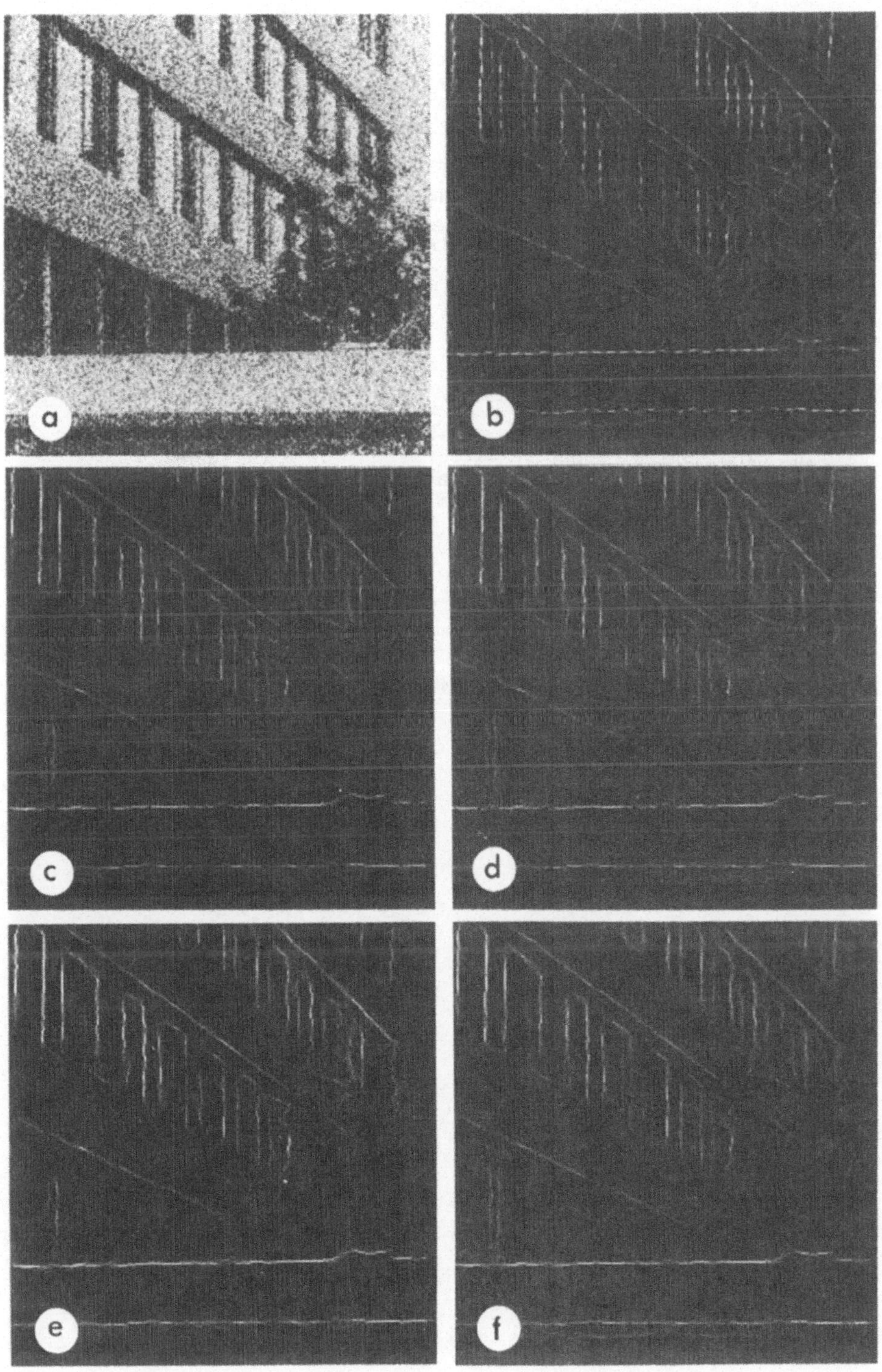

Bild 3: (b),(d),(f): aus (a) berechnete Gradientenbilder, ohne Schwelle; (c): wie (d), jedoch mit Schwelle 150; (e): Schwelle 250

Bild 3(a) ist ein Architekturbild, das zu 256 x 256 Bildpunkten und 1024 Graustufen digitalisiert und anschließend mit gaußverteiltem Rauschen von $\sigma = 300$
überlagert wurde. Wir demonstrieren in Bild 3(b),(d),(f) nochmals den Einfluß
des Verschiebungsparameters mit v = 2/3, 1/3, bzw. 1/6. Es wurde keine Gradientenschwelle verwendet; die Fenstergröße ist n = 12.
Bild 3(c) entspricht 3(d), jedoch mit der optimalen Schwelle 150, während die
Schwelle für Bild 3(e) mit 250 zu hoch gewählt wurde.

<u>Literatur</u>

/1/ Méro, L. and Vássy, Z.
     A simplified and fast version of the Hueckel operator
     for finding optimal edges in pictures
     In: Proceedings of the 4th International Conference
     on Artificial Intelligence (Tbilisi, USSR, Sept. 1975)

/2/ Hueckel, M. H.
     An Operator Which Locates Edges in Digitized Pictures
     Journal of the Association for Computing Machinery,
     Vol. 18, No. 1, January 1971

/3/ Burow, M. und Wahl, F.
     An Efficient Regional Edge Detection Method
     In preparation

<u>ZWEI VERFAHREN ZUR VOLLAUTOMATISCHEN SUCHE VON STARTPUNKTEN FÜR DIE</u>

<u>EXTRAKTION LINIENHAFTER OBJEKTE AUS GRAUWERTBILDERN</u>

W.-D. Groch
FIM, Karlsruhe

1. Zusammenfassung

Die derzeit realisierten interaktiv gesteuerten, teilautomatischen
Verfahren zur Extraktion linienhafter Objekte aus Grauwertbildern benötigen Startpunkte auf den Objekten. Im folgenden werden zwei vollautomatische Verfahren zur Startpunktsuche vorgestellt. Sie arbeiten
teils systematisch, teils objektgesteuert das gesamte Bild oder bestimmte Bildteilbereiche unter Anwendung lokaler Operatoren ab und
markieren dabei Startpunkte auf linienhaften Objekten.

2. Problemstellung

Die stets wachsende Zahl der Nutzer von Luftbildinformation (z.B. Re-
gional und Verkehrsplanung, Agrar- und Forstwirtschaft und Luftauf-
klärung) macht eine Erleichterung und Beschleunigung der Luftbildinterpretation erforderlich.

Zu diesem Zweck wurden zwei interaktiv gesteuerte, teilautomatische
Verfahren zur Extraktion linienhafter Objekte aus Grauwertbildern entwickelt. Beide Verfahren sind in /1/ kurz und in /2/, /3/ und /4/ ausführlich beschrieben.

Die beiden Linienextraktionsverfahren benötigen Startpunkte auf den
Objekten. Neben der früher angewandten Methode der manuellen Markierung
der Startpunkte stehen heute zwei vollautomatische Verfahren zur Verfügung.

3. Zwei Verfahren zur vollautomatischen Suche von Startpunkten

Nach Festlegung der Straßenbreite und Breitentoleranz suchen die Verfahren bestimmte, durch Auswahl einer Suchstrategie bezeichnete Bildteilbereiche ab und markieren Stücke linienhafter Objekte.

Beide Verfahren bearbeiten zuerst systematisch die einzelnen Bildteilbereiche und wechseln bei Verdacht auf ein linienhaftes Objekt zu einem objektgesteuerten Vorgehen. Die Bestätigung eines Verdachtsmomen-
tes erfolgt stufenweise, wobei die Berechnung abgebrochen und das
systematische Vorgehen fortgesetzt wird, sobald eine der Forderungen
an einen Startpunkt verletzt ist. Durch diesen gestaffelten Aufbau der
Berechnungen und die Vermeidung der Abarbeitung des gesamten Bildes
läßt sich der Rechenaufwand wesentlich reduzieren.

Im folgenden sind die beiden Verfahren am Beispiel von Straßen in Luftbildern erläutert.

3.1 Das Gradientenverfahren

Das Gradientenverfahren verwendet zur Suche von Startpunkten einen modifizierten Gradientenoperator. Die Berechnung des Kontrastgradienten
in einem Bildpunkt erfolgt mit Hilfe von Masken, die so über das Grauwertbild gelegt werden, daß der zu untersuchende Punkt im Mittelpunkt
der Maske liegt (siehe Bild 1). Durch Auswertung der Grauwerte in den
Maskenpunkten werden Betrag und Richtung des Kontrastgradienten angenähert berechnet. Unter Berücksichtigung der Tatsache, wie stetig die
Grauwerte längs der Maskenpunkte zu- und abnehmen, wird der Betrag in
das aussagekräftigere Gewicht des Gradienten überführt. Eine ausführliche Beschreibung des Gradientenoperators kann in /5/ nachgelesen werden.

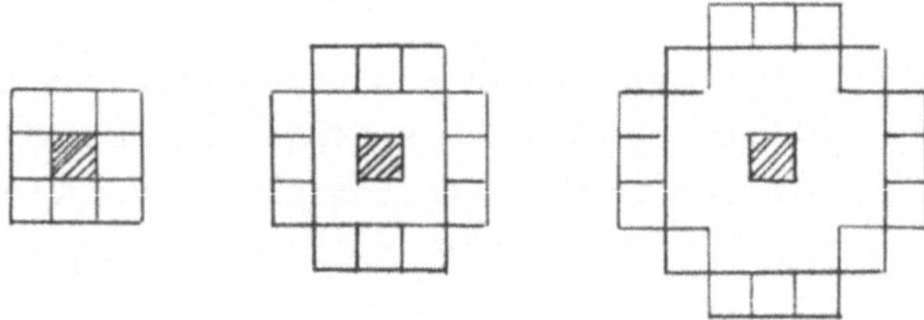

<u>Bild 1:</u> Beispiel für Masken bei der Gradientenberechnung

Die Anwendung des Gradientenoperators erfolgt in einzelnen quadratischen Bildteilbereichen, die nach bestimmten, durch die Suchstrategie
festgelegten Mustern im Bild verteilt sind.

Die Abarbeitung eines jeden Bildteilbereiches beginnt systematisch, indem der Reihe nach von links oben nach rechts unten die Kontrastgradienten einzelner Punkte berechnet werden. (Der horizontale und vertikale Abstand der zu untersuchenden Punkte richtet sich nach der verwendeten Maske, die bei der Festlegung der Straßenbreite automatisch gewählt wird. Der Kontrastgradient wird in einem Bildpunkt nur berechnet, wenn die Grauwerte in den Maskenpunkten eine ausreichende Varianz aufweisen).

Sobald das Gewicht des Kontrastgradienten in einem Bildpunkt einen Schwellwert überschreitet, wird das systematische Vorgehen unterbrochen. Der Punkt wird als Testpunkt bezeichnet, und seine Umgebung wird genauer untersucht. Die Bestätigung eines Testpunktes als Startpunkt erfolgt stufenweise nach den folgenden Bedingungen, wobei die Berechnung abgebrochen wird, sobald eine Bedingung nicht erfüllt ist (siehe Bild 2):

- Verläuft eine Konturlinie durch den Testpunkt?

  (Nacheinander werden vier Punkte auf der Kontur gesucht. Als Folgepunkt wird ein Punkt mit möglichst großem Gewicht etwa im Abstand der halben Straßenbreite ausgewählt. Seine Lage muß ungefähr rechtwinklig nach rechts/unten zur Richtung des Kontrastgradienten im letzten Punkt sein. Die vier Punkte müssen kollinear angeordnet sein, und die Richtungen ihrer Gradienten müssen annähernd gleich sein).

- Existiert eine Parallelkontur mit entgegengesetzten Richtungen des Kontrastgradienten in einem für die Straßenbreite zugelassenen Abstand?

  (Ermittlung von vier Punkten auf dieser Parallelkontur wie oben beschrieben).

- Lassen sich die beiden Konturlinien abwechselnd zweimal um je vier Punkte in der oben beschriebenen Weise verlängern?

  (Bei jeder Verlängerung einer Kontur wird überprüft, ob alle Punkte kollinear angeordnet sind, die Konturen parallel verlaufen und der Abstand der Konturen konstant ist).

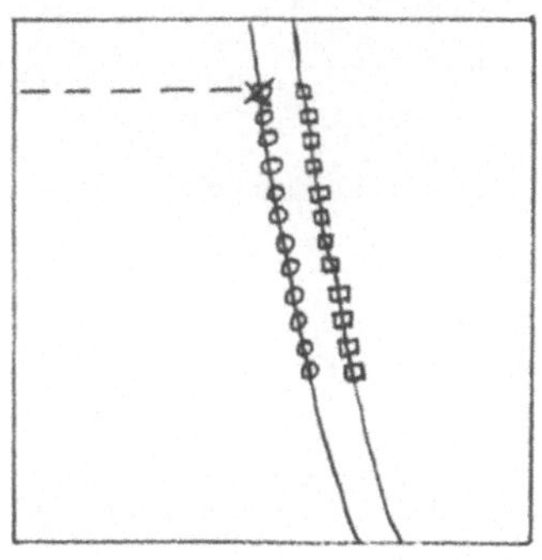

Bild 2: Beispiel für die Startpunktsuche in einem Bildteilbereich mit dem Gradientenverfahren. Auf der gestrichelten Linie erfolgt die systematische Suche nach Testpunkten. Der gefundene Testpunkt ist mit einem Kreuz gekennzeichnet. Die je zwölf ermittelten Punkt der beiden Konturlinien sind mit kleinen Kreisen und Vierecken bezeichnet.

Die beiden Mittelpunkte zwischen den jeweils ersten und letzten Punkten
der Konturlinien werden zusammen als Startpunkt bezeichnet. Damit ist
zusätzlich zum Ort auch die Richtung der Straße festgelegt. Vor Abarbeitung der nächsten Bildteilbereiche wird die Umgebung eines Startpunktes an Hand weniger Stichproben nach disjunkten Straßen untersucht
(z.B. Parallelfahrbahn einer Autobahn oder Schnellstraße).

Die Verteilung der quadratischen Bildteilbereiche über das Bild richtet
sich nach der ausgewählten Suchstrategie. Bei der Netzstrategie über-
decken die Bildteilbereiche (eventuell überlappend) das gesamte Bild,

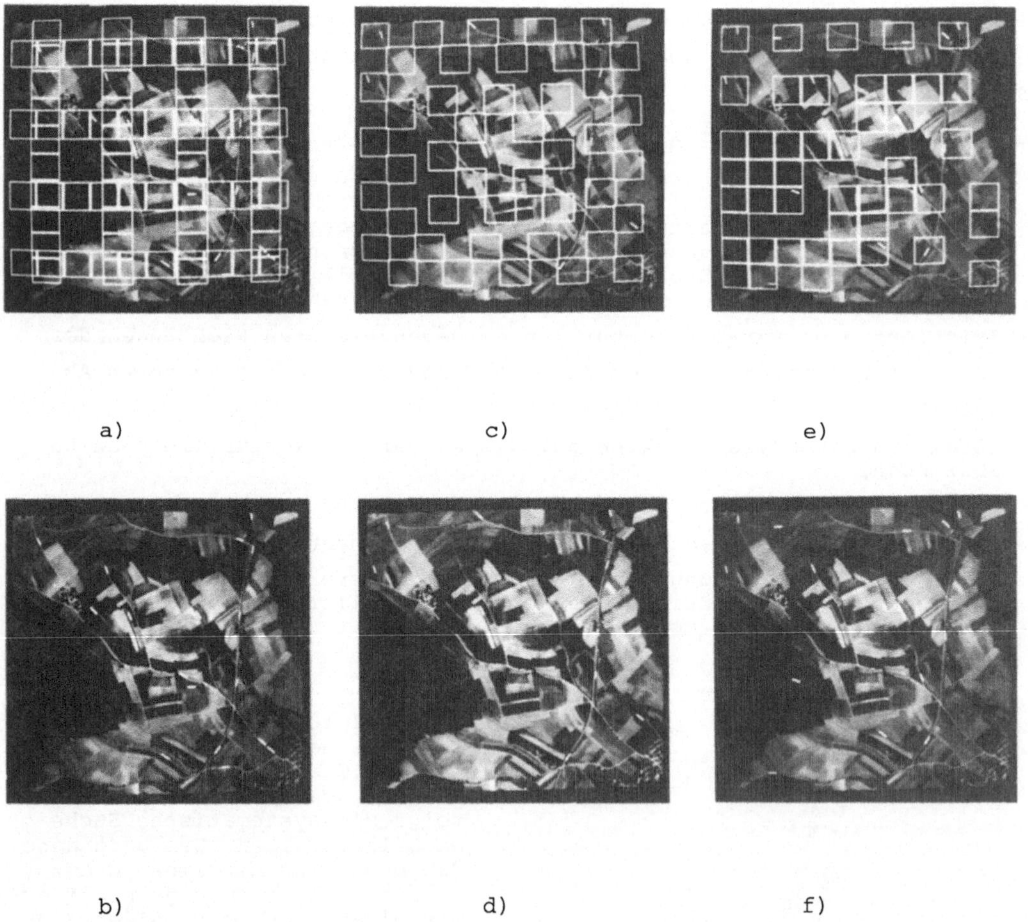

Bild 3: Beispiel für die Startpunktsuche mit dem Gradientenverfahren und
verschiedenen Suchstrategien. Die obere Reihe zeigt die Anordnung
der Bildteilbereiche mit den eingeblendeten Ergebnissen, in der
unteren Reihe sind nur die Ergebnisse dargestellt.

bei der Gitterstrategie (siehe Bild 3a und b) sind die Bildteilbereiche
gitterartig über das Bild verteilt, bei der Ringstrategie (siehe Bild
3c und d) beschreiben die Bildteilbereiche mehrere konzentrische Ringe,
und bei der erfolggesteuerten Netzstrategie (siehe Bild 3e und f) werden alle Bildteilbereiche des Gesamtnetzes nicht untersucht, die im
Verlaufe der Abarbeitung von links oben nach rechts unten neben einem
Bildteilbereich liegen, in dem ein Startpunkt gefunden wurde.

3.2 Das Kennzahlverfahren

Das Kennzahlverfahren ermittelt die Startpunkte mit Hilfe des Kennzahloperators, der Grauwertdiagramme entlang gerader und kreisförmiger Linien im Bild analysiert (siehe auch /6/). Der Kennzahloperator ermittelt
in einem Grauwertdiagramm Komponenten, die der Anschauung entsprechend
die Merkmale Berg, Tal, Hang, Stufe und Ebene tragen. Eine genaue Beschreibung des Kennzahloperators findet sich in /2/.

Zuerst werden systematisch die Grauwertdiagramme gitterförmig im Bild
verteilter Zeilen und Spalten untersucht. (Die Wahl einer Suchstrategie
beim Gradientenverfahren entspricht hier der Festlegung des Zeilen- und
Spaltenabstandes). Die möglichen Schnitte mit Straßen werden als Testpunkte vermerkt (Berge bzw. Täler im Grauwertdiagramm, die eine für die
Straße zugelassene Breite besitzen, können Schnitte mit hell bzw. dun-
kel zu ihrer Umgebung konstrastierenden Straßen darstellen). Um jeden
Testpunkt werden zwei konzentrische Kreise mit verschiedenen Radien gelegt. Die Grauwertdiagramme entlang der beiden Kreislinien werden wie
folgt ausgewertet, wobei die Untersuchung beim ersten Verstoß gegen
eine der Bedingungen abbricht (siehe Bild 4):

a) Innerer Kreis:
   - Existieren mindestens zwei gleichartige Komponenten mit zugelasse-
     ner Breite? Liegt ihr mittlerer Grauwert innerhalb eines Toleranz-
     bereiches um den mittleren Grauwert der Komponente des Testpunktes?
b) Äußerer Kreis:
   - wie a)
c) Beide Kreise:
   - Liegen die vier Komponenten aus a) und b) und der Testpunkt annä-
     hernd auf einer Strecke?
   - Verläuft der Grauwert auf dieser Teststrecke innerhalb eines Tole-
     ranzbereiches um die Grauwerte der beiden Streckenendpunkte?

Für jeden Testpunkt, der alle Bedingungen erfüllt, werden die Mittelpunkte der Komponenten auf dem äußeren Kreis als Startpunkt vermerkt.

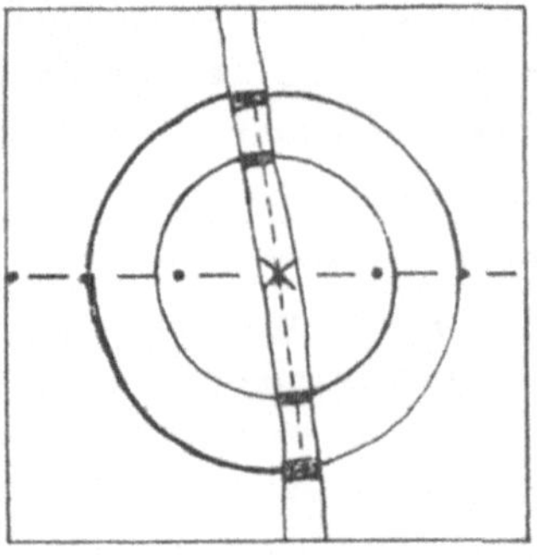

Bild 4: Beispiel für die Startpunktsuche mit dem Kennzahlverfahren. Die Suche nach Testpunkten erfolgt auf der abwechselnd mit Punkten und Strichen gekennzeichneten Linie. Die breiten Striche auf den Kreislinien um den Testpunkt (Kreuz) bezeichnen die vier ermittelten Komponenten und die gestrichelte Linie zeigt die Grauwertteststrecke.

Ein neben einem Startpunkt liegender Testpunkt wird nur untersucht, wenn auf den Kreisen um den bestätigten Testpunkt weitere nicht diametrale Komponenten auftauchten, die den Verdacht auf eine zweite parallele Fahrbahn nahelegten.

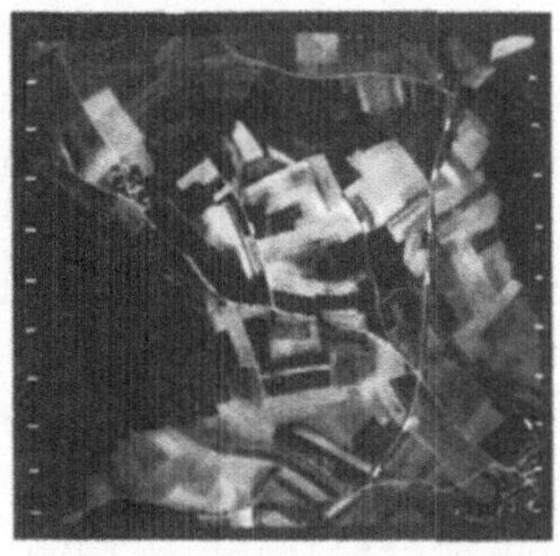

a)

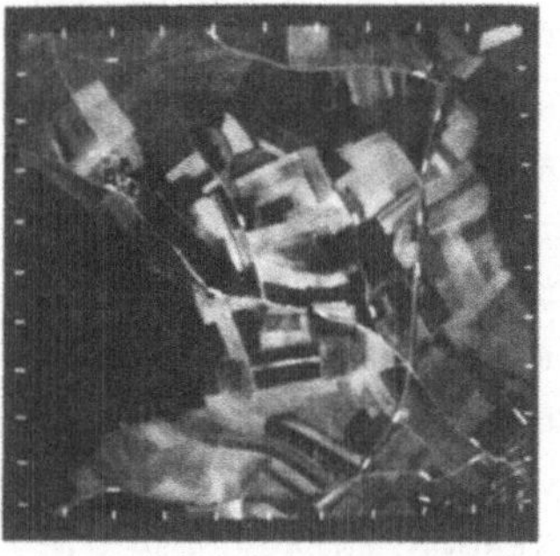

b)

Bild 5: Beispiel für die Startpunktsuche mit dem Kennzahlverfahren. In Bild a wurden die Testpunkte nur auf Bildzeilen gesucht, in Bild b wurden die Ergebnisse spaltenweise ermittelter Testpunkte zusätzlich eingeblendet.

4. Bemerkungen zu den Verfahren

Beide Verfahren erfüllen die Aufgabenstellung zur vollen Zufriedenheit. Beim vollautomatischen Ablauf der Verfahren werden neben der Straßenbreite und der Breitentoleranz auch die Größe der quadratischen Bildteilbereiche für die Netzstrategie des Gradientenverfahrens und der Zeilen- und Spaltenabstand für das Kennzahlverfahren automatisch aus dem Bildmaßstab errechnet. Durch Abänderung dieser Werte und Auswahl einer anderen Suchstrategie hat der Operateur die Möglichkeit, den Rechenaufwand, sowie die Zahl und Anordnung der Startpunkte in Abhängigkeit von den Bilddaten zu beeinflussen.

Auf einem modernen Großrechner lassen sich für die Abarbeitung eines Bildes mit 1000 x 1000 Bildpunkten Rechenzeiten von weniger als einer Minute erzielen. Das Kennzahlverfahren ist weniger rechenaufwendig als das Gradientenverfahren, hat aber aufgrund seiner schwächeren Kriterien eine geringfügig höhere Fehlerrate. Testreihen haben für das Gradientenverfahren eine Fehlerrate von maximal drei Prozent und für das Kennzahlverfahren eine Fehlerrate von maximal fünf Prozent ergeben.

5. Literaturverzeichnis

/1/ Groch, D.-W., Kestner, W., Obermöller, U., Sties, M. — "Teilautomatische Objektextraktion aus Luftbildern" aus "Bildverarbeitung und Mustererkennung" Informatik-Berichte Nr. 17, DAGM-Symposium, Oberpfaffenhofen, Oktober 1978, Springer-Verlag, Berlin, Heidelberg, New York, 1978

/2/ Jahresbericht 1977, FIM

/3/ Jahresbericht 1978, FIM

/4/ Kestner, W. — "Semiautomatic extraction of roads from aerial photographs" Final Technical Report, June 1978, EUROPEAN RESEARCH OFFICE, United States Army, London, Englang, 1978

/5/ Schärf, R. — "Erzeugung linienhafter Bildmuster aus Grautonbildern mit Hilfe der Kontrastgradienten" Forschungsbericht aus der Wehrtechnik, BMVg-FBWT 73-10

/6/ Bausch, U. Groch, W.-D., Kestner, W., Obermöller, U., Sties, M. — "Interaktiv gesteuerte, teilautomatische Datenextraktion für Objekte aus Luftbildern" Zwischenbericht für 1978, FIM

EXTRAKTION VON OBJEKTEN AUS LUFTBILDERN DURCH OBJEKT-
SPEZIFISCHE VERFAHREN MIT STUFENWEISER VERBESSERUNG
DER ÖRTLICHEN GENAUIGKEIT

U. Bausch, W. Kestner, U. Obermöller, M. Sties

Forschungsinstitut für Informationsverarbeitung und
Mustererkennung

Breslauer Straße 48, 7500 Karlsruhe

1. Einleitung

Die Luftbildinterpretation ist, unabhängig von der jeweiligen Anwendung,
wegen der Vielfalt der Objekterscheinungen und der Komplexität der Ob-
jektzusammenhänge weitgehend noch dem speziell dafür geschulten Menschen vorbehalten; ein automatisches System zur Lösung dieser Aufgabe
ist nicht bekannt /1/. Dabei wird "Interpretation" als der Oberbegriff
bezeichnet, dem alle anderen Begriffe wie z.B. Bildsegmentierung, Ob-
jekterkennung, Objektklassifizierung, Bestimmung von Objektgrenzen,
Objekteigenschaften oder Objektzusammenhängen usw. untergeordnet sind.

Für einzelne Teilprobleme, wie z.B. die Objektklassifizierung,ohne
direkte Bestimmung der Objektgrenzen,auf der Basis multispektraler
Bilddaten sind automatische oder zumindest teilautomatische Verfahren
angegeben worden /2, 3/. Die Probleme bei der Linien- und Flächenent-
deckung in Luftbildern werden mit steigendem Interesse untersucht
/4, 5, 6, 7, 8, 9/. Die systematische, flächendeckende Vorgehensweise
dieser Verfahren führt in der Regel zu langen Rechenzeiten und - wegen
der variablen Erscheinungsweise der Objekte - zu nicht vernachlässig-
baren Fehlerraten. Der nachfolgend beschriebenen Extraktion von Objekten aus Luftbildern liegt eine prinzipiell andere Vorgehensweise zugrunde (siehe z.B. auch /10/).

2. Prinzipielle Vorgehensweise

Unter der Extraktion eines Objektes wird hier die Bestimmung der Objektgrenzen (Kontur) oder der Objektmittellinie nach vorausgegangener
Identifizierung mindestens eines Objekt- oder Konturpunktes verstanden.

Die Frage, ob ein solcher Punkt visuell durch einen Interpreten oder automatisch identifiziert wird, soll hier nicht weiter erörtert werden (siehe auch /11/). Dieses Vorgehen führt damit auch zu einer Lösung des Problems der Bildsegmentierung, d.h. zur Trennung und Isolation aller interessierenden Einzelobjekte in einem Bild.

Die Extraktionsverfahren arbeiten sowohl objektspezifisch oder mindestens objekttypspezifisch (die Parameter sind objekttypspezisch) als auch objektgesteuert (im Gegensatz zur systematischen Bearbeitung von Bildern). Es werden 3 Objekttypen unterschieden und auch verschieden bearbeitet, die die meisten in Luftbildern erkennbaren Objekte umfassen:

- linienförmige Objekte, die ein extremes Länge/Breite-Verhältnis aufweisen, wie z.B. Straßen, Schienen- und Wasserwege. Die Extraktion solcher Objekte führt zur Angabe ihrer Mittellinie.

- Flächenobjekte, die zweckmäßigerweise durch eine geschlossene Konturlinie beschrieben werden, wie z.B. ein Acker, eine Wiese, ein Wald.

- Punktobjekte weisen eine sehr kleine, nicht vernachlässigbare Flächenausdehnung auf, wie z.B. einzelne Bäume, Häuser, Fahrzeuge. Zur Beschreibung reicht häufig ein Koordinatenpaar aus.

Als objektspezifische Vorgehensweise wird die Bereitstellung und Ausnutzung bestimmter Objekteigenschaften bezeichnet. Es handelt sich dabei z.B. um die Breite einer Straße oder die Texturierung einer Waldfläche. Durch die Beachtung dieser Eigenschaften gelingt es, die Extraktionsverfahren einfacher und schneller zu gestalten und zugleich die Zuverlässigkeit der Ergebnisse zu erhöhen.

Die objektgesteuerte Vorgehensweise arbeitet grundsätzlich nicht im ganzen Bild, sondern in eingeschränkten Bildbereichen. Durch die Definition des Startpunktes liegt es nahe, die Fortsetzung der somit aufgezeigten Kontur nur in einer engen Nachbarschaft um diesen momentanen Standort zu suchen. Durch diese Bereichseinschränkung werden erheblich weniger Daten zur Verarbeitung angeboten als bei einem systematischen Ablauf im ganzen Bild, so daß eine weitere Geschwindigkeitssteigerung erzielt wird. Außerdem befreit diese Vorgehensweise die Extraktionsverfahren von der Last, Objekte in solchen Bildteilen zu suchen, in denen mit großer Wahrscheinlichkeit keine Objekte vorhanden sind. Andernfalls wären dort mit Sicherheit auch Startpunkte definiert worden.

In ihrem Kern beruhen die Verfahren auf einer lokal begrenzten Analyse des Grauwertverlaufs. Die Objektsteuerung ermöglicht die Bachtung einer Vorzugsrichtung der gesuchten Objektteile (siehe auch /12/), so daß anstelle einer zweidimensionalen Grauwert-Untermatrix jeweils nur eindimensionale Grauwertprofile orthogonal zur momentanen Fortschreitungsrichtung analysiert werden. Die Analyse beruht nicht auf einer Korrelation des Grauwertprofils mit vorgegebenen Sollformen, sondern auf einer punktweisen Abschätzung der Möglichkeit, ob die Kontur des bekannten Objektes im Grauwertprofil enthalten sein könnte. Im nachfolgenden Abschnitt 4 wird dieser Verarbeitungsprozeß näher erläutert.

Als letztes Grundprinzip sei das stufenweise Vorgehen zur Verbesserung der örtlichen Genauigkeit erwähnt. Zur Anpassung an die unterschiedlichen Genauigkeitsanforderungen verschiedener Anwender werden mehrere Verfahren nacheinander eingesetzt, wobei das nachfolgende Verfahren stets auf den (Zwischen-) Ergebnissen des vorausgegangenen aufbaut. Bei wachsendem Bearbeitungsaufwand ist es somit möglich, die Genauigkeit des Ergebnisses von einer groben Approximation der gesuchten Kontur bis zu einer bildpunktgenauen Approximation zu steigern. Im Abschnitt 5 wird das Vorgehen erläutert.

3. Erläuterung der objektspezifischen Objektextraktionsverfahren

3.1 Verfahren zur Extraktion linienförmiger Objekte

3.1.1 Das inkrementelle Verfahren

Die Grundzüge des inkrementellen Verfahrens sind in /13/ bereits erläutert worden. Gesteuert durch die Ergebnisse einer Grauwertprofilanalyse in der näheren Umgebung des momentanen Standortes, bewegt sich das Verfahren schrittweise entlang dem linienförmigen Objekt. Dabei werden die Verfahrensparameter, wie z.B. Objektbreite, mittlerer Objektgrauwert und Schrittweite ständig an die aktuellen Werte angepaßt. Das Verfahren wurde um eine Kreisanalyse erweitert, um einerseits lokale Störungen des Objektverlaufs bewältigen zu können und um andererseits eine vollständige Analyse von Objektkreuzungen sicherzustellen. Die Kreisanalyse untersucht Grauwertprofile, die entlang konzentrischer Kreise um den momentanen Standort aus dem Bild entnommen werden.

3.1.2   Das Schnittlinienverfahren

Das Verfahren mit äquidistanten Schnittlinien analysiert in einem vorgegebenen Bildbereich ("area of interest"), in dem sich zumindest ein
Teil eines Linienobjektes befindet, das Grauwertprofil mehrerer Schnittlinien (siehe auch Abschnitt 4), um die Bewertungsergebnisse der einzelnen Schnittlinien dann zu längeren, zusammenhängenden Punktfolgen
zu verbinden (siehe auch /12/).

3.2   Verfahren zur Extraktion flächenartiger Objekte

3.2.1 Das Binärisierungsverfahren

Für bestimmte Flächenobjekte, die einen relativ einheitlichen Grauwert
und zu ihrer Umgebung einen guten Kontrast aufweisen (wie z.B. ein
Nadelwald oder eine Wasserfläche im Wärmebild), kann man den ungefäh-
ren Verlauf der Objektgrenze durch Binärisierung erhalten. Dazu wird
das Objekt durch eine area of interest umfaßt, innerhalb der durch
eine einfache Grauwertuntersuchung (z.B. im Histogramm eines Quer-
schnitts) Schwellen definiert werden (siehe auch /14/).Man erhält somit Objektflächen, Nichtobjektflächen und Flächenanteile, die sich weder zur Objektfläche noch zur Nichtobjektfläche eindeutig zuordnen
lassen. Die zuletzt genannten können durch eine Nachverarbeitung mit
lokaler Mehrheitsentscheidung entweder dem Objekt oder dem Nichtobjekt
zugeordnet werden oder in der "neutralen" Übergangszone bleiben. Die
Umrandung der Objektfläche liefert zuletzt die gewünschte Polygondarstellung der Objektkontur.

3.2.2   Das Radialstrahlenverfahren

Zur Bestimmung einiger weniger Stützpunkte der Grenzlinie eines Flä-
chenobjektes werden, ausgehend von einem in der Fläche definierten
Punkt (P_0 in Abb. 1) Strahlen in gleichbleibender Winkeldiffe-
renz systematisch durch P_0 gelegt und das Grauwertprofil entlang dieser
Strahlen, ähnlich wie beim Schnittlinienverfahren (Abschnitt 3.1.2)
analysiert und die Kandidaten geeignet miteinander verbunden.

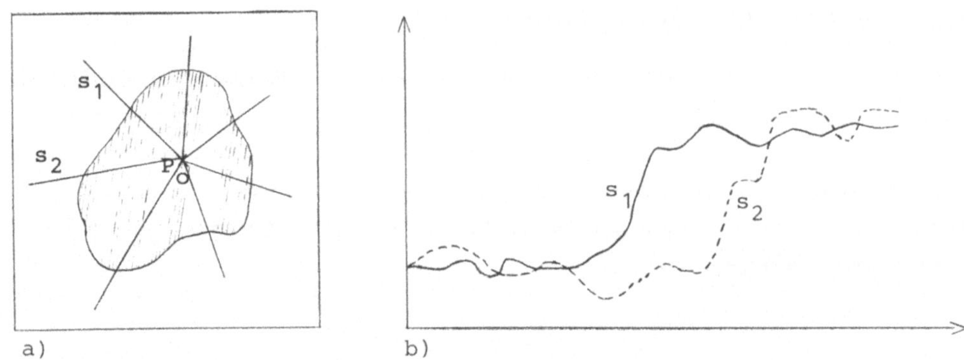

<u>Abb. 1</u>   Radialstrahlenverfahren zur Extraktion von Flächenobjekten;

a) der interaktiv definierte Punkt P_O als Basis für die Radialstrahlen;

b) das Grauwertprofil entlang der Strahlen s_1 und s_2

3.2.3 Das modifizierte Schnittlinienverfahren

Zunächst kann man zur Extraktion eines Teils einer Flächenobjektgrenze das Schnittlinienverfahren,wie in Abschnitt 3.1.2 geschildert, einsetzen (siehe Abb. 2). Eine notwendige Modifizierung zur Anpassung an die Form des Grauwertverlaufs im Bereich einer Flächengrenze wurde eingeführt, über die in Abschnitt 4 ausführlicher berichtet wird.

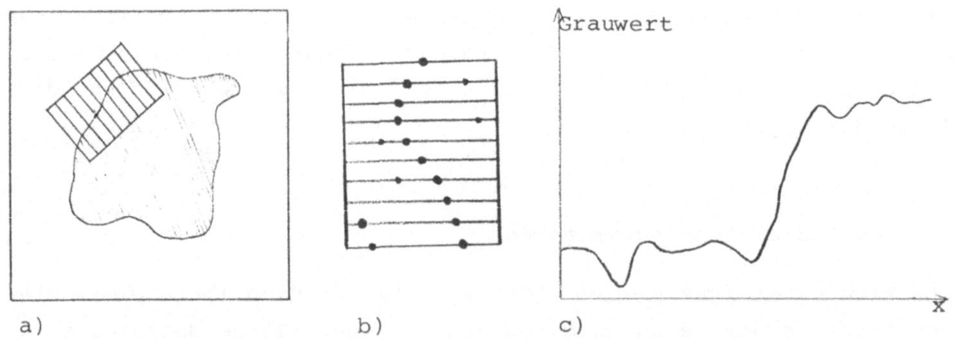

<u>Abb. 2</u>   Das modifizierte Schnittlinienverfahren zur Extraktion von Flächenobjektgrenzen

a) die area of interest enthält einen Teil der Objektgrenze;

b) die Schnittlinien mit den Kandidaten;

c) das Grauwertprofil entlang einer Schnittlinie

Eine zweite Modifikation besteht darin, daß man die area of interest zur Umfassung der ganzen Flächenobjekte vergrößert. Die Grauwertprofilanalyse wird jetzt sowohl längs als auch quer zu den Schnittlinien ange-

wandt. Die lokale Zusammenfassung der einzelnen Kandidaten ergibt sofort eine vollständige, geschlossene objektbegrenzende Linie.

3.3 Verfahren zur Extraktion von Punktobjekten

Das Verfahren zur Extraktion punktartiger Objekte geht ebenfalls mehr-
stufig vor und beruht auf den gleichen Prinzipien wie die bisher beschriebenen Verfahren. Die Einschränkung des Bereichs, in dem solche
Objekte gesucht werden, erfolgt z.B. durch die Beschränkung auf die
nächste Umgebung der Straßen des hier als bekannt vorausgesetzten Stras-
sennetzes im Bild. Zumindest für Fahrzeuge und Häuser trifft diese Voraussetzung vollständig zu. Quer zur jeweiligen Straßenrichtung wird
durch die Analyse des Grauwertprofils, wie sie in Abschnitt 3.1.1 beschrieben ist, versucht, einen ersten Hinweis auf die Existenz eines
Punktobjektes zu erhalten. Dieser erste Verdacht erhärtet sich, wenn
an dieser Stelle, jedoch senkrecht zur Richtung der ersten Analyse,
ebenfalls ein Hinweis auftaucht, wonach die Erscheinung im Grauwertverlauf nach Ausdehnung, Form und Lage im Grauwertdiagramm auf ein Punkt-
objekt schließen läßt (siehe Abb. 3).

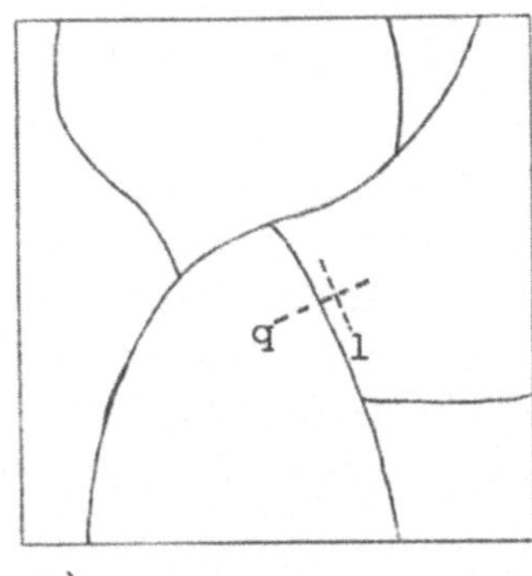
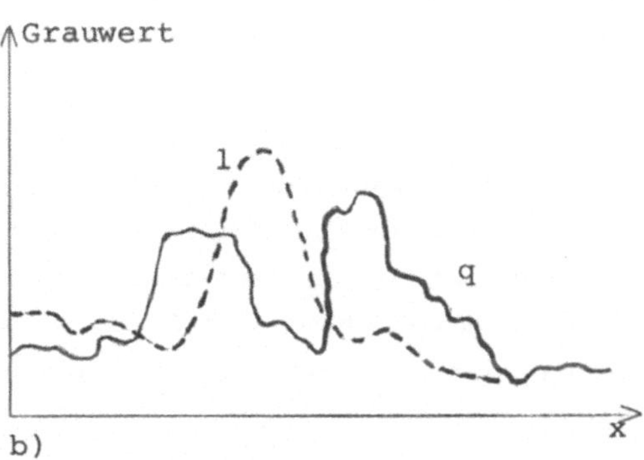

Abb. 3 Analyse von Grauwertprofilen zur Entdeckung von Punktobjekten
   a) Suchbereich eingeschränkt auf die Umgebung des Straßennet-
      zes im Bild
   b) Grauwertprofil quer und parallel zur Straßenrichtung

Nur an den Stellen, an denen die zweite Prüfung eine Verdachtsbestäti-
gung ergab, wird die Untersuchung in einer Untermatrix passender Größe
fortgesetzt. Zunächst wird versucht, mit der Kenntnis der Ergebnisse
der Grauwertprofilanalyse die Punktobjektgrenze durch Binärisierung zu
gewinnen. Falls sich dabei eine zu große Objektfläche ergibt, wird die
Untersuchung abgebrochen. Für die verbleibenden Punktobjekte werden verschiedene Formparameter wie z.B. das Länge/Breite-Verhältnis, das Flä-
che/Umfang-Verhältnis errechnet und als Merkmale für die Unterscheidung zwischen den 3 genannten Punktobjektklassen verwendet.

4. Bewertung eines Grauwertprofils

Eine gemeinsame Eigenschaft der meisten zuvor beschriebenen Verfahren
ist die Analyse und Bewertung eines an definierter Stelle aus der Bildmatrix entnommenen eindimensionalen Grauwertverlaufs. Die grundsätzliche
Vorgehensweise dieser Operation wird nun, getrennt für linienförmige und
flächenartige Objekte, beschrieben.

4.1 Analyse des Grauwertprofils für linienförmige Objekte

Der Querschnitt durch ein klar sichtbares linienförmiges Objekt (z.B.
eine Straße oder ein Wasserlauf) weist ein charakteristisches Grauwertprofil auf: eine helle Straße in dunkler Umgebung wird als "gipfelför-
mige Erhebung" (siehe Abb. 4a, Stelle A) und ein dunkler Wasserlauf in
heller Umgebung wird als "talförmige Vertiefung" (Abb. 4a, Stelle B)
im Grauwertverlauf erscheinen.

Man geht nun von der Annahme aus, daß in einem zu analysierenden Grauwertverlauf Querschnitte durch linienförmige Objekte enthalten sind.
Zur Prüfung dieser Annahme wird für jede Stelle dieses Grauwertverlaufs
ein Wert V berechnet, der die Vereinbarkeit mit dieser Annahme bewertet. Der Wert V errechnet sich durch arithmetische Verknüpfung der absoluten Grauwertänderung ΔG_1 und ΔG_2 mit der "Breite" ΔB der lokalen
Erscheinung (siehe Abb. 4 b). Abb. 5 zeigt einen Ausschnitt aus einem
realen Grauwertverlauf und die Bewertungsfunktion. Man erkennt, daß,
vereinfacht gesprochen, die Stellen des Grauwertverlaufs mit dem größten Betrag der 2. Ableitung am höchsten bewertet werden, gefolgt von

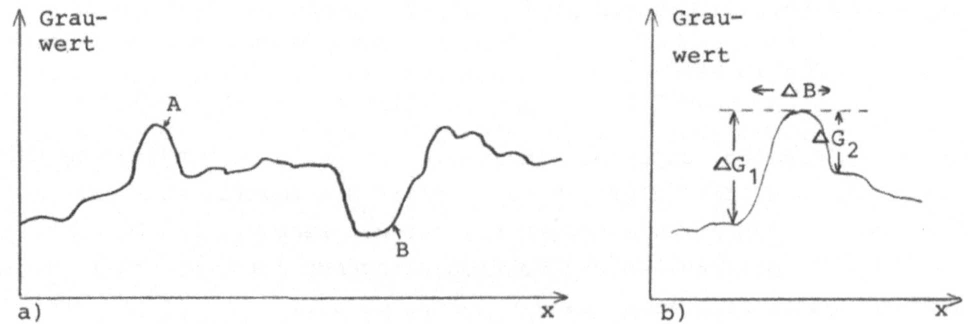

<u>Abb. 4</u>   a) Idealisierter Grauwertverlauf mit Querschnitten durch
linienförmige Objekte

b) Zur Erläuterung der Berechnung des Wertes V

den Stellen mit dem größten Betrag der 1. Ableitung, während ein lokal gleichmäßiger (kontrastloser) Grauwertverlauf niedrig bewertet wird.

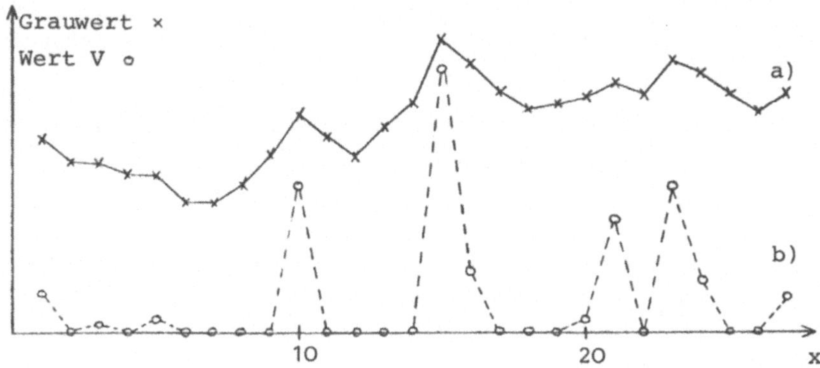

<u>Abb. 5</u>   Realer Grauwertverlauf (a) und Bewertungsfunktion für helle, linienförmige Objekte (b)

4.2 Analyse des Grauwertprofils für Flächenobjektgrenzen

Der Querschnitt durch das Grenzgebiet zwischen zwei Objektflächen ergibt (im Idealfall, siehe Abb. 6) ein charakteristisches Grauwertprofil. Im Prinzip wäre die Bewertung eines solchen Profils mit dem zuvor geschilderten Verfahren möglich, das auch die Existenz eines Grauwertsprunges hoch bewertet. Zur Anpassung an reale Verhältnisse in Luftbildern, bei denen die Grauwertprofile von Objektgrenzen durch Strukturierung, schwache Kontraste und Störungen keineswegs mit der in Abb. 6 gezeigten Idealform übereinstimmen, wurde ein zweites Vereinbarkeitsmaß entwickelt. Dieses Maß wird für jede Stelle eines Grauwertprofils berechnet als eine arithmetische Verknüpfung der folgenden lokalen Eigenschaften des Grauwertverlaufs (siehe auch Abb. 6):

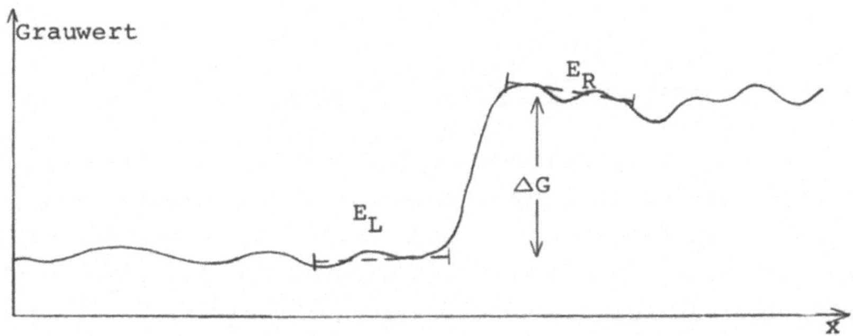

<u>Abb. 6</u>   Ideales Grauwertprofil des Querschnittes durch eine Flächenobjektgrenze

58

- "Ebenheit" des Grauwertverlaufs E_L und E_R in unmittelbarer Nachbarschaft links bzw. rechts der zu bewertenden Stelle

- die Grauwertdifferenz ΔG zwischen den über eine begrenzte Nachbarschaft gemittelten Grauwerten zu beiden Seiten der zu bewertenden Stelle

- der Unterschied in der Grauwertvarianz zu beiden Seiten der zu bewertenden Stelle ("Grauwertstrukturunterschied").

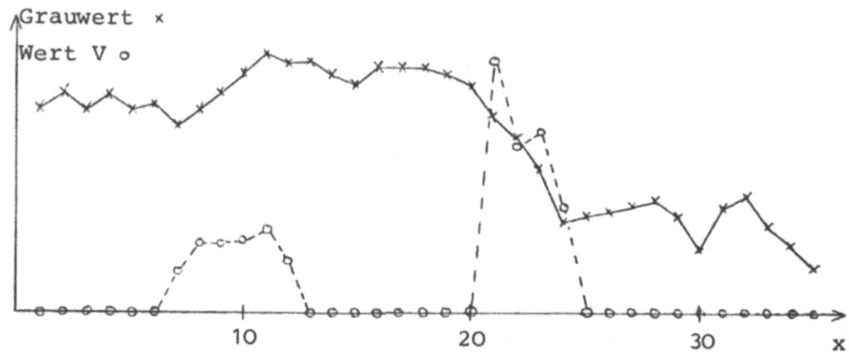

Abb. 7   Reales Grauwertprofil einer Flächenobjektgrenze und Bewertungsfunktion

Dieses Vereinbarkeitsmaß nimmt hohe Werte an den Stellen des Grauwertprofils an, in denen eine Grauwertdifferenz oder ein Grauwertstrukturunterschied auftritt: in diesen Stellen liegt mit großer Wahrscheinlichkeit eine Flächenobjektgrenze vor. Das Vereinbarkeitsmaß weist niedrige Werte auf an den Stellen des Profils, in denen keine oder nur zufällige Grauwertänderungen auftreten. Abb. 7 zeigt ein Beispiel eines realen Grauwertprofils und die dazu errechnete Bewertungsfunktion.

5. Stufenweise Verbesserung der örtlichen Genauigkeit

Durch den Einsatz der beschriebenen, unterschiedlichen Verfahren und durch die problemanpaßbare Parametereinstellung ist es möglich, den unterschiedlichen, anwendungsspezifischen Anforderungen bei der Extraktion von Objektgrenzen weitgehend gerecht zu werden. Die Auswahl des jeweils günstigsten Verfahrens und die Wertzuweisung für die wichtigsten Parameter bleibt meist der Interaktion durch den Operateur vorbehalten. Die einzelnen Möglichkeiten sind in Tabelle 1 angedeutet.

Stufen der örtlichen Genauigkeit	Linienförmige Objekte	Flächenobjekte	Punktobjekte
Vorstufe	Startpunkte	einzelne Objektpunkte	Einschränkung des Erwartungsbereichs auf die Nachbarschaft
Grobe Approximation (Grobkontur)	Gradlinige Verbindung zwischen wichtigen Objektpunkten	Gradlinige Verbindung einiger Punkte auf der Objektkontur	Objektschwerpunkt
Feine Approximation (Feinkontur)	Polygonzug mit einem Objektpunktabstand von einigen Pixel	Polygonzug mit einem Konturpunktabstand von einigen Pixel	Form und Lage des Objektes
Höchste Genauigkeitsstufe (Feinstkontur)	Polygonzug mit dicht aufeinanderfolgenden Objektpunkten	Polygonzug mit dicht aufeinanderfolgenden Konturpunkten	

Tabelle 1   Stufen der örtlichen Genauigkeit für die 3 Objekttypen

5.1 Extraktion linienförmiger Objekte

Ausgehend von der Vorstufe, die durch einige wenige Startpunkte für
die nachfolgenden Extraktionsverfahren dargestellt wird, erreicht man
die erste Stufe der Genauigkeit durch die Anwendung des Schnittlinien-
verfahrens, das mit sehr wenigen Schnitten aufgerufen wird. Je gradli-
niger und je ungestörter der Objektverlauf ist, desto weniger Schnitte
reichen aus. Zwischen den ermittelten Objektpunkten wird die Grobkontur
durch gradlinige Verbindung erzeugt. In Zweifelsfällen wird man einige
Objektpunkte interaktiv hinzufügen, insbesondere Objektkreuzungen und
-biegungen, die als Stützpunkte für die nächste Stufe der Genauigkeit
unerläßlich sind.

Eine feinere Approximation des Objektverlaufs erhält man, indem man das
Schnittlinienverfahren mit einer größeren Zahl von Schnittlinien zwischen den Objektpunkten der Grobkontur einsetzt oder das inkrementelle
Verfahren mit nichtminimaler Schrittweite von diesen Objektpunkten ausgehend verwendet. Es zeigt sich dabei, daß beide Verfahren sich gut ergänzen, da das zuletzt genannte einem sehr stark gekrümmten Objektverlauf besser folgen kann, während das erstere Objektstörungen besser
überwindet. Abb. 8 zeigt als Beispiel die Extraktion von Straßen aus
einem Luftbild im Maßstab 1 : 30000. Die höchste Stufe der Genauigkeit
erreicht man, indem man von den Objektpunkten der Feinkontur ausgehend
das Schnittlinienverfahren mit maximal möglicher Schnittliniendichte
oder das inkrementelle Verfahren mit minimaler Schrittweite einsetzt.

5.2 Extraktion der Kontur von Flächenobjekten

Als Vorstufe wird hier die Markierung eines Punktes in einem Flächenobjekt oder die rechteckige oder anders geformte Umfassung (z.B. durch einen Kreis oder eine Ellipse) des Objektes bezeichnet. Die Ermittlung einer Grobkontur erfolgt durch den Einsatz des Binärisierungs- oder des Radialstrahlenverfahrens. In beiden Fällen ist es zweckmäßig und in der Regel ausreichend, in einer Bildmatrix mit geringer räumlicher Auflösung zu arbeiten. Abb. 9 zeigt als Beispiel die Grobkontur einer Waldfläche.

Zur Erzeugung einer feineren Approximation der Flächenkontur wendet man das modifizierte Schnittlinienverfahren zwischen je 2 Punkten der Grobkontur an. Die Schnittliniendichte wählt man nicht zu groß, um die feinen Biegungen der Kontur (z.B. Lichtung am Waldrand) übergehen zu können. In den meisten Anwendungsfällen wird diese Approximationsgenauigkeit ausreichen. Wenn die extrahierte Linie jede Einzelheit der Kontur aufweisen soll (z.B. jede einzelne Baumkrone eines Waldrandes), so kann man entweder das modifizierte Schnittlinienverfahren oder das inkrementelle Verfahren zwischen den Stützpunkten der zuvor gefundenen Feinapproximation einsetzen. Dazu muß die größte Schnittliniendichte bzw. die kleinste Schrittweite gewählt werden.

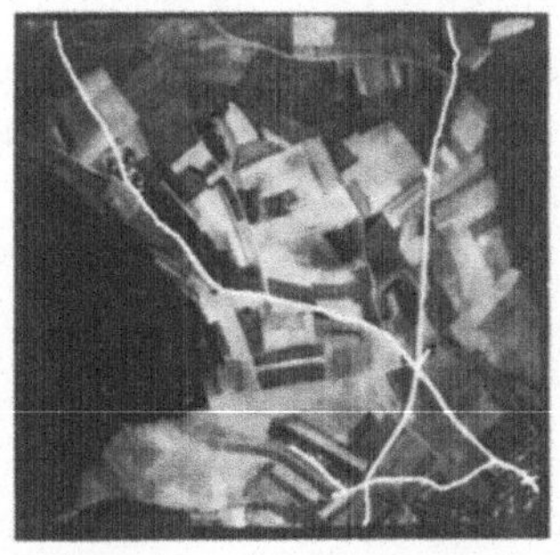

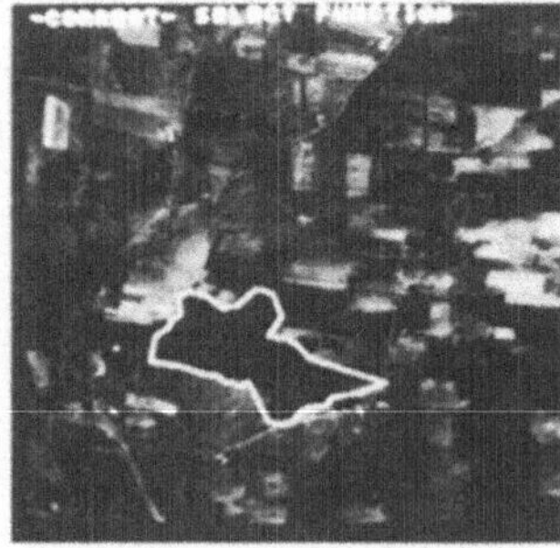

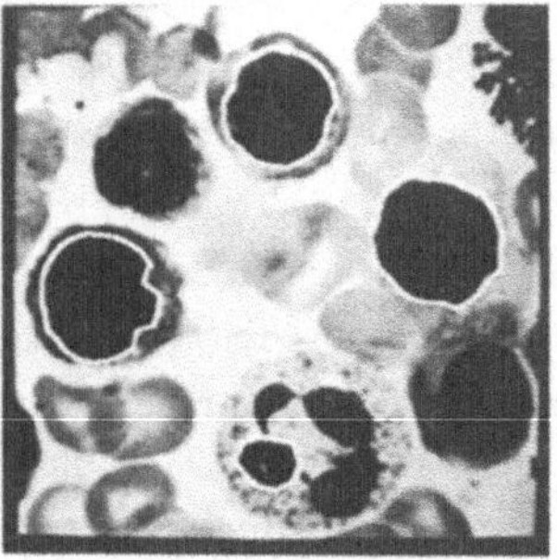

Abb. 8 einige extrahierte Straßen

Abb. 9 Grobkontur eines Waldstückes

Abb. 10 Grobkontur von Zellkernen

5.3 Extraktion punktförmiger Objekte

Für diese Aufgabenstellung gibt es in diesem Projekt keine Alternativen. Die Vorgehensweise ist in Abschnitt 3.3 bereits erläutert.

6. Diskussion der Ergebnisse

Alle erläuterten Verfahren sind in Form von Simulationsprogrammen implementiert. Aufgrund der Beschränkungen der Rechenanlage war es nicht möglich, alle Verfahren in einem Programmsystem zusammenzufassen; die Übertragung von Zwischenergebnissen zwischen einzelnen Verfahren erfolgte über Dateien auf einem Massenspeicher.

Die Verfahren wurden anhand von digitalisierten Luftbildausschnitten und Scannerdaten in Maßstäben zwischen 1 : 10000 und 1 : 100000 ausführlich getestet. Es zeigt sich, daß zugunsten der gewählten Lösung folgende Punkte sprechen:

- die bis heute noch unerläßliche Interaktion durch den Menschen ist an zwei Stellen sinnvoll zusammengefaßt: zu Beginn erfolgt die Auswahl des Verfahrens, die Wertzuweisung für einige Parameter usw. und am Ende die Korrektur oder Vervollständigung der Ergebnisse

- eine moderne Rechenanlage voraussetzend, ergeben sich niedrige Verarbeitungszeiten. Eine Abschätzung ergab, daß z.B. zur Extraktion des Straßennetzes aus der Abbildung eines 2×2 km^2 großen Gebietes mit durchschnittlicher Bebauung eine Rechenzeit (reine Prozessorzeit) von weniger als 10 sec erforderlich ist. Dies zeigt, daß die gesamte Verarbeitungszeit maßgeblich durch die Interaktion und nicht durch die notwendige Prozessorleistung bestimmt wird. Die Interaktion kann zukünftig auch noch, zumindest teilweise, durch automatische Schritte ersetzt werden.

- die Verfahren führen zu sicheren Ergebnissen. Dazu trägt die Problemanpassung durch Interaktion ebenso bei wie die objekttypspezifische und die objektgesteuerte Vorgehensweise.

Trotz des bewußten Verzichtes auf Universalität sind die Verfahren auch für andere Anwendungen sinnvoll einsetzbar. Abb. 10 zeigt ein Beispiel aus der Blutzellenanalyse, in dem einige Zellkerne mit Hilfe des Radialstrahlenverfahrens in einer ausreichenden Approximationsgenauigkeit extrahiert wurden.

Literaturverzeichnis

/1/ N.N.:   4. Joint Int. Conference on Pattern Recognition,
                    Nov. 1978, Kyoto, Japan

/2/ N.N.:   Auswertung von Satellitenaufnahmen zur Gewinnung
                    von Flächennutzungsdaten für die räumliche Planung. DFVLR-IFP Forschungsbericht, in Druck

/3/ Quiel, F.:   Luftbildinterpretation und multispektrale Klassi-
                          fizierung zur Gewinnung von Landnutzungsdaten,
                          BuL 47, 1979, Heft 4

/4/ Zucker, S.W.,   An Application of Relaxation Labeling to Line
     Hummel, R.A.   and Curve Enhancement,
     Rosenfeld, A.:   IEEE Trans. on Comp., Vol. 26, April 1977

/5/ Keng, J.:   Image Segmentation and Object Detection by a
                          Syntatic Method, Proc. Image Understanding Work-
                          shop, Minneapolis, USA, April 1977

/6/ Montoto, L.:   Digital Detection of Linear Features in Satellite
                          Imagery, Proc. Int. Symp. on Image Processing,
                          Graz, Oct. 1977

/7/ Braconne, S.,   Cartographie Automatique des Objects Lineaires,
     Brun, F.,   Proc. Int. Conf. on Earth Observation from Space,
     Fourcade, B.:   Toulouse, März 1978.

/8/ Nagao, M.,   Region Extraction and Shape Analysis of Aerial
     Matsuyama, I.,   Photographs, Proc. 4.J. Int. Conf. on Pattern
     Ikeda, Y.:   Recognition, Kyoto, Nov. 1978

/9/ Nevatia, R.:   Linear Feature Extraction, Proc. Image Under-
                          standing Workshop, Nov. 1978

/10/ Quam, L.H.:   Road Tracking and Anomaly Detection in Aerial
                          Imagery, Proc. Image Understanding Workshop,
                          May 1978

/11/ Groch, W.D.:   Zwei Verfahren zur vollautomatischen Suche von
                          Startpunkten für die Extraktion linienhafter Ob-
                          jekte aus Grauwertbildern,
                          2. DAGM-Symposium, Oktober 1979

/12/ Bausch, U.,   Auswertung lokaler Zusammenhänge zur Bestimmung
     Kestner, W.:   von Objektgrenzen in Luftbildern,
                          2. DAGM-Symposium, Oktober 1979

/13/ Groch, W.D.,   Teilautomatische Objektextraktion aus Luftbildern,
     Kestner, W.,   1. DAGM-Symposium über Bildverarbeitung und Mu-
     Obermöller, U.,   stererkennung, Oberpfaffenhofen, Oktober 1978
     Sties, M.:

/14/ Weszka, J.S.:   A Survey of Threshold Selection Techniques,
                          Computer Graphics and Image Processing 7, 1978.

AUSWERTUNG LOKALER ZUSAMMENHÄNGE ZUR BESTIMMUNG VON OBJEKTGRENZEN IN LUFTBILDERN

U. Bausch, W. Kestner

Forschungsinstitut für Informationsverarbeitung und
Mustererkennung

Breslauer Straße 48, 7500 Karlsruhe

Kurzfassung

Für die Extraktion von Linien (Verlauf von Flächenkonturen und linienförmigen Objekten) aus Bildausschnitten wird ein Verfahren vorgestellt,
das in einer Menge möglicher Objektpunkte durch Beachtung lokaler Zusammenhänge jene verstärkt, die einer Objektgrenze angehören. Die anschließende Umwandlung der Raster-in eine Polygondarstellung wird beschrieben.

1. Problemstellung

Das hier vorgestellte Verfahren ist Teil eines größeren Programmsystems
zur Extraktion von linien-, flächen- und punktförmigen Objekten aus
Luftbildern, das mit interaktiv unterstützten, objektgesteuerten Methoden arbeitet (siehe /1/, /3/, /4/, /5/).

Die linienförmigen Objekte und der Verlauf einer Flächenkontur werden
der Einfachheit halber im folgenden Text kurz _Linie_ genannt. Der Bezug
zum Objekt wird durch interaktive oder automatische Auswahl eines
Bildausschnittes erzielt, in dem nach Teilen einer bestimmten Objekt-
art gesucht wird. Für Linien wurden diese Ausschnitte (genannt 'area
of interest', kurz AoI) aus praktischen Gründen rechteckig gewählt und
in ein orthonormales Koordinatensystem transformiert (Die AoI hat eine
beliebig gedrehte Lage im Bild). Die objektgesteuerte Vorgehensweise
ermöglicht wegen der Kenntnis einer Vorzugsrichtung der Linie innerhalb der AoI eine Zerlegung des zweidimensionalen Problems in zwei
eindimensionale Probleme. Senkrecht zur Vorzugsrichtung, d.h. quer zur
Linie, wird im Grauwertprofil nach Stellen gesucht, die auf ein Vorhandensein einer Linie schließen lassen ('Profilvereinbarkeit'). In
der Vorzugsrichtung selbst wird ein lokal kollinearer Verlauf der

Linienpunkte erwartet ('Formvereinbarkeit').

Die 'Formvereinbarkeit' wird in Abschnitt 2 näher erläutert. Da sie
mit den Daten arbeitet, die die 'Profilvereinbarkeit' liefert, wird
diese zum besseren Verständnis im folgenden kurz beschrieben (näheres
siehe /1/). Lediglich jeder n-te Schnitt senkrecht zur Vorzugsrichtung
wird ausgewertet (n ist abhängig vom Objekttyp und der Objekterschei-
nungsform). Jeder Bildpunkt P einer Schnittlinie erhält einen Vereinbarkeitswert V, der ein erstes Maß für die Übereinstimmung des vorgefundenen Profils mit unserer Vorstellung eines 'idealen' Profils ist.
V wird mit Hilfe einer kleinen Umgebung von P im Grauwertdiagramm der
Zeile ermittelt. Eine Semischwellwertbildung (engl. 'semithresholding'
/6/) über alle Werte V der Punkte einer Zeile liefert jene Stellen
(Maximalanzahl durch Parameter begrenzt), die auf ein Vorhandensein
einer Linie schließen lassen. Die Anzahl der Stellen ist um die Größenordnung 10 bis 20 kleiner als die Anzahl der Bildelemente einer Zeile.
Abbildung 1 zeigt ein Beispiel für eine AoI nach der Semischwellwertbildung.

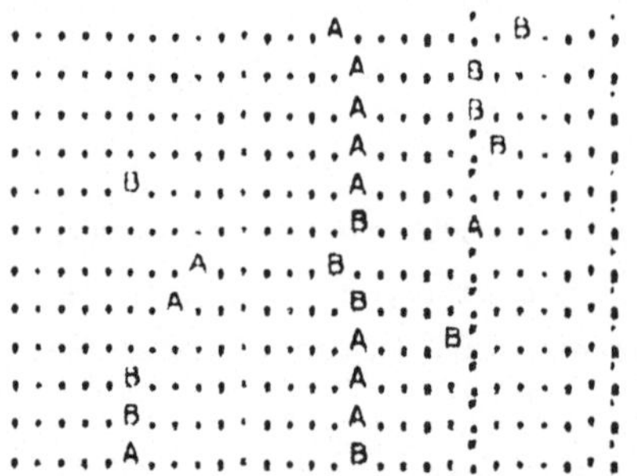

Bild 1: A,B sind die Stellen mit
       Verdacht auf eine Linie
       in der AoI, $V_i(A) > V_i(B)$
       i: Zeilennummer

Die endgültige Entscheidung, welche Stellen tatsächlich eine Linie,
d.h. eine zusammenhängende Komponente bilden, erfolgt in einem
weiteren Schritt (siehe Abschnitt 3).

2. Auswertung lokaler Zusammenhänge in Vorzugsrichtung

Im folgenden wird davon ausgegangen, daß eine lokale kollineare Anordnung ('Formvereinbarkeit') von 'Verdachtsstellen' über mehrere Zeilen
den 'Verdacht' auf eine Linie weiter erhärten kann ($V \rightarrow V'$, $V' \geq V$). Im
Gegensatz dazu sind isoliert auftretende Stellen auch mit hohem Wert V
mit der Vorstellung über eine Linie nicht vereinbar ($V \rightarrow V'$, $V' < V$).
Es wird deshalb ein neuer Vereinbarkeitswert V' berechnet, der sich

aus der 'Profilvereinbarkeit' (Wert V) und der 'Formvereinbarkeit'
zusammensetzt.
Die Änderung der Werte erfolgt mit:

- dem Vereinbarkeitswert V eines Punktes P selbst, der sich aus der
  Auswertung des Grauwertprofils quer zur Linie ergab (siehe 1. und /1/)

- den gewichteten und schon geänderten Vereinbarkeitswerten V' in der
  Nachbarschaft von P in Richtung d_i, d.h. in n Schnitten wird in i
  diskreten Richtungen nach Punkten gesucht und so i mögliche Werte V'
  für P berechnet (siehe Bild 2a,b)

- der Konformität der Richtungen aller an V' beteiligten Punkte.

Der größte so ermittelte Wert V' wird an P zugewiesen (in Bild 2
V'(d_4)) und die entsprechende Richtung (in Bild 2 d_4) wird registriert.

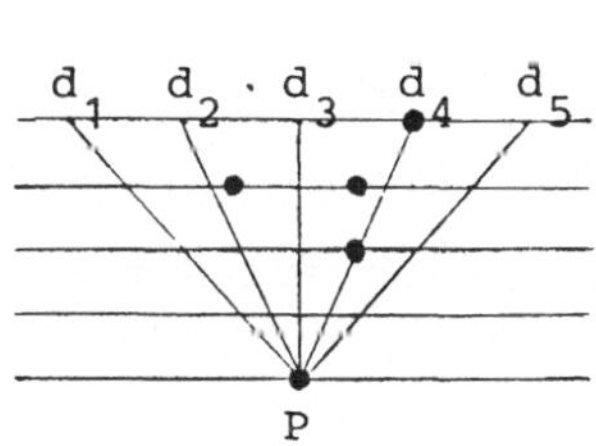

Bild 2: a) 4 benachbarte
Schnitte mit 5 diskre-
ten Richtungen für ei-
nen Punkt P der AoI

b) die neuen Vereinbarkeitswerte V'
für P abhängig von den Richtungen

Dieses Vorgehen verstärkt Werte auf einer Linie und schwächt Werte von
isoliert liegenden Punkten (siehe Bild 3). Die serielle Verarbeitung
mit der Vorzugsrichtung (und aus Symmetriegründen auch gegen sie) bewirkt, daß der neue Vereinbarkeitswert V' eines Punktes einer Linie
von sämtlichen Werten V' der Punkte dieser Linie abhängig ist. Dies
gilt auch dann noch, wenn lokale Änderungen im Verlauf der Linie auftreten (vgl. /2/) oder Lücken, die kleiner sind als die betrachtete
Nachbarschaft (n Schnitte, siehe Bild 2).

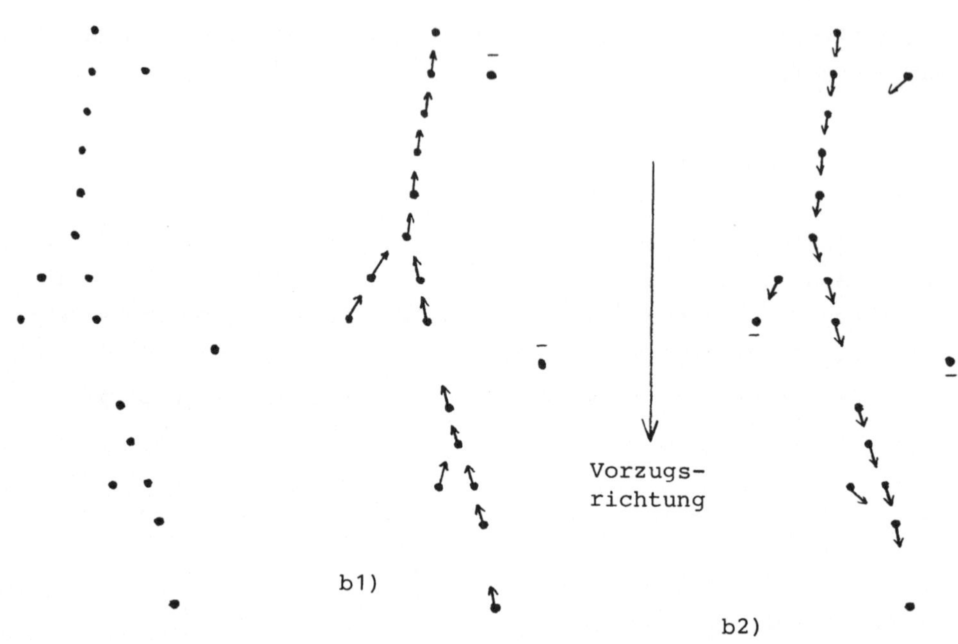

<u>Bild 3:</u> a) Punkte   b) Richtungen nach Durchlauf mit der (b1)
           nach der   bzw. gegen die (b2) Vorzugsrichtung
           'Formver-
           einbarkeit'

3. Umwandlung in die Polygondarstellung

Nach dem bisher beschriebenen Verfahrensablauf liegen für einen Bildausschnitt eine Menge von Punkten P ('Verdachtsstellen') mit Vereinbarkeitsmaß V' und Richtungsangaben d (für jeden Punkt zwei) vor (siehe
Bild 1 und Bild 3). Es handelt sich damit um eine Rasterdarstellung,
die noch in eine Polygondarstellung umgewandelt werden muß (d.h. alle
Linien der AoI werden als Polygonzug abgespeichert).

Da oft nicht nur eine Linie im Rechteck liegt, sondern mehrere, ist es
nicht möglich, die Punkte mit dem besten Vereinbarkeitswert V' pro
Schnitt als eine durchgehende Linie zu interpretieren (siehe Bild 4).

Folglich muß für die Umwandlung in eine Polygondarstellung der lokale
Zusammenhang erneut berücksichtigt werden. Die bei der Überprüfung der
'Formvereinbarkeit' ermittelten Richtungen geben für jeden Punkt in der
AoI an, wo mit der bzw. gegen die Vorzugsrichtung die beste Linien-

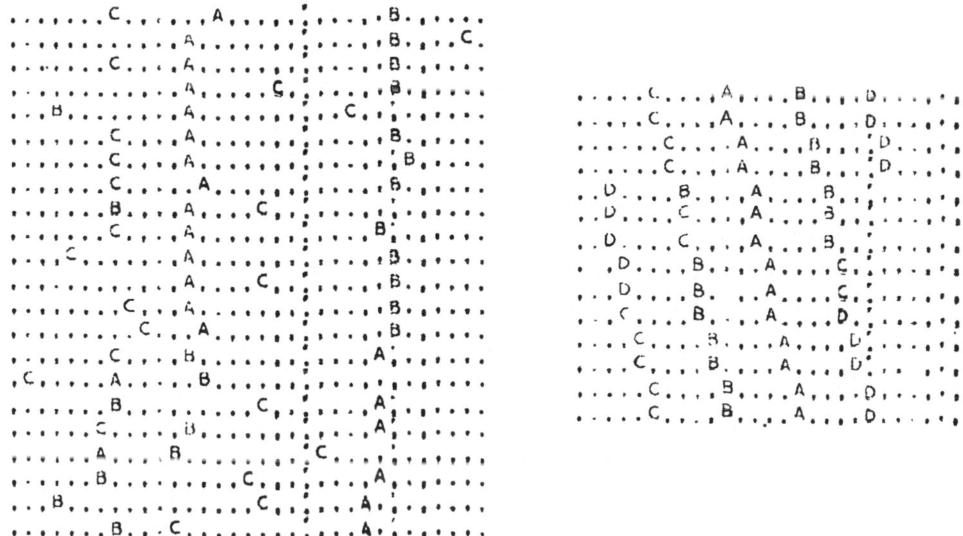

<u>Bild 4:</u>   Bewertungsverteilung bei AoI's, die mehrere Linien enthalten

fortsetzung erwartet werden kann (s. Bild 3). Deshalb bilden die Richtungen eine wesentliche Grundlage bei der Zuordnung der Punkte zu einer Linie.

Im folgenden wird das Verfahren zur Umwandlung der Raster- in die Polygondarstellung kurz skizziert. Jeder Punkt P einer AoI wird einer bestimmten Linie zugeordnet. Dazu wird die AoI systematisch vom ersten bis zum letzten Schnitt abgearbeitet. Die n Punkte des ersten Schnittes eröffnen n Linien, das bedeutet, sie erhalten n verschiedene Marken. Danach werden sukzessiv die Punkte der folgenden Schnitte einer schon bestehenden Linie zugeordnet, d.h. für die Punkte des Schnittes i + 1 wird geprüft, ob sie einem Punkt der Schnitte i - k bis i zugeordnet werden können. Falls ja, werden sie entsprechend markiert (siehe Bild 5). Diese Komponentenbildung erfolgt vorrangig mit Hilfe der Richtungen. Generell gilt: zeigen zwei Punkte wechselseitig aufeinander, so gehören sie derselben Linie an. Durch verschiedene Störeinflüsse (z.B. parallel verlaufende Linien) treten jedoch

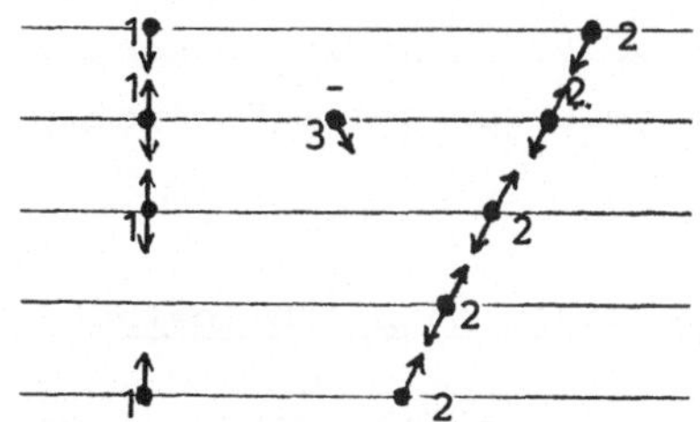

<u>Bild 5:</u> Markierung der Linien

häufig Fälle auf, bei denen diese allgemeine Regel nicht erfüllt ist, die Punkte aber trotzdem zu derselben Linie gehören (siehe Bild 6).

D.h.,zwei Punkte können schon zur selben Linie gehören, falls durch _eine_ Richtung ein Zusammenhang angezeigt wird. In Konfliktfällen, in denen mehrere Punkte eines Schnittes i derselben Linie zugeordnet werden könnten, wird die Lage der Punkte zueinander und die Übereinstimmung ihrer Richtungen geprüft (siehe Bild 6, P2 'paßt besser' zur Linie von P1 als P3). Falls Kreuzungen in der AoI enthalten sind, wird die stärker ausgeprägte Linie von den Werten V' und den Richtungen her bevorzugt (siehe Bild 7). Diese Linie erhält eine einheitliche Markierung, die anderen bilden eine eigene Komponente, haben aber durch die Richtungen einen eindeutigen Bezug zur durchgehenden Linie. (In einer Nachverarbeitung können, falls gewünscht, so noch einzelne Komponenten sinnvoll verschmolzen werden.)

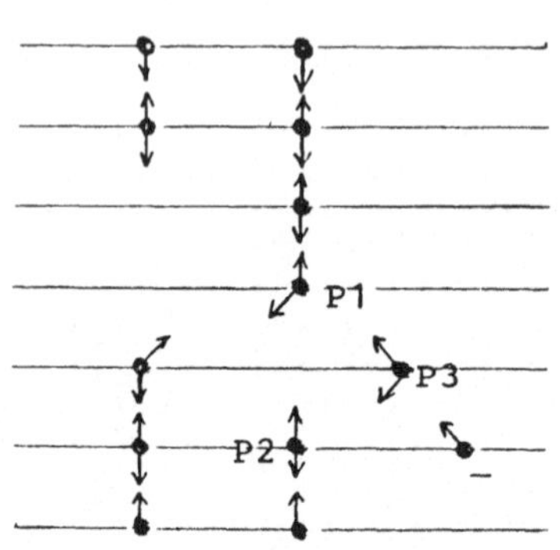

Bild 6: Richtungen bei parallel verlaufenden Linien

Nach der einmaligen Abarbeitung sämtlicher Schnitte sind alle Punkte maximal einer Linie zugewiesen. Diese Linien werden geordnet, so daß auf Wunsch eine (die 'beste'), mehrere oder alle Linien als Ergebnis angeboten werden können. Diese Ordnung

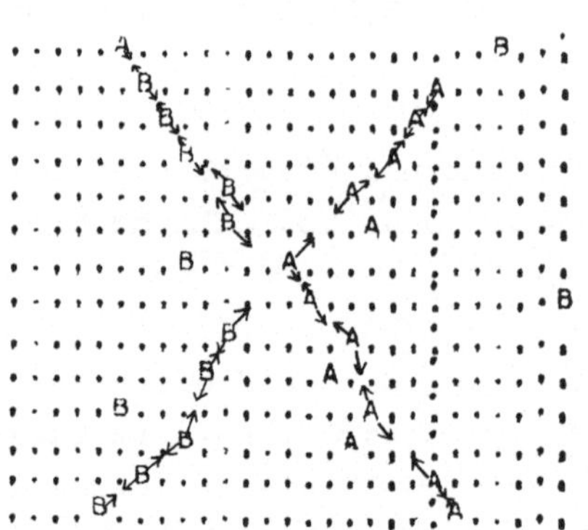

Bild 7: Richtungen und Werte V bei einer Kreuzung

erfolgt mittels der Aufsummierung der Werte V' aller gleich markierten Punkte. Damit ist sowohl die 'Qualität', als auch die 'Länge' erfaßt. Ausgiebige Versuche in verschiedenen Luftbildern haben zufriedenstellende Ergebnisse gezeigt. (Beispiel siehe Abschnitt 4).

4. Ergebnisse in Luftbildern

Die folgenden Bilder zeigen Ergebnisse, die in Luftbildern erzielt wurden. Es handelt sich um einen 6 cm x 6 cm großen Ausschnitt eines Luftbildes im Maßstab 1:75000, der nach der Abtastung auf einem

DICOMED-Gerät in digitaler Form vorliegt. Die Bildmatrix besteht aus 512 x 512 Pixel, die in dieser Auflösung auf dem uns zur Verfügung stehenden COMTAL-Ausgabegerät dargestellt werden kann. Die Bilder wurden vom Bildschirm abfotographiert.

Bild 8 bis Bild 12 zeigen den Ablauf des Verfahrens zur Extraktion von Flächenkanten. Im Bild 8 ist das Rechteck zu sehen, das den weiter zu untersuchenden Bildausschnitt definiert. Bild 10 zeigt vergrößert das transformierte Rechteck mit den eingeblendeten 'Verdachtsstellen' als Resultat der Auswertung der Grauwertprofile. Man beachte, daß dabei ein flächenhaftes Objekt erwartet wird und deshalb die im Bild enthaltene Straße ignoriert wird. Die Helligkeit der überlagerten Punkte ist proportional dem Vereinbarkeitswert V. Im Bild 11 ist deutlich die Veränderung der Werte V in V' durch die Berücksichtigung lokaler Zusammenhänge zu erkennen. Bild 12 zeigt die zwei extrahierten Linien, die den gesuchten Flächenkonturen entsprechen. Dieses Ergebnis ist in Bild 9 rückgeblendet in das Original zu sehen.

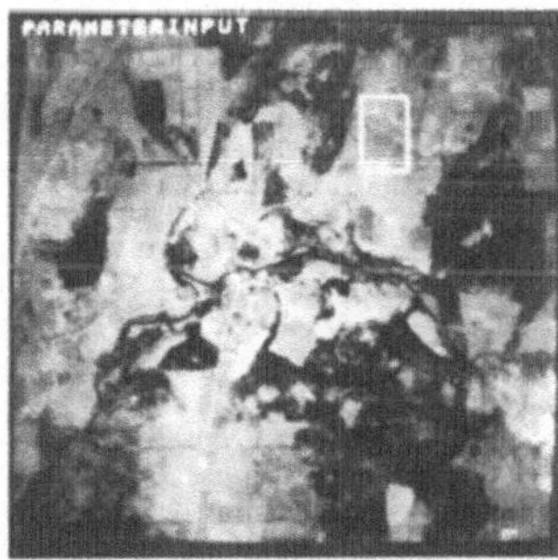

<u>Bild 8:</u> Luftbild mit einer AoI   <u>Bild 9:</u> eingeblendetes Ergebnis

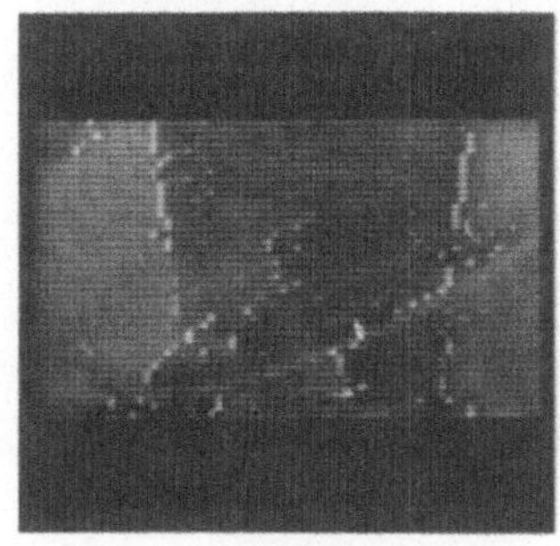

<u>Bild 10:</u> transformierte AoI, überlagert ist die 'Profilvereinbarkeit'

<u>Bild 11:</u> 'Formvereinbarkeit'

<u>Bild 12:</u> zwei zusammenhängende Komponenten

70

Literaturverzeichnis

/1/ Bausch, U.,
Kestner, W.,
Obermöller, U.,
Sties, M.:

Extraktion von Objekten aus Luftbildern durch objektspezifische Verfahren mit stufenweiser Verbesserung der örtlichen Genauigkeit,

2. DAGM-Symposium, Oktober 1979.

/2/ Duda, R.D.,
Hart, P.E.:

Use of the Hough transformation to detect lines and curves in pictures,

CACM, vol. 15, no. 1, 11-15, 1972.

/3/ Groch, W.D.,
Kestner, W.,
Obermöller, U.,
Sties, M.:

Teilautomatische Objektextraktion aus Luftbildern,

Informatik-Fachberichte Nr. 17, DAGM-Symposium Oberpfaffenhofen, Oktober 1978, Springer-Verlag, Berlin, Heidelberg, New York, 243-251, 1978.

/4/ Groch, W.D.:

Zwei Verfahren zur vollautomatischen Suche von Startpunkten für die Extraktion linienhafter Objekte aus Grauwertbildern,

2. DAGM-Symposium, Oktober 1979.

/5/ Kestner, W.:

Semiautomatical extraction of roads from aerial photographs,

Final Technical Report, June 1978,
AD-A O6OO65.

/6/ Rosenfeld, A.,
Kak, A.C.:

Digital Picture Processing,

Academie Press, New York, 1976.

EXTRAKTION VON KONTUREN AUS VERRAUSCHTEN BILDERN

R.-D. Therburg. E. Mühlenfeld
Lehrstuhl f. Regeltechnik und Elektronik
Technische Universität Clausthal

Kurzfassung

Bildwandler verringern durch Rauschvorgänge und Inhomogenitäten der Wandlerfläche
den Störabstand von Bildmustern. Für eine Bildverarbeitung, die von den Signalen
eines Bildwandlers ausgeht, muß das zu analysierende oder zu erkennende Bildmuster
daher großen Störabstand und starken Kontrast besitzen, der ggf. im Durchlicht zu
schaffen ist. Im industriellen Bereich sind diese Voraussetzungen oft nicht realisierbar.

Bildanalyse und -erkennung stützen sich auf Musterkonturen. Im hier vorgestellten
Kontursensor wird ein geeigneter Bildausschnitt mit optischen Mitteln so vorverar-
beitet, daß im Signal eines einzigen Fotorezeptors Angaben über Kontrast und Verlauf
einer Kontur enthalten sind. Das zu analysierende Bild wird dazu auf eine rotierende
Spaltblende mit einseitig radialem, keilförmigen Spalt abgebildet. Der Rezeptor integriert die gesamte durch den Spalt tretende Lichtmenge; das Rezeptorsignal ändert
sich, wenn der Spalt über eine Kontur läuft. Das hochpaßgefilterte Signal enthält in
der Lage der Maxima Angaben über Konturrichtungen und, daraus unmittelbar ableitbar,
Krümmungen, Ecken und Verzweigungen. Da diese Kontur-Parameter aus dem Signal eines
einzigen Rezeptors gewonnen werden und zudem vor der Wandlung über die Spaltlänge
gemittelt wird, ist die Parametermessung nicht beeinträchtigt durch Wandlerinhomo-
genitäten und Fehlstellen im Bild, die z.B. bei Fernsehabtastung oft stören. Erweitert zu einer linearen, parallelen Bildübertragung mit dem rotierenden Spalt als
Gewichtsfunktion komprimiert die optische Vorverarbeitung die umfangreiche Bildinformation in wenige Rezeptorsignale und erleichtert dadurch Wandlung und digitale
Verarbeitung erheblich.

Störabstand und Informationskompression sollen anhand von Bildern aus den Bereichen
Werkstoff-Bildanalyse und Werkstückerkennung demonstriert werden.

KONTURFINDUNG AUF DER BASIS DES VISUELLEN KONTUR-
EMPFINDENS DES MENSCHEN

W. Geuen, C.-E. Liedtke, Universität Hannover

1. Einleitung

Eines der Schlüsselprobleme bei der automatischen Auswertung von natürlichen Bildern ist die Segmentierung, d.h. die Zerlegung in sinnvolle
und i.a. aufgrund ihrer Bedeutung definierte Teilbilder. Da es für die
Richtigkeit einer Segmentierung kein objektives Gütekriterium gibt,
sondern nur die Möglichkeit der visuellen Beurteilung durch einen
menschlichen Betrachter, weist die Segmentierung eine stark subjektive
Komponente auf. Zur Berücksichtigung dieser subjektiven Komponente
müssen im wesentlichen die Eigenschaften des menschlichen visuellen
Systems und das a priori Wissen des Betrachters über den Bildinhalt
berücksichtigt werden. Der Mensch empfindet in einer Bildszene Objekte
gegenüber einem Hintergrund, wenn diese zumindest teilweise von einer
Kontur umgeben sind. Darauf baut die Verwendung der verschiedensten
Konturfindungsverfahren als Hilfsmittel zur Segmentierung auf.

Zur Beurteilung und zum Vergleich von Konturfindungsverfahren wurden
zwei natürliche Testbilder ausgewählt, die durch eine Vielzahl verschiedener Kontraste und einen stark variierenden Reichtum an Details hierfür besonders geeignet erscheinen. Die Bilder haben eine Größe von
160 x 200 Bildpunkten bei 8 bit Grauwertquantisierung. Die Ausgabe der
verarbeiteten Bilder erfolgt auf einem Fernsehmonitor.

2. Standardverfahren der Konturfindung

Die meisten Konturfindungsverfahren basieren darauf, daß die Konturen
beispielsweise durch einen Differentialoperator zunächst angescharft
und anschließend durch eine Schwellwertbildung detektiert werden. Für
einen Sobeloperator /1/ wurde das Ergebnis in Abb. 1b und Abb. 2b dargestellt. Dieser Operator wird in großem Maße vom lokalen Kontrast beeinflußt. Dadurch ergeben sich einerseits keine Konturdetektionen bei
kontrastschwachem Hintergrund sowie andererseits breite Konturen bei
kontraststarken Bildregionen und außerdem Abhängigkeiten von der gewählten Schwelle. Eine Verbesserung des Verfahrens kann durch Adaption

an die lokale Intensität und durch Nachbearbeitung des Bildes unter
Verwendung eines Richtungskriteriums erreicht werden, so wie es von
Robinson /2/ vorgeschlagen wurde. Ergebnisse mit diesem Verfahren sind
in Abb. 1c und Abb. 2c dargestellt. Ein völlig anderes Verfahren der
Konturfindung basiert darauf, daß die Umgebung jedes Bildpunktes mit
einem Konturmodell verglichen wird. Überschreitet das Übereinstimmungs-
maß eine vorgegebene Schwelle, wird der betreffende Bildpunkt als Konturpunkt erkannt. Ein repräsentativer Vertreter dieser Gruppe ist der
Hueckel-Operator /3/, mit dem die Ergebnisse in Abb. 1d und 2d erzielt
wurden. Es zeigt sich, daß dieses Verfahren besonders gute Resultate
bei detailarmen und verrauschten Bildern liefert.

Wir wollen uns hier zunächst auf diese drei Standardverfahren beschränken. Für die Frage, welches der drei genannten Verfahren denn nun das
beste ist, gibt es kein objektives Entscheidungskriterium. Sowohl in
diesem wie auch in den meisten anderen Fällen muß der Mensch als Gütekriterium zur Beurteilung von Konturfindungsverfahren herangezogen
werden. Deshalb müssen auch bei der systematischen Erarbeitung von
Konturfindungsverfahren die subjektiven Prozesse des menschlichen Konturempfindens berücksichtigt werden. In dem Zusammenhang ist ein Algorithmus erarbeitet worden, der darauf beruht, daß ein nachrichtentech-
nisches Modell des visuellen Konturempfindens stufenweise aufgebaut
und zur Konturfindung herangezogen wird.

3. Modell des visuellen Konturempfindens

Das Modell des visuellen Konturempfindens besteht aus mehreren Komponenten, wobei jede Komponente durch subjektive Tests quantitativ in
der Literatur oder durch eigene Messungen beschrieben worden ist. Das
vorgeschlagene Modell ist in Abb. 3 dargestellt. Es besteht im wesentlichen aus den folgenden drei Komponenten

1. einer dem visuellen Konturempfinden angepaßten räumlichen Filterung
2. der lokalen Adaptionsfähigkeit des menschlichen visuellen Systems
3. einer Rauschunterdrückung unter Berücksichtigung des Zusammenhangs
   von Konturelementen und der Konturstärke.

3.1 Simulation einer dem visuellen Konturempfinden angepaßten räumlichen Filterung

Diese Komponente berücksichtigt die räumliche Frequenzabhängigkeit des visuellen Konturempfindens, so wie sie an verschiedenen Stellen durch Sensitivitätsmessungen im unterschwelligen Wahrnehmungsbereich gemessen worden ist /4,5,6/. In dieser Stufe werden alle diejenigen Bildpunkte erfaßt, die einen Konturpunkt darstellen können. Als mögliche Konturpunkte wurden alle Nulldurchgänge nach der räumlichen 2-dimensionalen Filterung definiert (siehe Bild 3). Der Filterprozess läßt sich näherungsweise an der eindimensionalen Darstellung nach Abb.4 erläutern.

Der Filtercharakteristik wurde in allen folgenden Beispielen die Sensitivitätsmessung von Shapley und Tolhurst /4/ zugrunde gelegt. Der Ausgang des Filters (Punkt B in Bild 3) ist nicht direkt auf dem Fernsehmonitor darstellbar, da dieser nur positive Intensitäten wiedergeben kann. Um die lokalen Nulldurchgänge des gefilterten Bildes auf dem Monitor sichtbar machen zu können, wurde nach der Filterung eine Betragsbildung angewandt. Alle Bildpunkte, die nach der obigen Definition einen Konturpunkt darstellen können, erscheinen als schwarze Bildpunkte auf dem Monitor. Im Block "Detektion der Nulldurchgänge" wird aus dem gefilterten Grauwertbild ein binäres Bild erzeugt. Die Ergebnisse sind in Bild 5 für beide Testbilder dargestellt.

3.2 Simulation der lokalen Adaptionsfähigkeit des menschlichen visuellen Systems

Die Erweiterung des Modells um die zweite Komponente simuliert die lokale Adaptionsfähigkeit des menschlichen visuellen Systems /7/. Hierbei werden alle diejenigen lokalen Nulldurchgänge der ersten Stufe eliminiert, die aufgrund der lokalen Adaption unterhalb der Wahrnehmbarkeitsschwelle liegen. Der lokale Kontrast wird aus dem Bild gemessen und mit dem gerade wahrnehmbaren Kontrast verglichen. Letzterer wird unter Berücksichtigung der gesamten Umgebung eines Bildpunktes näherungsweise nach den Angaben von Moon und Spencer ermittelt. In Abb. 6b und 7b sind noch einmal die Nulldurchgänge entsprechend Punkt C in Abb. 3 dargestellt. Abb. 6c und 7c zeigen den Einfluß der Adaption unter korrekter und Abb. 6d und 7d zur Verdeutlichung mit übertrieben starker Wirkung. Man erkennt deutlich, daß die Schwelle für den gerade wahrnehmbaren Kontrast in der Nähe hoher Kontraste stark absinkt.

3.3 Ansätze zur Rauschunterdrückung unter Berücksichtigung des Zu-
     sammenhangs von Konturelementen und der Konturstärke

Während für die Modellbildung der ersten beiden Komponenten auf bereits bekannte subjektive Messungen zurückgegriffen werden konnte,
liegen für die Implementierung der dritten Komponente, der Rauschunterdrückung, nur ansatzweise Angaben aus der Literatur vor /8/. Deshalb
ist vorgesehen, die notwendigen subjektiven Tests durchzuführen, um
somit die dritte Komponente realisieren zu können. Im menschlichen
visuellen Konturempfinden sind zwei wesentliche Effekte zu beobachten,
die mit der dritten Komponenten berücksichtigt werden sollen:

1. Schließen von kurzen Konturunterbrechungen
2. Elimination schwacher Kontursegmente von geringer Länge

Die Berücksichtigung dieser beiden Effekte führt in Ergänzung zu den
ersten beiden Komponenten auch zu einer Beurteilung des Bildes bezüglich des Zusammenhangs von Konturpunkten.

4. Resultat

Bis jetzt sind zunächst nur die ersten beiden Komponenten des visuellen Konturempfindens implementiert worden. Die vorläufigen Resultate
zeigen, daß der Ansatz zur Konturfindung richtig ist. Insbesondere ist
die Konturdetektion unabhängig von der jeweiligen Bildvorlage, d.h. es
müssen nicht wie bei den oben erwähnten Stadardverfahren bildabhängige
Parameter vorgegeben werden. Ein eventueller Nachteil dieses Verfahrens
für Konturfindungsaufgaben ist seine Komplexität. Die Rechenzeit ist
zwar länger als die der Differentialoperatoren (ca. Faktor 5), aber
nur etwa halb so lang wie die des Hueckel-Operators. Das hier vorgestellte Modell ist modular aufgebaut, so daß weitere Komponenten des
visuellen Konturempfindens mit einbezogen werden können.

5. Literatur

/1/ Pratt, W. K.
Digital Image Processing
John Wiley & Sons, New York 1978

/2/ Robinson, E. S.
Edge Detection by Compass Gradient Masks
Computer Graphics and Image Processing, Vol.6, No.5, Oct. 1977

/3/ Hueckel, M. H.
An Operator which Locates Edges in Digital Pictures
JACM, Vol.18, No. 1, Januar 1971, 113-125

/4/ Shapley, R. M.; Tolhurst, D. I.
Edge Detectors in Human Vision
J. Physiol., 229, 165 - 183, 1973

/5/ Hauske, G.; Wolf, W.; Lupp, U.
Matched Filters in Human Vision
Biol. Cybernetics 22, 181-188, 1976

/6/ Hauske, G.
Adaptive Filter Mechanisms in Human Vision
Kybernetik 16, 227 -237, 1974

/7/ Kretz, F.
Subjectively Optimal Quantization of Pictures
IEEE Trans. on Commun., 1288-1292, Nov. 1975

/8/ Winter, W.
Subjektive Tests mit Hilfe künstlicher Testbilder für die PCM-
und DPCM Codierung von Fernsehsignalen
Diplomarbeit am Lehrstuhl für Theoretische Nachrichtentechnik
und Informationsverarbeitung, Universität Hannover, 1978

Abb.1: Vergleich von Konturfindungsverfahren
        a) Original   b) Sobel Operator
        c) Verfahren nach Robinson   d) Hueckel-Operator

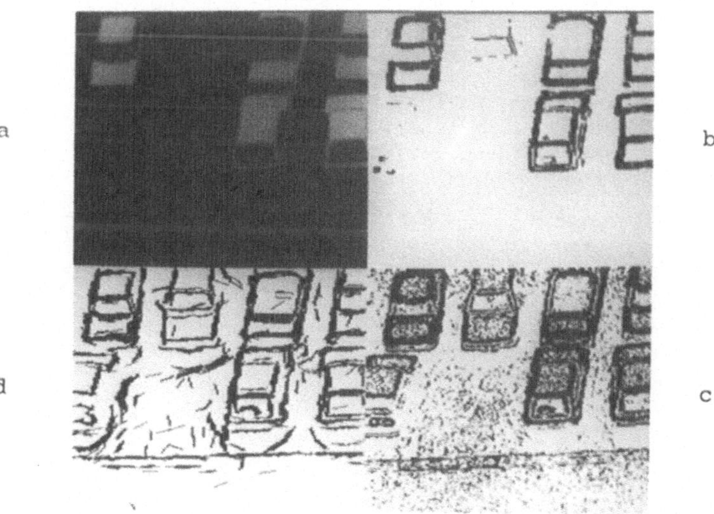

Abb.2: Vergleich von Konturfindungsverfahren
        a) Original   b) Sobel Operator
        c) Verfahren nach Robinson   d) Hueckel-Operator

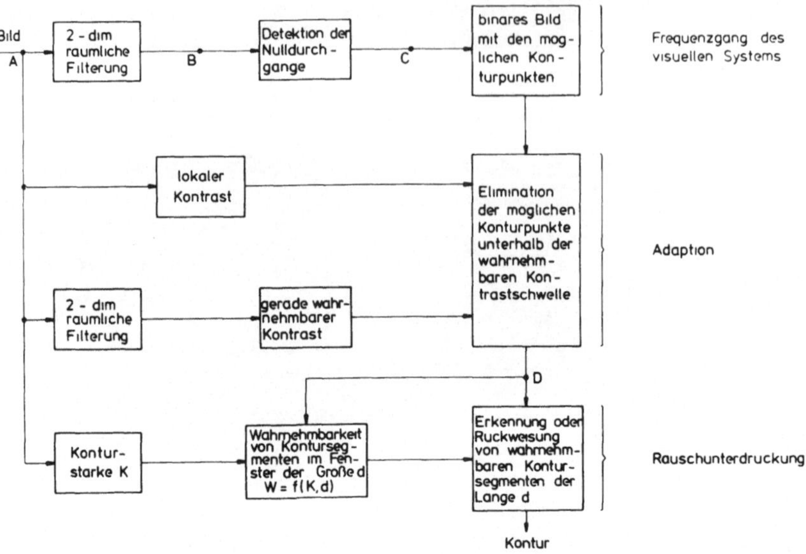

Abb.3: Modell des visuellen Konturempfindens

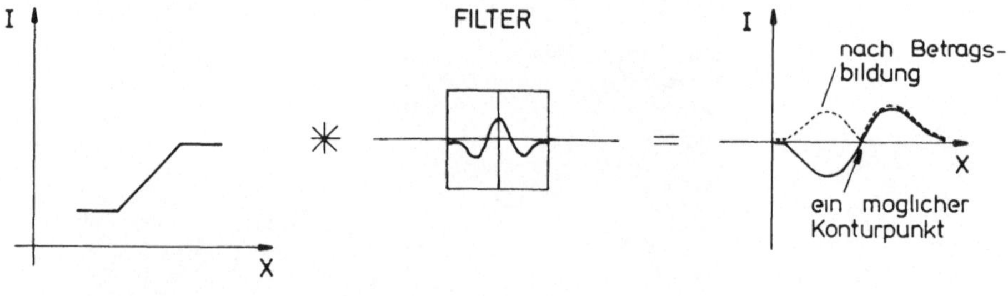

X . . Ortskoordinate

I . Intensitat

Abb.4: Eindimensionale Darstellung der dem visuellen Konturempfinden angepaßten räumlichen Filterung

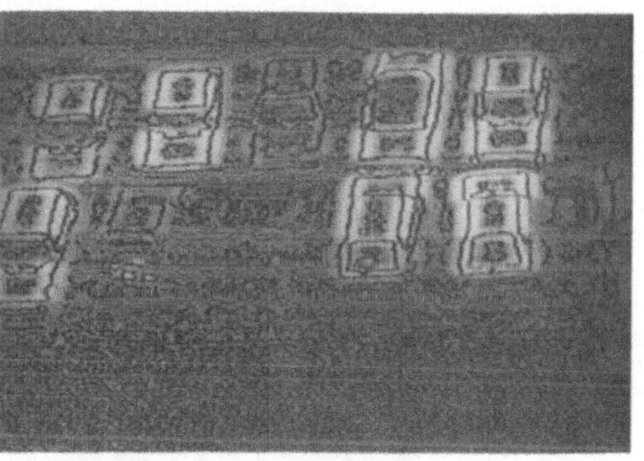

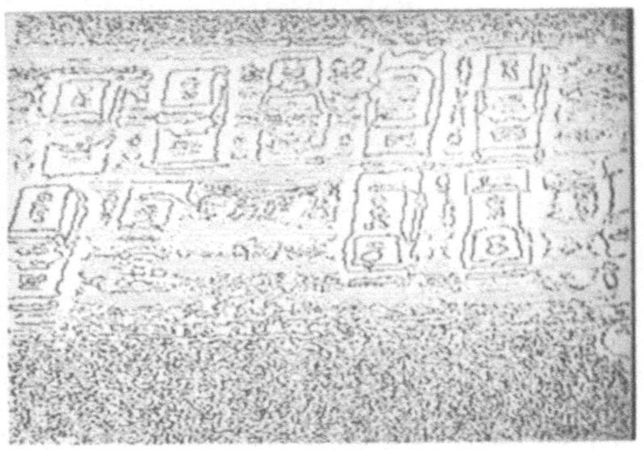

Abb.5: Berücksichtigung des Frequenzganges des visuellen Systems
a+b) Originale (Punkt A in Abb.3)
c+d) Betrag des Filterausgangs (Punkt B in Abb.3)
e+f) Detektion der Nulldurchgänge (Punkt C in Abb.3)

Abb.6: Einfluß der Adaption auf die Konturfindung
a) Original   b) Konturen ohne Adaption
c) mit Adaption   d) mit übertriebenem Adaptionseinfluß

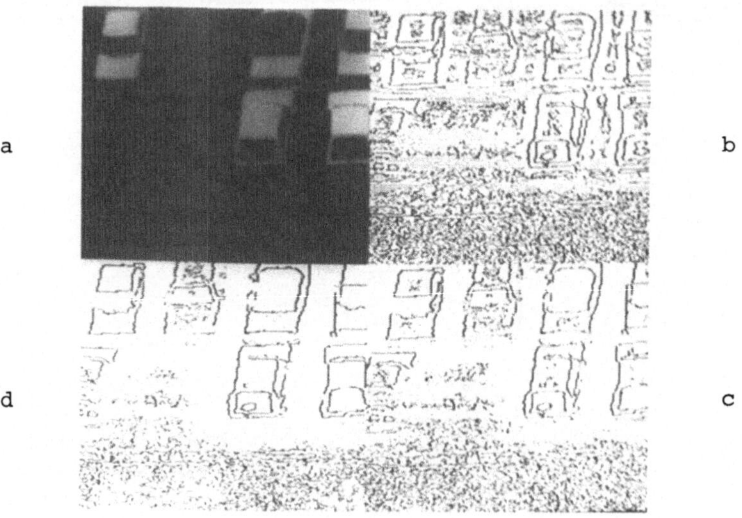

Abb.7: Einfluß der Adaption auf die Konturfindung
a) Original   b) Konturen ohne Adaption
c) mit Adaption   d) mit übertriebenem Adaptionseinfluß

NEUER KONTURFINDUNGSALGORITHMUS

W. E. Blanz, E. R. Reinhardt

Institut für Physikalische Elektronik

Universität Stuttgart

Zusammenfassung

In der vorliegenden Arbeit wird ein schneller Konturfindungsalgorithmus vorgestellt, der ohne Schwellwertprozeß und ohne interaktive Überwachung arbeitet.

Es handelt sich dabei um ein hierarchisches Zwei-Stufen-Verfahren. In der ersten Stufe wird das Bild in zwei disjunkte Bereiche geteilt, von denen der eine das zu extrahierende Objekt enthält. In der zweiten Stufe wird die exakte Kontur ermittelt, wobei das Konturfindungsproblem als Klassifikationsproblem aufgefaßt wird.

Der Algorithmus, der bereits an mehreren tausend Zellbildern getestet wurde, kann durch Modifikation eines Parametersatzes auch an andere Konturfindungsaufgaben angepaßt werden. Die Anpassung des Parametersatzes mit einem geeigneten Optimierungsverfahren wird ebenfalls beschrieben.

Ferner wird ein Maß vorgeschlagen, das die Rückweisung falsch ermittelter Zellkerngrenzen gestattet, ohne daß die tatsächlichen Grenzen bekannt sind.

Einleitung

In der digitalen Bildverarbeitung sind leistungsfähige Konturfindungsalgorithmen von besonderer Bedeutung, um Bildmatrizen in disjunkte Bereiche zu trennen, die den Objekten der Szene entsprechen. Dazu werden in der Literatur im wesentlichen zwei verschiedene Verfahren vorgeschlagen:

Die Methode der "wachsenden Gebiete", wobei kleine Bildteile mit ähnlicher Statistik zu größeren Gebieten zusammengefaßt werden /1/.

Die Methode der eigentlichen Konturfindung, bei der einzelne Bildpunkte als Konturpunkte erkannt werden müssen. Diese Methode läßt sich auch als Klassifikationsproblem auffassen. Dabei werden einzelne Bildpunkte durch Merkmalsvektoren beschrieben, die eine Klassifikation des betreffenden Bildpunktes als Konturpunkt oder Nicht-Konturpunkt ermöglichen.

Häufig sind diese Merkmalsvektoren eindimensional /2, 3, 4/. Durch
höherdimensionale Merkmalsvektoren läßt sich die Leistungsfähigkeit
der Algorithmen steigern /5/, was jedoch erhöhte Rechenzeiten zur Folge
hat (wenn die Vektoren für jeden Bildpunkt berechnet werden).

Der Algorithmus

Der Grenzfindungsprozeß gliedert sich in zwei Stufen. In der ersten
Stufe wird die Bildmatrix grob in zwei disjunkte Gebiete geteilt, von
denen der eine das gesuchte Objekt vollständig enthalten muß. Es wird
davon ausgegangen, daß sich das gesuchte Objekt von seiner Umgebung
dadurch unterscheidet, daß die Objektpunkte im Mittel einen anderen
Grauwert besitzen als die Bildpunkte der umgebenden Gebiete. Diese Stufe liefert durch einen sehr einfachen und schnellen Algorithmus, der
in /6/ ausführlich beschrieben ist, eine Untermatrix der eigentlichen
Bildmatrix, die die gesamte Objektinformation enthält und insbesondere
im Vergleich zur Ausgangsmatrix sich durch eine stark reduzierte Ele-
mentzahl auszeichnet.

In der zweiten Stufe werden ausgehend von dieser Untermatrix die Konturpunkte des Objektes ermittelt, Dabei wird, wie eingangs erwähnt,
das Konturfindungsproblem als Klassifikationsproblem aufgefaßt.

Zur Klassifikation dient ein vier-dimensionaler Merkmalsvektor. Die
Komponenten dieses Vektors sind:

$$V_1(i,j) = b_{j,i+1} - b_{j,i}$$

$$V_2(i,j) = \sum_{n=1}^{5} b_{j,i+n} - \sum_{n=1}^{5} b_{j,i-n}$$

$$V_3(i,j) = f_G(b_{i,j})$$

$$V_4(i,j) = f_L(b_{i,j})$$

Dabei ist:

$\quad$ i $\quad$ = Spaltenindex, $\qquad\qquad$ j Zeilenindex der Bildmatrix

$\quad$ $b_{i,j}$ = Element der Bildmatrix

$\quad$ f_G $\quad$ = exp $\left(- \dfrac{b_{i,j}-\bar{b}}{2\,\sigma}\right)$, Wahrscheinlichkeitsverteilung

mit

$\quad$ $\bar{b}$ $\quad$ = Mittlerer Grauwert aller bis dahin gefundenen Grenzpunkte

$\quad$ σ^2 $\quad$ = Varianz dieser Grauwerte

$$f_L = \text{Wahrscheinlichkeitsverteilung mit}$$

$$f_L = (1 + \delta)^{-3/2} \quad \text{mit}$$

$$\delta = \begin{cases} 0 & \text{mit} \quad (i-i_0) < \delta_0 \\ \dfrac{|i-i_0|}{\delta_0} & \text{sonst} \end{cases}$$

i_0 Spaltenindex des Grenzpunktes in der Nachbarzeile

δ_0 Verbreiterungsfaktor für f_L

Die Funktionen f_G und f_L berücksichtigen, daß weder die Grauwerte, noch der Ort benachbarter Grenzpunkte voneinander unabhängig sind; f_G bindet dabei die Grauwerte und f_L den Ort der potentiellen Grenzpunkte.

Die Komponente V_4 garantiert, daß die einzelnen Konturpunkte durch eine geschlossene Linie verbunden sind, da nur räumlich benachbarte Bildpunkte als Konturelemente erkannt werden. Ein spezieller Trace-algorithmus ist somit nicht notwendig.

Außerdem besteht die Möglichkeit, durch entsprechende Modifikation der Funktionen f_G und f_L a priori Wissen systematisch in den Algorithmus einzubringen. So kann man z.B. $\bar{b}$ und σ an einer repräsentativen Stichprobe einer Objektklasse messen und als Festwerte in den Algorithmus einbringen. Genauso läßt sich δ_0 an die Oberflächeneigenschaften einer Objektklasse anpassen.

Für die Klassifikation werden die einzelnen Komponenten des Merkmalsvektors noch durch entsprechende Faktoren $W_1 \ldots W_4$ gewichtet. Eine detailliertere Beschreibung des Algorithmus findet sich ebenfalls in /6/.

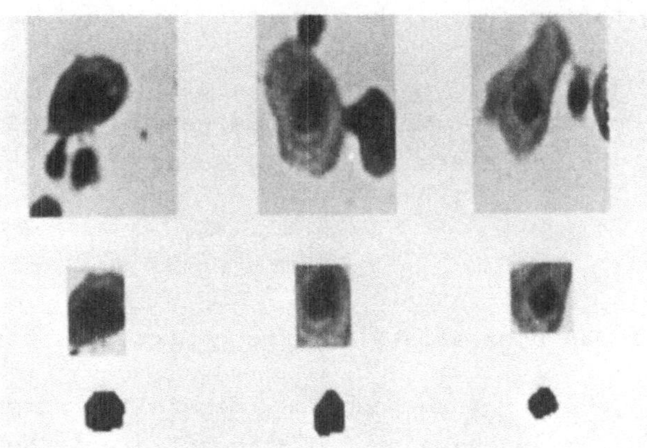

Abb. 1: Grobe Bildeinteilung und exakte Konturfindung

Die Wirkungsweise der groben Bildeinteilung sowie der exakten Konturfindung wird in Abb. 1 an einigen Beispielen demonstriert.

Anpassung an spezielle Konturfindungsprobleme

Durch einen Parametersatz kann der Algorithmus in seiner Funktion modifiziert und daher an verschiedene Konturfindungsprobleme angepaßt werden. Diese Parameter sind:

A_1 Start-Varianz σ_o für $f_G(i,j)$

A_2 Maximal zulässige Varianz σ_{max} für $f_G(i,j)$

A_3 Verbreiterungsfaktor δ_o für $f_L(i,j)$

A_4 Wichtungsfaktor W_1

A_5 Wichtungsfaktor W_2

A_6 Wichtungsfaktor W_3

A_7 Wichtungsfaktor W_4

Die Optimierungsaufgabe lautet nun:

Maximiere

$$Q = G(\underline{A},\underline{Z})$$

wobei

G der Grenzfindungsprozeß

$\underline{A}$ ein Vektor im Raum der Input-Parameter

$\underline{Z}$ eine beliebige Bildmatrix mit einem Objekt der entsprechenden Objektklasse und

Q ein geeignetes Gütekriterium für die berechnete Kontur

ist.

Ein geeignetes Gütekriterium für Zellkerngrenzen ist ebenfalls in /6/
beschrieben.

Zur Durchführung der Optimierung wird dann eine genügend große Zahl N
repräsentativer Objekte einer Klasse benötigt, so daß die Optimierungsaufgabe lautet:

Maximiere

$$\overline{Q}(\underline{A}) = \frac{1}{N} \sum_{i=1}^{N} G(\underline{A}, \underline{Z}_i)$$

$\overline{Q}$ ist dabei das über alle N Objekte gemittelte Gütekriterium

Diese Optimierungsausfgabe wurde für den Fall der Zellkerngrenzfindung
mit der von Rechenberg /7/ angegebenen Evolutionsstrategie-Methode
durchgeführt. Die Optimierung erfolgt dabei iterativ durch Addition
eines Zufallvektors $\underline{C}$ zu $\underline{A}$.

Damit ergibt sich ein Fortschreiten in $\mathbb{A}^7$ vom Punkt A_ν zu $A_{\nu+1}'$.
Es wird

$$A_{\nu+1} = \begin{cases} A_{\nu+1}' & \text{für } \bar{Q}_{\nu+1} > \bar{Q}_\nu \\ A_\nu & \text{für } \bar{Q}_{\nu+1} \leq \bar{Q}_\nu \end{cases}$$

Die Komponenten von $\underline{C}$ sind dabei normal verteilt mit dem Mittelwert O und der Varianz σ^2.

Nach Rechenberg /7/ wird zur Konvergenzbeschleunigung σ vergrößert, falls im Durchschnitt weniger als 3,7 Veränderungen von $\underline{A}$ zu einem größeren $\bar{Q}$ führen. Sind es mehr als 3,7 Veränderungen, wird σ verkleinert.

Die Optimierung wird abgebrochen, wenn $\bar{Q}$ eine vorgegebene Schranke überschreitet; die aktuellen Komponenten von $\underline{A}$ bilden dann den optimalen Parametersatz.

Durch die sehr großen Datenmengen, die schon bei einem Optimierungsschritt zu bewältigen sind, wird das Optimierungsproblem numerisch relativ komplex und zeitaufwendig.

Rückweisung

Da ein Rückweisungskriterium innerhalb eines vollautomatisch ablaufenden Grenzfindungsprozesses nicht über die Kenntnis der tatsächlichen Grenze verfügt, muß a priori Wissen über die jeweiligen Objekte in dieses Kriterium eingebracht werden. Für den Fall des Auffindens von Zellkerngrenzen wird davon ausgegangen, daß bei einem Durchlauf nur ein Objekt gefunden wird, daß dieses Objekt keine Einschlüsse aufweisen darf und daß das Objekt keine bizarren Formen aufweisen soll.

Zur Überprüfung dieser Kriterien wird zunächst aus der Bildmatrix mit dem extrahierten Objekt ein Binärbild hergestellt, in dem dem gefundenen Objekt der Wert "schwarz" und dem Untergrund der Wert "weiß" zugeordnet wird. In diesem Binärbild wird die Konnexität gemessen /8/. Sind die ersten beiden Forderungen erfüllt, so hat sie den Wert 1; ein anderer Wert führt zur Rückweisung des Objektes.

Um bizarre Strukturen auszuschließen, wird das Binärbild einer geeigneten Transformation unterworfen, die die Oberfläche der Kontur etwas glättet. Es eignen sich hierfür z.B. Erosion mit anschließender Dilatation. Danach werden Fläche sowie Umfang des transformierten Objektes gemessen.

Bildet man das Verhältnis Fläche/Umfang^2, so wird dieser Quotient für bizarre Strukturen sehr klein. Unterschreitet dieses Maß einen vorgegebenen Wert, so wird das gefundene Objekt zurückgewiesen.

Ergebnisse

Der Grenzfindungsalgorithmus wurde zunächst an etwa 4000 Zellbildern getestet. Dabei wurden ohne die automatische Rückweisung durch visuelle Kontrolle mehr als 90 % der berechneten Konturen als gut beurteilt. Zur Zeit wird das Konvergenzverhalten der Optimierung, sowie das Rückweisungskriterium an großen Datenmengen untersucht.

Literatur

/1/   J. N. Gupta, P. A. Winz; A Boundary Finding Algorithm and its
      Applications. IEEE Trans. Circ. and Syst., vol. C 15-22,
      pp 351-362, 1975.

/2/   L. G. Roberts; Machine perception of threedimensional solids.
      Optical and Electro. Optical Information Processing, J.F. Tippet
      et al. eds. Cambridge, MA MIT Press, 1965.

/3/   R. Kirsch; Computer determination of the constituent structure of
      biological images, Comput. Biomed. Res. vol. 4, pp 315-328, 1971.

/4/   R. O. Duda, P. E. Hart; Pattern Classification and Scene Analysis,
      New York, Wiley, 1971.

/5/   L. Abele, C. Lange; Konturfindungsalgorithmen und ihre Anwendung
      auf dem Gebiet der medizinischen Bilddatenverarbeitung, Bildverarbeitung und Mustererkennung; DAGM Symposium, Oberpfaffenhofen,
      E. Triendl, Ed., 1978.

/6/   W. E. Blanz, E. R. Reinhardt; New Edge Findling Algorithm,
      Eingereicht zur Veröffentlichung in Pattern Recognition

/7/   I. Rechenberg; Evolutionsstrategie - Optimierung technischer
      Systeme nach Prinzipien der biologischen Evolution.
      Friedrich Frommann Verlag Stuttgart, 1973.

/8/   G. Matheron; Random Sets and Integral Geometry, New York,
      John Wiley, 1975.

WIRKUNG VON RANGORDNUNGSOPERATOREN IM FREQUENZBEREICH
UND AUF DIE MITTLERE LOKALE VARIANZ VON BILDERN

Georg Heygster

Max-Planck-Institut für experimentelle Medizin, Göttingen

<u>Zusammenfassung</u>

Rangordnungsoperatoren ordnen dem Aufpunkt den n.-ten Wert der nach
Größe geordneten Grauwerte aus einer lokalen Umgebung aus M Pixeln zu.
Diese nichtlinearen lokalen Operatoren sind weder durch eine Übertragungsfunktion noch durch deren Autokorrelationsfunktion zu beschreiben. Die glättende Wirkung kann nicht als Tiefpaß, wohl aber durch die
Änderung der mittleren lokalen Varianz beschrieben werden. Aber auch
die Verringerung der mittleren lokalen Varianz ist bildabhängig und
kann stärker oder schwächer sein als die Wirkung einer linearen Mittelwertbildung bei gleicher Fenstergröße.

<u>Einführung</u>

Die Wirkung linearer Filter läßt sich mit der linearen Systemtheorie
allgemein beschreiben. Bei der praktischen Anwendung in der digitalen
Bildverarbeitung besitzen sie jedoch mehrere Nachteile. So erzeugt
die Kantenverschärfung mit linearen Filtern in der Nachbarschaft der
Kanten unechte Schwingungen /1/. Außerdem können lineare Filter isolierte, als fehlerhaft erkannte Punkte nicht vollständig korrigieren.

Deshalb finden in der digitalen Bildverarbeitung auch nichtlineare
lokale Operatoren Anwendung. Dazu gehört die Klasse der Rangordnungsoperatoren, die dem Aufpunkt den n.-ten Wert der nach Größe geordneten
Grauwerte aus einer Umgebung aus M Pixeln zuordnen /2/.

Die Charakterisierung der Wirkung der Rangordnungsoperatoren ist Gegenstand zahlreicher Untersuchungen /3-6/.

<u>Übertragungsfunktionen</u>

Zur Untersuchung der Wirkung der Rangordnungsoperatoren im Frequenzbereich wurde für einen Satz von sechs Testbildern der Quotient
$G(u,0)/F(u,0)$ der Spektren $G(u,0)$ des gefilterten und $F(u,0)$ des un-
gefilterten Bildes berechnet. Obwohl dieser Quotient wegen der Nichtlinearität vom speziellen Bild abhängt, wird er im Folgenden als Übertragungsfunktion bezeichnet.

Bei der Anwendung der Rangordnungsoperatoren wurden die Bilder am Rand
periodisch fortgesetzt und die dadurch entstehenden Kanten durch ein
Hanning-Fenster geglättet /7/. Fehler in der Übertragungsfunktion, die

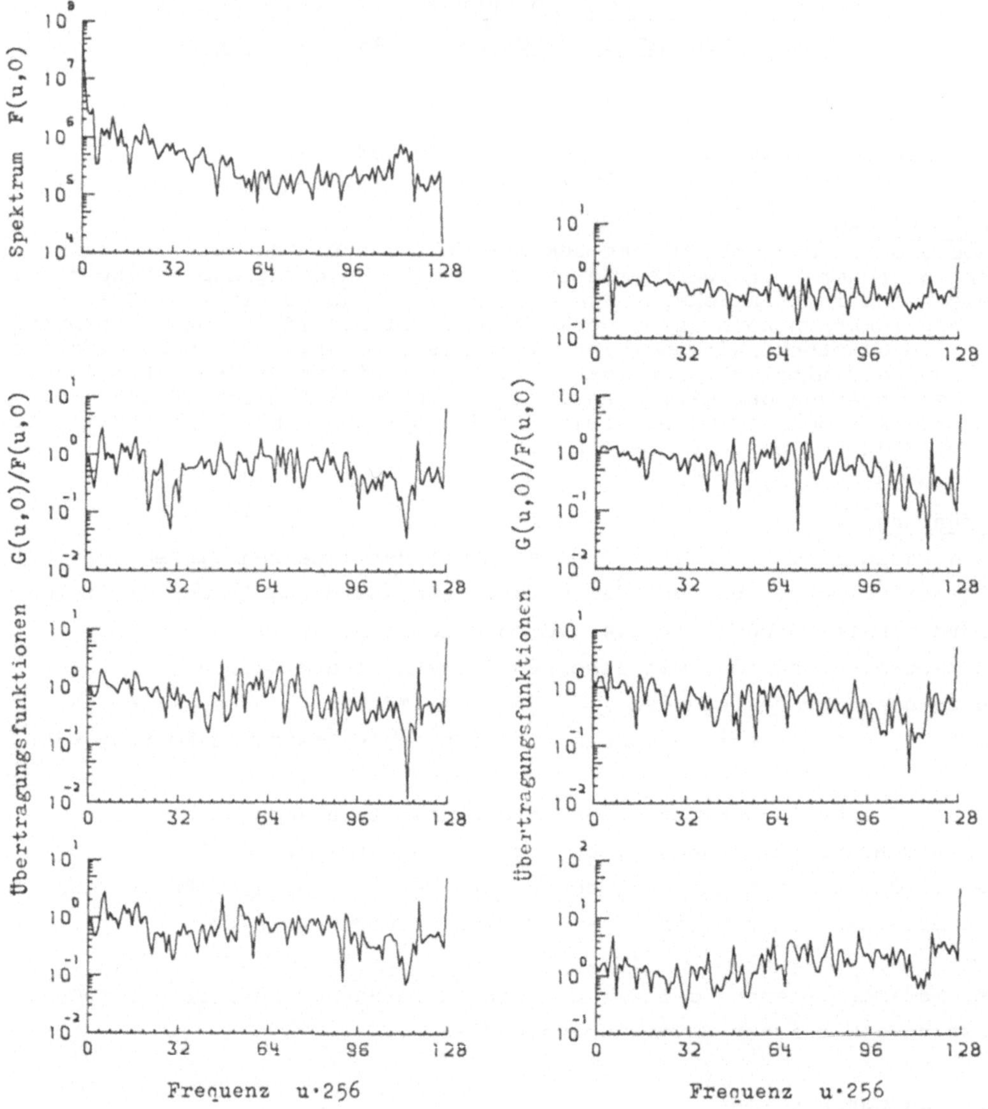

Abb. 1 : a) Schnitt F(u,0) durch das Spektrum des Testbildes FERN.

b) - h)   Schnitte durch die Übertragungsfunktionen G(u,0)/F(u,0)

der Rangordnungsoperatorenen $R_{5,n}$ auf Testbild FERN.

Anordnung: a) |F(u,0)| e) $R_{5,13}$

b) $R_{5,1}$ f) $R_{5,17}$

c) $R_{5,5}$ g) $R_{5,21}$

d) $R_{5,9}$ h) $R_{5,25}$

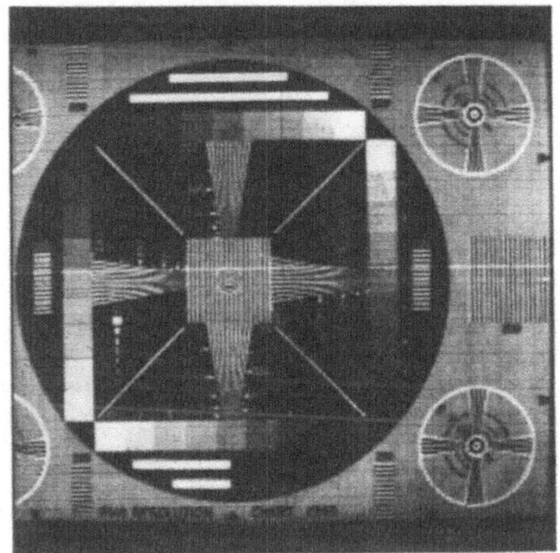

Abb. 2: Testbild FERN

durch Nichtbeachtung der Periodizität und fehlende Randglättung entstehen können, sind in /8/ untersucht.

Ein Beispiel für die Übertragungsfunktionen der Rangordnungsoperatoren $R_{25,n}$ (n = 4i+1, i = 0,1,..., 6) mit quadratischem Fenster der Kantenlänge 5 Pixel ist in Abbildung 1 angegeben, das dazugehörige Testbild in Abbildung 2. Untersuchungen an anderen Bildern /8/ belegen die hier als Beispiel gefundenen Aussagen: Die Wirkung der Rangordnungsoperatoren läßt sich nicht auf einfache Weise allgemein beschreiben. Insbesondere verläuft die Übertragungsfunktion des Medianfilters im gezeigten Beispiel unregelmäßig um einen konstanten Mittelwert schwankend. Obwohl das Medianfilter im Ortsbereich subjektiv als glättend zu bezeichnen ist, kann es also nicht als Tiefpaß bezeichnet werden.

Autokorrelationsfunktionen

Zur weiteren Beschreibung der Übertragungsfunktionen wurde die Rücktransformierte des Quadrats ihres Betrages

$$R(\alpha,\beta) = \mathcal{F}^{-1}\left(\left|\frac{G(u,v)}{F(u,v)}\right|^2\right)$$

untersucht. Als Fouriertransformierte des Betragsquadrats der Übertragungsfunktion H(u,v) gibt sie einerseits Auskunft über deren spektrale Zerlegung. Andererseits kann nach dem Wienerschen Satz /9/ $R(\alpha,\beta)$ als die Autokorrelationsfunktion der Rücktransformierten von $\frac{G(u,v)}{F(u,v)}$, also der Impulsantwort h(x,y), interpretiert werden. Sie ist wegen der Nichtlinearität der Rangordnungsoperatoren genauso wie die Übertragungsfunktion bildabhängig.

In Abbildung 3 sind die Schnitte $R(\alpha,0)$ längs der Abszisse durch die Funktionen $R(\alpha,\beta)$ für das Testbild FERN dargestellt. Erwartungsgemäß nehmen sie das Maximum in $\alpha = 0$ an. Dieser Wert stellt den Effektivwert der Impulsantwort

$$R(0,0) = \overline{h^2(x,y)}$$

dar /9/. Für $\alpha > 0$ schwanken die $R(\alpha,0)$ unregelmäßig um einen kon-

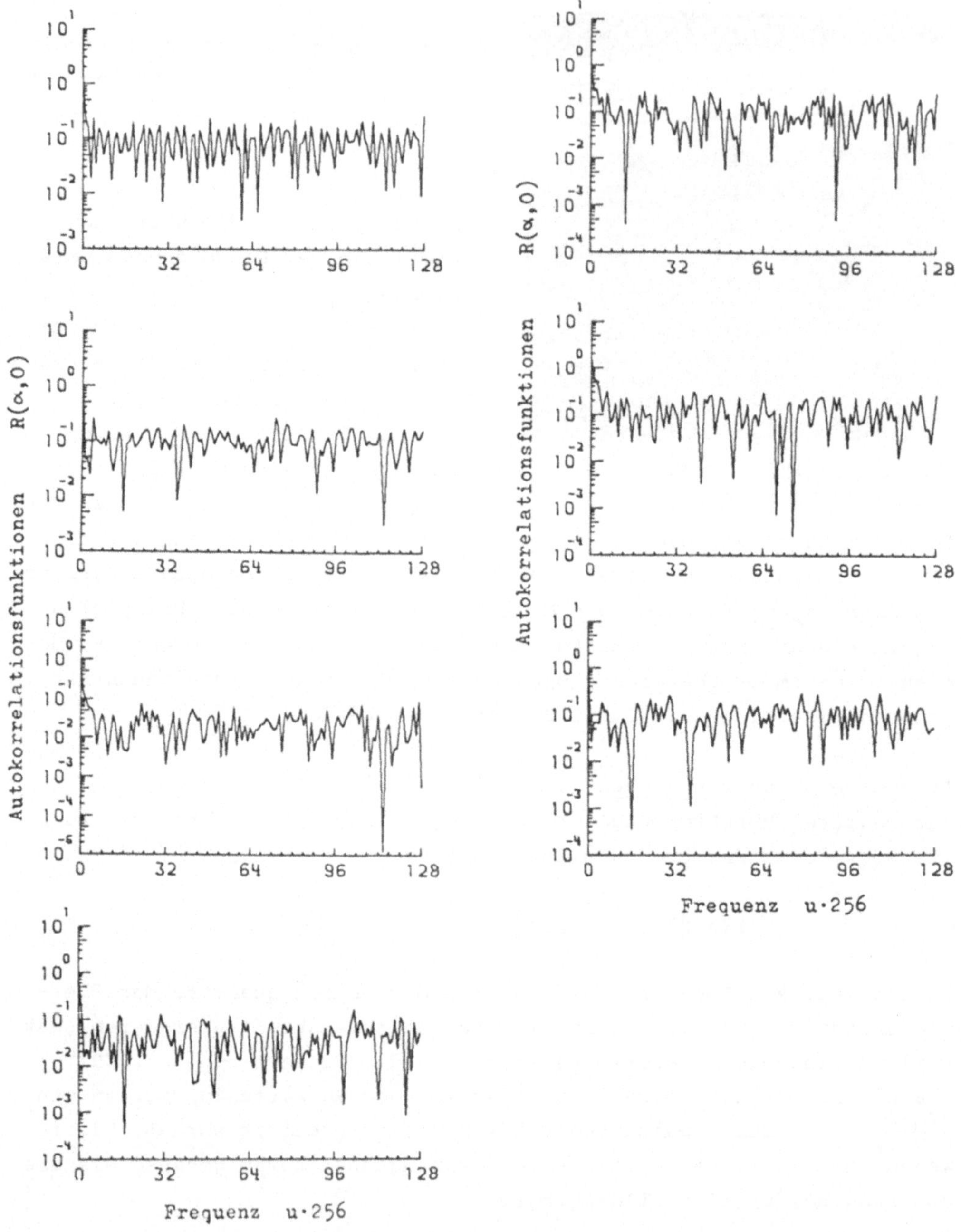

Abb. 3 : Schnitte R(α,0) durch die Autokorrelationsfunkionen

$$R(\alpha,\beta) = \mathcal{F}^{-1}\left(\left|\frac{G(u,v)}{F(u,v)}\right|^2\right)$$ der Operatoren $R_{5,n}$ auf Testbild FERN.

Anordnung: a) $R_{5,1}$ e) $R_{5,17}$

               b) $R_{5,5}$ f) $R_{5,21}$

               c) $R_{5,9}$ g) $R_{5,25}$

               d) $R_{5,13}$

stanten Mittelwert, der je nach Rangordnungsoperator um einen Faktor
zwischen zwei und zehn unter dem Maximum liegt. Damit ist im Mittel
der Korrelationsfaktor zwischen der Impulsantwort $h(x,0)$ und der ver-
schobenen Impulsantwort $h(x-\alpha,0)$ von der Verschiebung unabhängig.
Die Funktionen $R(\alpha,\beta)$ der anderen Bilder sind ebenfalls untersucht
worden und zeigen ähnliche Ergebnisse.

Lokale Varianz

Als weitere Möglichkeit der Charakterisierung wurde der Quotient der
mittleren lokalen Varianz (abgekürzt MLV) der Testbilder vor und nach
Anwendung der Rangordnungsoperatoren berechnet (Abb. 4), wobei ebenfalls eine 5x5-Umgebung benutzt wurde.

Alle von realen Bildern stammenden Kurven verlaufen mit dem Rang des
Operators monoton steigend. Dies ist jedoch keine allgemeine Eigenschaft von Bildern, denn die ebenfalls in Abbildung 4 eingezeichnete
Kurve der Änderung der MLV eines Bildes aus Punkten mit unabhängig
identisch normalverteilten Grauwerten fällt von ihrem Maximum im Median
$n = 13$ ausgehend nach beiden Seiten hin symmetrisch ab. Jede der in
Abbildung 4 eingezeichneten Kurven beschreibt bestimmte Eigenschaften
des zugrundeliegenden Testbildes.

In der folgenden Tabelle werden die auf die Varianz des Originalbildes
bezogenen Veränderungen der MLV durch das Medianfilter und durch das
ungewichtete arithmetische Mittel miteinander verglichen:

Testbild	DRZI	NERV	ZELL	BEUB	FERN	MAIG	Rauschen
$\dfrac{\overline{\sigma^2_{25,LIN}}}{\overline{\sigma^2_{25}}}$	.493	.300	.429	.406	.214	.097	.040
$\dfrac{\overline{\sigma^2_{25,MEDIAN}}}{\overline{\sigma^2_{25,LIN}}}$	1.79	1.25	2.15	1.43	2.27	0.89	$1.57 = \dfrac{\pi}{2}$

Beide untersuchten Filter wirken in allen Beispielen glättend im Sinne
der MLV. Während man die glättende Wirkung an den Übertragungsfunktionen nicht ablesen kann, läßt sie sich durch die MLV beschreiben. Aber
auch diese Charakterisierung bleibt bildabhängig.

Der Quotient $\overline{\sigma^2_{25,MEDIAN}} / \overline{\sigma^2_{25,LIN}}$ beträgt im Mittel über alle Testbilder 1.63. Dieser Wert wird in guter Näherung durch das Bildmodell
mit unabhängig identisch normalverteilten Grauwerten, in der Tabelle
als "Rauschen" bezeichnet, wiedergegeben. Bezüglich der MLV glättet das

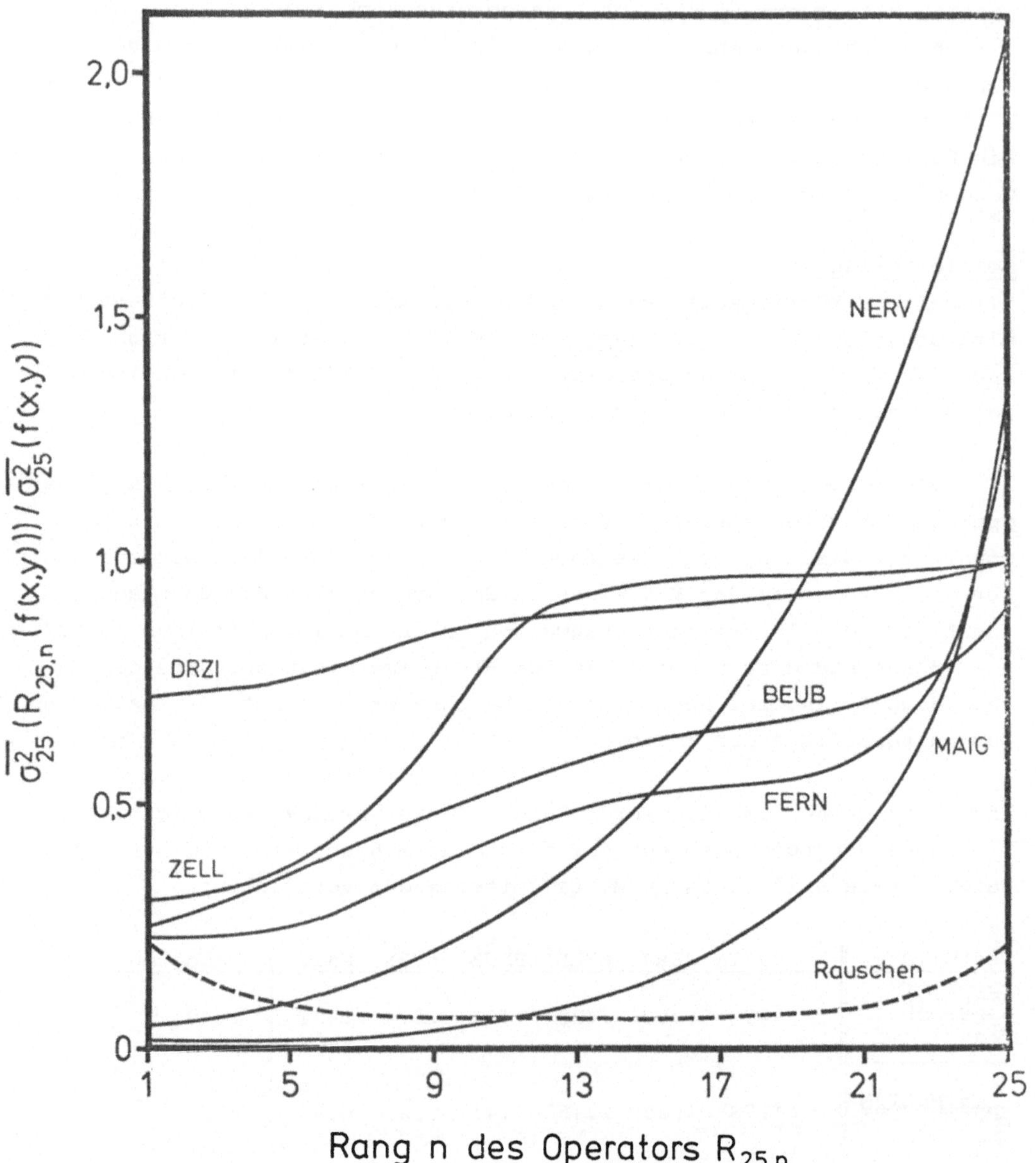

Abb. 4 : Änderung der relativen mittleren lokalen Varianz von Testbildern und von unabhängig identisch normalverteiltem
Rauschen durch die Rangordnungsoperatoren $R_{25,n}$.

arithmetische Mittel in fast allen Beispielen stärker als das Medianfilter, denn bis auf einen sind alle Quotienten größer als eins. Die
Ausnahme bildet das Testbild MAIG. Dies könnte mit dem Anteil an hohen
Raumfrequenzen in diesem Testbild zusammenhängen, denn von allen besitzt das Testbild MAIG den stärksten Anteil an hohen Frequenzen /8/.

Literatur

1. B.R. Frieden: Image Restauration by Discrete Convolution of
   Minimal Length. JOSA 64 (1964), 682-686.

2. G. Heygster: Untersuchung von zweidimensionalen Rangordnungs-
   operatoren im Orts- und Frequenzbereich. Bildverarbeitung und
   Mustererkennung (Informatik-Fachberichte 17), 204-208. Hrsg. E.
   Triendl, Berlin, Heidelberg, New York 1978.

3. Y. Nakagawa, A. Rosenfeld: A Note on the Use of Local MIN and MAX
   Operations in Digital Picture Processing. Computer Science Technical Report Series, University of Maryland, Collegue Park, Md.
   1977.

4. B. Justusson: Noise Reduction by Median Filtering. 4. Int. Joint
   Conf. on Pattern Recognition, Kyoto 1978, 502-504.

5. S.-G. Tyan: Data Smoothing via Order Statistics. Private Communication. Department of Electrical Engeneering and Electro-
   physics Polytechnic Institute of New York. New York 11201 (1977).

6. B. Justusson: Median Filtering: Statistical Properties. In: Two-
   dimensional Digital Transforms and Filters (Top. Appl. Phys.)
   Berlin, Heidelberg, New York, erscheint 1979.

7. J.S. Weszka, C.R. Dyer, A. Rosenfeld: A Comparative Study of
   Texture Measures for Terrain Classification. IEEE Trans. Syst. 6
   (1976), 269-285.

8. G. Heygster: Rangordnungsoperatoren in der digitalen Bildverarbeitung. Dissertation Göttingen 1979.

9. E. Meyer, D. Guicking: Schwingungslehre. Braunschweig 1974.

KANTENDETEKTION IN GRANULATIONSVERRAUSCHTEN
HOLOGRAMMREKONSTRUKTIONEN

G. Haussmann
Drittes Physikalisches Institut, Universität Göttingen

Zusammenfassung

Zur automatischen Erkennung der Partikelrandschärfe in verschiedenen
Tiefenebenen reeller Hologrammrekonstruktionen werden lokale Gradien-
tenoperatoren eingesetzt. Das Problem der äußerst kontrastreichen
Granulation wird durch die Multiplikation der Gradientenbilder mit
einer Gewichtsfunktion gelöst, die aus der Intensitätsverteilung des
Eingabebildes abgeleitet ist.

1. Einleitung

Bei der Verarbeitung dreidimensionaler Hologrammrekonstruktionen
stellt sich das Problem, einzelne Objekte bestimmten Tiefenebenen
zuzuordnen. Als Kriterien dafür kommen neben statistischen und in-
formationstheoretischen Größen [1] auch Maßzahlen in Frage, die die
Abbildungsschärfe der Objektkontur beschreiben. Für den Fall der
dreidimensionalen Partikelanalyse geometrisch einfacher Objekte hat
sich die Detektion der Teilchenrandschärfe mit Hilfe lokaler rausch-
befreiter Gradientenoperatoren als vorteilhaft erwiesen [2].

2. Rechnergesteuerte Fokussierung auf Einzelobjekte

In einer bestimmten Tiefenebene des reellen Bildes, das bei der Rekonstruktion eines Hologrammes mit der konjugierten Referenzwelle entsteht, werden je nach räumlicher Struktur der Partikelverteilung nur
eine begrenzte Anzahl von Teilchen mit einer scharfen Umfangskontur
abgebildet (siehe Abb. 1). Diese Eigenschaft reeller Hologrammrekonstruktionen ermöglicht es, die Objekte bestimmten Tiefenebenen zuzuordnen und damit ihre Tiefenkoordinaten festzulegen. Über die Abbildungsschärfe der Partikel kann aus dem zweidimensionalen Bildausschnitt ein Parameter berechnet werden, dessen lokale Extremwerte
die exakte Tiefenposition der Teilchen anzeigen und der damit die
Fokussierung der Objekte mit einer verschiebbaren Kamera unter der

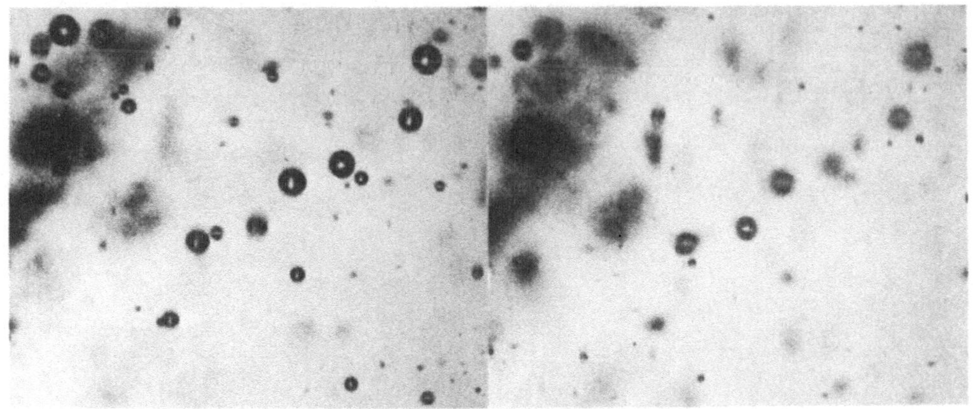

<u>Abb. 1</u> Rekonstruktion eines Rubin-Impuls-Hologramms mit Luftblasen
in Wasser in zwei verschiedenen Tiefenebenen des reellen Bildes

Kontrolle eines Prozeßrechners ermöglicht [3]. Erhebliche rechentech-
nische Vorteile bringt es mit sich, diesen Parameter dem gesamten Bildausschnitt und nicht einzelnen Partikeln zuzuordnen.

3. Rauschunterdrückung in Gradientenbildern

Zur Kantendetektion auf das Bild angewandte lokale Gradientenoperatoren heben das dem gesamten Bildausschnitt überlagerte Granulationsrau-
schen stark an (siehe Abb. 3a). Kontur- und Rauschpunkte können nicht
getrennt und Maße für die Teilchenrandschärfe nicht bestimmt werden.

Für den Fall homogener dunkler Objekte vor einem intensitätsreicheren
Granulationsuntergrund (siehe Abb. 1) hat sich die Multiplikation des
Gradientenbildes mit einer Gewichtsfunktion GFK (I), die aus der Intensitätsverteilung des Eingabebildes abgeleitet wird, als wirksam erwiesen. GFK (I) kann bis auf die Normierung als Wahrscheinlichkeits-
dichte dafür interpretiert werden, daß ein Bildpunkt (i,j) mit dem
Intensitätswert I (i,j) zur Objektkontur gehört [4]. Dies ist sicher
dann mit der größten Wahrscheinlichkeit der Fall, wenn I (i,j) zwischen
mittlerer Objektintensität I_O und mittlerer Rauschintensität I_R liegt
(siehe Abb. 2). Sei GRAD (i,j) der am Punkte (i,j) berechnete Wert
des gradientengefilterten Bildes, MTW (i,j) der Mittelwert der zur
Gradientenberechnung herangezogenen Bildpunkte. Dann gilt für den

intensitätsgewichten Gradientenpunkt:

$$\mathrm{GRAD}_g(i,j) = \mathrm{GRAD}(i,j) \cdot \mathrm{GFK}(\mathrm{MTW}(i,j))$$

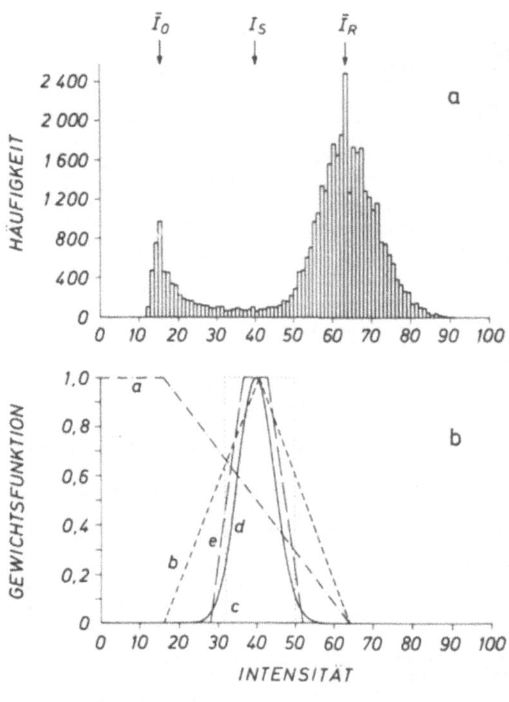

Abb. 2 Gewichtsfunktionen GFK(I) zur Rauschbefreiung gradientengefilterter Bilder
a) Intensitätshistogramm einer fokussierten Blase
b) Aus dem Histogramm abgeleitete Gewichtsfunktionen (a=linear, b=Dreieck, c=Rechteck, d=Trapez, e=Gauß)

Abb. 3 Gradientengefiltertes Bild einer fokussierten Blase
a) ohne Rauschbefreiung
b) intensitätsgewichtet mit linearer Gewichtsfunktion
c) mit Dreiecksfunktion
d) mit Rechteckfunktion
e) mit Trapezfunktion
f) mit Gaußfunktion

Der Mittelwert als Argument der Gewichtsfunktion ermöglicht es, von der zufälligen Lage des Abtastpunktes auf der Objektflanke und dem Rasterpunktabstand weitgehend unabhängig zu sein.
Abb. 3 zeigt, daß die Annahme einer Gaußverteilung der Konturpunktintensitäten das beste Ergebnis liefert. Die Gewichtung mit einer Trapezfunktion, vom Rechenaufwand her wesentlich günstiger, erweist sich jedoch als nahezu ebenbürtig. Durch eine einfache Schwellwertoperation gelingt es, im Gradientenbild Kontur- und Rauschpunkte nahezu vollständig zu trennen.

4. Auswahl geeigneter Gradientenoperatoren

Isotrope lokale Gradientenoperatoren, die auf der kleinstmöglichen
Untermatrix von 2 x 2 Bildpunkten basieren, sind im Hinblick auf eine
projektierte Steuerung der automatischen Fokussierung durch einen
speziellen Hardware-Prozessor von besonderem Interesse. Abb. 4 zeigt
die auf 2 x 2 Bildpunkten definierbaren Gradientenoperatoren ohne
unterschiedliche Gewichtung der einzelnen Bildpunkte. Die Operatoren
4a, 4b und insbesondere 4d (Roberts-cross-Operator) sind aus der Literatur bekannt [5]. Zusätzlich wurden noch der "Best-fit"-Operator
nach Rosenfeld [6] und der Sobel-Operator [7] in den Vergleich einbezogen. Alle Gradientenbilder wurden mit Hilfe der linearen Intensitätsgewichtung rauschbefreit. Am Beispiel ausgewählter Operatoren in Abb.
5 zeigt sich, daß es auf der Basis von 2 x 2 Bildpunkten keinen Sinn
hat, einen im Vergleich zum Roberts-cross-Operator höheren Rechenaufwand in Form zusätzlicher Differenzbildungen zu betreiben. Eine verbesserte Kantendetektion kann damit nicht erreicht werden. Geringfügig
bessere Resultate erbringt der Sobel-Operator, der jedoch auf 3 x 3
Bildpunkten basiert und damit einen wesentlich höheren Rechenaufwand
erfordert.

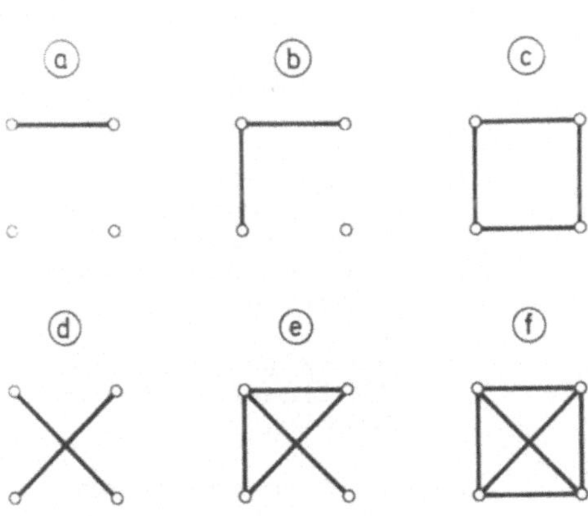

Abb. 4 Verschiedene Gra-
dientenoperatoren auf der
Basis von 2 x 2 Bildpunkten
ohne unterschiedliche Ge-
wichtung einzelner Punkte
(Striche bedeuten Differen-
zenbildung)

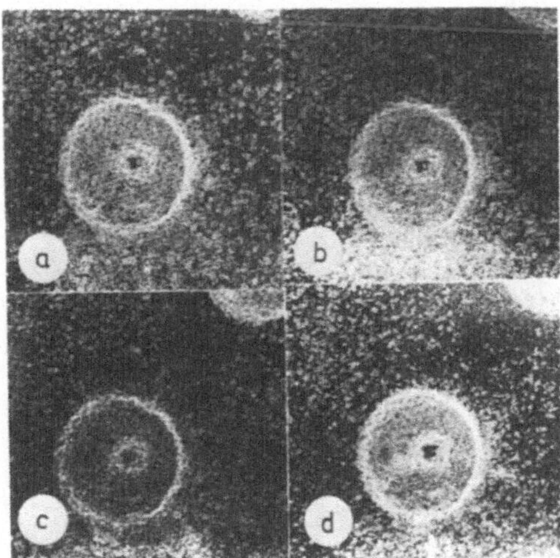

Abb. 5 Anwendung verschiedener Gradientenoperatoren
auf das Bild einer fokussier-
Blase
a) Roberts-cross-Operator
b) Operator nach Abb. 4e
c) "Best-fit"-Operator
d) Sobel-Operator

5. Fokussierungsparameter

Die zur Kantendetektion in granulationsverrauschten Bildern sehr gut
geeignete Kombination des Roberts-cross-Operators mit der Intensitätsgewichtung durch eine Trapezfunktion (siehe Abb. 3e) wird problematisch, wenn sie auf das Problem der Teilchenfokussierung angewandt
wird. Durch die Wahl der Gewichtsfunktion mit einem Extremwert bei
mittleren Intensitätswerten können sich abseits der Tiefenebene maximaler Teilchenrandschärfe große Gradientenwerte ergeben, wenn die
Objekte aus dem Rauschen hervortreten bzw. darin wieder verschwinden
(siehe Abb. 6d). Wird die lineare Gewichtsfunktion gewählt (Abb. 6c),
so tritt dieses Problem nicht so ausgeprägt auf. Der Nachteil liegt in
diesem Fall jedoch in der Verstärkung des Rauschens, das den Objekten
selbst überlagert ist, und in den großen Gradientenwerten in unmittelbarer Nähe der Teilchenfokusebene.

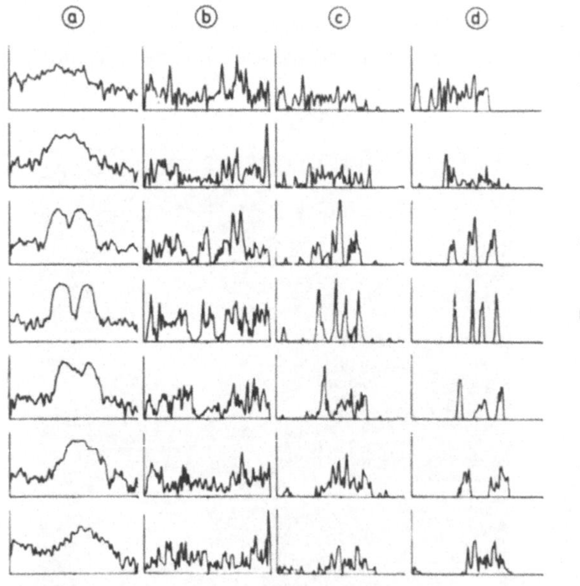

Abb. 6 Zusammenhang
zwischen Teilchenschärfe
und Gradientenbild in
verschiedenen Tiefebe-
nen der reellen Holo-
grammrekonstruktion

a) Querschnitt durch
   eine Blase (Inten-
   sitätwerte inver-
   tiert aufgetragen)

b) Gradientenbild
   durch Anwendung des
   Roberts-cross-Gra-
   dienten ohne Rausch-
   befreiung

c) intensitätsgewichtet
   mit linearer Gewichts-
   funktion

d) mit Trapezfunktion

Die Wahl der Gewichtsfunktion beeinflußt daher den Verlauf des Fokussierungsparameters MZ3, der mit Hilfe einer Schwelle GRDSCH zur Unterdrückung kleiner Gradientenwerte aus dem Gradientenbild berechnet wird
(Definition siehe [3]). Bei geeigneten Parameterwerten $\bar{I}_O, I_S$ und $\bar{I}_R$
(im Experiment automatisch aus dem Intensitätshistogramm bestimmt)

führt die Anwendung der linearen Gewichtsfunktion zu einem weitgehend
monotonen Verlauf mit einer ausreichenden Trennschärfe und kleineren
Auszackungen im Bereich der lokalen Parametermaxima (siehe Abb. 7a).
Die Gewichtung mit der Trapezfunktion hat aufgrund der besseren Trennung von Kontur- und Nicht-Konturpunkten schmalere und ausgeprägtere
Extremwerte des Fokussierungsparameters zur Folge (Abb. 7b). Die Ne-
benmaxima im Fangbereich der Parameterkurve können jedoch bei einer
niedrig gewählten Detektionsschwelle DTKSCH Pseudofokussierungen bewirken, die die Meßzeit in die Höhe treiben. Aus diesem Grund bietet
sich eine Kombination der beiden Verfahren an. In Verbindung mit großen Suchschritten wird linear gewichtet, zur genauen Festlegung der
Parametermaxima (MZ3 > DTKSCH) findet die Trapez-Gewichtsfunktion Anwendung. Dies macht jedoch zusätzlich zu den Schwellen GRDSCH und
DTKSCH die Festlegung eines Faktors notwendig, der die je nach Gewichtsfunktion unterschiedlichen Absolutwerte des Fokussierungsparameters einander anpaßt.

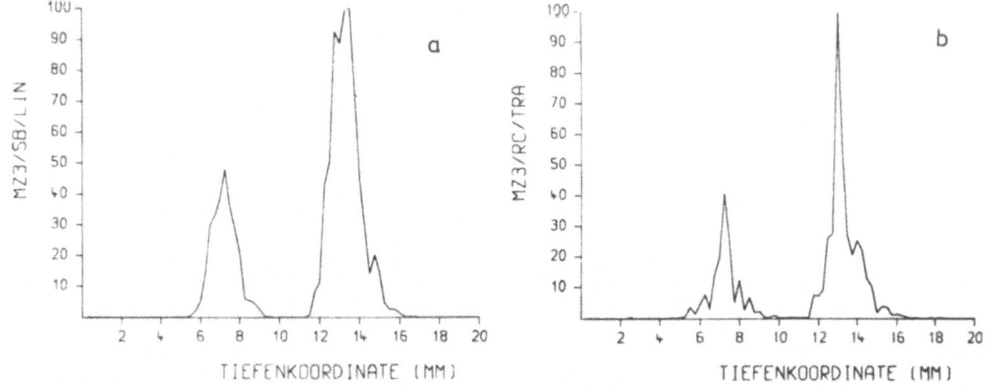

Abb. 7 Verlauf des Fokussierungsparameters MZ3 (Definition siehe [3])
für einen Bildausschnitt mit zwei Blasen in verschiedenen Tiefenebenen
a) Sobel-Operator mit linearer Intensitätsgewichtung
b) Roberts-cross-Operator, intensitätsgewichtet mit einer Trapezfunktion

Bei Versuchen an Impuls-Testhologrammen hat sich die Anwendung der linearen Gewichtsfunktion für Teilchenfelder von nicht zu hoher Dichte
als völlig ausreichend erwiesen [2]. Bei höherer Teilchendichte und
relativ geringen Größenunterschieden der Einzelobjekte kann jedoch
der Übergang zur Intensitätsgewichtung mit einer Trapezfunktion durchaus von Vorteil sein.

Diese Untersuchung wurde mit Mitteln der Deutschen Forschungsgemeinschaft durchgeführt. Ich danke Herrn Prof. Dr. Lauterborn für wertvolle fachliche Unterstützung.

6. Literaturverzeichnis

/1/ R.A. Jarvis, The Microscope, Vol. 24, 1976

/2/ G. Haussmann, Dissertation, Göttingen 1979

/3/ G. Haussmann, W. Lauterborn, Informatik Fachberichte, Vol. 17, Springer, Berlin 1978, S. 275 - 280

/4/ L. Abele, C. Lange, Informatik Fachberichte Vol. 17, Springer, Berlin 1978, S. 329 - 333

/5/ L.G. Roberts, MIT Press, Cambridge 1965, S. 159 - 167

/6/ A. Rosenfeld, A. Kak, Digital Picture Processing, Academic Press, New York 1976, S. 284 - 285

/7/ R. Duda, P. Hart, Pattern Classification and Scene Analysis, Wiley 1973, S. 271 - 272

METHODEN I : STRUKTUR-ANALYSEN

EIN ANSATZ ZUR ANALYSE KOMPLEXER MUSTER

H.Niemann
Universität Erlangen-Nürnberg
Lehrstuhl für Informatik 5 (Mustererkennung)
Martensstr. 3, D-8520 Erlangen

Kurzfassung

Unter komplexen Mustern werden hier solche verstanden, bei denen dem Anwender die
Angabe eines Klassennamens alleine nicht genügt, sondern bei denen eine symbolische
Beschreibung mit Hilfe einfacherer Bestandteile und deren Beziehungen untereinander
gewünscht wird. Die automatische Erstellung dieser Beschreibung wird als Analyse
bezeichnet. Es ist zweckmäßig, in einem Analysesystem eine klare Trennung zwischen
Methoden, Information (Wissen), Kontrolle und Ergebnissen durchzuführen. Für die
Darstellung des Kontrollflusses ist die Anwendung des abstrakten Programms zweckmäßig, für die Darstellung der Information die Produktionenregeln. Zwei Beispiele,
die zur Zeit untersucht werden, sind die Analyse elektrischer Schaltpläne und die
Erkennung kontinuierlich gesprochener deutscher Sprache. Im ersten Fall wird eine
im wesentlichen hierarchische, jedoch um Fehlerkorrekturmöglichkeiten erweiterte Kontrollstruktur verwendet, im zweiten Fall eine aus parallelen Prozessen bestehende,
datenbankorientierte Struktur.

1. Einführung

Der in der Überschrift verwendete Begriff des "komplexen Musters" knüpft an die in-
tuitive Feststellung an, daß es Muster mit unterschiedlichem Informationsinhalt gibt,
ohne daß aber hier eine quantitative Kennzeichnung angestrebt wird. Als Beispiele
für einfache Muster seien isoliert gesprochene Worte oder einzelne lateinische Buchstaben genannt, als Beispiele für komplexe Muster zusammenhängend gesprochene Sätze
oder Luftbilder. Es ist offensichtlich, daß zwischen ersteren und letzteren beträcht-
liche Unterschiede - auch in der Zahl der zur Speicherung erforderlichen bit - bestehen; es ist ebenso klar, daß es zwischen beiden fließende Übergänge gibt, so daß
es schwierig ist, irgendwo eine klare Grenze zu ziehen.

Während man bei einfachen Mustern i.a. eine Klassifikation vornimmt, d.h. das Muster
als Ganzes genau einer von k möglichen Klassen zuordnet, ist dieses bei komplexen
Mustern weder möglich noch erwünscht. Die Erfahrung zeigt nämlich, daß die Methoden
der Klassifikation einfacher Muster sich nicht auf komplexe Muster übertragen lassen
[1]. Außerdem ergibt sich aus den möglichen Anwendungen der Untersuchung komplexer
Muster, daß hier ein Klassenname allein im allgemeinen nicht ausreicht [2]. Statt
der Klassifikation wird eine Analyse vorgenommen.

Unter "Analyse" eines Musters wird hier verstanden, daß es durch einfachere Bestandteile und deren Beziehungen untereinander beschrieben wird. Die Art der einfacheren

Bestandteile und der Beziehungen ist natürlich von der jeweiligen Anwendung abhängig. Ebenso hängt das Ergebnis der Analyse, die ein (komplexes) Muster $^\rho\underline{f}(\underline{x})$ in eine (symbolische) Beschreibung $^\rho B$ transformiert, vom Anwendungsfall ab. Je nach dem Umfang der in $^\rho B$ erwünschten Information kann die Beschreibung folgendes enthalten:

1. Eine vollständige symbolische Beschreibung mit Hilfe einfacherer Bestandteile und deren Beziehungen.
2. Eine Liste einiger interessanter Objekte.
3. Eine Aussage über Veränderungen, die in zeitlich aufeinanderfolgenden Aufnahmen des Musters erfolgen.
4. Die Zusammenfassung des Musters unter einem Klassennamen.

Die symbolische Beschreibung enthält die ausführlichste Information, während sie im Klassennamen am meisten komprimiert ist. Beispiele für Analyseaufgaben sind die Erkennung von zusammenhängend gesprochener Sprache, die Analyse elektrischer Schaltpläne, die Auswertung von Röntgenbildern oder ganz allgemein die Fotointerpretation.

In diesem Beitrag wird im folgenden Abschnitt ein allgemeines Konzept zur Darstellung von Analysealgorithmen entwickelt. Es sei jedoch betont, daß es sich dabei nicht um einen Algorithmus zur automatischen Generierung von Analysealgorithmen handelt, sondern, wie erwähnt, um eine allgemeine Darstellungsmöglichkeit; die Entwicklung des Analysealgorithmus ist nach wie vor Sache dessen, der Musteranalyse betreibt. Im letzten Abschnitt wird an zwei Beispielen kurz die Anwendung dieses Konzepts erläutert.

Es ist selbstverständlich, daß die Analyse nur erfolgreich sein kann, wenn geeignete einfachere Bestandteile und Beziehungen gefunden wurden und wenn effektive Algorithmen zu deren Extraktion bekannt sind; ebenso ist es nützlich, wenn man einfacheren Bestandteilen - beispielsweise mit Hilfe von Methoden der Klassifikation einfacher Muster - unabhängig von anderen bereits eine oder einige mögliche Bedeutungen zuordnen kann. Darauf wird jedoch hier nicht eingegangen, zahlreiche Einzelheiten dazu gehen zum Beispiel aus [1,2] hervor. Die Aufgabe des eigentlichen Analyseprozesses wird darin gesehen, daß den einfacheren Bestandteilen Bedeutungen so zugeordnet werden, daß eine global korrekte Beschreibung $^\rho B$ des Musters $^\rho\underline{f}(\underline{x})$ entsteht. Das macht die Analyse schwierig, erlaubt aber andererseits die Beseitigung von Mehrdeutigkeiten und die Korrektur von Fehlern, die bei der Extraktion einfacherer Bestandteile und deren Beziehungen auftreten. Grundlegende Voraussetzung dafür ist, daß die zu analysierenden Muster eine bestimmte Struktur haben, d.h. daß nicht jede beliebige Anordnung einfacherer Bestandteile ein gültiges Muster aus dem jeweiligen Problemkreis ergibt und daß viele komplexe Muster sich mit relativ wenigen einfacheren Bestandteilen beschreiben lassen.

2. Ein Konzept für die Analyse

Bild 1 zeigt die grundsätzlich erforderlichen Komponenten eines Systems zur Analyse
von Mustern. Es enthält folgende wesentliche Bestandteile:

1. Eine Datenbank, die Information (Wissen) über die strukturellen Eigenschaften des
   Musters sowie über den Problemkreis enthält.
2. Eine Datenbank, die Methoden zur Vorverarbeitung, Extraktion einfacherer Bestandteile und Klassifikation enthält.
3. Eine Datenbank, die Ergebnisse über die Analyse von $^{\rho}\underline{f}(\underline{x})$ enthält. Dazu gehören
   Aussagen über die Lage von einfacheren Bestandteilen im Muster, mögliche Alter-
   nativen (z.B. es kann sich um ein Auto oder um einen Wohnwagen handeln), und verschiedene Niveaus der Darstellung (z.B. Linienelemente, Linien, Objekte).
4. Ein Modul, der die Kontrolle über den Analyseprozeß ausübt, d.h. der darüber entscheidet, welche Methoden anzuwenden sind, welche Information zu nutzen ist und
   wie der Zugriff zu den Ergebnissen zu koordinieren ist.

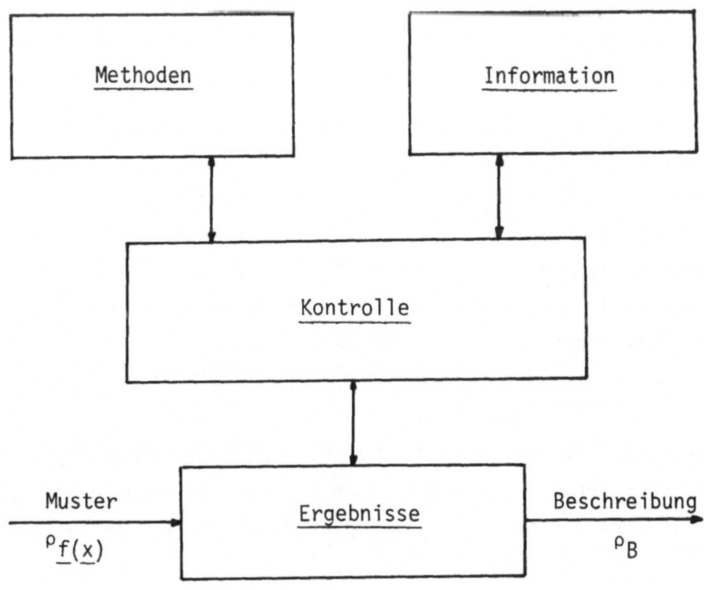

Bild 1   Ein System zur Analyse von Mustern

Dieses Konzept wird verwendet, um eine klare Trennung zwischen Methoden, Information, Kontrolle und Ergebnissen zu erhalten und um eine Systemstruktur zu haben, die so allgemein ist, daß sich darunter verschiedene spezielle Strukturen, wie beispielsweise die vielfach eingesetzte hierarchische Struktur, zusammenfassen lassen.

Die Darstellung von Information (Wissen) erfolgt in einer allgemeinen IF-THEN Form, d.h. in einer Produktionenregel [3] der Form

IF : (Voraussetzung oder logische Bedingung)
THEN: (Schlußfolgerung oder Aktion)

Offensichtlich lassen sich darunter verschiedene spezielle Darstellungsformen, wie syntaktische oder graphentheoretische Methoden, zusammenfassen. Beispielsweise lassen sich syntaktische Regeln in der folgenden Form darstellen:

IF : In einer Symbolkette (oder in einem Feld, Baum, oder Graphen usw.) tritt an
      einer Stelle eine bestimmte Teilkette (oder Teilfeld-, baum, oder -graph usw.)
      auf, und es gibt eine Regel mit dieser Teilkette (oder Teilfeld usw.) als
      linker Seite.
THEN: Die betreffende Teilkette (oder Teilfeld usw.) kann durch die rechte Seite der
      Regel ersetzt werden.

Die Produktionenregeln lassen sich zu einem Produktionensystem erweitern, das gleichzeitig eine bestimmte Kontrollstruktur beinhaltet, wenn man eine Vereinbarung darüber trifft, in welcher Reihenfolge die Regeln anzuwenden sind und wenn diese so weit spezifiziert sind, daß sie alle Einzelheiten des Analyseprozesses enthalten. Drei naheliegende Möglichkeiten sind:
1. Die Produktionenregeln werden von 1 bis 1 durchnumeriert und in dieser festen
   Reihenfolge eine nach der anderen angewendet.
2. Die Produktionenregeln werden alle gleichzeitig (parallel) angewendet und mögliche
   Ersetzungen oder Aktionen parallel ausgeführt.
3. Die Produktionenregeln werden nach Art der programmierten Grammatiken um zwei Angaben TRUE und FALSE erweitert; diese geben an, was als nächste Regel zu nehmen
   ist, wenn der IF-Term der gerade angewendeten Regel erfüllt ist bzw. nicht erfüllt ist.
Die so erweiterten Produktionenregeln haben die Form:

IF   : (Voraussetzung oder logische Bedingung)
THEN : (Schlußfolgerung oder Aktion)
TRUE : (nächste Regel)
FALSE: (nächste Regel)

Die oben erwähnte Möglichkeit der parallelen Anwendung von Produktionenregeln wird man meistens nicht so weit treiben, daß alle Regeln gleichzeitig untersucht werden. Ein sinnvoller Kompromiß besteht in der Strukturierung der Information in einzelnen unabhängigen Moduln. Ein Modul könnte beispielsweise Information über die Zusammenfassung von Bildpunkten zu kurzen geraden oder gekrümmten Linienelementen enthalten, ein zweiter Bildpunkte zu Regionen zusammenfassen, ein dritter Linienelemente zu längeren Linien usw. Die Aufgabe des Kontrollmoduls besteht dann darin, die jeweils aussichtsreichsten Informationsmodule einzusetzen, die sich ihrerseits der jeweils günstigsten Methoden bedienen. Die erarbeiteten Ergebnisse werden als Hypothesen in der Datenbank abgelegt. Natürlich ist eine entsprechende Hardwarestruktur, welche die Abarbeitung weitgehend unabhängiger Prozesse in mehreren Prozessoren gestattet, Voraussetzung für die Realisierung dieses Konzepts.

Eine Kontrollstruktur läßt sich als abstraktes Programm darstellen [4], das sich natürlich auch grafisch in einem Programmgraphen [5] angeben läßt. Ohne auf formale Einzelheiten einzugehen, wird ein einfaches Beispiel angegeben, das einer im wesentlichen top-down orientierten Kontrollstruktur entspricht. Insbesondere in den unten folgenden Schritten 4. - 6. sind lediglich abstrakte Anweisungen gegeben, die noch mit konkretem Inhalt - z.B. in Form spezieller Unterprogramme - zu füllen sind.

1. Lies Muster und Regeln
2. Setze $j = 1$
3. Nimm Regel j
4. Erzeuge Hypothesen H_{j1}, ..., H_{jn} aus IF-TERM der Regel j und Ergebnissen in der Datenbank
5. Bewerte die Zuverlässigkeit der Hypothesen mit $p(H_{j1})$, ..., $p(H_{jn})$
6. Prüfe Hypothesen   (Anmerkung: s. unten)
7. Wenn ein H_{ji}, $i \in 1$, ..., n richtig ist, gehe nach 8., sonst nach 10.
8. Speichere H_{ji} in der Datenbank
9. Wenn die Haltebedingung erfüllt ist, drucke Ergebnis, sonst setze $j = j + 1$ und gehe nach 3.
10. Speichere, daß H_{j1}, ..., H_{jn} widerlegt sind.
11. Setze $j = j + 1$ und gehe nach 3.

Im obigen Beispiel ist die Kontrollstruktur von der Information über die Muster (den Regeln) getrennt. Offensichtlich läßt sich auch diese Kontrollstruktur in Form von Produktionenregeln schreiben, indem man die einzelnen Schritte entsprechend umformt. Für Schritt 4. beispielsweise wären vermutlich mehrere Regeln erforderlich, deren IF- und THEN-Terme selbst umfangreiche Prozeduren werden können. Da die Regeln zunächst eingelesen werden und da die Kontrollstruktur durch Regeln ersetzt werden kann und umgekehrt, ergibt sich die Möglichkeit, die Kontrollstruktur auf ein Minimum zu reduzieren und durch Regeln, die nach Bedarf verändert werden, zu ergänzen. Die Einbeziehung von Methoden wird aus dem folgenden Beispiel deutlich, das eine genauere

Darstellung des Schrittes 6. im obigen Beispiel enthält. "Prüfe Hypothesen":

1. Setze Parameter $\underline{\theta}_i = \underline{\theta}_{io}$ (H_{ji}), $i = 1, \ldots, n$
2. Prüfe Vermutung H_{ji} mit Algorithmus A_1 (H_{ji}) und Parametern $\underline{\theta}_i$; $i = 1, \ldots, n$
3. Wenn ein H_{ji} richtig ist, gehe nach 4., sonst nach 5.
4. Bewerte die Zuverlässigkeit der Prüfung, notiere Ergebnisse, RETURN
5. Wenn es der erste Versuch mit Algorithmus A_1 ist, setze $\underline{\theta}_i = \underline{\theta}_i + \Delta \underline{\theta}[p(H_{ji})]$ und gehe nach 2., sonst gehe nach 6.
6. Prüfe Vermutung mit Algorithmus $A_2(H_{ji})$, $i = 1, \ldots, n$.
7. Wenn ein H_{ji} richtig ist, gehe nach 8., sonst nach 9.
8. Bewerte die Zuverlässigkeit, notiere das Ergebnis, RETURN.
9. Notiere Mißerfolg, RETURN.

Hier werden in den Schritten 2. und 7. in Abhängigkeit von der jeweiligen Hypothese Methoden (Algorithmen) gebraucht, um die Hypothese zu verifizieren. Die Methoden sind im Prinzip völlig unabhängig von den Regeln und der Kontrollstruktur. Wenn man aber beispielsweise eine Methode braucht, um Konturlinien aus Bildern zu extrahieren, wird man bei stark gestörten Bildern sicherlich eine andere Methode wählen als bei Bildern guter Qualität.

3. Arbeiten zur Analyse

Zwei Beispiele zur Analyse komplexer Muster werden gegenwärtig untersucht; das eine aus dem Bereich der Bildverarbeitung, das andere aus dem Bereich der Sprachverarbeitung.

In der Bildverarbeitung wird die Analyse elektrischer Schaltpläne untersucht. Das Ziel ist dabei die automatische Erstellung einer Liste, die die Schaltelemente und ihre Beschriftung sowie die vorhandenen elektrischen Verbindungen enthält. Die Kontrollstruktur ist sequentiell orientiert und hat folgendes Aussehen:

1. Bildabtastung und Vorverarbeitung zur binären Quantisierung.
2. Ermittlung von Linien mit Koordinaten der Anfangs- und Endpunkte aus Zusammenhangsgraphen.
3. Ermittlung von Text aus Zusammenhangsgraphen und Segmentierung in Einzelzeichen.
4. Klassifizierung der Einzelzeichen, Speicherung von deren Koordinaten.
5. Verfolgung von Verbindungslinien bis zu Schaltsymbolen oder zum Listenende.
6. Erkennung des Schaltsymbols
7. Falls Erkennung geglückt, speichere Ergebnis und gehe nach 5., sonst versuche benachbarten Text auszunutzen.
8. Fasse Schriftzeichen zusammen und ordne sie Schaltsymbolen, Linien oder Punkten zu.
9. Speichere Ergebnisse in einer Liste von Symbolen und Verbindungslinien.

Jeder einzelne der obigen Punkte erfordert selbst wieder eine genauere Spezifizierung; über die Punkte 6. und 9. findet man näheres in [6].

In der Sprachverarbeitung wird die Erkennung eines begrenzten Vokabulars kontinuierlich gesprochener deutscher Sprache untersucht. Dabei wird auf die mögliche parallele
Abarbeitung von Prozessen Wert gelegt. Das System wird zunächst sequentiell simuliert. Danach wird die parallele Version realisiert, wofür am Institut für Mathe-
matische Maschinen und Datenverarbeitung (Informatik) in Erlangen auch die Hardware
zur Verfügung steht. Die Kontrollstruktur des Systems ist die folgende:

1. Prüfe das Startsignal für die Eingabe.
2. Wenn das Startsignal nicht aktiviert ist, gehe nach 1., sonst nach 3.
3. Quantisiere das Sprachsignal und berechne eine parametrische Darstellung.
4. Schreibe das Ergebnis in eine Datenbank.
5. Überwache die Datenbank.
6. Falls keine Änderungen in der Datenbank vorliegen, gehe nach 7., sonst nach 8.
7. Falls das Endergebnis vorliegt, drucke dieses und gehe nach 1., sonst gehe nach 5.
8. Ermittle, welche Informationsquellen zur Erreichung des Endergebnisses beitragen
   können.
9. Bewerte die Erfolgschancen.
10. Wenn N_p Prozessoren verfügbar sind, aktiviere die N_p am höchsten bewerteten In-
    formationsquellen.
11. Gehe nach 5.

Auch hier erfordern die einzelnen Punkte zum Teil aufwendige Arbeiten; so wird zum
Beispiel Punkt 3. im Rahmen eines DFG-Antrags bearbeitet.

Literatur

[1] D.R.Reddy: Speech recognition by machine, a review. Proc. IEEE 64, 501 - 531,
     1976

[2] H.Niemann: Digital image analysis. In P.Stucki (Ed): Advances in Digital Image
     Processing. New York, Plenum Press, to appear.

[3] R.Davis, et.al.: Production rules as a representation for a knowledge based
     consultation program. Artif. Intelligence 8, 15 - 45, 1977

[4] Z.Manna: Mathematical theory of computation. New York, McGraw-Hill, 1974

[5] C.A.Harlow: Image analysis and graphs. Comp. Graphics and Image Proc. 2, 60 - 82,
     1973

[6] H.Bunke: Analyse elektrischer Schaltpläne mit einfachen Schaltsymbolen.
     E.Triendl (Ed.): 1. DAGM Symposium Bildverarbeitung und Mustererkennung, Infor-
     matik Fachberichte 17, Springer Verlag, Berlin 1978, 126 - 132.

INFERENZ SPEZIELLER GRAPHGRAMMATIKEN
ALS HILFSMITTEL ZUR STRUKTURERKENNUNG KOMPLEXER LINIENMUSTER

B.Bartsch
Universität Erlangen-Nürnberg
Lehrstuhl für Informatik 5 (Mustererkennung)
Martensstr.3, D-8520 Erlangen

Kurzfassung

Vorgestellt wird ein linguistischer Ansatz zur Strukturerkennung komplexer Linienmuster mit Hilfe von speziellen Graphgrammatiken. Der Ansatz besteht aus einem Verfahren zur Inferenz von stochastischen Graphgrammatiken für Stichproben von zusammenhängenden, gerichteten Graphen mit beliebig wählbaren Knoten- und Kantenmarkierungen und einem auf das Inferenzverfahren abgestimmten Syntaxanalysealgorithmus, der bei Eingabe eines beliebigen Graphen entscheidet, ob dieser durch die aus der Stichprobe gewonnene Grammatik erzeugbar ist.

1. Einleitung

Die Anwendung syntaktischer Methoden in der Mustererkennung setzt voraus, daß sich die Muster eines bestimmten Problemkreises durch Sätze einer Bildbeschreibungssprache charakterisieren lassen und daß für diese Bildbeschreibungssprache eine Grammatik angegeben werden kann [1]. Komplexe Muster werden üblicherweise durch Angabe der in ihnen enthaltenen einfacheren Bestandteile (Grundsymbole) und der Beziehungen zwischen diesen einfacheren Bestandteilen (Relationen) beschrieben und die verschiedenen Ansätze zur Definition von Bildbeschreibungssprachen [2] unterscheiden sich in erster Linie in ihren Fähigkeiten, verschiedene Arten von Relationen zwischen Paaren bzw. n-Tupeln von Grundsymbolen darstellen zu können. Besonders gute Möglichkeiten, verschiedenste Relationen zwischen beliebigen Untermengen von Grundsymbolen ausdrücken zu können, bietet die Verwendung von Graphen zur Beschreibung der Struktur von komplexen Linienmustern wie z.B. technischen Zeichnungen, Konturlinien von Gegenständen oder auch abstrakten Modellen wie z.B. semantischen Netzwerken [3]. Dabei kann man je nach Anwendungsfall den verschieden markierbaren Knoten eines Graphen z.B. die Grundsymbole des komplexen Musters zuordnen und die ebenfalls verschieden markierbaren Kanten des Graphen dazu verwenden, Relationen zwischen Paaren von Knoten darzustellen. Relationen zwischen mehr als zwei Knoten, die durch eine ringförmige Verkettung dieser Knoten nicht adäquat repräsentierbar sind, können beschrieben werden durch die Hinzunahme eines zusätzlichen Knotens, von dem aus

Kanten zu den entsprechenden Relationenknoten führen [4].

Der Hauptgrund dafür, daß die Vorteile zweidimensionaler Bildbeschreibungssprachen im Bereich der syntaktischen Methoden bisher weitgehend ungenutzt blieben, besteht darin, daß bei zweidimensionalen formalen Sprachen die Angabe einer Grammatik und die Syntaxanalyse i.a. komplizierter sind als im eindimensionalen Fall und die vorhandene Theorie weit weniger gut entwickelt ist als die der eindimensionalen Zeichenkettensprachen. Wenn es jedoch gelingt, diese Probleme in den Griff zu bekommen, dann sind neben den Vorteilen der besseren Darstellbarkeit von Relationen weitere Erleichterungen bei der Formulierung und Durchführung von Analyseaufgaben wie z.B. der Feststellung, auf welche n-Tupel von Grundsymbolen eine bestimmte Relation zutrifft, zu erwarten.

2. Grundlagen

Als einen Schritt in diese Richtung möchte ich im folgenden einen Ansatz zur Strukturerkennung komplexer Linienmuster vorstellen, der davon ausgeht, daß sich die zu verarbeitenden Muster in Form von Graphen darstellen und analysieren lassen.

Jedes Muster soll repräsentiert werden durch einen zusammenhängenden, gerichteten Graphen mit Knoten- und Kantenmarkierungen. Der Graph braucht nicht planar zu sein, darf aber keine Schlingen und zwischen je zwei Knoten nur maximal eine Kante enthalten.
Die Restriktionen bezüglich der Form des Graphen wurden im Interesse einer effizienten Verarbeitung der Graphen eingeführt und bedeuten keine Einschränkung der Darstellungsmöglichkeiten von musterspezifischen Eigenschaften. Falls z.B. ein Muster aus zwei getrennten Teilen besteht, so kann durch Hinzunahme einer unsichtbaren Verbindungskante der erforderliche Zusammenhang hergestellt werden; oder falls zwischen zwei Knoten mehrere Relationen darstellbar sein sollen, so kann dies durch eine geeignet gewählte Kantenmarkierungsvorschrift auch in einer Kantenmarkierung ausgedrückt werden.

3. Inferenz von Graphgrammatiken

Unter Inferenz von Grammatiken versteht man die Aufgabe, zu einer gegebenen Stichprobe von Musterbeschreibungen eine für die Analyse von Mustern desselben Problemkreises geeignete Grammatik automatisch zu erzeugen. Algorithmen zur Lösung dieser Aufgabe sind bis jetzt hauptsächlich für Stichproben von eindimensionalen Zeichenketten und zweidimensionalen Bäumen unter Verwendung von kontextfreien Chomsky-Grammatiken und expansiven Baumgrammatiken entwickelt worden [5]. Verfahren zur Inferenz von für die Bildanalyse geeigneteren Grammatiktypen wie z.B. kontextsensitiven Zeichenkettengrammatiken und insbesondere Graphgrammatiken gibt es noch nicht.

Auf dem Sektor der Graphgrammatiken existieren eine Reihe verschiedener Ansätze, Hierarchien von Graphsprachen und Ableitungsvorschriften zu definieren [6], die mir wegen ihrer komplizierten Einbettungsüberführungen für Bildanalysezwecke weniger geeignet zu sein scheinen. Deshalb habe ich versucht, im Hinblick auf größere Anschaulichkeit und schnellere Verarbeitbarkeit besonders einfach strukturierte Graphproduktionen und leicht überprüfbare Ableitungsvorschriften zu finden.

Um die Entscheidbarkeit des Graphproblems zu gewährleisten, müssen die Graphproduktionen monoton sein. Zur Ableitung beliebiger gerichteter Graphen ohne komplizierte Einbettungsüberführungen benötigt man mindestens die zwei folgenden Typen von Graphproduktionen:

$$
\text{K1}: \quad \underset{A_1}{\circ} \quad \longrightarrow \quad \underset{A_1}{\circ}\xrightarrow{\alpha_1}\underset{A_2}{\circ}
$$

bzw.

$$
\underset{A_2}{\circ} \quad \longrightarrow \quad \underset{A_1}{\circ}\xrightarrow{\alpha_1}\underset{A_2}{\circ}
$$

$$
\text{S1}: \quad \underset{A_1}{\circ}\ \ \underset{A_2}{\circ} \quad \longrightarrow \quad \underset{A_1}{\circ}\xrightarrow{\alpha_1}\underset{A_2}{\circ}
$$

Die Produktionen vom Typ K1 sind kontextfrei, die vom Typ S1 bereits kontextsensitiv. Grammatiken zur Erzeugung von Graphen, die nur aus Produktionen dieser beiden Typen bestehen, enthalten zu viele Produktionen und zu wenig Information über die Struktur der Muster in der Stichprobe. Dies läßt sich verbessern durch Hinzunahme von Produktionen, die größere Teilgraphen erzeugen können. Über die Struktur solcher Teilgraphen läßt sich sagen, daß sie für Teilstrukturen der Stichprobenelemente typisch und möglichst häufig in der Stichprobe enthalten sein sollten. Insgesamt gesehen habe ich mit offenen und relativ kleinen Teilstrukturen die besten Erfahrungen gemacht und deshalb die Menge der zulässigen Graphproduktionen erweitert um sogenannte Kettenproduktionen vom Typ Km

$$
\text{Km}: \quad \underset{A_1}{\circ} \quad \longrightarrow \quad \underset{A_1}{\circ}\xrightarrow{\alpha_1}\underset{A_2}{\circ}\xrightarrow{\alpha_2}\underset{A_3}{\circ}\xrightarrow{\alpha_3}\ \cdots\ \xrightarrow{\alpha_m}\underset{A_{m+1}}{\circ}
$$

bzw.

$$
\underset{A_{m+1}}{\circ} \quad \longrightarrow \quad \underset{A_1}{\circ}\xrightarrow{\alpha_1}\underset{A_2}{\circ}\xrightarrow{\alpha_2}\underset{A_3}{\circ}\xrightarrow{\alpha_3}\ \cdots\ \xrightarrow{\alpha_m}\underset{A_{m+1}}{\circ}
$$

und um sogenannte Sternproduktionen vom Typ Sn

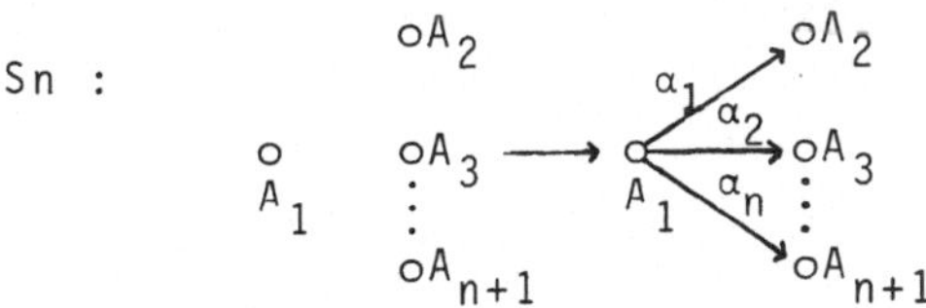

wobei die maximale Kettenlänge m und der maximale Sterngrad n je nach
Anwendung individuell festgelegt und dem Inferenzverfahren als Parameter
eingegeben werden können.

Das Inferenzverfahren arbeitet aus Aufwandsgründen konstruktiv und in-
krementell. Die Gesamtgrammatik zur Erzeugung der Stichprobe entsteht
durch Vereinigung der Einzelgrammatiken, die zur Erzeugung jedes einzelnen Stichprobenelements generiert wurden, wobei mehrfach vorkommende
Produktionen nur einmal aufgenommen werden. Die Konstruktion der Einzelgrammatiken für die Stichprobenelemente erfolgt in zwei Schritten:
- Zuerst wird mit Hilfe der jeweils längstmöglichen Kettenproduktionen
  ein Gerüst des Graphen aufgebaut, in dem bereits alle k Knoten des
  Graphen und k-1 Kanten enthalten sind.
- Dann werden alle noch nicht in Produktionen erfaßten Kanten durch größt-
  mögliche Sternproduktionen erzeugt.

Jeder Knoten eines Graphen kann in den Produktionen seiner Einzelgram-
matik mehrmals vorkommen, jede Kante nur einmal. Deswegen ist eine Unterscheidung der Markierungen in nichtterminale und terminale Markierungen
nur bei den Knoten erforderlich, die Kanten sind immer terminal markiert.
Bei der Konstruktion einer Produktion werden zuerst alle Knoten als nicht-
terminal markiert angesehen und dann diejenigen Knoten auf der rechten
Seite der Produktion, die in keiner weiteren Produktion dieser Einzel-
grammatik mehr vorkommen können, weil alle ihre im Graphen enthaltenen
ein- und auslaufenden Kanten bereits durch die bisher aufgebaute Einzel-
grammatik erfaßt worden sind, in terminale Knoten ummarkiert.

Beispiel:

Der Graph

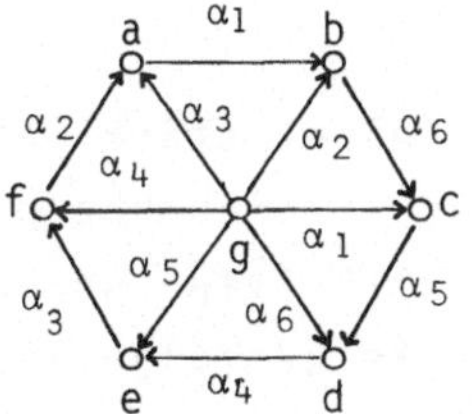

liefert mit $m \geqslant 6$ und $n \geqslant 5$ die Produktionen:

1. 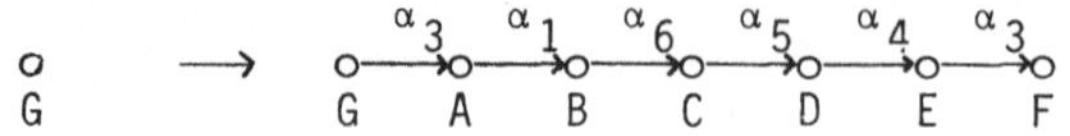
$$\underset{G}{\circ} \longrightarrow \underset{G}{\circ}\!\!\overset{\alpha_3}{-\!\!-}\!\!\underset{A}{\circ}\overset{\alpha_1}{-\!\!\!\rightarrow}\underset{B}{\circ}\overset{\alpha_6}{-\!\!\!\rightarrow}\underset{C}{\circ}\overset{\alpha_5}{-\!\!\!\rightarrow}\underset{D}{\circ}\overset{\alpha_4}{-\!\!\!\rightarrow}\underset{E}{\circ}\overset{\alpha_3}{-\!\!\!\rightarrow}\underset{F}{\circ}$$

2. 
$$\underset{F}{\circ}\ \ \underset{A}{\circ} \longrightarrow \underset{F}{\circ}\overset{\alpha_2}{-\!\!\!\rightarrow}\underset{a}{\circ}$$

3.

$$
\begin{array}{ccc}
 & \underset{}{\circ}\, B & \\
 & \circ\, C & \\
\underset{G}{\circ}\ \ & \circ\, D & \longrightarrow \\
 & \circ\, E & \\
 & \circ\, F &
\end{array}
\qquad
\begin{array}{l}
\overset{\alpha_2}{\nearrow}\circ\, b \\
\overset{\alpha_1}{\rightarrow}\circ\, c \\
\underset{g}{\circ}\overset{\alpha_6}{\rightarrow}\circ\, d \\
\overset{\alpha_5}{\searrow}\circ\, e \\
\overset{\alpha_4}{\searrow}\circ\, f
\end{array}
$$

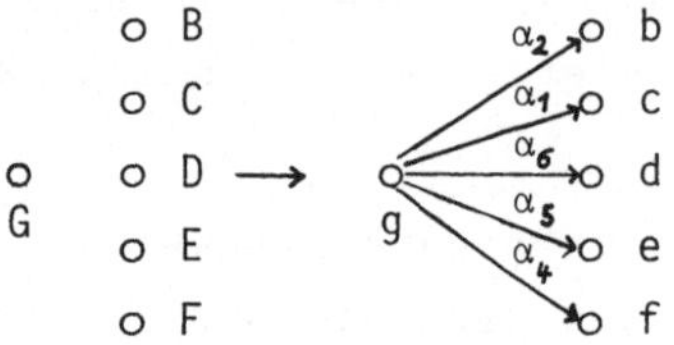

4. Syntaxanalyse

Zur Syntaxanalyse nicht kontextfreier Graphsprachen sind bis jetzt keine
deterministischen Verfahren bekannt [6]. Das bedeutet, daß man bei Grammatiken der vorliegenden Art nichts Besseres tun kann, als alle jeweils
vorhandenen Alternativen in einer möglichst schnell zu einer Entscheidung
führenden Reihenfolge zu überprüfen.

Das von mir implementierte Syntaxanalyseverfahren für Graphgrammatiken
aus kontextfreien Ketten- und kontextsensitiven Sternproduktionen arbeitet top-down und ist bestrebt, die Arbeitsweise des Inferenzalgorithmus genau nachzuvollziehen, indem es zuerst versucht, mit Hilfe der vorhandenen Kettenproduktionen ein Gerüst des Graphen aufzubauen und dann
mit Hilfe der vorhandenen Sternproduktionen die noch fehlenden Kanten
hinzuzufügen. Wegen der manigfaltigen Möglichkeiten, durch Anwendung der
falschen Produktion oder durch Anwendung der richtigen Produktion im
falschen Kontext in eine Sackgasse zu geraten, muß jederzeit ein Rück-
gängigmachen (back-up) der zuletzt angewendeten Produktion möglich sein.
Die Syntaxanalyse eines Graphen endet entweder mit der Ausgabe einer
Liste von Produktionen, die in dieser Reihenfolge den untersuchten Graphen erzeugen können oder stellt fest, daß der Graph durch die gegebene
Grammatik nicht erzeugbar ist.

Der Zeitaufwand für die Syntaxanalyse hängt stark davon ab, in welcher
Reihenfolge die Anwendbarkeit der Produktionen überprüft wird. Minimale
Verbesserungen gegenüber einer nur nach Ketten- und Sternproduktionen
sortierten, aber ansonsten zufälligen Reihenfolge lassen sich erzielen,
indem man die Wahrscheinlichkeiten aller Graphproduktionen aus der
Häufigkeit ihrer Anwendung zur Erzeugung der Stichprobe schätzt und beim

Analyseverfahren immer die wahrscheinlichste unter den verbleibenden
Alternativen als nächste ausprobiert.
Eine weitere Möglichkeit, vor allem die Zahl und Länge der Sackgassen
und damit auch den Zeitaufwand für die Syntaxanalyse deutlich zu reduzieren, stellt die Überprüfung anwendbarer Produktionen in einer dem
Inferenzverfahren angepaßten strukturabhängigen Reihenfolge dar, wobei
die Kettenproduktionen nach abnehmender Kettenlänge und die Sternproduktionen nach abnehmendem Sterngrad geordnet werden. Strukturgleiche
Alternativen kann man zusätzlich nach abnehmender Wahrscheinlichkeit
sortieren.

5. Schlußbemerkung

Der vorgestellte Ansatz wurde in FORTRAN auf einer Rechenanlage vom
Typ TR 440 implementiert. Die Rechenzeiten für den Inferenzalgorithmus
wachsen linear mit der Stichprobengröße an, wobei ein Graph mit ca.
10 Knoten und 15 Kanten in ca. 2 bis 5 Sekunden in die Grammatik aufgenommen werden kann. Die Rechenzeiten für die Syntaxanalyse eines
Graphen liegen bei erfolgreicher Analyse noch unter diesem Wert, bei
erfolgloser knapp darüber. Hieraus wird ersichtlich, daß die beschriebene
Vorgehensweise auch für größere Graphen und umfangreichere Stichproben
anwendbar ist.

Literatur

[1] Fu,K.S.: Syntactic Methods in Pattern Recognition. Academic Press,
     New York 1974

[2] Winkler,G.: Bildbeschreibungssprachen - Was sie sind und was sie
     leisten. In Triendl,E.(Ed.): 1.DAGM-Symposium Bildverarbeitung
     und Mustererkennung, Informatik-Fachberichte 17, Springer Verlag,
     Berlin 1978, S.107-125

[3] Duda,R.O.; Hart,P.E.; Nilsson,N.J.; Sutherland,G.L.: Semantic
     Network Representations in Rule-Based Inference Systems. Technical
     Note 136, Artificial Intelligence Center, Stanford Research Inst.,
     Menlo Park 1977

[4] Brayer,J.M.; Fu,K.S.: Web Grammars and their Application to Pat-
     tern Recognition. TR-EE 75-1, Purdue University, West Lafayette
     1975

[5] Fu,K.S.; Booth,T.L.: Grammatical Inference - Introduction and
     Survey I, II. IEEE Transactions on Systems, Man and Cybernetics 5
     (1975), S.95-111 und 409-423

[6] Nagl,M.: Graph-Ersetzungssysteme: Theorie, Anwendungen, Imple-
     mentierung. Habilitationsschrift, Universität Erlangen-Nürnberg
     1978

$$\text{Segmentation beim Erkennungsvorgang durch}$$
$$\text{ein numerisch-strukturelles Verfahren}$$

H. Tropf

Fraunhofer-Institut für Informations-
und Datenverarbeitung, Karlsruhe (IITB)

Zusammenfassung

Durch Maximieren eines Ähnlichkeitsmaßes zwischen Muster und syntak-
tisch definierten Prototypen besteht eine Möglichkeit, die Segmentation
des Musters in den Erkennungsvorgang zu integrieren. Ebenso werden
strukturelle Merkmale, die bei Störungen schwierig direkt zu messen
sind, in den Erkennungsvorgang einbezogen. Voraussetzung für die Rea-
lisierbarkeit ist ein wirksames Suchverfahren. Am Beispiel des Erkennens handgeschriebener Ziffern werden Möglichkeiten des Einsatzes Heuristischer Suchverfahren aufgezeigt.

1. Einführung

Nach dem numerischen (statistischen) Konzept der Mustererkennung werden in einer Vorverarbeitung aus dem Muster Merkmale extrahiert, bevor
aus der Lage des Merkmalvektors im Merkmalraum die Klassenzugehörigkeit
bestimmt werden kann. Nach dem strukturellen (syntaktischen) Konzept
der Mustererkennung wird in einer Vorverarbeitung aus dem Muster ein
Primitiven-Netz (oder eine -Folge) extrahiert, bevor durch Parsing nach
verschiedenen Grammatiken die Klassenzugehörigkeit bestimmt werden
kann. In beiden Fällen wird die Vorverarbeitung von der jeweiligen
Theorie nicht behandelt. Zur Merkmalsextraktion bleibt sowohl die
Wahl der Merkmale als auch die Berechnung ihrer Werte für eine vorliegende Musterrealisation unbehandelt. Entsprechend bleiben zur Extraktion des Primitiven-Netzes sowohl die Wahl der Primitiven als auch die
Erstellung des Netzes für eine vorliegende Musterrealisation offen.

Zum Aufbau des Primitiven-Netzes ist das Muster in Segmente zu zerlegen, deren örtliche Relationen als Verknüpfungen im Netz dargestellt
werden. Auch als Hilfsmittel zur Merkmalsextraktion nach dem numerischen Konzept ist eine Segmentation des Musters dienlich. Segmenta-
tionstechniken, die sich ausschließlich auf der Signalebene bewegen,
verwerten die Verteilungsdichte von Bildmerkmalen zum Teilen von Gebieten (z. B. Histogrammtechnik) und/oder lokale Kriterien zum Ver-

schmelzen von Gebieten. Daß sie in vielen Fällen zu aussagefähigen Zerlegungen führen, ist darauf zurückzuführen, daß die Restriktionen und Strukturen, die den Modellen zugrunde liegen, implizit in den "sich gutartig verhaltenden" Signalen vorliegen /1/. Sind solche Voraussetzungen nicht gegeben, ist die semantische Ebene in die Segmentation einzubeziehen. Die Wirksamkeit der verbreiteten Ansätze, denen Relaxationstechniken /2/ zugrunde liegen, ist in starkem Maße von der Güte der Initialzerlegung abhängig. Werden kleine Initialobjekte gewählt, so sind aus Aufwandsgründen nur einfache Relationen wie "benachbart" oder "oberhalb" zu verarbeiten, die überdies oft auf beschränkte Reichweiten einzuengen sind. Große Initialobjekte hingegen bergen die Gefahr fehlerhafter Zerlegung.

Das Referenzfolgeverfahren /3/, das aus Aufwandsgründen an eindimensionale Muster gebunden ist, ist Ausgangspunkt der hier vorgestellten Verfahrensweise zur Integration der Segmentation in den Erkennungsvorgang. Der Übergang von Dynamischer Programmierung zu Heuristischen Suchverfahren ermöglicht die Anwendung auf zweidimensionale Muster. Das Verfahren wurde als Teil eines Programmsystems zum Erkennen auflagenfrei geschriebener Ziffern realisiert.

2. Allgemeine Beschreibung

Der Entwurf des Erkennungsalgorithmus geht von einer Modellvorstellung über den Aufbau der Muster aus einfacheren Bestandteilen aus. Diese Modellvorstellung, in die z. B. physikalische Kenntnisse eingehen können, ist in Form syntaktischer Produktionsregeln festzuhalten. Hierbei brauchen mögliche Störungen i. a. noch nicht in Betracht gezogen zu werden. Terminals und Nonterminals sind intuitiv auszuwählen. Durch die so entstandene Grammatik ist implizit die Menge aller erzeugbaren Normmuster gegeben. Diese werden im folgenden Prototypen genannt. Sie können, wie unten am Beispiel handgeschriebener Ziffern gezeigt, unmittelbar im Musterbereich entstehen. Die Erkennungsaufgabe besteht nun darin, denjenigen Prototypen zu finden, für den ein zwischen Muster und Prototyp definiertes Ähnlichkeitsmaß maximal ist. Statistische Abweichungen der Muster von den Prototypen werden vom Ähnlichkeitsmaß erfaßt.

Die Konstruktion von Prototypen und Maximierung eines Ähnlichkeitsmaßes entspricht dem Referenzfolgeverfahren /3/, das in Bild 1 am Beispiel der Segmentation sich berührender Druckzeichen erläutert wird. Die

Prototypen werden durch Aneinanderreihen einzelner Zeichen aufgebaut.
Über Kenntnis der Zeichenbreite werden zulässige Zeichenfolgen in einen
Graphen codiert. Die Optimierungsaufgabe wird als Suche des längsten
Weges durch den Graphen dargestellt, die in bekannter Weise durch
Dynamisches Programmieren durchgeführt wird. Hierbei wird von der Mög-
lichkeit Gebrauch gemacht, einen Teil der Produktionen (hier Druck-
zeichen) unabhängig vom Rest durch andere zu ersetzen. Aus Aufwands-
gründen ist das Verfahren an eindimensionale Muster gebunden /4/.

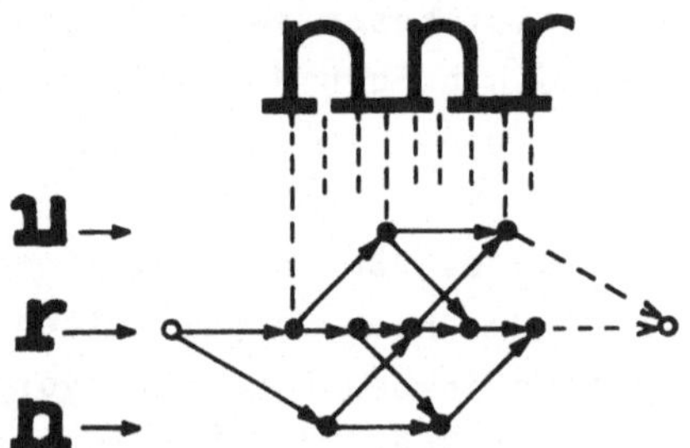

Bild 1: Anwendung des Referenz-
folgeverfahrens zur Segmentation berührender Druckzeichen.
Die Knoten markieren mögliche
Klassifikationen, als Kantenlängen werden entsprechende
Korrelationsmaße herangezogen.
Die endgültige Auswahl geschieht
entlang des längsten Weges.

Durch den Übergang von der Dynamischen Programmierung zu Heuristischen
Suchverfahren ist das Verfahren auf mehrdimensionale Muster anwendbar.
Wegen der Vielfalt der Prototypen ist dem Entwurf des Suchverfahrens
besondere Aufmerksamkeit zu widmen. Zur Reduktion des Rechenaufwandes
wird nicht nur Information aus den Konstruktionsvorschriften herangezogen, sondern darüber hinaus Information aus dem Muster selbst. Dementsprechend ist beim Referenzfolgeverfahren der Verlauf der Rechnung
fest vorgeschrieben, während er hier vom jeweils vorliegenden Muster
abhängt.

Zur Extraktion struktureller Merkmale, die normalerweise beim Vorhandensein von Störungen schwierig zu messen sind, werden geometrische
Messungen nur von den Prototypen, nicht vom Muster abgeleitet. Da die
Prototypen deterministisch vorgegeben sind, können diese Messungen
nicht durch Störungen erschwert werden. Eine Abhängigkeit dieser strukturellen Merkmale vom Muster ist insofern gegeben, als der Prototyp mit
maximaler Ähnlichkeit vom Muster abhängt. Bild 2 soll dies an einem
einfachen Beispiel verdeutlichen, Bild 3 zeigt Beispiele struktureller
Merkmale zur Ziffernerkennung /5/. Die Auswahl der Merkmale erfolgt
intuitiv, ihre Berechnung für das vorliegende Muster ist jedoch durch
die Modellvorstellung unmittelbar gegeben! In das Ähnlichkeitsmaß
gehen außerdem einfache Korrelationsmaße ein. Ihre Berechnung wird
durch Musterstörungen nicht erschwert.

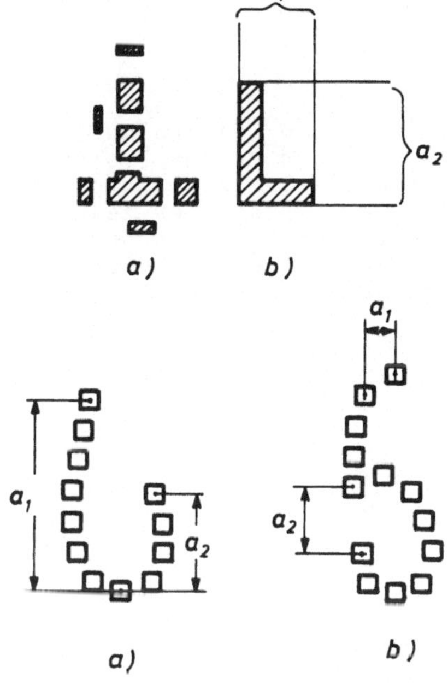

Bild 2: Das Merkmal a_1/a_2 wird nur vom Prototypen b) abgeleitet und ist ~her keinen Störungen des Mus s a) ausgeliefert.

Bild 3: a) Merkmal a_1/a_2 zur Trennung "6" gegen "0"
        b) Merkmale a_1,a_2 zur Trennung "5" gegen "6".

Neben der Extraktion struktureller Merkmale ist auch der Aufbau des Primitiven-Netzes und damit auch eine Segmentation des Musters in den Erkennungsvorgang integriert. Beides ist durch den Aufbau des Prototypen mit maximaler Ähnlichkeit gegeben; sobald dieser gefunden ist, ist auch die Erkennung bzw. mit dessen Klassenzugehörigkeit die Klassifikation abgeschlossen.

3. Aufbau der Prototypen

Der Aufbau der linienhaften Prototypen geschieht in /5/ aus quadratischen Masken als Primitive, die nach den Vorschriften regulärer Grammatiken aneinandergereiht werden. Durch eine einfache Erweiterung entsteht eine Baum-Grammatik, wodurch der Aufbau beliebig verzweigter Gebilde ermöglicht wird. Schleifen werden durch zusammenlaufende Äste gebildet, wobei die Geschlossenheit von Schleifen über strukturelle Merkmale erfaßt wird. Als besonderer Vorteil erweist sich die Möglichkeit, kontextabhängige Restriktionen den Prototypen im Musterbereich aufzuerlegen, wobei die programmtechnisch leicht handhabbaren (an sich kontextfreien) regulären Grammatiken beibehalten werden. Bild 4 zeigt ein Zeichen der Klasse "9" und den dazugehörigen Prototyp maximaler Ähnlichkeit.

Bild 4: Ein Originalmuster "9" (a) und dessen Prototyp mit maximaler Ähnlichkeit (b). Die Buchstaben zeigen die Segmentation in Kurvenstücke an; bei "X" überlappen die Elementarquadrate.

4. Suchverfahren

Die regulären Grammatiken seien als Automatengraph gegeben. Die Entwicklung eines Knotens im Suchbaum wird von den Zustandsübergängen im Automatengraph abgeleitet. Zwei Folgezustände entsprechen z. B. zwei Nachfolgerknoten. Für jeden hierbei entstehenden Knoten n wird - auch wenn er einen noch unvollständigen Prototypen repräsentiert - sowohl ein Ähnlichkeitsmaß f_n als auch eine Abschätzung $\hat{f}_n$ berechnet, für die gilt

$$\hat{f}_n \geq f_{n\ max},$$

wobei $f_{n\ max}$ die maximal erreichbare Ähnlichkeit bei Weiterentwicklung des Knotens n ist. Eine solche Abschätzung kann in einfacher Weise von den Korrelationsmaßen abgeleitet werden /5/. Als nächster zu entwickelnder Knoten wird jeweils der mit der höchsten Schätzung gewählt. Sobald ein Ähnlichkeitsmaß erreicht wurde, das größer ist als alle oberen Abschätzungen an offenen Knoten zu konkurrierenden Klassen, kann die Suche abgebrochen werden, selbst wenn noch kein einziger Prototyp vollständig aufgebaut ist. Bei Störungen sinken die Abschätzungen für alle Klassen ab und die Suche geht in die Breite. Bei Mehrdeutigkeiten existieren für verschiedene Klassen hohe Abschätzungen und die Suche geht für diese Klasse weit in die Tiefe.

Bisweilen besteht die Möglichkeit, Teile von Prototypen unabhängig vor
einander zu optimieren. Dies sei anhand der sehr einfachen Grammatik
Bild 5 aufgezeigt. Der Ansatzpunkt des Segments 2 (S2) ist hier unabhängig von der Länge des Segments 1 (S1). Existiert kein strukturelles
Merkmal, das ein geometrisches Maß von S1 mit einem geometrischen Maß
von S2 nichtlinear verbindet, und existieren keine kontextabhängigen
Restriktionen, die S1 mit S2 verknüpfen (diese Tatsache ist in den Grammatiken entsprechend anzuzeigen), so können S1 und S2 unabhängig voneinander optimiert werden. _Vereinfachend_ wird hier die Anzahl der Muster-
punkte in den Quadraten als Ähnlichkeitsmaß herangezogen, es ist im
Suchbaum als Summe der Kantenlängen zu den entsprechenden Knoten zu
berechnen. Die Ähnlichkeitsmaße in den Teilbäumen (hier Ästen) zu S2

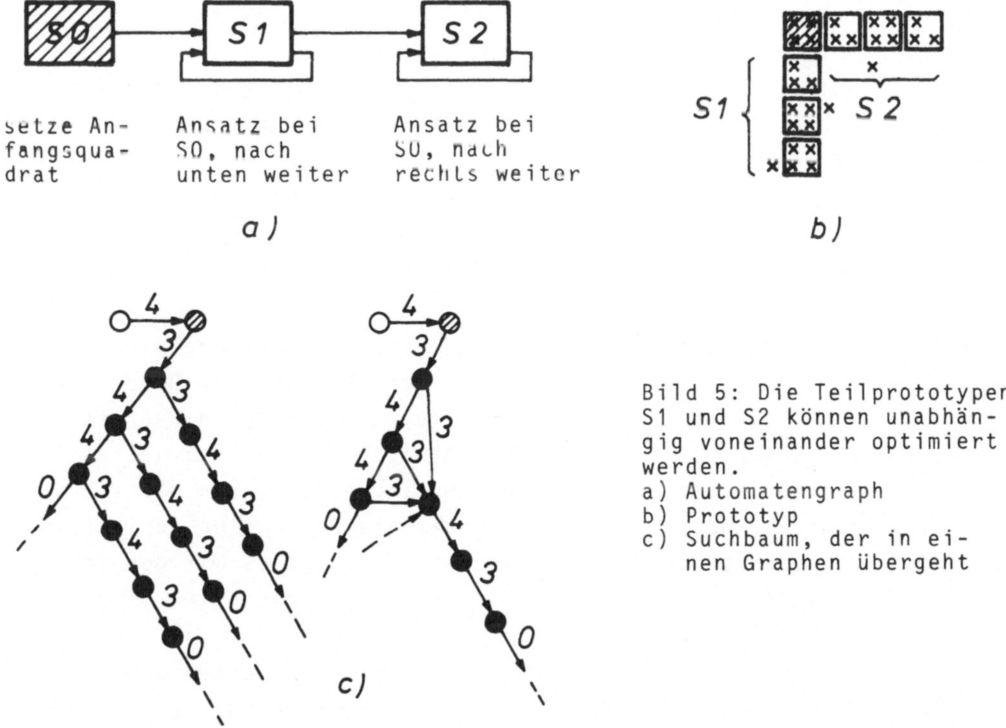

Bild 5: Die Teilprototypen
S1 und S2 können unabhän-
gig voneinander optimiert
werden.
a) Automatengraph
b) Prototyp
c) Suchbaum, der in ei-
   nen Graphen übergeht

unterscheiden sich lediglich in additiven Konstanten. Es genügt, den
Ast mit maximalen Werten zu untersuchen, was formal dem Übergang vom
Baum zum Graphen entspricht.

Die Beschränkung auf suboptimale Lösungen führt zur Beschleunigung
der Suche und Begrenzung des Speicherbedarfs. Zur Beschleunigung wird
die Suche bevorzugt in die Tiefe gesteuert. Dies geschieht auf dreier-
lei Weise:

1) Bei alternativen Knoten, die nur zu geringfügig unterschiedlichen
   Prototypen führen, werden die Knoten mit kleinerem Ähnlichkeitsmaß
   sofort gestrichen.
2) Könnte dies gelegentlich zu Fehlern führen, so werden die Knoten mit
   kleinerem Ähnlichkeitsmaß lediglich durch ein geringfügiges Absenken
   ihrer Schätzung vorläufig zurückgestellt.
3) Die Schätzungen nehmen mit zunehmender Astlänge ab. Daher besteht
 . die Tendenz, auf Knoten geringerer Astlänge zurückzuspringen, ohne
   daß deren Nachfolger dann weiterentwickelt werden. Daher werden
   Rücksprünge auf weit zurückliegende Knoten unterbunden.

In /5/ werden die Maßnahmen 1) und 2) zur Feinpositionierung der
Quadrate der Schriftzeichenprototypen herangezogen. Die Maßnahme 3)
ist jeweils nur innerhalb einer Zeichenklasse - mit unterschiedlich
starker Begrenzung der Rücksprungweite - aktiv. Eine sichere Eingren-
zung des erforderlichen Speicherplatzes wird wie folgt erreicht: Ist
der bereitgestellte Knotenvorrat erschöpft, so wird der Knoten mit der
niedrigsten Schätzung gestrichen und die entsprechenden Speicherplätze
werden erneut zur Verfügung gestellt.

5. Diskussion

Eine Integration der Segmentation in den Erkennungsvorgang wird für
zweidimensionale Muster ermöglicht durch den Übergang von Dynamischer
Programmierung entsprechend dem Referenzfolgeverfahren zu Heuristischen
Suchverfahren. Durch Maximierung eines Ähnlichkeitsmaßes zwischen Muster
und strukturierten Prototypen werden numerische Verfahren mit strukturellen Verfahren kombiniert. Eine allgemeine Diskussion der Verbindung des statistischen und des syntaktischen Konzeptes mit den Verfahren der Künstlichen Intelligenz ist in /6/ zu finden.

Das Verfahren ist als Teil eines Programmsystems zur Erkennung auflagenfrei geschriebener Ziffern realisiert, das ohne Rückweisung eine
Fehlerrate von insgesamt 0,5 % erreicht /5/. Anhand dieses Beispiels
wurden hier einige Möglichkeiten des Einsatzes Heuristischer Suchverfahren demonstriert. Die Menge der Prototypen wird bei Aufbau eines
Suchbaums fortwährend zerlegt, wobei die Zerlegungsweise durch die
Grammatiken zur Erzeugung der Prototypen gesteuert wird (Modellsteue-
rung). Vom Muster werden Schätzwerte abgeleitet, die den Aufbau des
Suchbaumes steuern (Mustersteuerung). In der unabhängigen Optimierung
bestimmter Teilprototypen stecken Möglichkeiten einer Parallelisierung.

Durch Beschränkung auf suboptimale Lösungen wird eine starke Beschleunigung der Suche und eine Begrenzung des Speicherbedarfs erreicht.

Insbesondere diese Beschränkung dürfte die Anwendung auf umfangreichere Bildmuster interessant machen. Hierzu wird es wohl erforderlich sein, die Grammatiken hierarchisch, mit zunehmendem Detaillierungsgrad zu organisieren. Hierzu bestand in /5/ bei einer Auflösung von 32 x 40 Bildpunkten keine Notwendigkeit.

Anmerkung

Die Arbeit wurde gefördert durch das Bundesministerium für Forschung und Technologie unter DV 4903-FKZ081 2039.

Literatur

/1/ T. Kanade, "Region Segmentation: Signal vs. Semantics", Proc. 4th
    Int. Joint Conf. on Pattern Recognition, Kyoto, Japan, Nov. 1978,
    S. 95 - 105.

/2/ A. Rosenfeld, "Relaxation Methods in Image Processing", ib.
    S. 181 - 185.

/3/ V.A. Kovalevsky, "An Optimal Recognition Algorithm for Some
    Sequences of Patterns", Kybernetika, Band 3, Nr. 4, (1967),
    S. 75 - 80.

/4/ V.A. Kovalevsky, "Recent Advances in Statistical Pattern Recogni-
    tion", Proc. 4th Int. Joint Conf. on Pattern Recognition, Kyoto,
    Japan, Nov. 1978, S. 2 - 12.

/5/ B. Dürr, W. Hättich, H. Tropf, G. Winkler, "Verbesserte Muster-
    erkennungssysteme aufgrund hybrider Verfahren", Forschungsbericht
    DV 79-04 des BMFT.

/6/ L.N. Kanal, "Problem-Solving Models and Search Strategies for
    Pattern Recognition", IEEE Transactions on Pattern Analysis and
    Machine Intelligence, Vol. 1, No. 2, April 1979, S. 193 - 201.

DARSTELLUNG VON BINÄRBILDERN
MIT HILFE VON DILATIERTEN KERNEN

P. Zamperoni
Technische Universität Braunschweig

1. Bildzerlegung in umkehrbar dilatierbare Teile

Dilatation und Erosion sind bekannte Bildverarbeitungsoperationen /1/,
die, wie im Bild 1 gezeigt, im Allgemeinen nicht umkehrbar sind. Jedes
Objekt eines gerasterten Binärbildes kann als die Vereinigungsmenge von
Teilen aufgefaßt werden, die sich aus der Dilatation von einfachen Kernen ergeben. Als Kerne werden hier Objekte bezeichnet, die durch eine
einmalige Erosion völlig getilgt werden können. Das Bild 2 erläutert
diesen Ansatz und zeigt das Objekt A als Ergebnis der Dilatation der
Kerne B, C und D. Die Beschränkung auf eine Bildanalyse mit nur umkehrbar dilatierbaren Kernen hat die folgenden Vorteile:

I) Jeder Kern behält die wesentlichen Formmerkmale des zugehörigen
   Objektteils;

II) Die Dilatationsalgorithmen für die Bildrekonstruktion sind in
   diesem Fall besonders einfach;

III) Zur Durchführung der Bildanalyse kann das bekannte Verfahren der
   Mittelachsen-Transformation (MAT) /2/ benützt werden.

Binäre Objekte und ihre Kerne werden in dieser Arbeit durch die Kontur-
codierung /3/ dargestellt.
Es wird im Folgenden gezeigt, wie umkehrbar dilatierbare Objekte an
Hand des Konturcodes charakterisiert werden können und es werden Regeln
angegeben, um die Dilatation von konturcodierten Objekten durchzuführen.
Es wird außerdem dargelegt, daß die MAT eine praktische Vorschrift liefert um ein Bild in Teile zu zerlegen, die aus geeigneten Kernen durch
eine umkehrbare Dilatation erzeugt werden können.

2. Regeln für die umkehrbare Dilatation

Es wird nun untersucht, unter welchen Bedingungen ein beliebiges Objekt
umkehrbar dilatierbar ist, und wieviele umkehrbare Dilatationsschritte
dann möglich sind. Das Kriterium der umkehrbaren Dilatierbarkeit wird
als Bedingung an den Konturcode formuliert.
In Folgenden werden mit n_g und n_u beliebige gerade bzw. ungerade Zahlen
von O bis 7 aus der Konturkette eines Objektes bezeichnet (s. Bild 3).
Für Operationen mit diesen Zahlen gilt die Modulo-8-Arithmetik. Die Konturkette wird als eine geschlossene Zahlenkette betrachtet.

Regel I - umkehrbare Dilatation

Wenn eine absteigende Zahlenfolge vom Typ:

$$n_u \ , \ n_u-1 \ldots n_u-1 \ , \ n_u-2 \qquad \text{mit } r \geqslant 0 \text{ Gliedern} \qquad (1)$$

in der Konturkette auftritt, dann kann ein Objekt nur begrenzt umkehrbar dilatiert werden, und zwar höchstens

$$d = \text{Quotient } (\tfrac{r}{2}) \qquad \text{mal.} \qquad (2)$$

Die Bilder 3a und 3b zeigen zwei Beispiele der Anwendung der Regel I. Um die Aussage der Regel I zu veranschaulichen, wurde im Bild 3b das Ergebnis von d+1 Dilatationsschritten -also bis zur ersten nicht umkehrbaren Dilatation- dargestellt.

Hat man mit Hilfe der Regel I festgestellt, daß ein Objekt d-mal umkehrbar dilatierbar ist, so kann man jeden Dilatationsschritt durch einfache numerische Transformationen des Konturcodes durchführen. Ist $d > 1$, so kann die im Folgenden angegebene Regel an das jeweilige Transformationsergebnis iterativ angewendet werden.

Regel II - Durchführung der umkehrbaren Dilatation

Originalfolge	Transformierte Folge
a) $n_u \ n_u-1 \ldots n_u-1 \ n_u-2$ (r Glieder n_u-1)	$n_u \ n_u-1 \ldots n_u-1 \ n_u-2$ (r-2 Glieder n_u-1)
b) $n \ldots n \ n-1 \ldots n-1$ (n=0...7, nicht Fall a)	bleibt unverändert
c) $n_g \ n_g+(3 \text{ oder } 4)$	$n_g \ n_g+2 \ n_g+2 \ n_g+(3 \text{ oder } 4)$
d) $n_g \ldots n_g$ (k Glieder, nicht Fälle a oder b)	$n_g \ldots n_g$ (k+2 Glieder)
e) $n_u \ n_u+4$	$n_u \ n_u+1 \ n_u+1 \ n_u+3 \ n_u+3 \ n_u+4$
f) $n_u \ n_u+(2 \text{ oder } 3)$	$n_u \ n_u+1 \ n_u+1 \ n_u+(2 \text{ oder } 3)$

Wendet man die Regel II an die Objekte der Bilder 3a und 3b an, so erhält man die dort angegebenen Konturketten der dilatierten Objekte. Aus dem Konturcode des dilatierten Objektes 3b ist ersichtlich, daß nur ein umkehrbarer Dilatationsschritt möglich ist (s. Regel I).
Für die Erosion gelten ähnliche Regeln, auf die es hier nicht eingegangen wird.

3. Anwendung der Mittelachsen-Transformation an die Bildanalyse

Die MAT eines Binärbildes (Bild 4a) wird aus einem "Distanzbild" (Bild 4b, s. auch /2/,/4/) ermittelt. In einem Distanzbild ist jeder Bildpunkt durch seine minimale Entfernung zum Hintergrund gekennzeichnet. Das MAT-Bild enthält nur die relativen Maxima des Distanzbildes. Eine nähere Untersuchung der MAT zeigt, daß sie zu einer hinreichenden

Lösung des Problems der Bildanalyse führt, indem sie umkehrbar dilatierbare Kerne liefert. Man kann nämlich feststellen, daß das Ergebnisbild nach der Durchführung der MAT die folgenden Eigenschaften besitzt:

I) Zusammenhängende Gruppen von Skelettpunkten haben einen konstanten Entfernungswert E (s. /4/). Solche Gruppen sind Objekte, die mindestens (E-1)-mal umkehrbar dilatiert werden können. Die MAT ist somit geeignet, umkehrbar dilatierbare Kerne zu bestimmen, die eine lückenlose Bildzerlegung ermöglichen.

II) Die MAT ist eine Art von umkehrbarer Erosion. Es ist aus dem Bild 4a ersichtlich, daß durch die MAT gerade diejenigen Objekteinzelheiten erhalten bleiben, die in der herkömmlichen Erosion verlorengehen (z.B. Einzelpunkte).

III) Zusammenhängende Gruppen von Skelettpunkten sind Kerne im Sinne der im Abschnitt 1 gegebenen Definition.

IV) Betrachtet man ein MAT-Bild (z.B. Bild 4a), so liegt der Gedanke nahe, bei der Analyse die Kerne, der Reihe nach, mit abnehmendem Entfernungswert E zu erfassen. Dadurch ergibt sich eine codierte Bilddatei, die hierarchisch strukturiert ist.

Der Verlauf des praktisch erprobten Bildanalyseverfahrens folgt unmittelbar aus diesen Ausführungen. Die Objekte des MAT-Bildes wurden, der Reihe nach (von E=4 bis E=1, s. Bild 4a), verarbeitet und konturcodiert. Bei der Bildrekonstruktion werden die codierten Objekte nacheinander aus der Datei abgerufen und decodiert. Die absoluten Koordinaten der Konturpunkte werden in einer Liste aufgestellt und diese Liste wird an Hand der Regel II (s. Abschnitt 2) in den expliziten Konturcode des dilatierten Objektes umgesetzt. Die Anzahl E-1 der erforderlichen Dilatationsschritte geht aus der Lage des Objektes in der Datei hervor.

Die Ergebnisse des oben geschilderten Verfahrens sind im **Bild 5** durch ein Beispiel dokumentiert. Das Bild 5a zeigt eine vollständige Rekonstruktion, die mit dem Originalbild identisch ist. Das Bild 5b wurde dagegen durch Unterdrückung der Kerne mit E=1 erzeugt (Abbruch der Bildsynthese bei E=2). Dabei reduziert sich die Datenmenge auf etwa 75% gegenüber dem Bild 5a. Bei der Bildwiedergabe kann man durch die Wahl des kleinsten Entfernungswertes einerseits den Näherungsgrad der Rekonstruktion und andererseits die Datenmenge bzw. die Wiedergabezeit einstellen.

<u>Literaturverzeichnis:</u>

/1/ J. Serra: "Theoretische Grundlagen des Leitz-Textur-Analyse-Systems" Leitz Mitteilungen für Wissenschaft und Technik, Suppl.I, N.4, Juni 1973, S. 101-116.

/2/ A. Rosenfeld: "Picture processing by computer"
Academic Press, New York, 1969, S. 141-148.

/3/ H. Freeman: "On the encoding of arbitrary geometric configurations"
IRE Trans. Electr. Comput. Vol.EC-10, Juni 1961, S. 260-268.

/4/ V. Märgner, P. Zamperoni: "Einige Experimente zur datenreduzierten
Darstellung von digitisierten Mustern durch die Mittelachsen-Transformation" in "Informatik-Fachberichte" Vol.8, Digitale Bildverarbeitung, Hrsg.: H.-H. Nagel, Springer Verlag, Berlin 1977, S.212-222

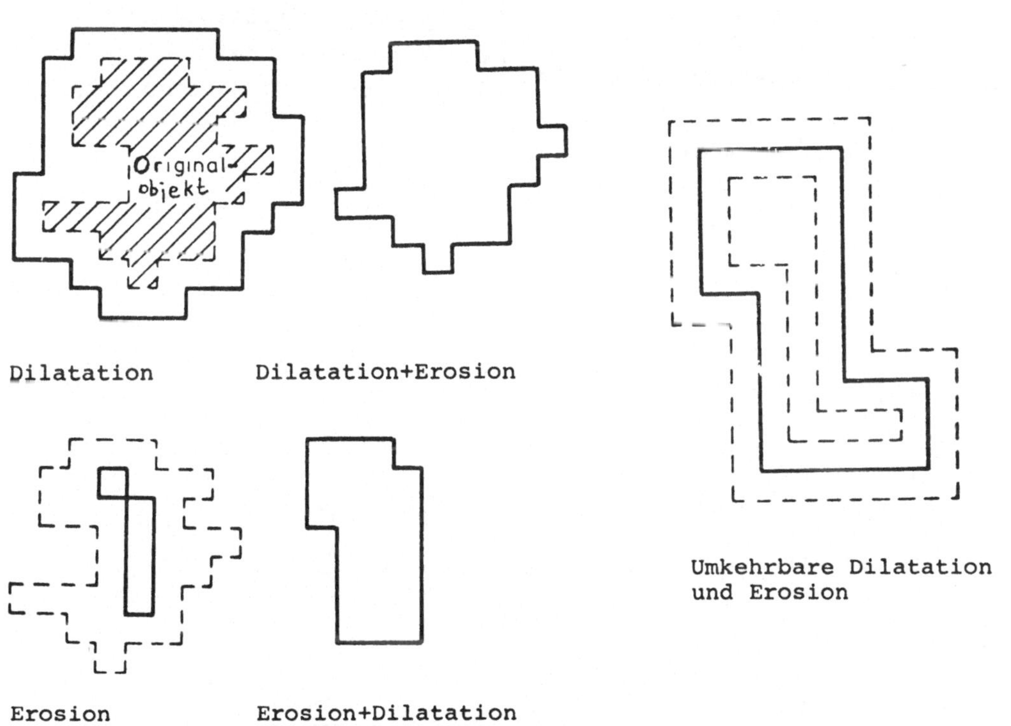

Bild 1: Dilatation und Erosion

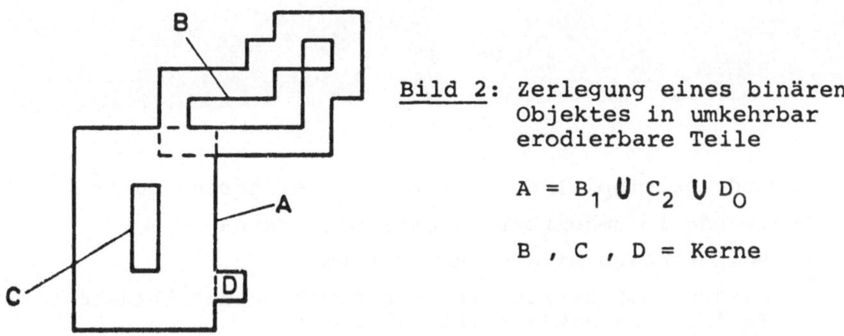

Bild 2: Zerlegung eines binären
Objektes in umkehrbar
erodierbare Teile

$$A = B_1 \cup C_2 \cup D_0$$

$$B \, , \, C \, , \, D = \text{Kerne}$$

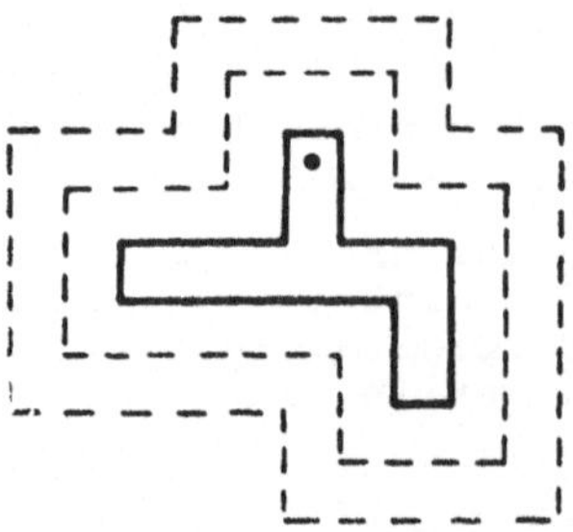

a) **Bild 3** b)

Anwendungsbeispiele der Regeln für die umkehrbare Dilatation

Richtungen der Konturschritte:

```
3  2  1
4     O
5  6  7
```

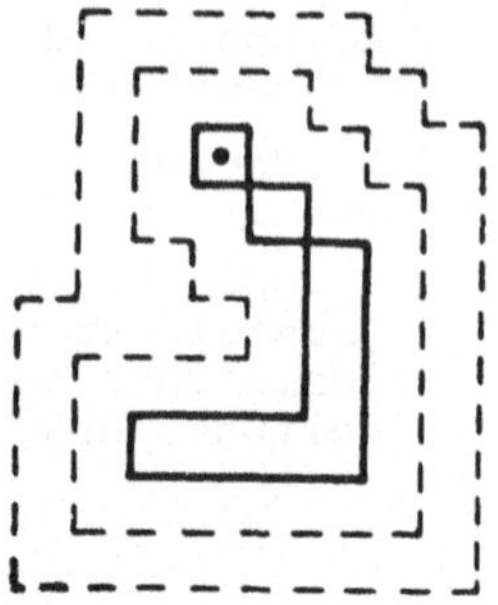

Konturcode: 654400007622432
unbegrenzt umkehrbar dilatierbar

1.Dilatation: 65442200007644222243244

2.Dilatation: 65442222000076444422 2224324444

Konturcode: 776654400022233

n_u = 7   r=2   d=1

1.Dilatation: 77544660000022222334 466

Bild 4: a) Mittelachsen-Transformation; b) "Distanzbild"

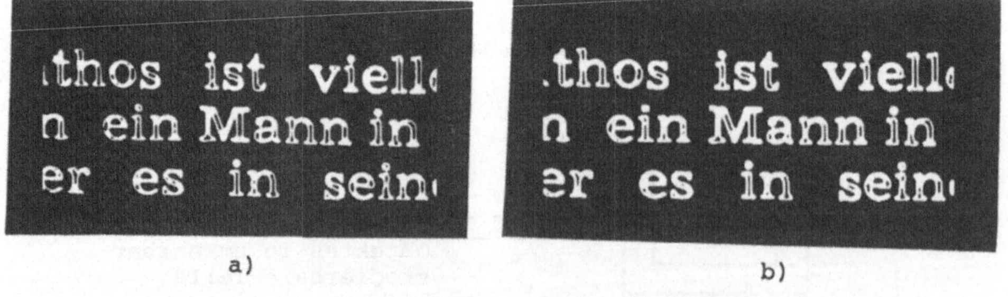

a)   b)

Bild 5: Anwendungsbeispiel des Bildanalyseverfahrens durch
Zerlegung in umkehrbar dilatierbare Kerne

a) Vollständige Bildrekonstruktion

b) Bildrekonstruktion mit Unterdrückung der Kerne mit
Entfernungswert = 1 (Einzelpunkte)

<u>ERFAHRUNGEN MIT EINEM RELAXATIONSVERFAHREN ZUR KANTENDETEKTION</u>

R. Tilgner (*), A. v. Brandt (**), F. Wahl (*)
(*) Lehrstuhl für Nachrichtentechnik, Techn. Universität München
(**) Fachbereich Elektrotechnik, Hochschule der Bundeswehr München

<u>Zusammenfassung</u>

Ein aus der Literatur bekanntes iteratives Relaxationsverfahren zur
Verbesserung eines vorausgehenden einfachen Gradientenoperators wird
untersucht. Hierbei werden Probleme der Parametereinstellung in Abhängigkeit vom Ausmaß einer Störung und vom jeweiligen Iterationsschritt
behandelt. An einigen Beispielen wird die Leistung des Verfahrens dargestellt.

<u>1. Einleitung</u>

Für Kanten einer ausgedehnten Kontur bestehen Nachbarschaftsbeziehungen
in Betrag und Richtung, wohingegen Gradienten, die z.B. durch einen überlagerten Rauschprozeß verursacht werden, als voneinander unabhängig betrachtet werden können /1/. Entsprechend dieser Vorstellung werden in dem
in /2/ vorgeschlagenen iterativen Verfahren 4 heuristisch entwickelte
Größen definiert, die in mehreren Iterationsschritten jeweils eine Anhe-
bung oder Abschwächung des Gradientenbetrages und eine Anpassung der
Gradientenrichtung an die Umgebung bestimmen.

<u>2. Beschreibung des Verfahrens</u>

Ausgangspunkt ist das mittels eines lokalen Gradientenoperators gewonnene Gradientenbild mit Betrag $P(x,y)$ (normiert auf $0 \leq P(x,y) \leq 1$) und
Winkel $\Theta(x,y)$ ($-180^{\circ} \leq \Theta(x,y) \leq +180^{\circ}$). $P(x,y)$ wird verstanden als die
Wahrscheinlichkeit für die Hypothese "<u>K</u>ante am Ort x,y", $\overline{P}(x,y)=1-P(x,y)$
für die Hypothese "<u>N</u>icht-Kante am Ort x,y". Weiterhin seien folgende
Größen definiert (siehe Bild 1): $\alpha = \Theta(x,y)$, der Winkel des Gradienten
bei x,y; $P(u,v)$, der Gradientenbetrag mit dem Winkel $\beta = \Theta(u,v)$ an einem
Nachbarort u,v; $\gamma(x,y,u,v)$, der Winkel der Verbindungslinie zwischen
x,y und u,v mit dem Abstand $D = \max(|x-u|,|y-v|)$. Diese Größen gehen in

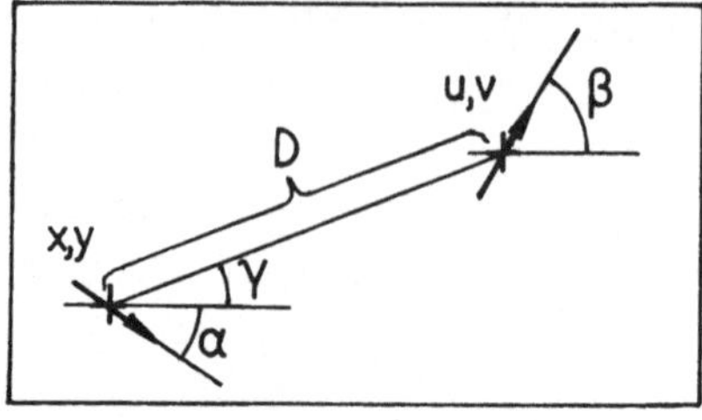

Bild 1: Veranschaulichung der Winkel α, β, γ und des Abstandes D bei betrachtetem Aufpunkt x,y und einem Nachbarpunkt u,v.

die folgenden 4 Gleichungen zur Formulierung von Nachbarschaftsbeziehungen ein:

- Beeinflussung einer <u>K</u>ante am Ort x,y durch <u>K</u>anten an Nachbarorten u,v

$$RKK(x,y,u,v)=\cos(\alpha-\gamma)\cos(\beta-\gamma)/2^D; \qquad QKK(x,y)=\sum_{\substack{u,v \\ \neq x,y}} P(u,v)RKK(x,y,u,v) \qquad (1)$$

- Beeinflussung einer <u>K</u>ante bei x,y durch <u>N</u>ichtkanten bei u,v

$$RKN(x,y,u,v)=\min(0,-\cos(2\alpha-2\gamma))/2^D; \qquad QKN(x,y)=\sum_{\substack{u,v \\ \neq x,y}} \overline{P}(u,v)RKN(x,y,u,v) \qquad (2)$$

- Beeinflussung einer <u>N</u>ichtkante bei x,y durch <u>K</u>anten bei u,v

$$RNK(x,y,u,v)=\min(0,-\cos(2\beta-2\gamma))/2^D; \qquad QNK(x,y)=\sum_{\substack{u,v \\ \neq x,y}} P(u,v)RNK(x,y,u,v) \qquad (3)$$

- Beeinflussung einer <u>N</u>ichtkante bei x,y durch <u>N</u>ichtkanten bei u,v

$$RNN(x,y,u,v)= 1/2^D; \qquad QNN(x,y)=\sum_{\substack{u,v \\ \neq x,y}} \overline{P}(u,v)RNN(x,y,u,v) \qquad (4)$$

Diese 4 heuristisch festgelegten Größen QKK...QNN (in ihrer Wirkung dargestellt in Bild 4) gehen unterschiedlich gewichtet in einen Verstärkungsfaktor QK(x,y) und einen Abschwächungsfaktor QN(x,y) ein:

$$QK(x,y) = C_1 QKK(x,y)+C_2 QKN(x,y); \quad QN(x,y) = C_3 QNK(x,y)+C_4 QNN(x,y) \qquad (5)$$

Nach einer lokalen Normierung

$$QK' = QK/(\,|QK|+|QN|\,) + 1; \quad QN' = QN/(\,|QK|+|QN|\,) + 1 \qquad (6)$$

und mit

$$\varrho = QK' / QN' \qquad (7)$$

ist die Veränderung des Gradientenbetrags P(x,y) für jeden Iterationsschritt i gegeben:

$$P^{i+1}(x,y) = \frac{P^i(x,y)}{P^i(x,y) + \frac{1}{\varrho}(1-P^i(x,y))} \qquad (8)$$

Neben der Änderung des Gradientenbetrags ist bei gestörten Gradienten eine Korrektur des Winkels von Bedeutung. Als Kriterium dafür werden die Nachbargradienten und die Größe RKK (Gl. 1) verwendet. Der modifizierte Gradientenwinkel $\Theta(x,y)$ ist für einen Iterationsschritt i:

$$\Theta^{i+1}(x,y) = \arctan(DY(x,y)/DX(x,y)), \qquad\qquad \text{mit}$$

$$DX(x,y) = W \cdot P(x,y)\cos\alpha + \sum_{\substack{u,v \\ \neq x,y}} RKK(x,y,u,v)P(u,v)\cos\beta\ ,$$

$$DY(x,y) = W \cdot P(x,y)\sin\alpha + \sum_{\substack{u,v \\ \neq x,y}} RKK(x,y,u,v)P(u,v)\sin\beta\ . \qquad (9)$$

Die Konstante W gibt hierbei an, wie der Winkel $\alpha = \Theta^i(x,y)$ im Verhältnis zu den Winkeln $\beta = \Theta^i(u,v)$ der Nachbarkanten einbezogen wird.

3. Probleme der Parametereinstellung

Wie in /2/ bereits angedeutet, liegt in der Wahl der Parameter $C_1 \ldots C_4$, W ein großer Spielraum zur Beeinflussung des Systemverhaltens. Neben der für alle Iterationsschritte konstanten Einstellung (wie in /2/ vorgeschlagen) ist eine unterschiedliche Einstellung sowohl für jeden Iterationsschritt als auch lokal signaladaptiv denkbar. Die Problematik der Parametereinstellung zeigt sich in der Parametervielfalt, in der schwierigen Interpretierbarkeit der Wirkung der damit zu gewichtenden Größen QKK - QNN (Gl. 1 - 4, siehe Bild 4) und in der gegenseitigen Abhängigkeit dieser Wirkungen infolge des Normierungsprozesses (Gl. 6). Ziel einer Arbeit /3/ war es, Einstellkriterien für diese Parameter in Abhängigkeit von Bildinhalt und überlagertem Rauschen abzuleiten. Hierbei wurden in einem kontrollierten Iterationsprozeß bei jedem Iterationsschritt die Parameter $C_1 - C_4$ so eingestellt, daß die Übereinstimmung mit dem ungestörten Gradientenbild optimiert wird. Die in Bild 2 dargestellten Verläufe für 10 Iterationsschritte lassen für $C_1 - C_3$ eine deutliche Abhängigkeit vom jeweiligen Iterationsschritt und für C_1, C_3 und C_4 eine Abhängigkeit von der Stärke des überlagerten Rauschens erkennen.

Zudem konnte gezeigt werden, daß eine Konturverschärfung mit diesem Relaxationsprozeß nicht erreicht werden kann. Für eine Konturverschärfung wurde daher ein weiterer Operator entwickelt, der in QN(x,y) eingeht (seine Wirkung ist in Bild 4e,j dargestellt):

$$
\begin{aligned}
\text{RNL}(x,y,u,v) &= \sin(\alpha-\gamma)\sin^2(\beta-\gamma)/2^D \\
\text{QNL}(x,y) &= \sum_{\substack{u,v \\ \neq x,y}} P(u,v)\,\text{RNL}(x,y,u,v) \\
\text{QN}(x,y) &= C_3\text{QNK}(x,y) + C_4\text{QNN}(x,y) + C_5|\text{QNL}(x,y)|
\end{aligned} \tag{10}
$$

Dieser Operator verhindert eine Verbreiterung der Konturlinien mit zunehmender Zahl der Iterationsschritte, die durch eine hohe Gewichtung der Größe QKK(x,y) eintritt. Diese hohe Gewichtung ist für ein Auffüllen von Konturunterbrechungen ausschlaggebend.

Weiterhin wird mit dem neuen Operator eine Konturverschärfung von unscharfen Kanten des Eingangsbildes erreicht (in dieser Arbeit aus Platzgründen nicht gezeigt).

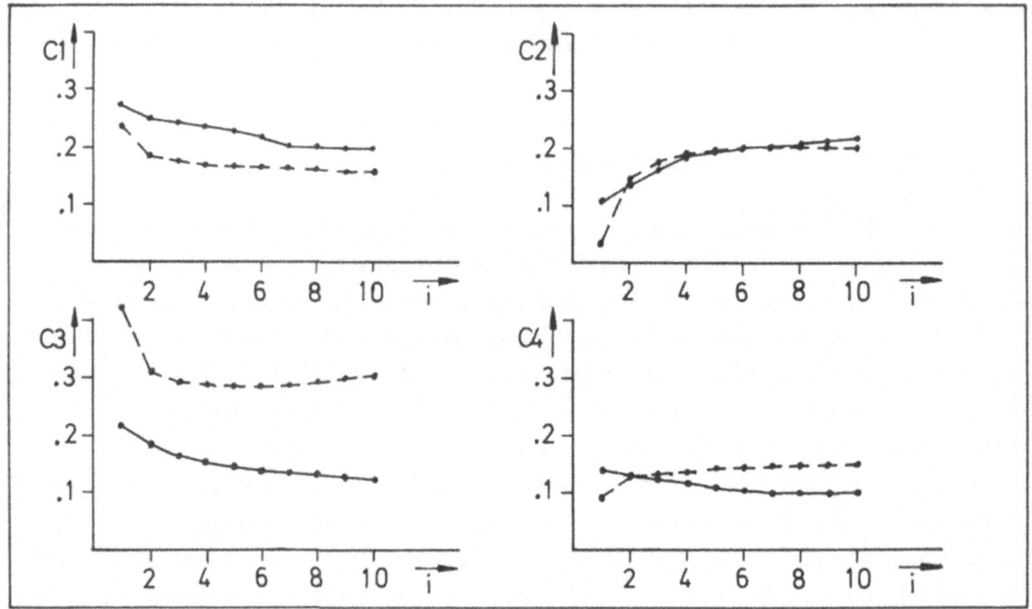

Bild 2: Verläufe der Parameter C_1 - C_4 in Abhängigkeit von der Anzahl der Iterationsschritte i. –•–•–– für starkes Rauschen, –•––•–– für schwaches Rauschen.

4. Ergebnisse

Das beschriebene Relaxationsverfahren wurde an einem unterschiedlich stark verrauschten Testbild (Bild 3 a, c) getestet, um einen Leistungsvergleich mit anderen Gradientenoperatoren (/4/,/5/) zu ermöglichen. Dabei wurde die Berücksichtigung von Nachbarpunkten auf ein 5 x 5 Umfeld begrenzt und folgender Gradientoperator verwendet:

$$DXF(x,y) = \begin{cases} \min(0,\ I(x+1,y)-I(x,y)), & \text{falls } I(x-1,y) > I(x+1,y) \\ \max(0,\ I(x,y)-I(x-1,y)) & \text{sonst.} \end{cases}$$

$$DYF(x,y) = \begin{cases} \min(0,\ I(x,y+1)-I(x,y)), & \text{falls } I(x,y-1) > I(x,y+1) \\ \max(0,\ I(x,y)-I(x,y-1)) & \text{sonst.} \end{cases}$$

$$P'(x,y) = \max(|DXF|,|DYF|); \qquad P(x,y) = \frac{P'(x,y)}{\max\limits_{u,v}(P'(u,v))}$$

$$\Theta'(x,y) = \arctan(DYF/DXF); \qquad \Theta(x,y) = \Theta'(x,y) - 90^\circ \tag{11}$$

In Bild 5 sind jeweils die Ergebnisse der Iterationsschritte i=1,3,5,9 des Verfahrens nach /2/ mit den dort angegebenen Konstanten dem Verfahren

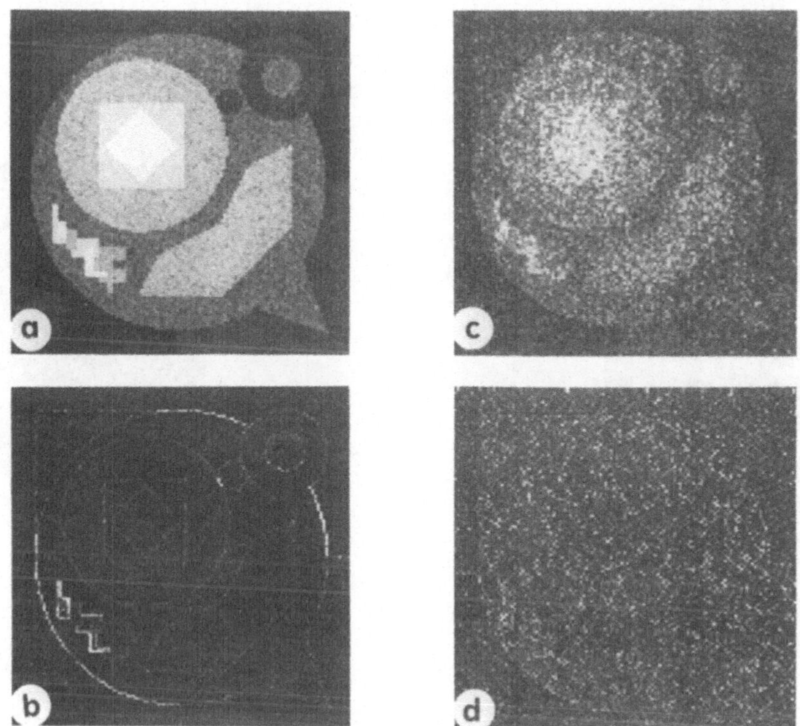

Bild 3: Verwendete Testbilder. Intensitätsbereich 0 - 600. Streuung der gauß'schen Störung 25 Intensitätseinheiten (a) bzw. 100 Intensitätseinheiten (c). (b) und (d) zeigen jeweils das Ergebnis der Gradientenoperation nach Gl. 11.

mit angepaßten Parametern bei einem schwach verrauschten Testbild gegenübergestellt:

- Für beide Verfahren zeigt sich eine gute Unterdrückung der Rauschstörung bereits nach wenigen Iterationen.

- Bei dem Verfahren mit angepaßten Parametern ist eine Verbesserung des Auffüllens von Konturunterbrechungen bei nur geringer Tendenz zur Verbreiterung zu erkennen.

- Feine Strukturen gehen in beiden Fällen im Vergleich zu weniger komplexen Gradientenoperatoren /5/ verloren.

- Bild 6 zeigt im Vergleich zu Bild 5, daß bei starkem Rauschen die Leistungsfähigkeit des Relaxationsverfahrens deutlich abnimmt, ein Verfahren nach /4/ ergibt hier bei geringerem Aufwand bessere Ergebnisse.

- Eine Leistungsverbesserung bei stark gestörten Bildsignalen ist zwar durch eine Vorverarbeitung zu erreichen (Tiefpaßfilter, aufwendiger Gradientenoperator), doch stellt sich dann die Frage, ob der hohe Verarbeitungsaufwand dieses Relaxationsprozesses in einem angemessenen

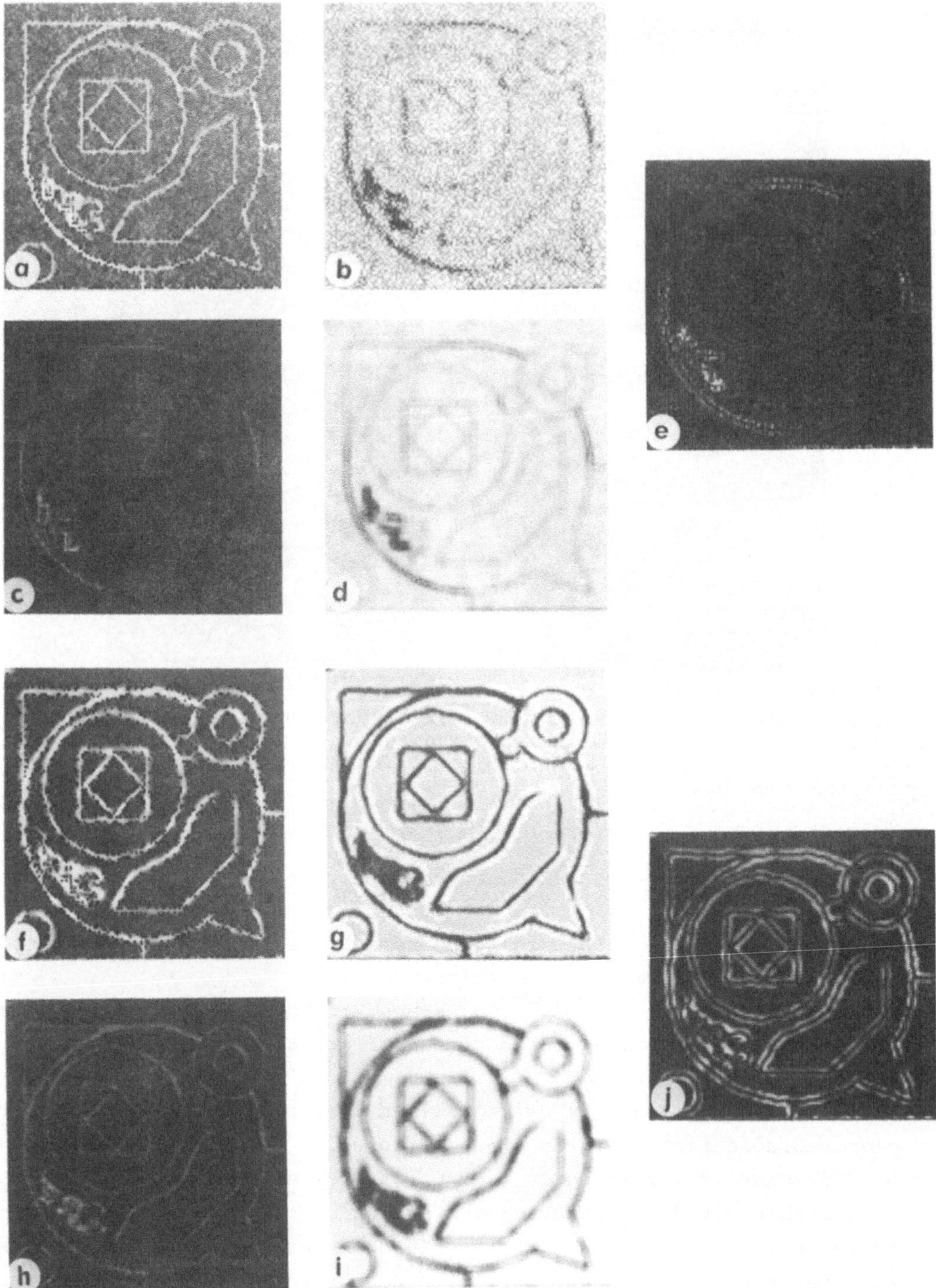

Bild 4: Wirkung der Größen QKK - QNL bei der 1. Iteration (a - e) und
9. Iteration (f - j) für Testbild 3b. (a, f) QKK, min. Intensität für
min(QKK), max. Intensität für max(QKK). (b, g) -QKN, da QKN $\leq$ 0.
(c, h) -QNK, da QNK $\leq$ 0. (d, i) QNN. (e, j) |QNL| .

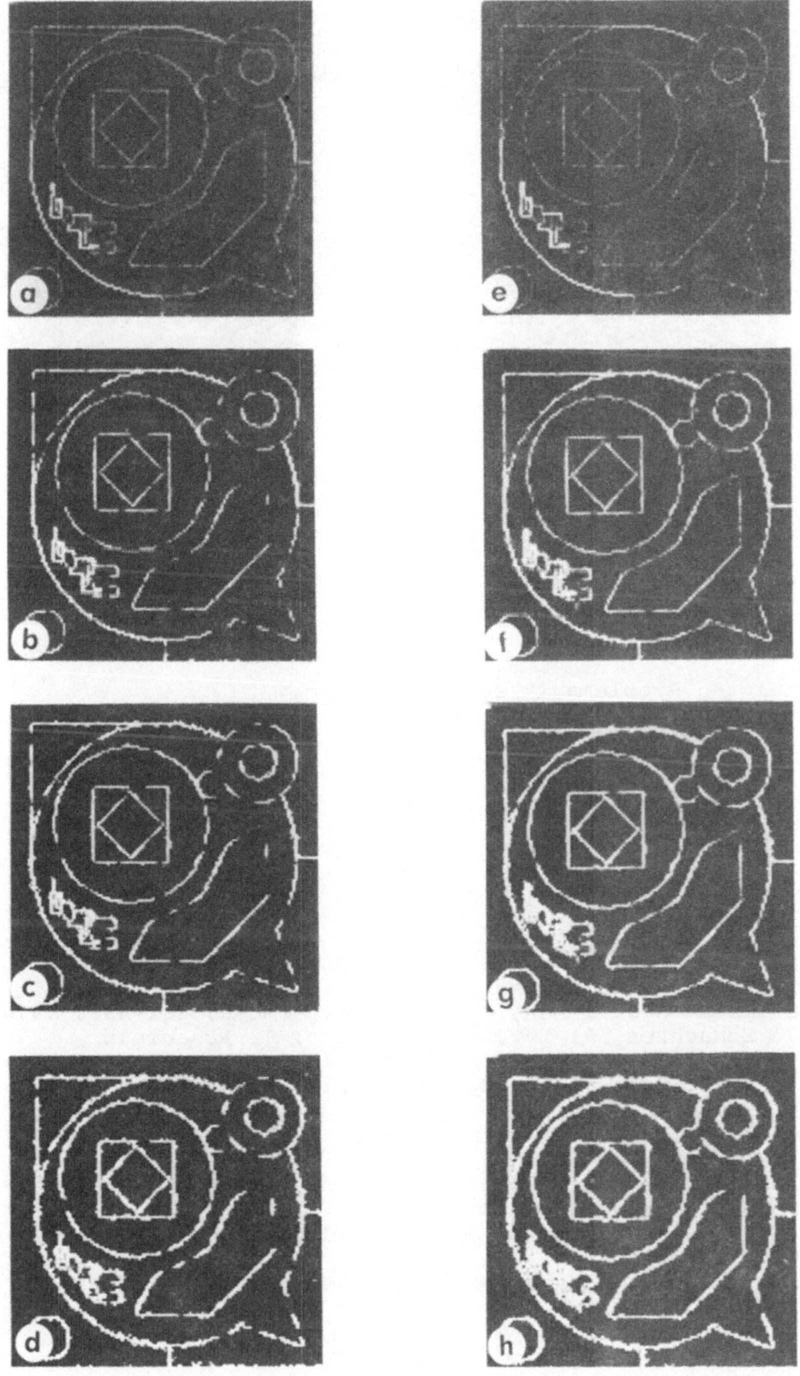

Bild 5: Vergleich der Ergebnisse für Bild 3b für 4 Iterationsschritte,
(a, e) i=1, (b, f) i=3, (c, g) i=5, (d, h) i=9. (a - d) für das Verfahren nach /1/,/2/ mit konstanten Parametern, (e - h) für angepaßte Parameter.

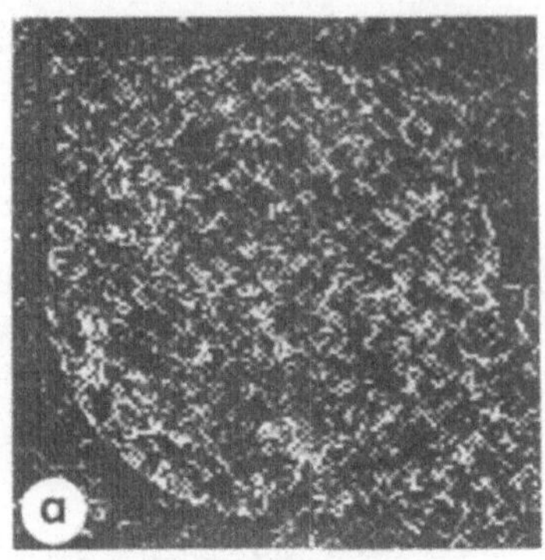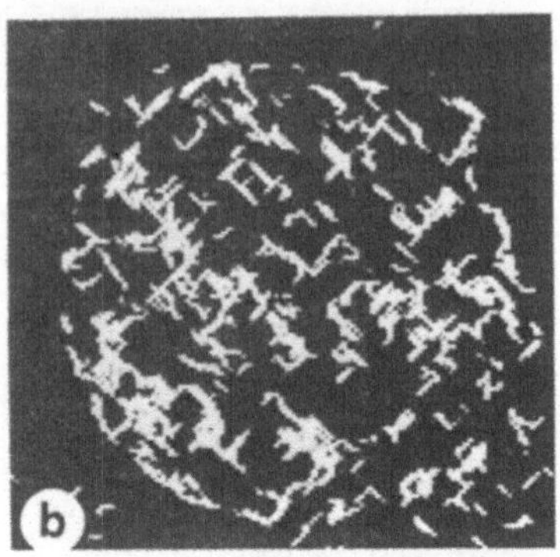

Bild 6: Ergebnis des Verfahrens mit angepaßten Parametern für Testbild
3d. (a) nach der 1., (b) nach der 9. Iteration.

Verhältnis zur Leistungsverbesserung steht.
- Einerseits wird eine Anpassung des Verfahrens an unterschiedliches
  Bildmaterial mit Hilfe der oben dargestellten Parameter ermöglicht -
  eine sinnvolle Bestimmung der Parameter ist jedoch wegen der in 3.
  aufgezeigten Problematik sehr aufwendig.

<u>Literatur</u>

/1/ A. Rosenfeld, R. A. Hummel, S. W. Zucker
    Scene Labeling by Relaxation Operations
    IEEE Trans. Syst., Man, Cybern., vol. SMC-6, 402-433, 1976
/2/ B. J. Schachter, A. Lev, S. W. Zucker, A. Rosenfeld
    An Application of Relaxation Methods to Edge Reinforcement
    IEEE Trans. Syst., Man, Cybern., vol. SMC-7, 813-816, 1977
/3/ A. v. Brandt
    Simulation eines iterativen Systems zur Gradientenverstärkung
    in der Bildverarbeitung
    Diplomarbeit an der Techn. Universität München, 1978
/4/ M. Burow, F. Wahl
    Eine verbesserte Version des Kantendetektionsverfahrens nach
    Mero/Vassy
    Vorliegender Tagungsband zum 2. DAGM-Symposium 1979
/5/ J. Kugler, F. Wahl
    Kantendetektion mit lokalen Operatoren
    Vorliegender Tagungsband zum 2. DAGM-Symposium 1979

METHODEN II : MERKMALSEXTRAKTION UND KLASSIFIKATION

AFFINITÄTEN UND ABSTANDSMAßE VON VERTEILUNGEN ZUR
SCHÄTZUNG VON FEHLKLASSIFIKATIONSWAHRSCHEINLICHKEITEN

S.J. Pöppl
Institut für Medizinische Informatik
und Systemforschung der Gesellschaft
für Strahlen- und Umweltforschung
D 8000 München, Arabellastraße 4/III

Zusammenfassung

In den letzten Jahren wurden in der Informationstheorie und mathematischen Statistik insbesondere Abstände und Affinitäten von Verteilungen dahingehend untersucht, inwieweit Beziehungen zur Fehlklassifikationswahrscheinlichkeit - eventuell monotone - bestehen. In der statistischen Literatur wurden verschiedene "Koeffizienten", - oft auch als Abstandsmaße zwischen Verteilungen bzw. Dichten bezeichnet - angegeben, die den Begriff "näher" bzw. "Abstand" oder "Affinität" beschreiben sollen.
Die wichtigsten Maße werden in dieser Arbeit behandelt, ihre formelmäßige Beschreibung dargestellt sowie mögliche obere und untere Grenzen der Fehlklassifikationswahrscheinlichkeiten angegeben. Eine praktische Erprobung erfolgt im Vergleich zu tatsächlich durchgeführten Klassifikationen.

Einführung

Ein sehr wichtiges Problem der Mustererkennung ist die Auswahl effektiver Merkmale aus einem gegebenen Mustersatz.
Alle hierfür zur Anwendung kommenden Techniken und Verfahren versuchen über Merkmale die Fehlklassifikationswahrscheinlichkeiten (Fehlerraten) zu minimieren, denn die Brauchbarkeit eines Klassifikators richtet sich eben nach dieser Fehlklassifikationswahrscheinlichkeit. (TOUSSAINT/1/)
Die analytische Berechnung der Fehlklassifikationswahrscheinlichkeit bereitet mit Ausnahme des sogenannten Zweiklassenfalls bereits Schwierigkeiten (ANDERSON/2/). Es wird daher versucht auf andere Kriterien überzugehen, die eng mit der Fehlklassifikationswahrscheinlichkeit verbunden sind, aber leichter zu berechnen sind. Ein möglicher Ansatz sind sogenannte Abstandsmaße und Affinitäten.

Festlegung des Begriffs der Fehlklassifikationswahrscheinlichkeiten

Der Begriff Fehlklassifikationswahrscheinlichkeit ist eng mit dem der Verteilung der zu klassifizierenden Muster verbunden.
Es sei nun C eine Population von Objekten (Mustern), wobei jedes Muster

durch eine n-variate Zufallsvariable

$$\underline{X}_n = (X_1,\ X_2\ \ldots\ X_n)^t$$

beschrieben sei; X_1, X_2, $\ldots$ X_n seien die Merkmale des Musters.
C soll nun in Populationen C_i, i=1,2 $\ldots$ k aufgeteilt werden, $\underline{X}_n$ soll
entsprechenden Verteilungsfunktionen folgen, die mit $F_i(\underline{X})$, i=1,2 $\ldots$k
bezeichnet werden; die dazugehörigen Wahrscheinlichkeitsdichtefunk-
tionen seien $f_i(\underline{X})$, i=1,2 $\ldots$ k.
Der Weg eine Regel zu finden, die Muster von C nach C_i, i=1,2 $\ldots$ k
aufgrund von Merkmalen $\underline{X}_n$ zuordnet, wird allgemein als "Diskriminanzanalyse", das Verfahren als solches als Klassifikationsregel bezeichnet.
Die Klassifikationsregel hängt wesentlich von der Information über
$f_i(\underline{X})$, i=1,2 $\ldots$ k ab. Dies läßt sich wie folgt einteilen:

  (i) Die Dichten $f_i(\underline{X})$, i=1,2 $\ldots$ k sind vollständig bekannt, d.h.
      Art und Parameter der Grundgesamtheiten der Verteilungsfunktio-
      nen der Muster sind bekannt.
 (ii) Es ist nur bekannt, daß die $f_i(\underline{X}_n)$ zu einer parametrischen Klas-
      se mit Verteilungen gehören, so daß

$$f_i(\underline{X}_n) = f_i(\underline{X}_n,\ \Theta_i),\ i=1,2\ \ldots\ k$$

      ist, wobei $f_i(\underline{X}_n)$ prinzipiell bekannt sind (z.B. multivariate
      Normalverteilung) und die Größen Θ_i, i=1,2 $\ldots$ k Parameter sind,
      die durch Messungen an den Mustern zu schätzen, bzw. zu bestim-
      men sind.
(iii) Die Dichten $f_i(\underline{X}_n)$, i=1,2 $\ldots$ k sind vollständig unbekannt.
      Dieser Fall ist auch als nicht parametrischer Fall bekannt.

Für die folgenden Ausführungen sei angenommen, daß der Typ der Dichtefunktionen $f_i(\underline{X}_n)$ prinzipiell bekannt sei (Fall (ii)).
Mit Hilfe der Abb. 1 - sie zeigt die Dichtefunktionen zweier *eindi-
mensionaler* Normalverteilungen*) vom Typ $N(\mu_i\sigma^2)$ i=1,2 - sollen einige
grundsätzliche Zusammenhänge der statistischen Entscheidungstheorie
dargestellt werden.
Entsprechend Abb. 1 gibt es verschiedene Möglichkeiten den Entschei-
dungsbereich Ω durch T in Ω_1 und Ω_2 aufzuteilen.
Für die Zuordnung einer Beobachtung X_o gibt es wie beim Testen von
Hypothesen in der schließenden Statistik vier mögliche Ergebnisse

---

*) Die Gleichheit der Varianz in beiden Verteilungen stellt keine
   grundsätzliche Einschränkung dar, vereinfacht aber die Darstellung

KLASSIFIKATIONEN

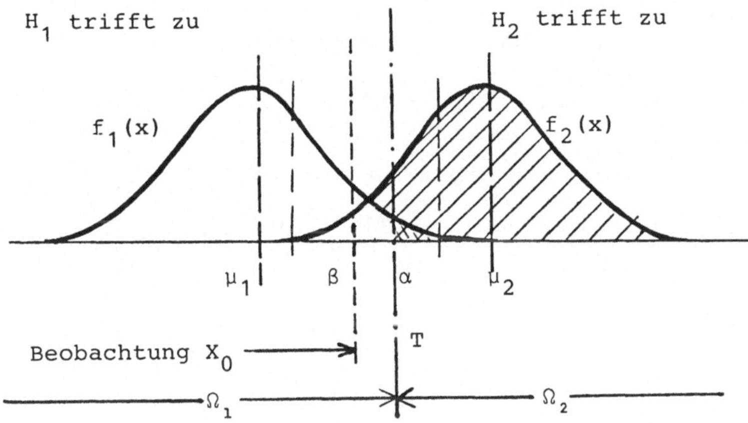

Abb. 1 Graphen der Dichtefunktionen zweier Normalverteilungen $f_i(x)$ vom Typ $N(\mu_i, \sigma^2)$, $i=1,2$

Ergebnisse:

- Annahme von H_1, wenn H_1 zutrifft: kein Fehler
- Annahme von H_2, wenn H_1 zutrifft: Fehler 1. Art, α
- Annahme von H_1, wenn H_2 zutrifft: Fehler 2. Art, β
- Annahme von H_2, wenn H_2 zutrifft: kein Fehler

Es sei nun p_1 die *a-priori-Wahrscheinlichkeit*, daß die Beobachtung X_0 von der Population C_1 stammt, p_2 entsprechend für die Population C_2. Mit L(2/1) seien die Kosten für eine fälschliche Zuordnung einer Beobachtung aus C_1 nach C_2 festgelegt, L(1/2) seien die Kosten für den umgekehrten Fall.

Schreibt man formell für eine Entscheidungsstrategie E

$$P(1|1,E) = \int_{\Omega_1} f_1(x)\, dx \qquad (1)$$

$$P(2|2,E) = \int_{\Omega_2} f_2(x)\, dx \qquad (2)$$

sowie

$$P(2|1,E) = \int_{\Omega_2} f_1(x)\, dx = \alpha = \text{Fehler 1. Art} \qquad (3)$$

$$P(1|2,E) = \int_{\Omega_1} f_2(x)\, dx = \beta = \text{Fehler 2. Art} \qquad (4)$$

so bedeutet $P(i|i, E)$ $i=1,2$ die Wahrscheinlichkeit einer richtigen

142

Entscheidung für die Klasse C_i, i=1,2, P(i|j,E) i,j=1,2 i≠j die
Wahrscheinlichkeit für die jeweilige Fehlentscheidung.

Das am weitesten verbreitete Entscheidungsverfahren E ist durch die
Bayes-Strategie beschrieben. Danach wird die Aufteilung von Ω in Ω_1
und Ω_2 durch T so durchgeführt, daß ein Kostenrisiko R

$$R = L(2|1)\ P(2|1,\ E)p_1 + L(1|2\ p(1|2,\ E)p_2 \tag{5}$$

minimiert wird.

Mit (3) und (4) ergibt sich dabei für Ω_1, bzw. Ω_2

$$\Omega_1:\ L(2|1)\ f_1(x)\ p_1\ \geq\ L(1|2)f_2(x)\ p_2$$

$$\Omega_2:\ L(2|1)\ f_1(x)\ p_1\ <\ L(1|2)f_2(x)\ p_2 \tag{6}$$

Durch Umformen erhält man

$$\Omega_1:\ \frac{f_1(x)}{f_2(x)}\ \geq\ A \qquad\qquad \Omega_2:\ \frac{f_1(x)}{f_2(x)}\ <\ A \tag{7}$$

$$\text{mit}\ \ A = \frac{p_2 L(1|2)}{p_1 L(2|1)}$$

Das Verhältnis $f_1(x)/f_2(x)$ heißt auch Likelihood-Verhältnis $\Lambda(x)$.
Setzt man anstelle von $f_i(x)$,i=1,2 multivariate Dichtefunktionen ein,
z.B.

$$f_i(\underline{X}_n) = \frac{1}{(2\pi)^{n/2}|\underline{\Sigma}_1|^{1/2}}\ \exp\left\{-\frac{1}{2}\ (\underline{X}_n-\underline{\mu}_1)^t\ \underline{\Sigma}_i^{-1}(\underline{X}_n-\underline{\mu}_1)\right\} \tag{8}$$
$$i=1,2;\ n = \text{Dimensionalität}$$

so ändert sich an den grundsätzlichen Zusammenhängen in (5)-(7) nichts.
Die Durchrechnung des Likelihood-Verhältnisses $\Lambda(\underline{X}_n)$ für multivariate
Dichtefunktionen findet sich bei ANDERSON /2/. Die Trennfunktion T
wird dann zu einer Hyperfläche, in Sonderfällen zu einer Hyperebene.
Unter Berücksichtigung der a-priori-Wahrscheinlichkeiten p_i, i=1,2
mit der eine Beobachtung aus C_1 bzw. C_2 stammt, ergibt sich als Fehlklassifikationswahrscheinlichkeit der Strategie E für 2 Populationen

$$P_E(1\ 2) = p_1 \int_{\Omega_2} f_1(\underline{X}_n)\ d\underline{X}_n + p_2 \int_{\Omega_1} f_2(\underline{X}_n)\ d\underline{X}_n \tag{9}$$

oder allgemein für die Population C_i, C_j

$$P_E(i,j) = p_i \int_{\Omega_j} f_i(\underline{X}_n)\ d\underline{X}_n + p_j \int_{\Omega_i} f_j(\underline{X}_n)\ d\underline{X}_n \tag{10}$$

Für praktische Anwendung ist nur der Fall mit mehreren Populationen von besonderem Interesse, d.h. es gilt für C_i, p_i und $f_i(\underline{X}_n)$

$i=1,2 \ldots k$

Die gesamte Fehlklassifikationswahrscheinlichkeit P_E ergibt sich dann
zu

$$P_E = \sum_{i<j} \int_{\Omega_i} p_i f_i + \int_{\Omega_j} p_j f_j \quad^{*)} \tag{11}$$

CHU und CHUEH /3/ zeigen, daß

$$P_E \leq \sum_{i<j} P_E(i,j) \tag{12}$$

mit $P_E(i,j)$ nach (10).

Affinitäten und Abstandsmaße von Verteilungen

In Abb. 1 steht die mit α bezeichnete "Fläche" unter $f_1(x)$ für den
Fehler 1. Art, die mit β bezeichnete "Fläche" unter $f_2(x)$ für den
Fehler 2. Art. Intuitiv kann man erkennen, daß die gesamten Flächen
mit wachsendem "Abstand" $\mu_2 - \mu_1$ bei konstantem σ^2 kleiner werden, d.h.
$P_E(1,2)$ nach (9) abnimmt.
In der statistischen Literatur wurden verschiedene "Koeffizienten" –
oft auch als Abstandsmaße oder Affinitäten von Verteilungen, bzw.
Dichten bezeichnet - angegeben - die die Begriffe "näher" bzw. "Abstand" beschreiben sollen.
Die wichtigsten dieser Maße heißen:

- MAHALANOBIS-Abstand   (MAHALANOBIS /4/)

- BHATTACHARYYA-Abstand   (HELLINGER /5/, BHATTACHARYYA /6/)
  und Koeffizient

- RAO-Seperationsmaß   (RAO /7/)

- DIVERGENZ, KULLBACK-   (KULLBACK /8/, JEFFREYS /9/,CHERNOFF /10/)
  LEIBLER-ZAHLEN

- MATUSITA-Affinität und   (MATUSITA /11,12/)
  Abstand

- KOLMOGOROV-Abstand   (KOLMOGOROV /13/)

- EQUIVICATION   (SHANNON /14/)

Es sei $\{F_\delta, \delta \varepsilon \theta\}$ eine Menge von Wahrscheinlichkeitsmaßen, die über
einen Meßraum $\{A,\gamma\}$ definiert sind; dann ist $\{(A,\gamma,F_\delta), \delta \varepsilon \theta\}$ eine
Menge von Wahrscheinlichkeitsräumen, wobei $\theta = \{\delta_1, \ldots \delta_n\}$ für die
folgenden Betrachtungen endlich sein soll. Das Maß m dominiere die

---

*) Um die Schreibweise zu vereinfachen wird künftig anstelle von
$f_i(\underline{X}_n)$ f_i geschrieben und $d\underline{X}_n$ bei den Integrationszeichen weggelassen, sofern keine Verwechslungsgefahr vorliegt.

Menge der Wahrscheinlichkeitsmaße. Daher existieren die Radon-Niko-dym-Dichten

$$f_\delta = \frac{dF_\delta}{d_m} \tag{13}$$

Die Träger des beobachteten Merkmalsvektors $\underline{X}_n \in A$ heißen Objekte (Muster). Die Menge der Objekte bildet eine Population C_δ, falls ihr Merkmalsvektor $\underline{X}_n$ entsprechend der Dichte f_δ verteilt ist.

Definition des Trennungsmaßes

Es seien nun F und G zwei Wahrscheinlichkeitsverteilungen und $d(.,.)$ der Abstand in Sinne irgendeines der angegebenen Maße; dann sind folgende Axiome wichtig:

$$
\begin{aligned}
\text{I)} \quad & d(F,G) \geq 0, \quad d(F,F) = 0 \\
\text{II)} \quad & d(F,G) = d(G,F) \\
\text{III)} \quad & d(F,G) + d(G,H) \geq d(F,H)
\end{aligned}
\tag{14}
$$

Verschiedene, oben angegebene Abstandsmaße und Affinitäten erfüllen nicht alle Axiome aus (16).
Eine unabdingbare Forderung für ein sinnvolles Abstandsmaß ist aber, daß durch die Hinzunahme einer (oder mehrerer) Komponenten der Zufallsvariablen ein "Trennungsmaß" nicht vermindert wird.
Als Trennungsmaß sei daher eine Funktion $t: \mathbf{F} \times \mathbf{F} \longrightarrow \mathbf{R}$ definiert; $\mathbf{F} = \{F_\delta, \delta \in \theta\}$ ist eine Menge von Wahrscheinlichkeitsmaßen über dem gleichen Meßraum $\{A, \gamma\}$. Die Forderung für die Funktion t als Trennungsmaß lautet daher

$$t(f_1, f_2) \geq t(g_1, g_2) \tag{15}$$

wobei g_i, $i=1,2$ die Dichten von Marginalverteilungen von f_i, $i=1,2$ sind.

Kullback-Leibler-Zahlen und Divergenz

Es werden zwei Populationen betrachtet, für deren Dichten die wesentliche Einschränkung $0 < f_i < \infty \; [m]$ $i=1,2$ gelte.
Darauf aufbauend wurde zuerst die Divergenz von Jeffreys/9/ angegeben.
Mit der Definition des Likelihoodverhältnisses nach (7) ergibt sich für die Divergenz

$$J(f_1, f_2) = E_1(\ln(\underline{X})) - E_2(\ln(\Lambda(\underline{X}))) \tag{16}$$

wobei

$$E_i(\ln(\Lambda(\underline{X}))) = \int (\ln(\Lambda(\underline{X}))) f_i d\underline{X}, \quad i=1,2 \tag{17}$$

gilt.

Die Erwartungswerte der $\ln(\Lambda(\underline{X}))$ werden oft auch als Kullback-Leibler-zahlen bezeichnet/8/ und dargestellt als

$$I(f_1,f_2) = E_1(\ln(\Lambda(\underline{X}))), \quad I(f_2,f_1) = -E_2(\ln(\Lambda(\underline{X}))) \tag{18}$$

Die Divergenz stellt die symmetrisierte Form der K-L-Zahlen dar,

$$J(f_1,f_2) = I(f_1,f_2) + I(f_2,f_1)$$

wobei im allgemeinen $I(f_1,f_2) \neq I(f_2,f_1)$ ist.

Die Divergenz erfüllt die Axiome I,II nach (14), nicht aber die Drei-ecksungleichung. Aus der Tatsache, daß $I(f_1,f_2)$ positiv definit ist und dem Satz für abhängige Zufallsvariable /15/ folgt, daß die Diver-genz die Bedingungen für ein Trennungsmaß nach (15) erfüllt. Die for-melmäßige Darstellung mit f_i, i=1,2 lautet

$$I(f_1,f_2) = \int f_1 - f_2 \, \ln \frac{f_1}{f_2} \, d\underline{X} \tag{19}$$

Mit Verteilungen vom Typ $N(\underline{\mu}_i, \underline{\underline{\Sigma}}_i)$, i=1,2 nach (8) ergibt sich für

$$J(f_1,f_2) = \frac{1}{2} \, \text{spur} \, (\underline{\underline{\Sigma}}_1 - \underline{\underline{\Sigma}}_2)(\underline{\underline{\Sigma}}_2^{-1} - \underline{\underline{\Sigma}}_1^{-1}) +$$

$$\frac{1}{2} \, \text{spur} \, (\underline{\underline{\Sigma}}_1^{-1} + \underline{\underline{\Sigma}}_2^{-1})(\underline{\mu}_1 - \underline{\mu}_2)(\underline{\mu}_1 - \underline{\mu}_2)^t \tag{20}$$

Unter der Annahme gleicher Kovarianzmatrizen $\underline{\underline{\Sigma}} = \underline{\underline{\Sigma}}_1 = \underline{\underline{\Sigma}}_2$
ergibt sich mit der Umformung

$$\underline{X}^t \, \underline{\underline{\Sigma}}^{-1} \underline{X} = \text{spur} \, \underline{\underline{\Sigma}}^{-1} \, \underline{X} \, \underline{X}^t$$

$$J(f_1,f_2) = (\underline{\mu}_1 - \underline{\mu}_2)^t \, \underline{\underline{\Sigma}}^{-1} (\underline{\mu}_1 - \underline{\mu}_2) \tag{21}$$

was exakt dem Mahalanobis-Abstand /4/ entspricht; die monotone Be-ziehung dieses Abstands zur Fehlklassifikationswahrscheinlichkeit ist bekannt /2/.

Die Divergenz für eindimensionale Normalverteilungen mit ungleichen Varianzen

Der Spezialfall der eindimensionalen Normalverteilungen

$$f_i(x) = \frac{1}{\sqrt{2\pi} \, \sigma_i} \exp\left(-\frac{1}{2}\left(\frac{x-\mu_i}{\sigma_i}\right)^2\right) \quad i=1,2 \tag{22}$$

soll noch näher untersucht werden. Durch eine entsprechende Transformation wird ohne Verlust von Allgemeingültigkeit

$$f_1'(x) = \frac{1}{\sqrt{2\pi}} \exp\left(-\frac{1}{2}x^2\right); \quad f'(x) = \frac{1}{\sqrt{2\pi}\,\sigma} \exp\left(-\frac{1}{2}\left(\frac{x-\mu}{\sigma}\right)^2\right) \tag{23}$$

Daraus ergibt sich für

$$J(f_1'(x), f_2'(x)) = \frac{1}{2}\left(\left(\sigma - \frac{1}{\sigma}\left(\left(\sigma - \frac{1}{2}\right)^2 + \left(1 + \frac{1}{\sigma^2}\right)\mu^2\right)\right.\right. \tag{24}$$

Für $J(f_1'(x), f_2'(x)) = J = J(\mu,\sigma) = $ const. ergibt sich eine Schar von Funktionen nach der Gleichung

$$\mu^2(\sigma) = \frac{2J\sigma^2 - (\sigma^2-1)^2}{\sigma^2+1} \qquad J \geq 0 \tag{25}$$

Abb. 2 zeigt die Darstellung der Divergenz J zwischen N(0,1) und N(μ,σ).

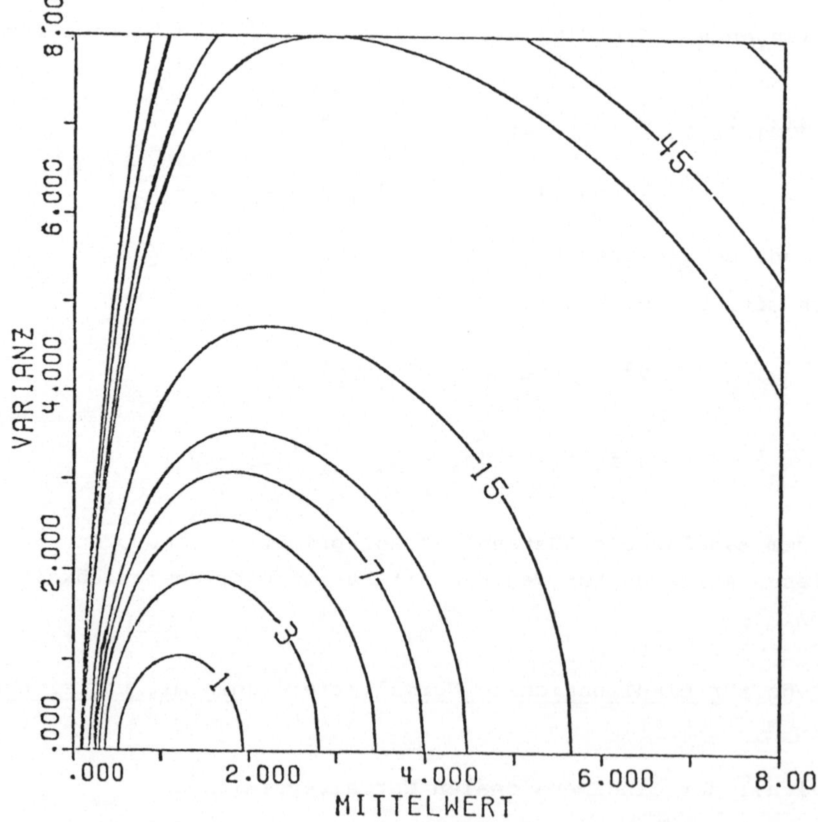

Abb. 2: Darstellung der Divergenz für $J(f_1',f_2') = 1, 3, 7, 15, 45$ zwischen N(0,1) und N(μ,σ^2)

Von besonderem Interesse ist nun der erwartete Fehler $P_E(i,j)$ nach (10).
Dieser erwartete Fehler zwischen $N(0,1)$ und $N(\mu,\sigma^2)$ ist bei konstanter
Divergenz in Abb. 3 dargestellt. Dabei wurde μ jeweils so bestimmt,

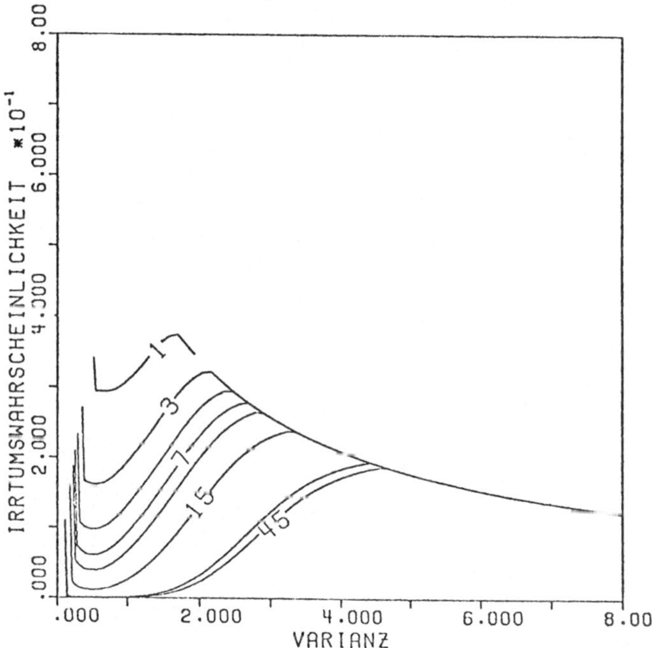

Abb. 3: Fehler $P_E(i,j)$ zwischen $N(0,1)$ und $N(\mu,\sigma^2)$ bei konstanten
$J = 1, 3, 7, 15, 45$

daß $J(f_1',f_2')$ = const gilt. Abb. 2 und Abb. 3 zeigen, daß aus $J(f_1',f_2')$
= const. im allgemeinen nicht $P_E(i,j) = P_E(f_1', f_2')$ = const. folgt.
Vielmehr werden bei der Verwendung der Divergenz zur Erstellung von
Diskriminationsplänen Verteilungen, die verschiedene erwartete Fehler
$P_E(f_1',f_2')$ ergeben als gleich geeignet zur Diskrimination betrachtet
werden müssen.

Affinität und Abstandsmaß nach Matusita

Matusita /11,12/ gibt folgende Definition der Affinität. F_1, F_2 ...F_k
seien Verteilungen nach (13); die zugehörigen Dichten seien $f_1,f_2...f_k$
in Bezug auf das Maß m. Als Affinität zwischen den Verteilungen
$F_1,F_2 ... F_k$ mit obigen Dichten wird definiert

$$\rho_k(F_1,F_2 \cdots F_k) = \int (f_1 f_2 \cdots f_k)^{1/k} \, dm \, (\underline{X}) \tag{26}$$

als Abstand zwischen zwei Verteilungen F_i, F_j

$$d(F_i,F_j) = \left[\int \{ (f_i)^{1/2} - (f_j)^{1/2} \}^2 \, dm \, (\underline{X}) \right]^{1/2} \tag{27}$$

Dieser Abstand erfüllt die Axiome I-III nach (14). Die Affinität zwischen zwei Verteilungen F_i, F_j errechnet sich zu

$$\rho(F_i, F_j) = \int (f_i)^{1/2} (f_j)^{1/2} \, dm(\underline{X}) \tag{28}$$

wobei gilt (MATUSITA): $\quad d(F_i, F_j) = \sqrt{2(1 - \rho(F_i, F_j))} \tag{29}$

Der Abstand nach (27) erfüllt die Bedingung (15) für ein Trennungsmaß. Im Gegensatz zu den Kullback-Leibler-Zahlen ist die Affinität bezüglich der Verteilungen symmetrisch.

Mit $f_i = f_j$ wird $d(F_i, F_j) = 0$ und $\rho(F_i, F_j) = 1$.
Es gilt

$$0 \leq \rho(F_1, F_2) \leq 1$$
$$\rho(F_1, F_2) = 1 \longrightarrow d(F_1, F_2) = 0 \tag{30}$$

Die Größe $\rho(F_i, F_j)$ gibt die "Nähe" zwischen den Vertielungen F_i, F_j an; d.h. je größer $\rho(F_i, F_j)$ ist, um so näher liegen F_i, F_j beisammen.

Eine sehr interessante Beziehung besteht zum erwarteten Fehler $P_E(i,j)$.

E_i seien die Teilmengen von A nach (13), in denen der Population C_i zugewiesen wird. Also

$$E_i = \{X_n \varepsilon S \mid p_i f_i \geq p_j f_j \quad \text{für alle } i \neq j\} \tag{31}$$

wobei p_1, p_2 die a-priori-Wahrscheinlichkeiten der Populationen C_1 bzw. C_2 sind. Für $P_E(i,j)$ gilt dann (11):

$$\sqrt{p_1 p_2} \; \rho(F_i, F_j) \geq P_E(i,j) \geq \frac{1}{2} p_1 p_2 \{\rho(F_i, F_j)\}^2 \tag{32}$$

Für multivariate Normalverteilungen vom Typ $N(\underline{\mu}_i, \underline{\Sigma}_i)$ $i = 1, 2 \ldots k$ errechnet sich die Affinität

$$\rho(F_1, F_2 \ldots F_k) = \frac{\prod\limits_{i=1}^{k} |\underline{\Sigma}_i^{-1}|^{1/2k}}{\left| \frac{1}{4} \sum\limits_{i=1}^{k} \underline{\Sigma}_i^{-1} \right|^{1/2}} \quad X$$

$$X \; \exp\left[\frac{1}{2k} \left\{ \left(\sum\limits_{i=1}^{k} \underline{\Sigma}_i^{-1} \underline{\mu}_i \right)^t \left(\sum\limits_{i=1}^{k} \underline{\Sigma}_i^{-1} \right)^{-1} \left(\sum\limits_{i=1}^{k} \underline{\Sigma}_i^{-1} \underline{\mu}_i \right) - \sum\limits_{i=1}^{k} \underline{\mu}_i^t \underline{\Sigma}_i^{-1} \underline{\mu}_i \right\} \right]$$

$$\tag{33}$$

Für k = 2 ergibt sich aus (33)

$$\rho\left(F_i, F_j\right) = \frac{\left|\underline{\Sigma}_i^{-1} \cdot \underline{\Sigma}_j^{-1}\right|^{1/4}}{\left|1/2\left(\underline{\Sigma}_i^{-1} + \underline{\Sigma}_j^{-1}\right)\right|^{1/2}} \quad X$$

$$X \quad \exp\left[-\frac{1}{4}\left\{-\left(\underline{\Sigma}_i^{-1}\underline{\mu}_i + \underline{\Sigma}_j^{-1}\underline{\mu}_j\right)^t\left(\underline{\Sigma}_i^{-1} + \underline{\Sigma}_j^{-1}\right)\left(\underline{\Sigma}_i^{-1}\underline{\mu}_i + \underline{\Sigma}_j^{-1}\underline{\mu}_j\right) + \right.\right.$$

$$\left.\left. + \quad \underline{\mu}_i^t\underline{\Sigma}_i^{-1}\underline{\mu}_i + \underline{\mu}_j^t\underline{\Sigma}_j^{-1}\underline{\mu}_j\right\}\right] \tag{34}$$

Bei gleichen Kovarianzmatrizen $\underline{\Sigma}_i = \underline{\Sigma}_j = \underline{\Sigma}$ lautet die Affinität für zwei Populationen

$$\rho\left(F_1, F_2\right) = \exp\left\{-\frac{1}{8}\left(\underline{\mu}_1 - \underline{\mu}_2\right)^t\underline{\Sigma}^{-1}\left(\underline{\mu}_1 - \underline{\mu}_2\right)\right\} \tag{35}$$

Der im Exponenten stehende Ausdruck stellt den bekannten Mahalanobis-Abstand dar. Damit ist für zwei multivariate Normalverteilungen die Affinität nach Matusita (12) eine eindeutige Funktion des Abstandes nach Mahalanobis.

Die Affinität für eindimensionale Normalverteilungen mit ungleichen Varianzen

Mit den Verteilungen nach (21) lautet die Affinität

$$\rho\left(F_1, F_2\right) = \left(\frac{2\sigma_1\sigma_2}{\sigma_1^2 + \sigma_2^2}\right)^{1/2} \exp\left[-\frac{1}{4}\left\{\frac{(\mu_1 - \mu_2)^2}{\sigma_1^2 + \sigma_2^2}\right\}\right] \tag{36}$$

mit den Verteilungen $N(0,1)$, $N(\mu, \sigma^2)$ ergibt sich

$$\rho\left(F_1, F_2\right) = \left(\frac{2\sigma}{\sigma^2 + 1}\right)^{1/2} \exp\left[-\frac{1}{4}\left(\frac{\mu^2}{\sigma^2 + 1}\right)\right] \tag{37}$$

Setzt man $\rho\left(F_1, F_2\right) = \rho = $ const. so läßt sich (37) auflösen nach

$$\mu^2 = 2\left(\sigma^2 + 1\right) \cdot \ln\frac{2\sigma}{(\sigma^2 + 1)\rho^2} \quad 0 \leq \rho \leq 1 \tag{38}$$

Abb. 4 zeigt die Darstellung der Funktion nach (38); sie zeigt deutlich Unterschiede zum Verlauf der Darstellung für die Divergenz $J(f_1', f_2') = $ const.

Der erwartete Fehler ($P_E(i,j)$ zwischen $N(0,1)$ und $N(\mu, \sigma^2)$ bei konstanter Affinität ρ ist in Abb. 5 dargestellt.

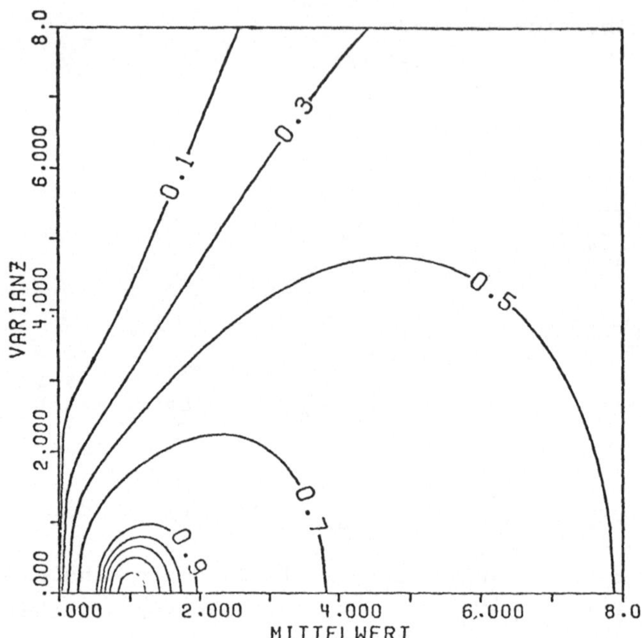

Abb.: 4 Darstellung der Affinität für ρ = 0.1, 0.3, 0.5, 0.7, 0.9 zwischen N(0,1) und N(μ,σ^2).

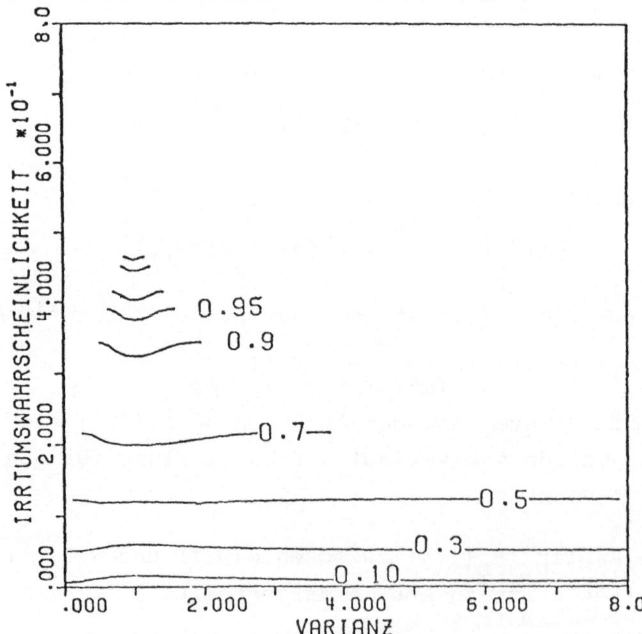

Abb.: 5 Darstellung des erwarteten Fehlers $P_E(i,j)$ bei konstanter Affinität

Der Bhattacharyya-Abstand und Bhattacharyya-Koeffizient

BHATTACHARYYA /6/ gibt einen Abstand zwischen zwei Verteilungen F_1, F_2 an, der wie folgt definiert ist:

$$B(F_1, F_2) = - \ln \int (f_1)^{1/2} (f_2)^{1/2} \, dm(X) \tag{39}$$

Aus der Literatur ist ersichtlich, daß dieser Abstand ein Spezial-fall eines allgemeinen Abstandsmaßes ist. (CHERNOFF /10/, HELLINGER /5/). Für B gilt $0 \le B \le \infty$; außerdem erfüllt B nicht die Dreiecks-gleichung (AXIOM III nach (14)).

Von weit größerem Interesse ist der Bhattacharyya-Koeffizient $\rho_B(F_1, F_2)$ zwischen zwei Verteilungen. Die Beziehung zu $B(F_1, F_2)$ lautet

$$B(F_1 F_2) = - \ln \rho_B (F_1, F_2) \tag{40}$$

Dadurch ist ρ_B definiert

$$\rho_B (F_1, F_2) = \int (f_1)^{1/2} (f_2)^{1/2} \, dm(X) \tag{41}$$

Im Vergleich zu (28) zeigt sich, daß (41) exakt die Affinität nach MATUSITA /12/ darstellt.

Vergleich von Affinität und Divergenz

Da der Bhattacharyya-Koeffizient mit der Matusita-Affinität für zwei Verteilungen identisch ist, braucht nur die Affinität mit der Diver-genz verglichen werden, d.h. die Unterschiede in den Abbildungen 2 und 4 müssen näher untersucht werden.

Bildet man für $J(\mu, \sigma)$ aus (25) und $\rho(\mu\sigma)$ aus (37) die 1. Ableitung so erhält man durch Nullsetzen

$$\mu_J(\sigma) = (\sigma^4 - 1)^{1/2} ; \quad \mu_\rho(\sigma) = \left(\sigma^2 - \frac{1}{\tilde{\sigma}2} \right)^{1/2} \tag{42}$$

$$\sigma_J(\mu) = (1 + \mu^2)^{1/4} ; \quad \sigma_\rho(\mu) = \left\{ \tfrac{1}{2} \left(\mu^2 + (\mu^4 + 4)^{1/2} \right) \right\}^{1/2}$$

Dies stellt den Verlauf der Maxima in Abb. 2 und 4 dar.
Es werde nun ein beliebiges μ betrachtet; dazu sei σ_J und σ_ρ nach (42) bestimmt.

$N(\mu, \sigma_\rho^2)$ hat dann sicher einen größeren Abstand zu $N(0,1)$ als die Verteilung $N(\mu, \sigma_J^2)$, wobei $\mu \neq 0$ vorausgesetzt wird. Andererseits ergibt $N(\mu, \sigma^2)$ eine geringere Affinität zu $N(0,1)$ als $N(\mu, \sigma_\rho^2)$. Dies bedeutet für die Merkmalauswahl, bzw. Minimierung der Fehlklassifi-kationswahrscheinlichkeit nach Kullbach, daß die trennfähigere Ver-teilung $N(\mu, \sigma_\rho^2)$ ausgewählt wird.

Falls die Minimierung über die Affinität nach Matusita erfolgt, würde $N(\mu,\sigma_J^2)$ ausgewählt werden. Bei der Divergenz wird also diejenige Normalverteilung vorgezogen, die die größere Varianz besitzt, falls Affinität und Divergenz unterschiedliche Aussagen über den Abstand der Verteilung ergeben.

Obere und untere Grenzen der Fehlklassifikationswahrscheinlichkeiten

Es werden zwei Verteilungen F_1, F_2 mit den Dichten f_1 und f_2 betrachtet, wobei die zugehörigen a-priori-Wahrscheinlichkeiten p_1, p_2 nach (5) gelten.

Nach CHERNOFF /10/ gilt für ein beliebiges $\alpha \in [0,1]$

$$P_E(1,2) \leq p_1^{\alpha} p_2^{1-\alpha} \int (f_1)^{\alpha} (f_2)^{1-\alpha} \quad dm(X) \tag{42}$$

Für den Bhattacharyya Koeffizienten, bzw. die Matusita Affinität gilt dann

$$P_E(1,2) \leq (p_1 p_2)^{1/2} \rho(F_1,F_2) \tag{43}$$

mit $\quad \rho(F_1,F_2) \quad$ aus (37)

CHU /3/ beweist folgende Zusammenhänge:

Wenn $\quad \int |p_1 f_1 - p_2 f_2| \geq \delta \quad$ dann gilt einschließlich dem Gleichheitszeichen

$$P_E(1,2) \leq (1-\delta)/2 \tag{44}$$

Ebenso gilt mit $\quad \int | f_1 - f_2 | \geq 2\delta$

$$P_E(1,2) \leq \frac{1}{2} - \delta/4 \tag{45}$$

Neben den Zusammenhängen aus (31) geben KAILATH /16/ und TOUSSAINT /17/ *obere* und *untere* Grenzen für die Fehlklassifikationswahrscheinlichkeiten mit Hilfe der Affinität an:

$$\frac{1}{2}\left(1-\{4p_1 p_2 \ \rho(F_1,F_2)\}\right)^{1/2} \leq P_E(1,2) \leq (p_1 p_2)^{1/2} \rho(F_1,F_2) \tag{46}$$

Eine obere Grenze für die Fehlklassifikationswahrscheinlichkeit wird von KADOTA und SHEPP /18/ angegeben, die nur für Normalverteilungen gilt:

$$P_E(i,j) \leq (p_1 p_2)^{1/2} \left(\frac{J(F_1,F_2)}{4}\right)^{1/4} \tag{47}$$

Für den Mehrklassenfall gibt LAINIOTIS /18/ eine obere Grenze für die gesamte Fehlklassifikationswahrscheinlichkeit für die Affinität nach Matusita an:

$$P_E \leq \sum_{i<j} (P_i P_j)^{1/2} \, \rho(F_i, F_j) \tag{48}$$

Für die Divergenz im Mehrklassenfall ist keine obere Grenze verfügbar,
so daß mit (47) der Ansatz von CHU /3/ nach (12) verwendet wurde.

Erste Experimente

Die oben dargestellten Verfahren wurden auf einen Datensatz aus der automatischen Schlaf-EEG-Auswertung angewendet (PÖPPL /19/). Jede der
insgesamt 646 Schlaf-EEG-Epochen à 30 sec. (sowie je 4 Kanäle) wurden
automatisch nach einem Point-Processing-Verfahren ausgewertet. Diese
Epochen gehören zu sieben Klassen, jedes der 546 zu klassifizierenden
Objekte (Muster) besteht aus 28 Merkmalen. Die Schätzung der einzelnen
Größen erfolgte durch einfaches Einsetzen (Plug-inTechnik). Die Schätzung der Fehlklassifikationswahrscheinlichkeiten erfolgte zuerst durch
vollständig durchgeführte Klassifizierungen; dabei wurden ein linearer
Klassifizierer ($\underline{\Sigma} \neq \underline{\Sigma}$) und ein nichtlinearer Klassifizierer ($\underline{\Sigma}_i \neq \underline{\Sigma}_j$, für
alle i$\neq$j) eingesetzt. Die Trefferraten wurden durch Reklassifizierung
und Hold-One-Out-Klassifizierung bestimmt. Die a-priori-Wahrscheinlichkeiten wurden einmal für alle Klassen als gleich angenommen (1/k, k =
Klassenanzahl), dann aus den Fallzahlen der einzelnen Klassen bestimmt.

Tabelle I Fehlklassifikationswahrscheinlichkeiten in % für
den k-Klassenfall (28 dimensionaler Mustersatz)

KOVARIANZ MATRIX	A-PRIORI WAHRSCHEIN- LICHKEIT	KLASSIFIZIERER LINEAR		NICHTLINEAR		AFFINITÄT LAINIO TIS	CHU	DIVERGENZ CHU
		Rekl.	Hold one-out	Rekl.	Hold one-out			
$\underline{\Sigma}_i = \underline{\Sigma}$	für alle Klassen gleich	6.9	8.9	–	–	9.5	33.3	32.1
	nach Fallzahlen	7.0	8.5	–	–	9.4	30.1	29.6
$\underline{\Sigma}_i \neq \underline{\Sigma}_j$	für alle Klassen gleich	–	–	1.3	2.2	2.8	9.9	21.5
	nach Fallzahlen	–	–	1.6	1.7	2.4	9.6	19.7
Rechenzeit (sec) 4oo4/151		160		220		36		1060

Tabelle I zeigt die Fehlklassifikationswahrscheinlichkeiten für die
verschiedenen Verfahren. Die oberen Grenzen der gesamten Fehlklassifikationswahrscheinlichkeit wurden nach LAINIOTIS /18/, bzw. nach
CHU /3/ für die Divergenz und Affinität berechnet.

<u>Literatur</u>

/1/   TOUSSAINT, G.T.:   Bibliography on estimation of misclassifi-
                          cation
                          IEEE Trans. Inform. Theory, Vol. IT-20
                          472-479 (1974)

/2/   ANDERSON, T.W.:   An introduction to multivariate analysis
                          Wiley, New York (1958)

/3/   CHU, J.T.,
      CHUEH, J.C.:   Error probability in decision functions for
                          character recognition
                          J. ACM 14, 273-280 (1976)

/4/   MAHALANOBIS, P.C.: On the generalized distance in statistics.
                          Proc. Nat. Inst. Sci. India, 2, 49-55 (1936)

/5/   HELLINGER, E.:   Neue Begründung der Theorie quadratischer
                          Formen von unendlich vielen Veränderlichen
                          J. für die reine und angew. Math., 36,
                          210-271 (1909)

/6/   BHATTACHARYYA, A.: On a measure of divergence between two sta-
                          tistical populations defined by their pro-
                          bability distributions
                          Bull. Calcutta Math. Soc., 35, 99-109 (1943)

/7/   RAO, C.R.:   Advanced statistical methods in biometric
                          research
                          John Wiley, New York (1952)

/8/   KULLBACK, S.,
      LEIBLER, R.A.:   On information and sufficiency
                          Ann. Math. Stat., 23, 493-507 (1952)

/9/   JEFFREYS, H.:   Theory of probability
                          Oxford University Press (1948)

/10/ CHERNOFF, H.:   A measure of asymtotic efficiency for tests
                          of a hypothesis based on a sum of observa-
                          tions
                          Ann. Math. Stat., 23, 493-507 (1952)

/11/ MATUSITA, K: Decision rules, based on the distance for
                          problems of fit, two samples, and estimation
                          Ann. Math. Stat., 26,613-640 (1955)

/12/ MATUSITA, K.:   A distance and related statistics in multi-
                          variate analysis
                          Multivariate Analysis (Ed.: P.R. Krishnaiah)
                          Academic Press, New York, 187-200 (1964)

/13/ KOLMOGOROV, A.N.:   On the approximation of distributions of
                          sums of independent summands by infinitely
                          divisible distributions. Sankhya, 25,
                          159-174 (1963)

/14/ SHANNON, C.E.:   A mathematical theory of communication
                          Bell System Tech. J., Vol. 27, 379-423,
                          623-656 (1948)

/15/ KULLBACK, S.:   Information Theory and Statistics
                          Dover Publications New York (1968)

/16/ KAILATH, T: The divergence and Bhattacharyya distance measures
                     in signal selection. IEEE Trans. Commun. Technol.
                     Vol. COM-15, 52-60 (1967)

/17/ TOUSSAINT,G:T.: Comments on 'Divergence and Bahattacharyya distance
                     measures in signal selection'. IEEE Trans. Commun.
                     Technol. Vol. COM-20, 485 (1972)

/18/ LAINITOIS, D.G:: A class of upper bounds on probability of error for
                     multihypotheses pattern recognition IEEE Trans. In-
                     form. Theory, Vol. 17-15, (1969)

/19/PÖPPL, S.J.:   Experience in computer classification of EEGs. In:
                     Decision making and medical care: Can information
                     science help? (Eds.: F.T. de Dombal et F. Gremy)
                     North Holland, Amsterdam (1976)

MERKMALSEXTRAKTION UND DIMENSIONSREDUKTION ZUR VERBESSERUNG DER TRENNBARKEIT VON MUSTERKLASSEN

W. Höbel, S.J. Pöppl, M. Keicher
Institut für Medizinische Informatik
und Systemforschung der Gesellschaft
für Strahlen- und Umweltforschung
München

1. Einleitung

Der Prozeß der automatischen Mustererkennung in medizinischen Problemen
wird weitgehend durch die "medizinischen Erkenntnisse" beeinflußt,das
heißt, es werden Klassifikationsverfahren angewandt, die an die Dia-
gnosefindung des Arztes angelehnt sind. Dazu gehört, daß alle vom Arzt
als "möglicherweise diagnostisch relevant" bezeichneten Symptome (Meßwerte, Variablen) ihr Abbild im automatischen Verfahren wiederfinden.
So werden z.B. für die automatische Befundung des Elektrokardiogramms
bis zu 250 Parameter berechnet bzw. gemessen (Intervalle, Wellenformen,
Amplituden etc.), die, zum Teil nach einer zusätzlichen Transformation,
in die Klassifikationsalgorithmen Eingang finden.
Die Erfahrung, daß trotz großer Zahl von Variablen immer noch erhebliche Fehlklassifikationen auftreten, verführt dazu, die heuristisch
gewonnenen Meßwerte um weitere, abstrakt definierte Parameter zu ergänzen, denen keine unmittelbare Bedeutung zugemessen werden kann.

Damit entstehen für die automatische Musterklassifikation mehrere
Probleme:

- Die Klassifikationsalgorithmen erfordern ein sehr großes Lernkollektiv; für jede Musterklasse muß die Zahl der Lernobjekte mindestens
  gleich der dreifachen Zahl der verwendeten Variablen sein. (FOLEY/3 /;
  PÖPPL/7/).
- Es ist ein bekanntes Paradoxon, daß bei der linearen Diskriminanz-
  analyse der geschätzte Klassifikationsfehler bei zu großer Variablen-
  zahl wächst, statt wie erwartet abzunehmen (SCHÄFER/8/).
- Mit wachsender Variablenzahl steigt auch die Redundanz der für die
  Klassifikation benötigten Information. Dies führt dazu, daß Covari-
  anzmatrizen praktisch singulär werden. Beim Invertieren von solchen
  Matrizen für die Diskriminanzanalysen entstehen erhebliche numerische
  Probleme.
- Schließlich ist der Anwender automatischer Klassifikationsverfahren
  auch gefordert, Hinweise auf die für die Klassifikation notwendigen

Parameter zu geben, um die kostenintensive Erhebung überflüssiger
Parameter zu vermeiden.

Verfahren zur Merkmalsextraktion, die geeignet sind, aus einer Menge
von Variablen solche zu selektieren oder zu extrahieren (durch geeignete Transformationen), die für die Klassifikation notwendig und hinreichend sind, stehen deswegen gerade auch bei der medizinischen Diagnostik und Biosignalverarbeitung im Mittelpunkt des Interesses.

Hier sollen zwei in der Literatur bekannte Merkmalsextraktionsverfahren vorgestellt und ihre Anwendung auf die Klassifikation von Bio-
signalen untersucht werden. Grundgedanke beider Verfahren ist, daß das
Verhältnis von Varianz der Merkmale zwischen verschiedenen Klassen zur
Varianz innerhalb der Klassen ein wichtiger Indikator für die Separabilität ist. Beide gehen deshalb davon aus, zu einem definierten Separabilitätskriterium eine Abbildungsfunktion zu ermitteln, die den
Meßwertraum derart in den Merkmalsraum abbildet, daß eine verbesserte
Separabilität der Musterklassen erreicht wird. Beide Verfahren unterscheiden sich im wesentlichen: Es handelt sich um eine parametrische,
lineare Abbildung im ersten Fall und zum anderen um eine nichtparame-
trische, nichtlineare Abbildung. Beide Verfahren sind verteilungsfrei,
sie sind insbesondere nicht an das Vorliegen von normalverteilten Beobachtungsvektoren gebunden.

2. Parametrische, lineare Merkmalsextraktion

Zur Einführung des Separabilitätskriteriums sei auf die einfache Vari-
anzanalyse aus der schließenden Statistik hingewiesen. Für den Vergleich der Mittelwerte $\bar{u}_1$ und $\bar{u}_2$ zweier Stichproben mit N_1 bzw. N_2
Objekten $\{u_{1i}\}_1^{N_1}$ und $\{u_{2i}\}_1^{N_2}$ wird berechnet:

$$t^2 = \frac{\{\bar{u}_1 - \bar{u}_2\}^2}{s^2} \tag{1}$$

worin s^2 die gepoolte Varianz der beiden Stichproben ist.
t^2 ist ein Maß für die Trennbarkeit: t^2 ist gleich dem univariaten
quadrierten Mahalanobisabstand!
Eine Erweiterung λ von (1) für den k-Klassenfall ist möglich, indem
in Zähler und Nenner über alle k Klassen summiert wird. Ohne Be-
schränkung der Allgemeinheit kann angenommen werden, daß $\sum\limits_{j}^{k} \bar{u}_j = 0$;

die Vernachlässigung des Faktors $\sum\limits_{j}^{k} N_j - k$ ergibt das Mehrklassen-Se-
parabilitätskriterium.

$$\lambda = \frac{\sum\limits_{j}^{k} N_j \, \overline{u}_j^2}{\sum\limits_{j}^{k} \sum\limits_{i}^{N_j} (u_{ij} - \overline{u}_j)^2} \qquad (2)$$

ist der Quotient der "Summe der Abweichungsquadrate zwischen den Klassen".

Sind $\{\underline{x}_{ij}\}_1^{N_j}$, $j=1,\ldots k$ die Stichproben aus k Musterklassen mit p-variaten Meßwertvektoren $\underline{x}_{ij}$, wird durch eine lineare Transformation mit reellem Koeffizientenvektor der p-variate Raum auf die reelle Achse abgebildet.

$$u_{ij} = \underline{v}' \cdot \underline{x}_{ij} = \sum_{\ell=1}^{p} v_\ell x_{ij\ell} \qquad i=1,\ldots N_j, \quad j=1,\ldots k \qquad (3)$$

Das in (2) definierte Separabilitätskriterium wird dann auf die u_{ij} angewandt. Ziel ist es, den Koeffizientenvektor $\underline{v}$ so zu bestimmen, daß λ maximiert wird.

Sei $\underline{\underline{B}} = (b_{\ell m})$ die Matrix der Abweichungsquadratsumme zwischen den Klassen, und $\underline{\underline{W}} = (w_{\ell m})$ die Matrix der Abweichungsquadratsummen innerhalb der Klassen:

$$b_{\ell m} = \sum_{j}^{k} N_j \overline{x}_{j\ell} \overline{x}_{jm} \quad \text{und} \quad w_{\ell m} = \sum_{j}^{k} \sum_{i}^{N_j} (x_{ij\ell} - \overline{x}_{j\ell})(x_{ijm} - \overline{x}_{jm}).$$

Beide Matrizen sind symmetrisch, positiv definit. Unter Verwendung der Matrixschreibweise und wegen der linearen Transformation (3) ist

$$\sum_{j}^{k} N_j \, \overline{u}_j^2 = \underline{v}' \cdot \underline{\underline{B}} \cdot \underline{v} \quad \text{und} \quad \sum_{j}^{k} \sum_{i}^{N_j} (u_{ij} - \overline{u}_j)^2 = \underline{v}' \cdot \underline{\underline{W}} \cdot \underline{v} \, .$$

(Zur Ausführung der Matrixoperationen siehe ANDERSON / 1 /, Anhang 1). Damit wird (2) zu

$$\lambda = \frac{\underline{v}' \underline{\underline{B}} \cdot \underline{v}}{\underline{v}' \underline{\underline{W}} \cdot \underline{v}} \, . \qquad (4)$$

Zur Bestimmung des Koeffizientenvektors werden die partiellen Ableitungen $\frac{\partial \lambda}{\partial \underline{v}}$ gebildet und gleich Null gesetzt:

$$\frac{(\underline{v}' \cdot \underline{\underline{W}} \cdot \underline{v}) \cdot \underline{\underline{B}} \cdot \underline{v} - (\underline{v}' \cdot \underline{\underline{B}} \cdot \underline{v}) \cdot \underline{\underline{W}} \cdot \underline{v}}{(\underline{v}' \cdot \underline{\underline{W}} \cdot \underline{v})^2} = 0$$

Multiplikation mit dem Skalar $v'Wv$ ergibt

$$\underline{\underline{B}} \cdot \underline{v} - \lambda \cdot \underline{\underline{W}} \cdot \underline{v} = (\underline{\underline{B}} - \lambda \cdot \underline{\underline{W}}) \cdot \underline{v} = 0 \qquad (5)$$

Das Problem der Maximierung des Separabilitätskriteriums (4) führt zur Lösung des allgemeinen Eigenwertproblems (5). Der Koeffizientenvektor ist gleich dem Eigenwert λ gehörenden Eigenvektor von $\underline{\underline{W}}^{-1} \underline{\underline{B}}$.

Der Rang von $\underline{\underline{B}}$ ist k-1, der Rang von $\underline{\underline{W}}$ gleich p. Die Zahl der linear unabhängigen Lösungen ist also gleich (k-1,p). Diese Zahl bestimmt auch die Dimension des Merkmalsraumes nach Abbildung des Meßwertraumes durch die Eigenvektormatrix $(\underline{v}'_1,\ldots\underline{v}'_n)$. Hochdimensionale Beobachtungsvektoren werden auf k-1-dimensionale Merkmalvektoren abgebildet.

3. Parameterfreie, nichtlineare Merkmalsextraktion

Das hier diskutierte Verfahren wurde von KOONTZ und FUKUNAGA/5 / vorgeschlagen, die die Tauglichkeit mit Hilfe verschiedener konstruierter Testdatensätze erprobten; die Anwendung dieser nichtlinearen Merkmalsextraktion auf reale Daten ist nicht bekannt.

Es seien k verschiedene Musterklassen gegeben; von jedem k Muster liegt eine Stichprobe $\{\underline{x}_i\}_1^{N_j}$, $j=1,\ldots k$; $\sum N_j = N$, bestehend aus q-dimensionalen Beobachtungsvektoren. Die Vektoren seien in einen metrischen Raum eingebettet, so daß für beliebige Vektoren (Punkte) $\underline{x}_i$, $\underline{x}_j$ deren Abstand $d(\underline{x}_i,\underline{x}_j)$ angegeben werden kann. Die Metrik kann grundsätzlich beliebig gewählt werden; hier wird die Euklid'sche Metrik verwendet.

Die Einführung des Separabilitätskriteriums ist an die Abbildung F der Beobachtungsvektoren aus S_x in den Merkmalsraum S_y geknüpft.
Sei $d_y(i,j) = d_y(F(\underline{x}_i), F(\underline{x}_j))$ der Abstand zweier Bildpunkte im Merkmalsraum und bezeichne ferner die Zugehörigkeit des Punktes zu einem der k Muster, dann wird definiert

$$J_{SEP} = \sum_{j<i} \sum_i^N \delta(\omega_i,\omega_j)\cdot g_{ij}\cdot d_y^2(i,j) \tag{6}$$

Dabei ist $\delta(\omega_i,\omega_j)$ das Kronecker-Symbol; g_{ij} sind so zu wählende Gewichte, daß kleine Abstände $d_y(i,j)$ stark und große Abstände gering gewichtet werden. J_{SEP} hängt nur von den Intraklass-Abständen ab, das heißt, eine Minimierung von J_{SEP} führt dazu, daß alle Punkte einer Klasse auf den gleichen Bildpunkt abgebildet werden. Damit ist zwar optimale Separabilität erreicht, allerdings ist J_{SEP} wenig nützlich für praktische Anwendungen.
Bei der Abbildung $S_x \overset{F}{\longrightarrow} S_y$ ist die Struktur in S_x, das heißt die Lage der $\underline{x}_i$ zueinander, zu beachten. Ein strukturerhaltendes Kriterium ist der von KRUSKAL/6/ definierte "Stress":

$$J_{ST} = \sum_{j<i} \sum_i^N g_{ij}\cdot(d_y(i,j) - d_x(i,j))^2 \tag{7}$$

J_{ST} wird dann minimal, wenn $d_y(i,j) = d_x(i,j)$ für alle i,j. Die g_{ij} sind Gewichte, die im gleichen Sinne wie bei J_{SEP} gewählt werden. Aus praktische Gründen werden in beiden Fällen die von KRUSKAL eingeführten Gewichte gewählt.

$$g_{ij} = \frac{(d_x(i,j))^{-1}}{\sum\limits_{j<i} \sum\limits_{i} (d_x(i,j))^{-1}}$$

Kombination von (6) und (7) liefert ein Kriterium, das einerseits im Sinne von J_{ST} strukturerhaltend wirkt und andererseits gemäß J_{SEP} die Punkte gleicher Klassen enger zusammenrücken läßt.

$$J' = J_{SEP} + \varepsilon \cdot J_{ST} \tag{8}$$

Der Faktor ε in (8) wirkt als "Elastizitätsmodul": je größer ε ist, desto starrer ist das Punktgefüge, je kleiner ε, desto elastischer und leichter deformierbar ist es. Über die Größenordnung von ε können keine allgemeinen Hinweise gegeben werden. ε muß für jede Anwendung gesondert durch experimentelle Untersuchungen ermittelt werden.

Einsetzen von (6) und (7) in (8) und Zusammenfassen der Terme ergibt

$$J' = \sum\limits_{j<i}^{N} \sum\limits_{i} a_{ij} (d_y(i,j) - b_{ij})^2 + \sum\limits_{j} \sum\limits_{i} \frac{\varepsilon \cdot \delta(\omega_i, \omega_j)}{\varepsilon + \delta(\omega_i, \omega_j)} \cdot g_{ij} \cdot d_x^2(i,j) \tag{9}$$

Dabei bedeuten $a_{ij} = g_{ij} \cdot (\delta(\omega_i, \omega_j) + \varepsilon)$ und $b_{ij} = \frac{\varepsilon}{\varepsilon + \delta(\omega_i, \omega j)} \cdot d_x(i,j)$.

Der zweite Term in (9) ist konstant bezüglich der $\underline{y}_i$ und bleibt deshalb unberücksichtigt. Als Kriterium zur Abbildung dient

$$J = \sum\limits_{j<i}^{N} \sum\limits_{i} a_{ij} \cdot (d_y(i,j) - b_{ij})^2 \tag{10}$$

wobei a_{ij} und b_{ij} wie oben definiert sind.

Eine iterative Abbildung der Punkte ist möglich durch Anwendung der Gradientenmethode: ausgehend von einer Startkonfiguration werden die Punkte $F(\underline{x}_i) = \underline{y}_i(m+1) = (Y_{i1}, \ldots Y_{ip})'_{m+1}$ bei der $(m+1)$-ten Iteration so gewählt, daß

$$Y_{i\ell}(m+1) = Y_{i\ell}(m) - \lambda \cdot \frac{\frac{\partial}{\partial Y_{i\ell}} J(m)}{\left| \frac{\partial^2}{\partial Y_{i\ell}^2} J(m) \right|} ; \quad \ell = 1, \ldots p; \quad i = 1, \ldots N$$

Dabei ist p die Dimension des Bildraumes (Merkmalsraumes) und λ ein die Korrekturterme modifizierender Faktor. (In der Praxis ist $\lambda \approx 0.3 \ldots 0.7$).

Bei der Verwendung der Euklid'schen Metrik ist

$$\frac{\partial}{\partial Y_{i\ell}} J = 2 \cdot \sum\limits_{\substack{j=1 \\ j \neq i}}^{N} a_{ij} \left(1 - \frac{b_{ij}}{d_y(i,j)}\right) \cdot (Y_{i\ell} - Y_{j\ell})$$

$$\frac{\partial^2}{\partial Y_{i\ell}^2} = 2 \cdot \sum\limits_{j \neq i}^{N} a_{ij} \cdot \left\{ \left(1 - \frac{b_{ij}}{d_y(i,j)}\right) + \frac{b_{ij}}{d_y(i,j)} \cdot \left(\frac{Y_{i\ell} - Y_{j\ell}}{d_y(i,j)}\right)^2 \right\}$$

Mit der iterativen Abbildung lassen sich Daten abbilden, so daß eine
deutlich verbesserte Trennbarkeit erreicht wird, wie das Beispiel in
Abbildung 1 zeigt.

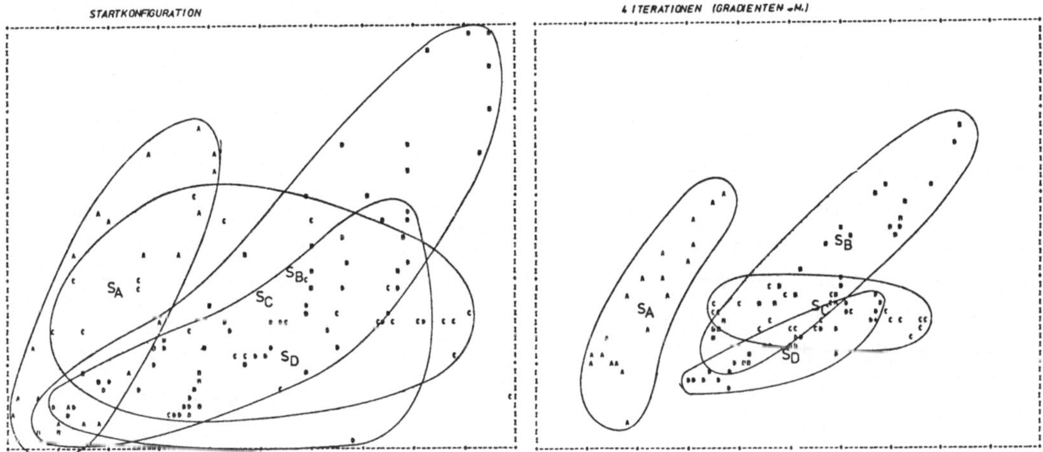

Abb. 1: Iterative nichtlineare Abbildung von Objekten aus 4 Musterklassen; Elastizitätsmodul $\varepsilon=1.0$, Korrekturterm $\lambda=0.3$; zweidimensionale Darstellung der Startkonfiguration und nach 4 Iterationen.

Das Ergebnis der iterativen Merkmalsextraktion in Abbildung 1 ist zwar
recht beeindruckend, für die Anwendung bei der Musterklassifikation
aber ist das iterative Verfahren untauglich, da es keine Vorschrift
liefert, mit der neue Objekte in den Merkmalsraum abgebildet werden.
Ziel ist deshalb die Entwicklung eines nichtiterativen Verfahrens.

Es wird angenommen, daß eine Funktion f existiert, die die Abstände
$d_x(i,j)$ in die Abstände $d_y(i,j)$ überführt. Dann wird (10) zu

$$J = \sum_{j<i} \sum_i^N a_{ij} \cdot (f(d_x(i,j) - b_{ij})^2$$

f ist im allgemeinen eine unstetige Funktion; f kann aber durch ein
Polynom f_r vom Grad r approximiert werden, so daß $f_r(u) = \sum_{\nu=0}^r c_\nu \cdot u^\nu$
Aus (10) entsteht unter Verwendung des Approximationspolynoms

$$J(c_0,\ldots,c_r) = \sum_{j<i} \sum_i a_{ij} \cdot (f_r(d_x(i,j)) - b_{ij})^2 \qquad (11)$$

Der optimale Koeffizientenvektor $\underline{c}^*$ ergibt sich aus

$$J(c_0^*,\ldots,c_r^*) = \min_{f_r} J(c_0,\ldots,c_r).$$

Schreibt man (11) in Matrixform um unter Verwendung der $\binom{N}{2}$-Diagonal-
matrix $\underline{\underline{A}} = (a_{ij})$, dem (r+1)-Vektor $\underline{c} = (c_0,\ldots c_r)'$ dem $\binom{N}{2}$-Vektor

$\underline{b} = (b_{11}, \ldots b_{N,N-1})'$ und der $\binom{N}{2} \times (r+1)$-Matrix $\underline{\underline{D}}$ der Abstandspotenzen mit den $\binom{N}{2}$ Zeilen $(1, d_x(i,j), \ldots, d_x^r(i,j))$, $i=1,\ldots N$; $j=1,\ldots i-1$ dann entsteht aus (11) die quadratische Form

$$J = (\underline{\underline{D}} \cdot \underline{c} - \underline{b})' \cdot \underline{\underline{A}} \cdot (\underline{\underline{D}} \cdot \underline{c} - \underline{b}) \tag{12}$$

Das Minimum von J wird erreicht, wenn $\underline{c} = \underline{c}^+$ und

$$\underline{c}^* = (\underline{\underline{D}}' \cdot \underline{\underline{A}} \cdot \underline{\underline{D}})^{-1} \cdot \underline{\underline{D}}' \cdot \underline{\underline{A}} \cdot \underline{b} \tag{13}$$

Dies bedeutet, daß lediglich die Berechnung der Abstände und ihrer Potenzen, sowie der abgeleiteten Größen a_{ij} und b_{ij} notwendig ist, um mittels der Matrixgleichung (13) eine Funktion zu bestimmen, die näherungsweise die Abstände aus dem Meßwertraum in entsprechende Abstände im Merkmalsraum transformiert.

Die praktische Erfahrung hat gezeigt, daß bei ungeschickter Wahl des Elastizitätsmoduls ε die Invertierung der Matrix $\underline{\underline{D}}'\underline{\underline{A}}\underline{\underline{D}}$ nicht mehr möglich ist. Außerdem wachsen bei großen Abständen die Potenzen $d_x^r(i,j)$ so schnell, daß numerische Komplikationen die Folge sind. Daten, bei denen gleichzeitig sehr kleine, als auch sehr große Abstände auftreten, können deswegen unter Umständen nicht bearbeitet werden.

Die Konstruktion der Abbildung $S_x \xrightarrow{F} S_y$ baut auf der Abstandsfunktion f_r auf. Es wird angenommen, daß eine Abbildung F existiert, so daß

$$d(F(\underline{x}_i), F(\underline{x}_j)) = f_r(d_x(\underline{x}_i,\underline{x}_j)), \text{ für alle Paare } (i,j) \tag{14}$$

Gegeben seien p+1 "repräsentative" Punkte $\underline{u}_o, \ldots, \underline{u}_p$ aus S_x und ihre Bilder $\underline{v}_o, \ldots, \underline{v}_p$ in S_y, mit $d(\underline{v}_i,\underline{v}_j) = f_r(d_x(\underline{u}_i,\underline{u}_j))$, $i,j=0,\ldots p$

Dann gelten für beliebiges $\underline{y}$ folgende Identitäten:

$$d^2(\underline{y},\underline{v}_i) - d^2(\underline{y},v_o) = f_r^2(d_x(\underline{x},\underline{u}_i)) - f_r^2(d_x(\underline{x},\underline{u}_o)) = \phi_i(\underline{x}) \tag{15}$$

$$d^2(y,v_i) - d^2(y,v_o) = \sum_{\ell}^{p} (y_\ell - v_{i\ell})^2 - \sum_{\ell}^{p} (y_\ell - v_{o\ell})^2 =$$

$$= ||v_i||^2 - ||v_o||^2 - 2\sum_{\ell}^{p} (v_{i\ell} - v_{o\ell}) \cdot y_\ell \tag{16}$$

(15) und (16) lassen sich verkürzt schreiben als

$$2(\underline{v}_i - \underline{v}_o)' \underline{y} = ||\underline{v}_o||^2 - ||\underline{v}_i||^2 + \phi_i(\underline{x}) \tag{17}$$

Unter Verwendung der p-dimensionalen Vektoren $F(\underline{x}) = (\phi_i(\underline{x}), \ldots, \phi_p(\underline{x}))'$ und $\underline{z} = (||v_o||^2 - ||v_1||^2, \ldots, ||v_o^2||^2 - ||v_p||^2)$ sowie der p·q-Matrix $\underline{\underline{V}}$ mit den Zeilen $2 \cdot (\underline{v}_o - \underline{v}_1)'$, $i=1,\ldots p$, entsteht die Transformationsgleichung

$$\underline{\underline{V}} \cdot \underline{y} = F(\underline{x}) + \underline{z} \; . \tag{18}$$

Sofern die v_i so gewählt sind, daß V nicht singulär ist, ist die Abbildungsfunktion gegeben durch

$$\underline{y} = \underline{\underline{V}}^{-1} (F(\underline{x}) + \underline{z}) \tag{19}$$

Diese funktionale Form der Darstellung existiert nur, wenn $F(\underline{x})$ existiert, wie in (14) gefordert. Die Lösung von (19) kann existieren, ohne daß es einen einzigen Punkt $\underline{y}$ gibt, der die Bedingungen (15) erfüllt. In diesen Fällen hilft eine zusätzliche geometrische Überlegung weiter: Gleichung (17) ist die analytische Form einer Hyperebene orthogonal zur Verbindungsgraden der Punkte $\underline{v}_i$ und $\underline{v}_o$ durch die Schnittlinie der Hypersphären ("Kugeln") mit den Radien $v_o = f_r^2\,(d_x(\underline{x},\underline{u}_o))$ und $v_i = f_r^2(d_x(\underline{x},\underline{u}_i))$ und den Zentren $\underline{v}_o$ bzw. $\underline{v}_i$. Wenn $F(\underline{x})$ nicht existiert, haben die Hypersphären keinen Punkt gemeinsam, die genannten Hyperebenen existieren trotzdem und damit auch deren Schnittpunkte. Es ist naheliegend und sinnvoll, diesen dann für die gesuchte Lage des Punktes $\underline{y}$ einzusetzen.

Falls lineare Trennverfahren eingesetzt werden, kann die Abbildung (19) vereinfacht werden, da (19) eine lineare Funktion von $F(\underline{x})$ ist. Als gesuchte Abbildungsfunktion dient dann

$$\underline{y} = F(\underline{x}) \tag{20}$$

In diesem Fall vereinfachen sich die Rechenoperationen weiter, da dann die Bestimmung der repräsentativen Bildpunkte v_i, $i=0,\ldots p$ entfällt und lediglich die Abstände des Punktes $\underline{x}$ von den repräsentativen Punkten $\underline{u}_i$, $i=0,\ldots p$ in Gleichung (17) einzusetzen sind.

Die Entwicklung der nichtlinearen Merkmalsextraktion über die Transformation der Abstände erforderte an mehreren Stellen Kompromisse, sprich Näherungslösungen. Ob eine so errechnete Abbildung im erwarteten Sinne wirkt, kann deswegen nicht vorhergesagt werden, die Antwort bleibt stets experimentellen Untersuchungen überlassen.

4. Lineare und nichtlineare Merkmalsextraktion in der Anwendung

Das lineare Merkmalsextraktionsverfahren ist bereits in breiter Anwendung. Hier soll deshalb gezielt geprüft werden, ob das nichtlineare Verfahren gegenüber dem linearen zusätzliche Verbesserungen bringt. Die Experimente wurden zunächst an zufällig erzeugten Daten vorgenommen. Diese Ergebnisse werden nur graphisch dargestellt in den Abbildungen 2 bis 4. Die Veröffentlichung von KOONTZ & FUKUNAGA/5/ enthält Ergebnisse mit einem ähnlichen Testdatensatz wie in Abbildung 2, jedoch ohne die Klasse C: im Zweiklassenfall erzielten die Autoren vollständige lineare Trennbarkeit. Dieses Ergebnis wird durch den Vergleich mit Abbildung 4 stark relativiert: es beruht offenbar auf einer günstig gewählten Punktanordnung.

Daß das nichtlineare Verfahren dennoch eine wertvolle Merkmalsextraktion bietet, zeigt der Vergleich mit linearer Merkmalsextraktion bei einem Kollektiv realer Daten. (Abbildungen 5 und 6). Es handelt sich

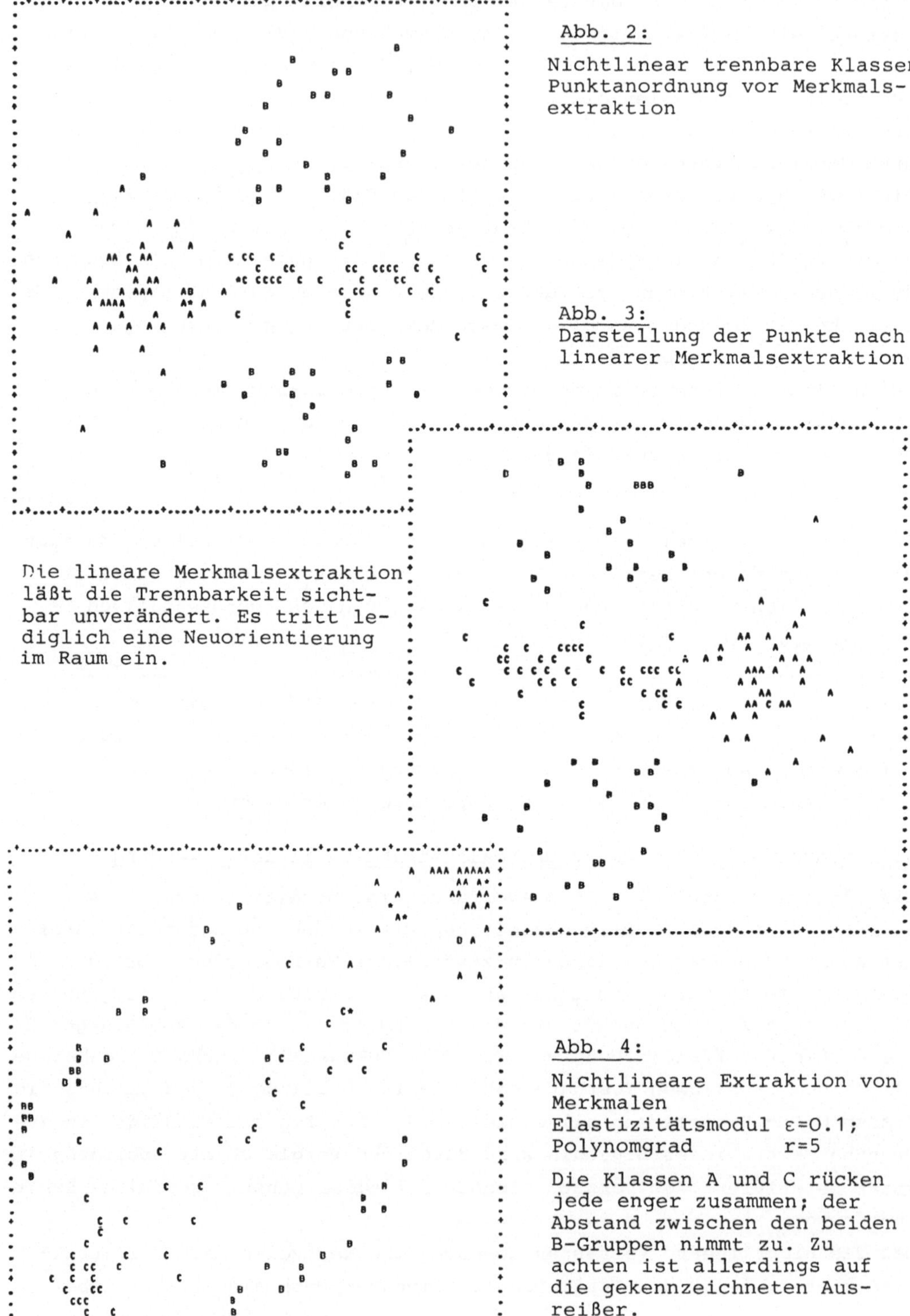

Abb. 2:

Nichtlinear trennbare Klassen:
Punktanordnung vor Merkmalsextraktion

Abb. 3:
Darstellung der Punkte nach
linearer Merkmalsextraktion

Die lineare Merkmalsextraktion
läßt die Trennbarkeit sichtbar unverändert. Es tritt lediglich eine Neuorientierung
im Raum ein.

Abb. 4:

Nichtlineare Extraktion von
Merkmalen
Elastizitätsmodul ε=0.1;
Polynomgrad   r=5

Die Klassen A und C rücken
jede enger zusammen; der
Abstand zwischen den beiden
B-Gruppen nimmt zu. Zu
achten ist allerdings auf
die gekennzeichneten Aus-
reißer.

um Meßwerte, die aus Schlaf-EEG abgeleitet wurden. Anhand von 28 erhobenen Parametern, wird eine Zuordnung von EEG-Sequenzen zu einzelnen Schlafstadien (1 Wachstadium, 4 Schlafstadien differenzierter Tiefe, 2 Stadien mit rapid eye movement PREM/REM).

:TO FROM:	WS	SS1	SS2	SS3	SS4	REM	PREM	CASES	CLASS. RATE
WS	22	0	0	0	0	0	0	22	100.0
SS1	2	27	2	0	0	0	1	32	84.4
SS2	0	5	89	2	0	1	2	99	89.9
SS3	0	0	0	32	4	0	0	36	88.9
SS4	0	0	0	4	31	0	0	35	88.6
REM	0	1	0	0	0	12	1	14	85.7
PREM	0	0	0	0	0	0	35	35	100.0
TOTAL								273	90.8

Abb. 5: Lineare Diskriminanzanalyse nach linearer Merkmalsextraktion
Zuordnungsmatrix mit Hold-one-out-geschätzten Trefferraten

:TO FROM:	WS	SS1	SS2	SS3	SS4	REM	PREM	CASES	CLASS. RATE
WS	22	0	0	0	0	0	0	22	100.0
SS1	1	30	1	0	0	0	0	32	93.8
SS2	0	5	91	2	0	0	1	99	91.9
SS3	0	0	0	33	3	0	0	36	91.7
SS4	0	0	0	4	31	0	0	35	88.6
REM	0	0	0	0	0	12	2	14	85.7
PREM	0	0	0	0	0	0	35	35	100.0
TOTAL								273	93.0

Abb. 6: Lineare Diskriminanzanalyse nach nichtlinearer Merkmalsextraktion, Elastizitätsmodul ε =0.5, Polynomgrad r=5
Zuordnungsmatrix mit hold-one-out-geschätzten Trefferraten

Das Gesamtkollektiv mit 546 Fällen wurde in zwei gleich große Teile zerlegt. Das erste Teilkollektiv diente als Lernkollektiv für die Ermittlung der linearen wie der nichtlinearen Abbildungsvorschriften. Wegen der Einschränkung des linearen Verfahrens auf maximal 6 erreichbare Dimensionen des Merkmalsraumes wurde beim nichtlinearen Verfahren die gleiche Dimension gewählt, obwohl diese Einschränkung prinzipiell nicht vorgezeichnet ist. Mit den gewonnenen Funktionen wurde das zweite Teilkollektiv in den Merkmalsraum abgebildet. Die Trennbarkeit wurde dann mit der linearen Diskriminanzanalyse beurteilt. Abbildung 5 und 6 enthalten die mit Jackknife-Technik (hold-one-out) ermittelten Zuordnungsmatrizen. Die mit linearer Merkmalsextraktion erzielte hohe Trefferrate von 90.8% wird bei nichtlinearer Merkmalsextraktion noch um 2.2% übertroffen.

5. Zusammenfassung

Die hier vorgestellten Merkmalsextraktionsverfahren sind beide geeignet, die für die Musterklassifikation brauchbaren Merkmale zu extrahieren. Das nichtlineare Verfahren kann dabei leichte Vorteile gegenüber dem linearen Verfahren bringen. Da das nichtlineare Verfahren den Anwender bei der Wahl der Zahl der benötigten Merkmale nicht einengt, kann es zusätzliche Vorteile bringen, wenn die Dimension des Merkmalsraums durch die intrinsic dimensionalty bestimmt wird.

6. Literatur

/1/ ANDERSON, T.W.: An introduction to multivariate analysis
Wiley, New York (1972)

/2/ BRYAN, J.G.: The generalized discriminant function: mathematical foundation and computational routine
Harvard Educ. Rev. 21, 90-95 (1951)

/3/ FOLEY, D.H.: Considerations of sample and feature size
IEEE Trans. Inform Theory IT-18, 618-626 (1972)

/4/ FUKUNAGA, K.: Introduction of statistical pattern recognition
Academic Press, New York, 1972

/5/ KOONTZ, W.L.G., FUKUNAGA, K.: A nonlinear feature extraction algorithm using distance transformation
IEEE Trans. Comp. C-21, 56-63 (1972)

/6/ KRUSKAL, J.B.: Multidimensional scaling by optimizing goodness of fit to a nonmetric hypothesis
Psychometrika 29, 1-28 (1964)

/7/ PÖPPL, S.J.: Optimal training sets.In: Decision Making and Medical Care: Can Information Science Help? (Eds: F.T. de Dombal et. al.) North Holland, Amsterdam (1976)

/8/ SCHÄFER, T.: Klassifikationsfehler bei der Zwei-Gruppen-Diskriminanzanayse in Abhängigkeit von der Zahl der Variablen
Dissertation, Dortmund 1977

BILDTRANSFORMATIONEN UNTER NUMERISCH-WAHRSCHEINLICHKEITS-GEOMETRISCHEN KRITERIEN AM BEISPIEL VON NERVENZELLEN

G. Bernroider

Zoologisches Institut
Universität Salzburg

Kurzfassung

Bildinformation ist geometrischer Natur, wenn sie sich auf ein reines oder kombiniertes MINKOWSKI-Maß einer Bildteilmenge bezieht. Solche Maße sind zum Beispiel durch die Fläche, Umfang, Breite und Euler-Charakteristik einer eindeutig definierten Bildteilmenge gegeben. Wird nun das kontinuierliche Ausgangsbild in ein diskretes Raster von Punkten (oder pixels) transformiert (etwa durch Digitalisierung), entsteht ein Approximationsfehler bezüglich der Minkowskimaße der ursprünglichen Punktmenge. In der vorliegenden Arbeit werden numerisch-quantitative Abschätzungen über die Größe dieses Fehlers vorgestellt. Mit Hilfe dieser Abschätzung lassen sich sodann Bildtransformationen durchführen, die zur Entstehung neuer diskreter Punktraster (d.h. Bilder) führen, die sich durch zwei Eigenschaften auszeichnen: 1. verschiedene Auflösung (d.h. Digitalisierungsgrad bzw. Gitterkonstante), 2. gleiche, konstante Approximationsgüte an die metrischen und topologischen Eigenschaften der Minkowskimaße.

Weiters läßt sich über der so entstandenen "rasterbaren Punktmenge konst. Güte" eine bezüglich der Nachbarpunkte für alle (x,y) bedingte Wahrscheinlichkeitsverteilung definieren (ein MARKOV-random field). Dies wiederum führt zu einem für jeden Punkt (x,y) der transf. Bildmenge synthetisierten Informationsmaß und einem "multi-resolution probabilistic observation scheme". Am Ende dieser 2-Schritt Bildtransformation liegt ein diskretes Grauwertbild vor, dessen Punktkoordinaten (x,y) topologisch-metrische Eigenschaften des Ausgangsbildes zeigen und der Grauwert an der Stelle (x,y) Informationsmaß dieser Eigenschaften ist. Beispiele an Nervenzell-Präparaten werden gezeigt.

engl.: Random-geometrical and informational criteria for nerve-cell image transformations.

SKELETTIERUNGSVERFAHREN FÜR DIE AUTOMATISCHE SCHREIBERERKENNUNG

B. Rieger

Kriminaltechnisches Institut
Bundeskriminalamt Wiesbaden

Zusammenfassung

Zur automatischen Gewinnung anschaulicher Schreibercharakteristika wie
Steigungen, Krümmungen und Größen in der Handschrift wird die Repräsentation der gerasterten und binär codierten Schriftlinien durch eine
idealisierte, einen Bildpunkt breite Linie ("Skelett") benötigt. Im
Rahmen eines vom Bundesminister für Forschung und Technologie geförderten Forschungsvorhabens zur rechnergesteuerten Schreibererkennung
wurden verschiedene Skelettierungsverfahren untersucht und ein verbessertes Verfahren entwickelt. Es basiert auf einem Abschälungsprozeß,
der durch lokale Kriterien definiert wird. Die Ergebnisse werden dargelegt und diskutiert. Es werden auch Anwendungsmöglichkeiten bei anderen Linienstrukturen aufgezeigt.

1. Einleitung

Für die Erkennung von Personen (Identifikation und Verifikation) aufgrund ihres Schriftbildes müssen schreibercharakteristische Merkmale
bestimmt werden. Die Praxis des Zentralen Handschriftenerkennungsdien-
stes im Bundeskriminalamt hat gezeigt, daß anschauliche, relativ
leicht meßbare Größen wie z.B. Neigungen, Krümmungen und Längenver-
hältnisse solche trennungswirksame Kriterien sind. Im Rahmen eines
Forschungsvorhabens zur automatischen Erkennung von Schreibern
(Kuckuck, Rieger, Steinke {1}) sollen deshalb u.a. auch derartige
Merkmale untersucht werden. Die Gewinnung dieser Merkmale geht dabei
zweckmäßigerweise (Rechenzeit, Genauigkeit) von einer idealisierten
Schriftlinie aus, die eine Breite von nur einem Bildpunkt besitzt.
Diese Linie wird anschaulich auch "Skelett" genannt. Da die Schrift-
breite im gerasterten Binärbild im allgemeinen mehrere Bildpunkte beträgt und die dynamische Information des Schreibvorganges (Punktfolge)
fehlt, muß eine linienhafte Repräsentation der Schrift über Umwege gewonnen werden. Ausgangsbasis sind dabei Bildmatrizen der Größe 512x512
mit binären Werten (Schrift = 1, Untergrund = 0). Die vorliegende Datenstruktur entsteht durch orthogonale Rasterung der Schriftvorlagen
über ein TV - System. Im folgenden werden die Anforderungen an das
"Skelett" formuliert, und es werden verschiedene Skelettierungsverfahren diskutiert.

2. Anforderungen

An die Repräsentation der Handschrift durch eine idealisierte Schriftlinie von der Breite eines Bildpunktes bzw. an das Verfahren zur Erzeugung dieser Linie sind bei der automatischen Schreibererkennung u.
a. folgende Anforderungen zu stellen:

1. Das Verfahren soll auf einem frei programmierbaren Digitalrechner
   ohne Interaktion realisierbar sein.

2. Die Kurven, die ein fester Punkt an der Spitze des Schreibgerätes
   (z.B. der Mittelpunkt der Kugel bei einem Kugelschreiber) während
   des Schreibvorganges beschreibt, sollten möglichst gut approximiert werden. Zusätzliche Unterbrechungen und Verzweigungen sollten genauso vermieden werden wie die Verbindung getrennter
   Linienzüge.

3. Das Verfahren sollte möglichst wenig auf Quantisierungsrauschen
   sowie Auflösungsänderungen reagieren.

4. Die Rechenzeit sollte möglichst klein sein.

Im allgemeinen wird ein Verfahren um so besser geheißen, je mehr das
erzeugte "Skelett" der ursprünglichen Schrift ähnelt. Auf eine weitere
Spezifizierung der Problemstellung soll verzichtet werden.

3. Vergleich verschiedener Verfahren

Speziell die 2. Forderung des vorigen Abschnitts scheint am ehesten
von der "Linienmitte" erfüllt zu werden. Diese Linienmitte läßt sich
topologisch etwa durch die Menge aller Mittelpunkte derjenigen Kreise
mit maximalem Radius definieren, die mindestens zwei Randpunkte des
Schriftgebietes tangieren und deren gesamte Fläche zum Schriftgebiet
gehört. Als Schriftgebiet wird in diesem Zusammenhang - grob gesprochen - die mit Schreibmittel angefärbte Fläche bezeichnet. Bei der digitalen Bestimmung der "Linienmitte" aus einem gerasterten Binärbild
bieten sich zwei Methoden an:

1. Die an obiger Definition orientierte Wanderung der Mittelpunkte
   von symmetrischen Gebilden (Masken) jeweils maximaler Fläche innerhalb der Schrift

2. Die Verdünnung der Schrift durch sukzessive Abschälung der Randpunkte.

Beide Vorgehensweisen werden in der Literatur beschrieben. Den Arbeiten
von Pfaltz und Rosenfeld {2} und der von Paul {3} liegt die erste Methode zugrunde. Wie die Darstellungen bei Pfaltz und Rosenfeld zeigen,

neigt ihr Verfahren zur Erzeugung von zusätzlichen Verzweigungen und Doppellinien. Dies stört wohl bei der von ihnen angegebenen Zielsetzung (u.a. Speicherplatzreduktion) nicht, macht es aber für die hier vorliegenden Anwendungen untauglich. Das Verfahren von Paul vermeidet diesen Nachteil und erzeugt gleichzeitig eine geordnete Punktfolge (Verfolgungslinie). Dafür benötigt es aber neben erheblichen Rechenzeiten einen relativ großen programmierungstechnischen Aufwand und ist nicht sehr änderungsfreundlich, was sich bei Optimierungsversuchen und Auflösungsänderungen nachteilig auswirkt. Die Eigenschaft seines Verfahrens, kleine Lücken in den Linien zu schließen, ist bei seiner Anwendung (Zeichenerkennung) sicherlich vorteilhaft, kann aber bei der Schreibererkennung u.U. charakteristische Merkmale verwischen.

Die zweite naheliegende Möglichkeit der Skelettierung durch sukzessive Entfernung von "Randpunkten" wurde z.B. von Hilditch {4}, Beun {5} und Kreifelts {6} aufgegriffen. Einige Probleme, die bei Verdünnungsalgorithmen generell auftauchen, seien ohne nähere Erläuterung angedeutet:

- Definition der Eigenschaft eines Punktes, "Randpunkt" zu sein
- Erhaltung des topologischen Zusammenhanges
- Vermeidung von Linienschwund oder -verkürzung
- Erzielung einer akzeptablen Mittenlage des "Skeletts".

Eine ausführliche Darstellung der Problematik mit den zugehörigen Definitionen findet man z.B. bei Hilditch {4}.

Die angeführten Arbeiten unterscheiden sich im wesentlichen entweder in der Definition der "Randpunkte" oder in den Maßnahmen zur Erhaltung des Gebietszusammenhanges im topologischen Sinne. Dabei wird in allen drei Arbeiten die Eigenschaft eines Punktes, "Randpunkt" zu sein, aus einer Umgebung dieses Punktes abgeleitet, die auf die acht Nachbarpunkte N_i (i=1,...,8) gemäß Abb. 1 beschränkt ist. Gemeinsam ist den

$$\begin{array}{ccc} N_4 & N_3 & N_2 \\ N_5 & P & N_1 \\ N_6 & N_7 & N_8 \end{array} \qquad \begin{array}{|c|c|c|} \hline N_4 & N_3 & N_2 \\ \hline N_5 & P & N_1 \\ \hline N_6 & N_7 & N_8 \\ \hline \end{array}$$

Abb. 1: Umgebung eines   Abb. 2: Trennungslinien
        Punktes P

drei Arbeiten außerdem die Abschälung jeweils nur einer Schicht Randpunkte pro Bilddurchlauf, was eine gute Mittenlage des "Skeletts" ermöglicht. Die Abmagerung in nur einem Durchlauf hätte eine Verschiebung des "Skelettes" auf die Gebietsränder zur Folge. Das Ende der Prozedur ist jeweils dadurchgekennzeichnet, daß in einem Durchlauf keine Bildveränderung mehr vorgenommen wird.

Hilditch definiert einen zu entfernenden Randpunkt eines gerasterten
Gebietes als einen zu diesem Gebiet gehöhrenden Punkt, der weder Endpunkt noch isolierter Punkt ist, bei dem mindestens einer der vier or-
thogonalen Nachbarn N_1, N_3, N_5 und N_7 (nach Abb. 1) nicht zum Gebiet
gehört und dessen Entfernung die Anzahl zusammenhängender Gebiete
nicht erhöht.

Beun verwendet ein von Saraga und Woollons {7} angegebenes Kriterium
für die Definition der Randpunkte. Danach wird die Punktumgebung gemäß
Abb. 2 durch Trennungslinien vierfach in je zwei Teilbereiche zerlegt.
Für einen Randpunkt wird verlangt, daß bei mindestens einer Zerlegung
die Zahl der zum Gebiet gehörenden Umgebungspunkte im kleinen Teilbereich kleiner als zwei und gleichzeitig im größeren Teilbereich größer
als zwei ist. Jede Verdünnung wird in zwei Schritten durchgeführt. Im
ersten werden die Randpunkte markiert und im zweiten werden sie entfernt, wenn sie weder End- noch Unterbrechungs - noch sogenannte
Schleifenpunkte sind. Die zusätzlich erforderliche Überprüfung auf
Schleifenpunkte ist ein Nachteil bei diesem Kriterium.

Kreifelts {6} verzichtet auf eine verbale Formulierung der Definition
eines Randpunktes und beschreibt eine eher pragmatische Verfahrensva-
riante. Die 2^8 = 256 möglichen Umgebungsformen eines binären Bildpunktes gemäß Abb. 1 lassen sich unter Berücksichtigung von Achsen- und
Punktsymmetrien auf 51 verschiedene Umgebungstypen gemäß Abb. 3 zu-
rückführen. Die von Kreifelts angegebene maximale Teilmenge von 20 Um-

```
   O O O   O ⊗ O   ⊗ O O   ⊗ ⊗ O   O ⊗ O   ⊗ O ⊗   O ⊗ O   O ⊗ O   ⊗ O O   ⊗ ⊗ O   ⊗ ⊗ ⊗
   O ⊗ O   O ⊗ O   O ⊗ O   O ⊗ O   ⊗ ⊗ O   O ⊗ O   O ⊗ O   O ⊗ O   O ⊗ O   ⊗ ⊗ O   O ⊗ O
   O O O   O O O   O O O   O O O   O O O   O O O   O O ⊗   O ⊗ O   O O ⊗   O O O   O O O
     1       2       3       4       5       6       7       8       9      10      11

   O ⊗ ⊗   ⊗ O ⊗   ⊗ ⊗ O   ⊗ ⊗ O   O ⊗ O   ⊗ O ⊗   O ⊗ O   ⊗ O ⊗   ⊗ ⊗ ⊗   ⊗ ⊗ O   ⊗ ⊗ ⊗
   ⊗ ⊗ O   ⊗ ⊗ O   O ⊗ O   O ⊗ O   ⊗ ⊗ ⊗   O ⊗ O   ⊗ ⊗ O   O ⊗ O   ⊗ ⊗ O   ⊗ ⊗ ⊗   O ⊗ O
   O O O   O O O   O ⊗ O   O O ⊗   O O O   O O ⊗   O O ⊗   O ⊗ O   O O O   O O O   O O ⊗
    12      13      14      15      16      17      18      19      20      21      22

   ⊗ O ⊗   ⊗ ⊗ O   ⊗ ⊗ ⊗   ⊗ ⊗ O   ⊗ ⊗ O   O ⊗ O   ⊗ O ⊗   O ⊗ ⊗   O ⊗ O   ⊗ O ⊗   ⊗ ⊗ ⊗
   ⊗ ⊗ ⊗   O ⊗ ⊗   O ⊗ O   ⊗ ⊗ O   O ⊗ O   ⊗ ⊗ ⊗   ⊗ ⊗ O   ⊗ ⊗ O   ⊗ ⊗ ⊗   O ⊗ O   ⊗ ⊗ ⊗
   O O O   O O ⊗   O ⊗ O   O O ⊗   O ⊗ ⊗   O O ⊗   O O ⊗   O O ⊗   O ⊗ O   ⊗ O ⊗   O O O
    23      24      25      26      27      28      29      30      31      32      33

   ⊗ O ⊗   ⊗ ⊗ O   ⊗ ⊗ ⊗   ⊗ ⊗ O   ⊗ ⊗ O   O ⊗ O   ⊗ O ⊗   O ⊗ ⊗   O ⊗ O   ⊗ O ⊗   ⊗ ⊗ ⊗
   O ⊗ ⊗   ⊗ ⊗ O   ⊗ ⊗ O   O ⊗ O   ⊗ ⊗ ⊗   ⊗ ⊗ ⊗   O ⊗ O   O ⊗ ⊗   ⊗ ⊗ ⊗   ⊗ ⊗ ⊗   ⊗ ⊗ ⊗
   O O ⊗   O ⊗ O   O O ⊗   O ⊗ ⊗   O O ⊗   O ⊗ O   ⊗ O ⊗   ⊗ O ⊗   ⊗ O ⊗   O O ⊗   O ⊗ O
    34      35      36      37      38      39      40      41      42      43      44

                   ⊗ ⊗ ⊗   ⊗ ⊗ ⊗   ⊗ ⊗ O   ⊗ ⊗ ⊗   ⊗ ⊗ ⊗   ⊗ ⊗ ⊗   ⊗ ⊗ ⊗
                   O ⊗ ⊗   ⊗ ⊗ O   ⊗ ⊗ ⊗   O ⊗ O   ⊗ ⊗ ⊗   ⊗ ⊗ ⊗   ⊗ ⊗ ⊗
                   ⊗ O ⊗   O ⊗ ⊗   O ⊗ ⊗   ⊗ ⊗ ⊗   O ⊗ ⊗   ⊗ O ⊗   ⊗ ⊗ ⊗
                    45      46      47      48      49      50      51
```

Abb. 3: Die verschiedenen Umgebungstypen

gebungstypen für die Skelettierung (2,3,4,5,10,11,12,16,20,21,24,28,
33,34,35,38,42,43,46 und 50) ist bis auf die Endpunkttypen 2 und 3
identisch mit der Menge der durch Hilditch's Kriterium definierten
Randpunkte. Die Betrachtungsweise von Kreifelts legt allerdings eine
andere programmierungstechnische Realisierung nahe, die wegen ihrer
Vorzüge weiter unten noch erläutert wird. Um einen gewissen Glättungs-
effekt zu erzielen, nimmt Kreifelts für die ersten Skelettierungsläufe
nur eine Untermenge der obigen Umgebungstypen, die aus den Typen 4,5,
10,11,12,20,21,24,33 und 34 besteht. Zusätzlich werden Punkte des Typs
1 als bedeutungslose Verunreinigung ebenfalls entfernt. Erst in den
letzten Läufen wird mit der vollen Menge (aber ohne 2 und 3) skelettiert. Interessant ist die von Kreifelts für die Bearbeitungsreihen-
folge angegebene Bildzerlegung in vier disjunkte Teilmengen derart,
daß bei einem Quadrat aus 2x2 Bildpunkten jeder Punkt zu einer anderen
Teilmenge gehört. Diese Zerlegung erübrigt bei getrennten Läufen für
Randpunktmarkierung und -entfernung die sonst vor einer Entfernung erforderliche Überprüfung auf Unterbrechungspunkte. Bei Verdünnung in
einem Durchgang verhindert sie die Verschiebung des Skelettes auf den
Gebietsrand.

Bei der Realisierung eines Skelettierungsverfahrens für die automatische Schreibererkennung werden wegen der angeführten Nachteile der
Methoden mit Maskenwanderung nur Verdünnungsverfahren in Betracht gezogen. Da das Randpunktkriterium von Hilditch bei Kreifelts enthalten
ist, kann die Untersuchung auf die Verfahren von Beun und Kreifelts
beschränkt werden. Die Betrachtungsweise von Kreifelts legt bei Verwendung der Programmiersprache FORTRAN die Realisierung der notwendigen 256 Entscheidungsmöglichkeiten über eine COMPUTED GO TO - Anwei-
sung nahe. Diese Technik führt zu einem Programm, das wesentlich
schneller und flexibler ist als bei dem Verfahren von Beun. Modifikationen sind durch einfache Änderung der Ansprungstellen leicht durchzuführen.

4. Testergebnisse

Die Abbildungen 4 und 5 zeigen die für die Gütebeurteilung der Verfahren verwendeten Testbilder mit je 512x512 Bildpunkten. Sie wurden
durch Digitalisierung einer "handschriftlichen" Vorlage über ein TV -
System erzeugt. Die Abb. 4 zeigt relativ "saubere" Daten, während den
Daten in Abb. 5 eine Störung überlagert ist. Diese entsteht durch un-
regelmäßigen Versatz benachbarter Zeilen um einem Bildpunkt. Die Störung zeigt lokal eine gleichartige Auswirkung wie Quantisierungsrauschen und ist deshalb geeignet, eine diesbezügliche Empfindlichkeit

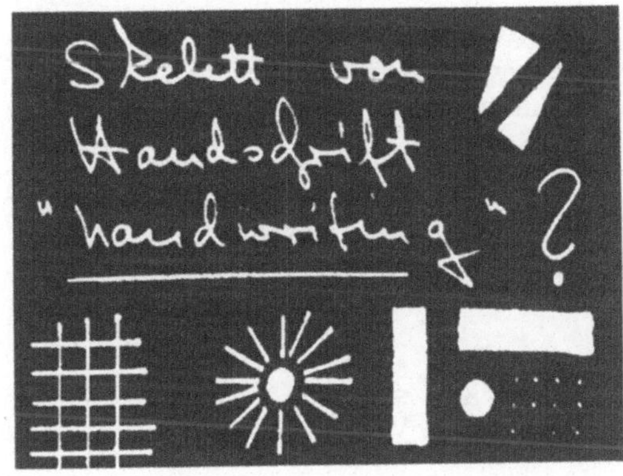

Abb. 4: Testdaten (ungestört)

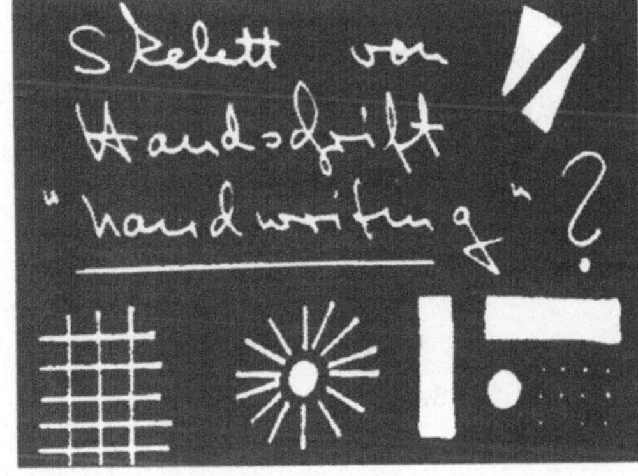

Abb. 5: Testdaten (gestört)

der Verfahren zu testen. Anhand der Gebilde mit größeren Flächen ("Balken", "Dreiecke" und "Ovale") läßt sich eine Aussage über das Skelettierungsverhalten bei Auflösungsverbesserungen machen. Um die Behandlung von "Löchern" zu sehen, wurde im Innern der "Sonne" ein einzelner Bildpunkt entfernt.

Die Abbildungen 6 (Beun) und 7 (Kreifelts) zeigen die Skelettierungsergebnisse der ungestörten Daten. Beide Methoden neigen dazu, die Ekken der "Balken" mit einem Winkel von ca. 90° bereits als Enden zu detektieren. Hier wird die Erzeugung einer geraden unverzweigten Linie

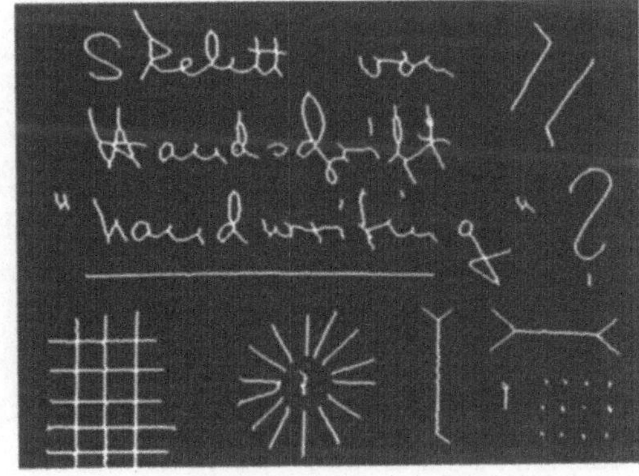

Abb. 6: "Skelett" nach Beun
(ungestörte Daten)

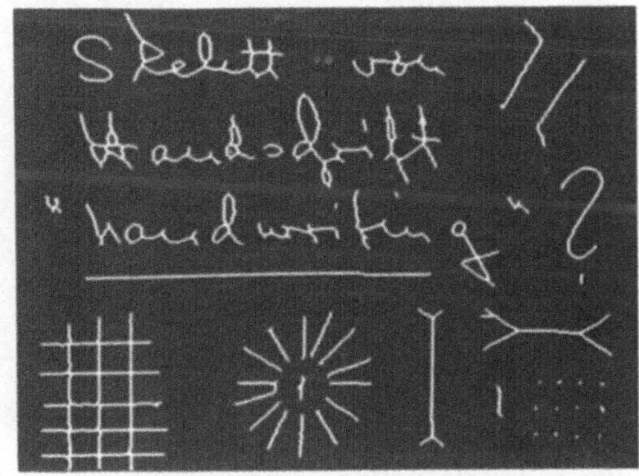

Abb. 7: "Skelett" nach Kreifelts
(ungestörte Daten)

für wünschenswert gehalten. Während die Methode von Kreifelts bei "geraden" senkrechten und waagerechten Linien glattere Ergebnisse liefert, zeigt sich das Verfahren von Beun bei "geraden" Schrägen leicht überlegen. Dies resultiert vermutlich aus der Zerlegung der Bildmatrix bei Kreifelts in die vier disjunkten Teilmatrizen für die Bearbeitung.

Dadurch werden lokale Verschiebungen des "Skeletts" um einen Bildpunkt gegenüber der "idealen" Lage leicht möglich. So kann z.B. statt einer schrägen Linie gemäß Abb. 8a eine solche nach Abb. 8b entstehen.

Abb. 8a: "ideale" Schräge   Abb. 8b: Schräge mit lokalen
                                              Verschiebungen

Eine sinnvolle Behandlung des "Loches" in der "Sonne" ist bei keinem der beiden Verfahren gegeben. Es bieten sich zwei Möglichkeiten an. Entweder betrachtet man dieses "Loch" als Störung oder man sieht darin eine bedeutsame Zeichenlücke (wie sie gelegentlich bei geschlossenen Buchstaben wie "a" und "e" beobachtet werden). Im ersten Fall kann man die Lücke im ersten Durchlauf schließen, im zweiten Fall ist während der Skelettierung eine Vergrößerung der Lücken anzustreben.

Die Neigung des Beun'schen Verfahrens zur Erzeugung unerwünschter "Zipfel" wird bei den gestörten Daten besonders deutlich (Abb. 9). Hier zeigt sich das Verfahren von Kreifelts stark überlegen (Abb. 10).

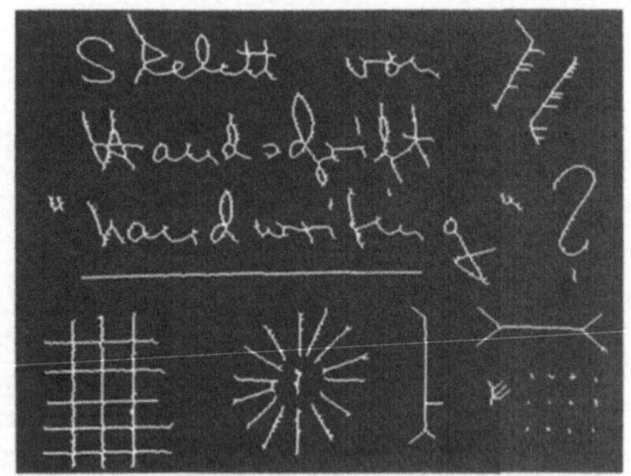

Abb. 9: "Skelett" nach Beun
         (gestörte Daten)

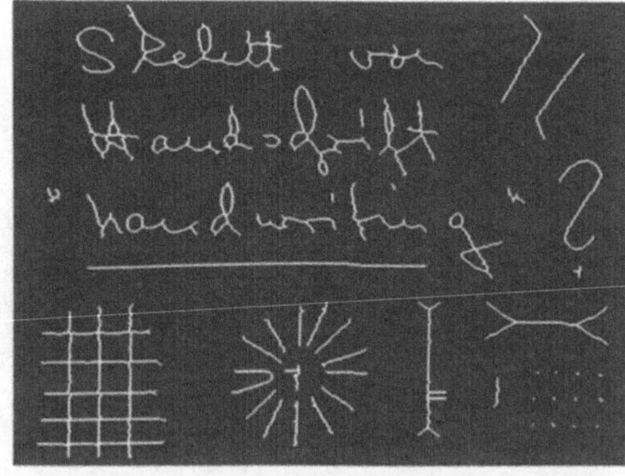

Abb. 10: "Skelett" nach Kreifelts
          (gestörte Daten)

Wie eine genauere Betrachtung aufdeckt, ist die Ursache vorwiegend in der unterschiedlichen Definition der Randpunkte zu sehen. Das Kriterium von Saraga und Woollons liefert als Randpunkte die Umgebungstypen 10,11,12,16,20,24,28,33,34,35,38,42 und 43 (s. Abb. 3). Bedeutungsvolle Unterschiede gegenüber Kreifelts liegen im Fehlen des Typs 4 und in der zusätzlichen Verwendung der Typen 35,38 und 43. Die anderen Unterschiede haben nur geringe Auswirkungen.

5. Verbesserungen

Die vorstehenden Ausführungen deuten an, daß die untersuchten Skelettierungsverfahren speziell im Hinblick auf die Anwendung bei der automatischen Schreibererkennung noch verbesserungsfähig sind. Am einfachsten gestaltet sich dabei eine Modifizierung des Verfahrens von Kreifelts, da hier gezielt Einfluß auf jeden einzelnen Umgebungstyp genommen werden kann.

Die Abbildungen 11 (ungestörte Daten) und 12 (gestörte Daten) zeigen die bisher besten Ergebnisse einer Serie von Verbesserungen. Wichtig für die Anwendung bei Handschriften sind insbesondere folgende Punkte:

- Die Skelettenden liegen auch bei den "Balken" etwa im Mittelpunkt eines gedachten Inkreises (s. auch Abb. 18), was auf eine gute Erfüllung der Forderung 2. schließen läßt.
- Auch schräge "gerade" Linien haben ein "glattes" Skelett ohne den Effekt der Abbildung 8b.
- Das "Loch" in der "Sonne" erfährt durch Vergrößerung eine sinnvolle Behandlung.
- Die oben beschriebenen Störungen werden gut unterdrückt.

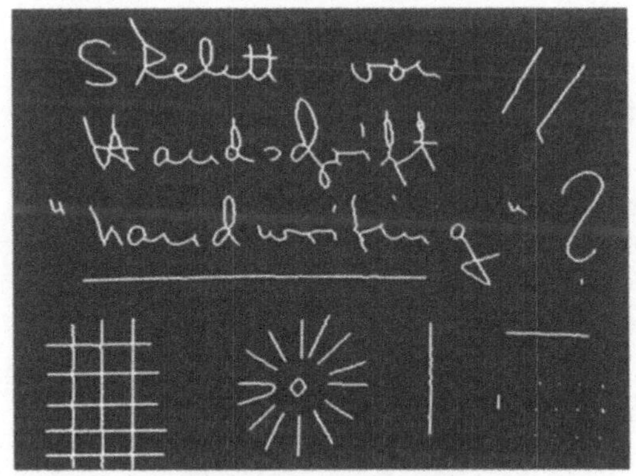

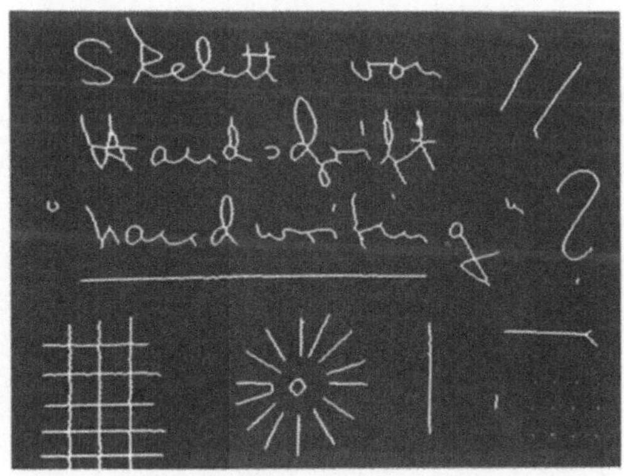

Abb. 11: verbessertes "Skelett" (ungestörte Daten)

Abb. 12: verbessertes "Skelett" (gestörte Daten)

Die Verbesserungen wurden durch folgende Modifikationen erzielt:

1. Die Bearbeitung wurde in Hauptläufe und einem Vor- bzw. Nachlauf unterteilt. Der Vorlauf beseitigt kleine Störungen und glättet die Gebietsränder. Die Hauptläufe leisten die eigentliche Skelettierung mit einer Teilmenge der Umgebungstypen. Im Nachlauf werden bisher nicht erfaßte Punkte entfernt, wobei mit der maximalen

Anzahl möglicher Umgebungstypen skelettiert wird.

2. Punkte mit den Umgebungstypen 4 und 21 erweisen sich als besonders kritisch. Eine generelle Entfernung ist wegen unerwünschter Endenverkürzung bzw. Einführung zusätzlicher lokaler Krümmungen ebenso unzweckmäßig wie eine generelle Belassung, die zu unerwünschten "Zipfeln" führt. Hier hilft nur eine Vergrößerung der "Entscheidungsmaske" von 3x3 auf 4x4 bzw. 5x4 Bildpunkten in entsprechender Richtung.

3. Die Auswahl der Umgebungstypen für die Entfernung bzw. Einfügung von Punkten wird wie folgt vorgenommen:

Im Vorlauf werden Punkte der Umgebungstypen 1,5,10 und 11 immer und Punkte des Typs 4 dann entfernt, wenn die Umgebung der Größe 4x4 nicht der Abb. 13a entspricht. "Löcher" mit Umgebungstyp 31, 39,44,47 und 49 werden im Vorlauf aufgefüllt, nicht jedoch solche vom Typ 51. Diese werden als bedeutungstragende Zeichenlücke aufgefaßt.

Im Hauptlauf wird mit der Menge der Umgebungstypen 5,10,11,12,20, 24,33,34,43 und 50 skelettiert. Die Hinzunahme des Typs 50 bewirkt u.a. die Vergrößerung der "Löcher" vom Typ 51. Punkte des Typs 4 werden dann entfernt, wenn die Umgebung der Größe 4x4 nicht einem der Typen nach Abb. 13a oder 13b entspricht. Liegt eine Umgebung des Typs gemäß Abb. 13c oder 13d vor, so wird zusätzlich der diagonale Nachbar entfernt. Punkte des Umgebungstyps 21 werden nur entfernt, wenn ihre Umgebung der Größe 5x4 vom Typ der Abb. 14a oder 14b ist. Im Nachlauf wird bis auf den Typ 1 die von Kreifelts

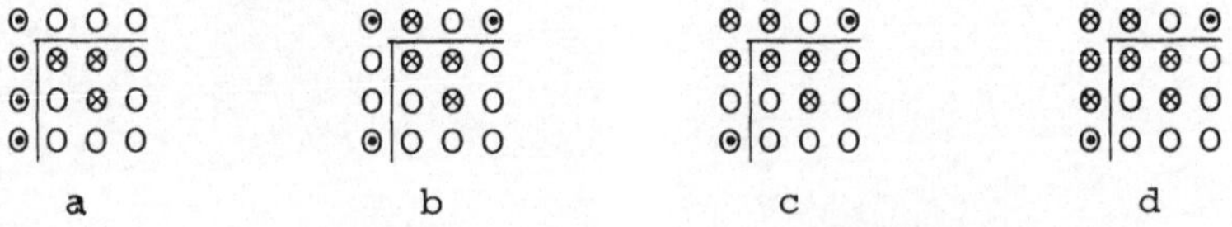

Abb. 13: Vergrößerung der Umgebung bei Typ 4
(⊗ = besetzter Punkt, O = unbesetzter Punkt, ☉ = Besetzung irrelevant)

Abb. 14: Vergrößerung der Umgebung bei Typ 21
(Symbole wie in Abb. 13)

angegebene maximale Menge der Umgebungstypen zur Skelettierung
verwendet.

4. Zur Vermeidung des in Abb. 8b gezeigten Effektes wird die Unter-
   teilung der Bildmatrix in vier disjunkte Teilmatrizen aufgegeben
   und die Bearbeitung zeilenweise jeweils links beginnend Punkt für
   Punkt vorgenommen. Bei diesem Vorgehen muß durch eine zusätzliche
   Überprüfung sichergestellt werden, daß Linienunterbrechungen oder
   unerwünschte -verkürzungen vermieden werden. Diese Überprüfung
   muß auch verhindern, daß ganze Punkthaufen wie z.B. eine quadratische Anordnung von vier Punkten des Umgebungstyps 10 verschwinden.

6. Schlußbemerkungen

Die Unterscheidung von drei Laufarten bei der Bearbeitung und die Möglichkeit zur gezielten Einflußnahme auf jeden einzelnen Umgebungstyp
bis zu einer Umgebungsgröße von 5x5 Bildpunkten führen zu einem Skelettierungsverfahren, das äußerst flexibel ist. Durch relativ einfache
Programmänderungen könnten z.B. im Vorlauf auch kompliziertere Bild-
störungen wie die der in Abb. 15 gezeigten Art behoben werden, wo sich
im Falle von Handschriften im allgemeinen eine Entfernung des Mittel-
punktes empfiehlt.

```
⊗ ⊗ ⊗ ⊗ ⊗
⊗ ⊗ ○ ⊗ ⊗
⊗ ⊗ ⊗ ⊗ ⊗
⊗ ⊗ ○ ⊗ ⊗
⊗ ⊗ ⊗ ⊗ ⊗
```

Abb. 15: Bildstörung

Trotz der zusätzlich benötigten Rechenzeit für die Überprüfungen (z.B.
auf Vorliegen eines Unterbrechungspunktes) ist das in FORTRAN mit Un-
terprogrammen in ASSEMBLER implementierte Verfahren recht schnell. Auf
einem Rechner des Typs PDP 11/70 werden bei einer Bildgröße von 512^2
Bildpunkten für einen Bearbeitungslauf je nach Bildinhalt etwa 20 bis
40 sec. benötigt. Handschriftenbilder, die einen Ausschnitt des Originals von etwa 10x7 cm² wiedergeben, benötigen ca. 8 bis 12 Bearbei-
tungsläufe, was Rechenzeiten um 5 min. ergibt.

Aus den mit dem vorgestellten Skelettierungsverfahren gewonnenen "Ske-
letten" von 800 Schriftbildern (je 10 Schriftproben à 4 Bilder von 20
Schreibern) wurden Krümmungs- und Steigungsparameter berechnet (siehe
Steinke {8}). Jeder dieser Parametersätze brachte für sich bei Erken-
nungsexperimenten mit dem "hold-one-out"-Algorithmus bei je 10 Schrei-

bern Erkennungsraten bis zu ca. 92%. Das bedeutet eine Verbesserung der
Erkennungsrate um ca. 3% gegenüber einem früher benutzten Skelettierungsverfahren, das weitgehend dem von Kreifelts entspricht.

Zum Abschluß seien noch einige Beispiele angeführt, die die Güte der
"Skelette" bei der Anwendung auf verschiedene Linienstrukturen zeigen.
Die Abb. 16 gibt eine durch Laplace – Filterung und Schwellwertsetzung
gewonnene Portraitkontur und Abb. 17 das dazugehörige "Skelett" wieder.
Die Abbildungen 18 und 19 zeigen "Skelette" in einer Handschrift bzw.
in einem Fingerabdruck bei relativ hoch aufgelösten Daten. Hier werden
die Glättungseigenschaften des Verfahrens und die Lage der Skelettenden
besonders deutlich.

Abb. 16: Portraitkontur

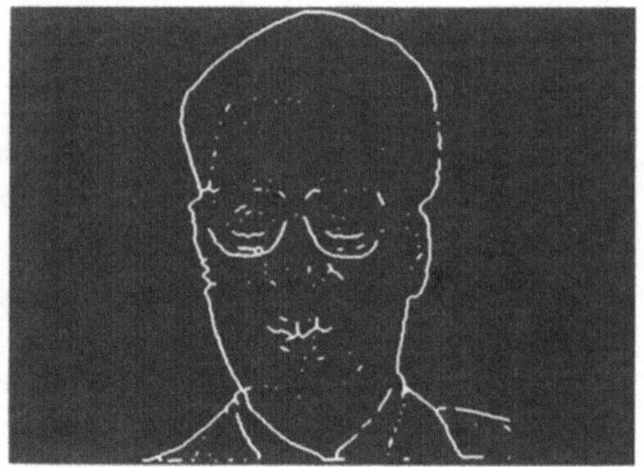

Abb. 17: skelettierte Portraitkontur

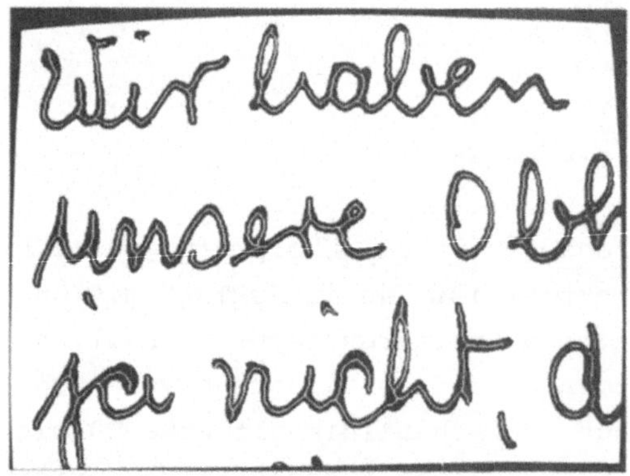

Abb. 18: "Skelett" in einer
         Handschrift

Abb. 19: "Skelett" in einem
         Fingerabdruck

Literatur

{1} W. Kuckuck, B. Rieger, K. Steinke: "Automatic Writer Recognition";
     Proceedings of the 1979 Carnahan Conference on Crime Counter-
     measures, Lexington, Kentucky, Mai 1979

{2} J.L. Pfaltz und A. Rosenfeld: "Computer Representation of Planar
     Regions by their Skeleton"; Communications of the ACM, VOL. 10,
     No. 2, Feb. 1967

{3} D. Paul: "Ein Versuch, den Klassifikationsaufwand für die Erken-
     nung handgeschriebener Ziffern durch eine geeignete Vorverarbei-
     tung zu vermindern"; Forschungsbericht aus der Wehrtechnik, BMVG-
     FBWT 74-17, 1974

{4} C.J. Hilditch: "Linear Skeletons from Square Cupboards"; Procee-
     dings of Machine Intelligence Workshop 4, University of Edinburgh,
     1968

{5} M. Beun: "Ein flexibles Verfahren zum maschinellen Lesen handge-
     schriebener Ziffern, II. Das Verdünnungsverfahren und die Bestim-
     mung der ausgezeichneten Punkte"; PHILIPS Technische Rundschau 33,
     Nr. 5, 1973/74

{6} T. Kreifelts: "Skelettierung und Linienverfolgung in Rasterdigita-
     lisierten Linienstrukturen", Informatik - Fachberichte Nr. 8,
     Digitale Bildverarbeitung, GI/NTG Fachtagung, März 1977

{7} P. Saraga, J. A. Weaver und D. J. Woollons: "Optische Zeichener-
     kennung"; PHILIPS Technische Rundschau 28, 1967

{8} K. Steinke: "Automatische Schreibererkennung mit textunabhängigen
     Merkmalen"; (im selben Band)

Karlo Steinke
Kriminaltechnisches Institut im
Bundeskriminalamt, Wiesbaden

Kurzfassung

Eine Handschrift weist eine über das ganze Bild gleichmäßige Struktur
von Linienelementen auf. Zur Beschreibung solch einer Textur müssen
geeignete primitive Formelemente gewählt werden, die in der Häufigkeit ihres Auftretens verschiedene Schreiber gut unterscheiden. Zur
Gewinnung solcher Grundelemente werden zwei Wege beschritten, wobei Informationen über globale und lokale Formen des Schriftbildes gewonnen
werden. Die Merkmale, die beide Verfahren liefern, bringen eine Erkennungsrate von 99 % bei 400 Schriftproben von 10 Schreibern.

Einleitung

Das Problem der automatischen Identifikation eines Schreibers an Hand
seiner Unterschrift ist in verschiedenen Ansätzen /1/2/3/ schon ange-
gangen worden. Für die Kriminalistik ist eine textunabhängige Erkennung interessanter, als die textspezifische, die hauptsächlich für
Banken und Zugangskontrollsysteme entwickelt wird.
Bei der vollautomatischen Extraktion textunabhängiger Merkmale ist die
Vorgehensweise grundsätzlich anders, als die der Handschriftenexperten.
Obwohl sie textunabhängig arbeiten, untersuchen sie Merkmale an einzelnen Buchstaben, wie z. B. Bindungsformen oder Schräglagen. Für den
Rechner besteht nicht ohne weiteres die Möglichkeit, an bestimmte Buch-
staben heranzukommen. Das Handschriftenbild wird vielmehr als Textur
mit immer wiederkehrenden Grundelementen gesehen. Globale Formen des
Bildes lassen sich in der Art einer Nulldurchgangsstatistik gewinnen.
Eine andere Betrachtungsweise sieht das Bild vom Entstehungsprozeß her
als einen Linienzug in der Ebene, den es gilt aus dem Bild zu rekon-
struieren.

Rekonstruktion des Linienzuges

Da ein Linienzug mathematisch gesehen in der Breite keine Ausdehnung
hat, wird, um diesem Ideal möglichst nahezukommen, die Schrift schicht-
weise verdünnt bis auf einen Bildpunkt Breite (s. /4/   ). Für die

Linienverfolgung wird unsere Kenntnis über den Schreibvorgang benutzt, bei dem eine Schriftzeile nach der anderen und in der Schriftzeile von links nach rechts geschrieben wurde. Dazu muß bekannt sein, wo eine Schriftzeile beginnt und wo sie endet.

Durch eine Tiefpassfilterung, die in horizontaler Richtung stärker wirkt als in vertikaler, wird das Schriftbild in ein Potentialgebirge verwandelt. Die Bildfunktion g(x, y) wird geglättet zu gw(x, y).

$$gw(x,y) = \frac{1}{Aw} \int\!\!\int_{w(x,y)} g(u,v) \; du \; dv$$

wobei w(x, y) ein beliebig geformtes Fenster und Aw seine Fläche ist. In unserem Fall eines digitalisierten Bildes mit rechteckigem Fenster der Breite 2b + 1 und der Höhe 2h + 1

$$gw(i,j) = \frac{1}{(2b+1)\,(2h+1)} \sum_{-b \le m \le b} \; \sum_{-h \le n \le h} g(i+m,j+n)$$

wobei (i,j) im Zentrum liegt.

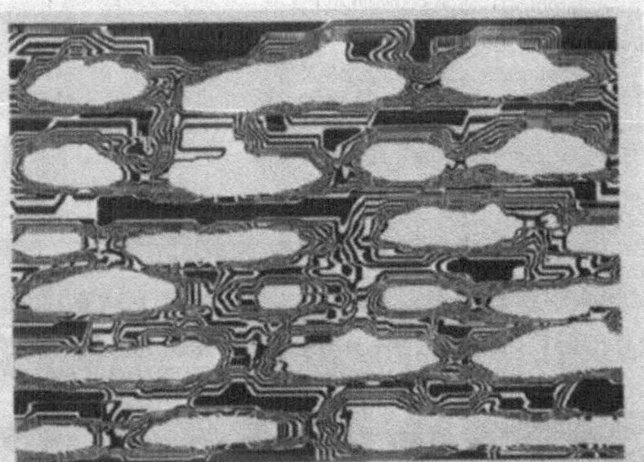

Abb. 1, 2: Schriftbild und Tiefpaßfilterung

Aus der Randprojektion Pr des Bildes geht die grobe Lage der Schriftzeilen hervor.

$$Pr(j) = \sum_{i=1}^{512} g(i,j)$$

Eine Sonde, die jeweils beim Minimum der Randprojektion zwischen zwei Schriftzeilen angesetzt wird, sucht sich den Weg des geringsten Widerstandes vom linken zum rechten Bildrand.

Zu einem gefundenen Punkt werden seine drei rechten Nachbarn betrachtet und jener mit dem kleinsten Wert für ein Fortschreiten gewählt. Durch den Zwang einen rechten Nachbarn wählen zu müssen, entsteht ein Träg-

heitseffekt, der nur einen Abweichungswinkel von 45° zuläßt. Werden
Teile der Schrift durchkreuzt, so wird ein Korrekturverfahren nachge-
schaltet, das versucht einen Umweg zu finden.

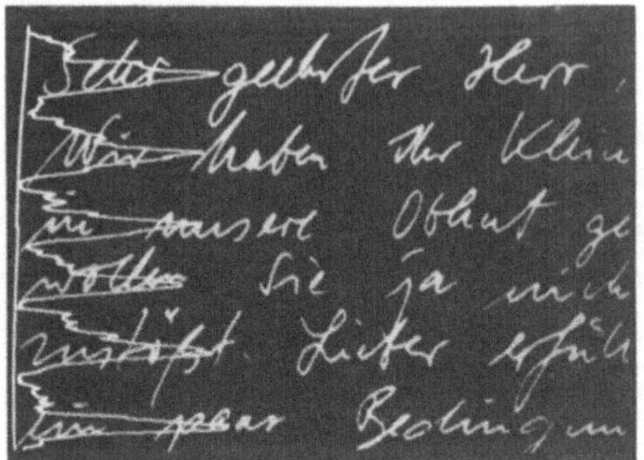 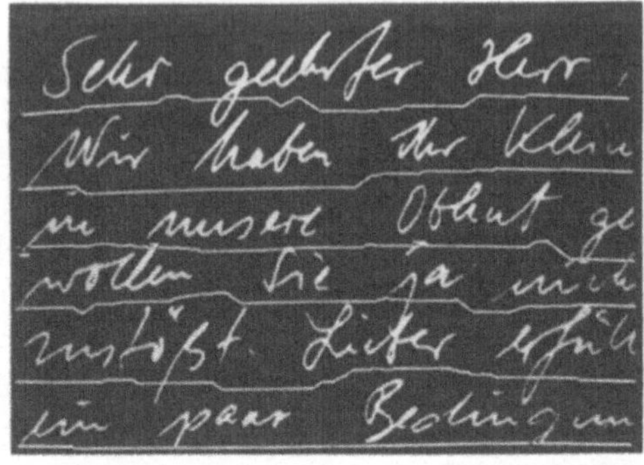

Abb. 3, 4: Randprojektion und Trennungszeilen

Mit Hilfe der gefundenen Trennungszeilen kann der Rechner eine Schriftzeile einlesen und bearbeiten. Während der Verfolgung werden die Punkte
auf spezielle Eigenschaften untersucht. Anfangs-, End-, Verzweigungs-,
Hoch- und Tiefpunkte werden abgespeichert und dienen dazu, die Schrift
in unverzweigte Segmente zu zerschneiden. Diese Segmente, aus denen
sich die Schrift zusammensetzt, kann man als Grundelemente der Schrift
bezeichnen. Leider ist jedoch ihre Formvielfalt und die Anzahl der Be-
schreibungsparameter zu groß, so daß man sie nur schlecht in Statistiken
unterbringen könnte. Man ist hier gezwungen, nach einfacheren Formele-
menten zu suchen, die sich durch wenige Parameter beschreiben lassen.

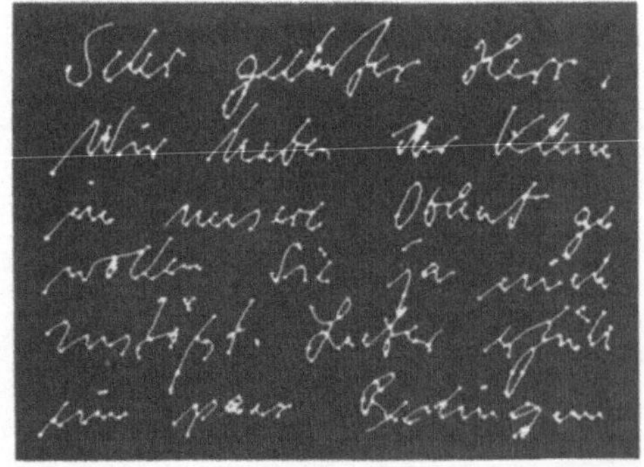 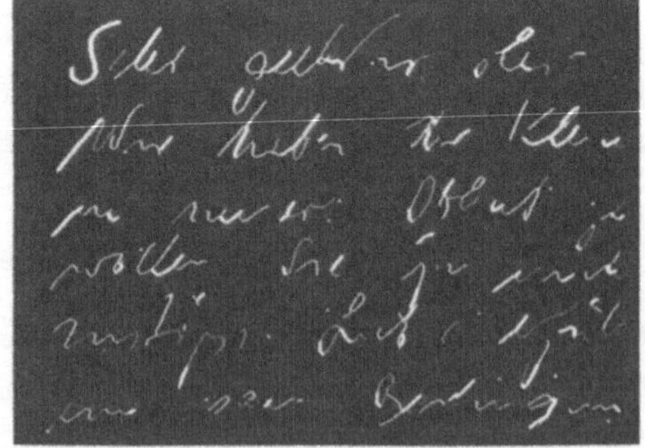

Abb. 5, 6: Spezialpunkte und ein Teil der Segmente

Analytische Beschreibung

Durch eine analytische Beschreibung der Schriftsegmente gewinnen wir
die Möglichkeit an einfache Formelemente zu gelangen.

Die aus zusammenhängenden Bildpunkten mit den Koordinaten (x_i, y_i)
i = 1,..., n, bestehenden unverzweigten Kurvensegmente lassen sich durch
Parameter-Kurven der Form

$$x(t) = \sum_{k=0}^{m} a_k \, t^k \quad , \quad y(t) = \sum_{k=0}^{m} b_k \, t^k$$

approximieren. Dabei wird folgendes Optimalitätskriterium für die Berechnung der a_k und b_k benutzt.

$$\sum_{i=1}^{n} (\, x(i)-x_i\,)^2 + (\, y(i)-y_i\,)^2 =$$

$$\sum_{i=1}^{n} \{(\sum_{k=0}^{m} a_k \, i^k - x_i)^2 + (\sum_{k=0}^{m} b_k \, i^k - y_i)^2 \} = \min!$$

Gute Ergebnisse werden bereits mit m = 4 erzielt.

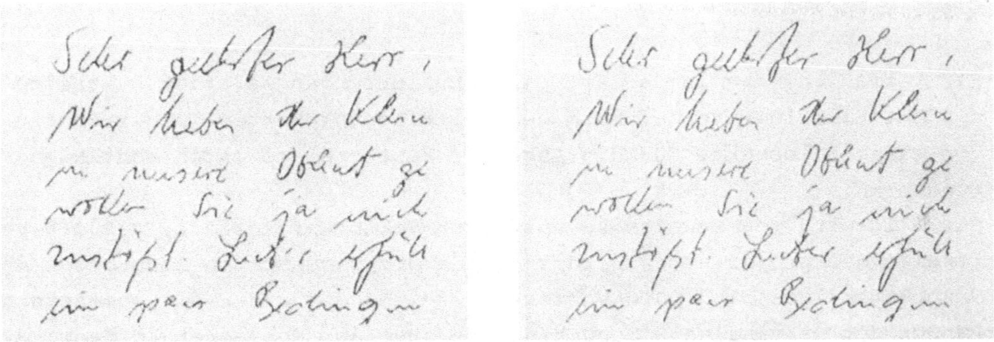

Abb. 7, 8: Linienverfolgung und Parameterkurven 4. Grades

Da es sich um stetige Kurven handelt, läßt sich ein Grenzwertprozeß
durchführen und jedem Punkt der Kurve eine Krümmung K sowie die Richtung der Kurvennormalen zuordnen.

$$\text{Krümmung} = K = \frac{\begin{vmatrix} x' & y' \\ x'' & y'' \end{vmatrix}}{(x'^2+y'^2)^{3/2}} \qquad \text{Radius} = R = \frac{1}{K} \qquad x' = \frac{dx}{dt}$$

Jeder Punkt (x_e, y_e) des Liniensegments besitzt einen zugehörigen Punkt
$(x(e), y(e))$ auf der Kurve, und so lassen sich jedem Punkt der Linienverfolgung zwei Parameter, Krümmung und Richtung, zuordnen.

Jeder Bildpunkt ist somit Primitivelement, über deren Gesamtheit eine
Krümmungs-Richtungsstatistik gebildet wird. An der Krümmungsvertei-
lung·lassen sich nicht nur die Hauptschreibrichtungen erkennen, sondern
z. B. auch,ob es sich um einen Schreiber handelt, der die Buchstaben-
bindungen in Arkaden- oder Girlandenform schreibt.

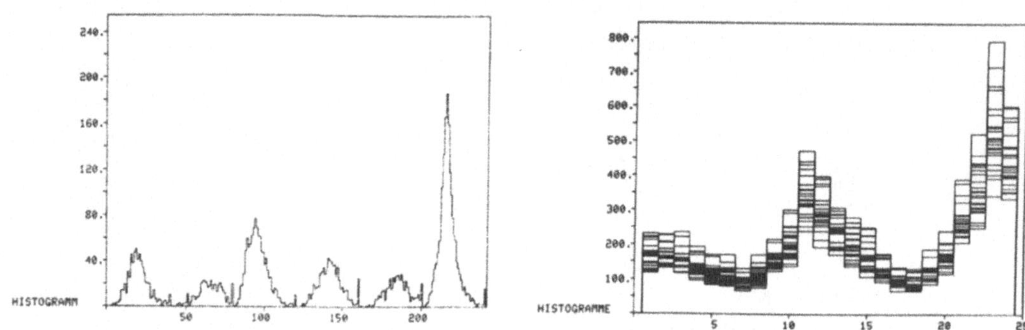

Abb. 9, 10: Krümmungsverteilung und Richtungsverteilung

Globale Formen

Ein Verfahren, das in der Art einer Nulldurchgangsstatistik arbeitet,
gewinnt Bildelemente der Form gerader Bildpunktketten in der Breite
von einem Bildpunkt. Für die Lage der Ketten bieten sich acht Richtungen an.
Das Bild wird zeilenweise so auf einen Vektor projeziert, daß die Vertikalen des projezierten Bildes gerade die gewünschten Richtungen des
Ursprungsbildes sind. Die Vektorkomponenten enthalten die momentanen
Längen der vertikalen Bildpunktketten. Bei Abbruch einer Kette wird
die entsprechende Komponente gelöscht und ein Eintrag über den Log-
arithmus der Länge in einer Statistik gemacht.

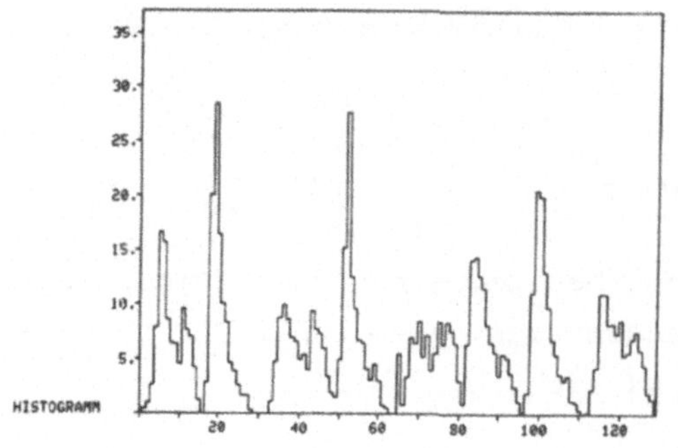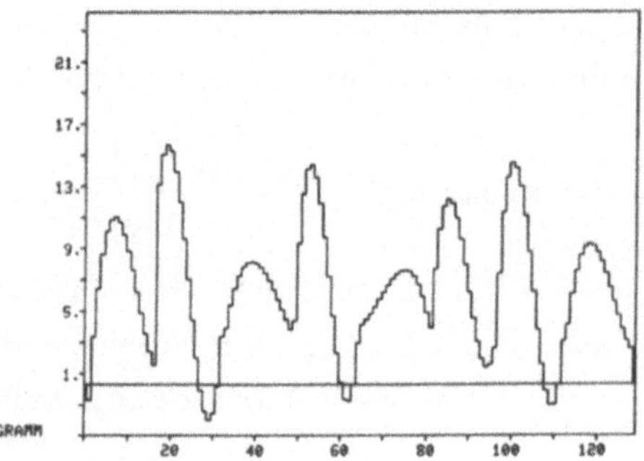

Abb. 11, 12: Merkmalvektor und Polynomanpassung 3. Grades

Das Verfahren entspricht einer nichtlinearen Transformation, die die
angenehme Eigenschaft der Shiftinvarianz hat. Sofern genügend Text
auf dem Bild vorhanden ist, (3 - 5 Schriftzeilen) ist die Transformierte textunabhängig. Das gesamte Bild wird auf einen Vektor der
Länge 128 transformiert, wobei jede Richtung 16 Komponenten belegt.
Eine Polynomanpassung nach der Methode der kleinsten Fehlerquadrate
reduziert den Merkmalvektor weiter, die Koeffizienten werden als neue
Merkmale benutzt.

$$\text{Ansatz:} \qquad \sum_{\nu=1}^{n} \left(\sum_{\mu=0}^{m} a_\mu x_\nu^\mu - y_\nu \right)^2 = \text{min!}$$

Wendet man obige Transformation auf die Schriftzwischenräume (nega-
tives Bild) an, so erhält man Informationen über die Strichabstände
und Schriftzeilenabstände.
Hier ist keine Shiftunabhängigkeit gegeben, da sich die Abstände beim
Verschieben der Schrift zum Rand hin ändern. Für Ketten kurzer Länge,
in der Größenordnung der Schrift, ist die Transformation jedoch stark
shiftunabhängig, so daß man sie zur Klassifikation benutzen kann.
Neben der Polynomanpassung läßt sich eine solche Verteilung nach or-
thogonalen trigonometrischen Funktionen entwickeln, deren Koeffizienten
neue datenreduzierte Merkmale ergeben.

Transformation zur Datenreduktion

Bei der Merkmalsextraktion erhalten wir Merkmalvektoren hoher Dimension, die sehr viel Redundanz enthalten und deren Komponenten stark
korreliert sind. Dadurch können wichtige Komponenten unterbewertet
werden. Mit Hilfe der Karhunen-Loève Transformation /5/ läßt sich eine
Dekorrelation der Komponenten und eine Datenreduktion erzielen, indem
das Koordinatensystem in Richtung der Hauptachsen der Verteilung ge-
dreht wird und die Komponenten mit der kleinsten statistischen Variabilität weggelassen werden. Es werden jedoch dabei keine Betrachtungen der Varianzen innerhalb und außerhalb der Klassen vorgenommen,
so daß Objekte verschiedener Klassen ineinander projeziert werden
können.
Ein Gütekriterium für die Klassentrennbarkeitseigenschaft einer
Komponente ist das Verhältnis von Extra- zu Intraklassenvarianz.
Bei einer Transformationsmatrix T, die die Merkmalsvektoren x_i transformiert in y_i, läßt sich dieses Verhältnis der neuen Merkmale aus
den Kovarianzmatrizen der alten berechnen. Extra- und Intraklassenvari-
anz der Komponente j von Y ($\tilde{a}_{jj}$ und $\tilde{b}_{jj}$) ergeben sich durch Transformation der Kovarianzmatrizen mit der Spalte j der Transformationsmatrix T.

$$x_i\,T = y_i \qquad (1)\quad \frac{a_{jj}}{b_{jj}} = \frac{t_j'\,A\,t_j}{t_j'\,B\,t_j} \qquad Y = (y_1,\ldots,y_n)$$

$$A = \sum_{i=1}^{n} (x_i-\bar{x})(x_i-\bar{x})' \qquad \text{Extraklassenkovarianzmatrix}$$

$$B = \sum_{l=1}^{k} \sum_{i\varepsilon gl} (x_i-\bar{x}_{gl})(x_i-\bar{x}_{gl})' \qquad \text{Intraklassenkovarianzmatrix}$$

$$\bar{x}_{gl} = \frac{1}{|gl|} \sum_{i\varepsilon gl} x_i \qquad \bar{x} = \frac{1}{n} \sum_{i=1}^{n} x_i$$

n = Anzahl der Proben aller Klassen l=1,...,k

gl = Menge der Merkmalvektoren des Schreibers l

Aus dem Rayleigh-Quotienten (1) erhält man das allgemeine Eigenwertproblem Ax = λB x oder das Eigenwertproblem mit invertierbarem B:
B^{-1} Ax = λx
Die Eigenvektoren des Eigenwertproblems liefern Komponenten des neuen
Merkmalvektors, deren Verhältnis von Extra- zu Intraklassenvarianz /5/6/
gleich dem zugehörigen Eigenwert ist. Folglich sortiert man die Eigenvektoren nach der Größe ihrer Eigenwerte und streicht die Eigenvektoren
mit kleinen Eigenwerten aus der Transformationsmatrix, da sie keinen
Beitrag zur Unterscheidung der Klassen liefern.
So lassen sich bereits mit wenigen Komponenten gute Erkennungsraten
erzielen. Bei Hinzunahme der Komponenten, die aus den Eigenvektoren
mit kleinem Eigenwert entstehen, verbessert sich die Erkennungsrate
nicht mehr, sondern verschlechtert sich eher. Mit 2 Komponenten lassen
sich schon 6 Klassen nahezu 100 prozentig trennen.

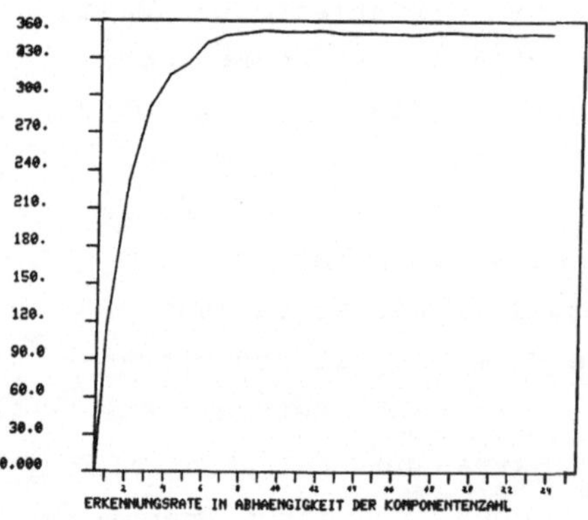

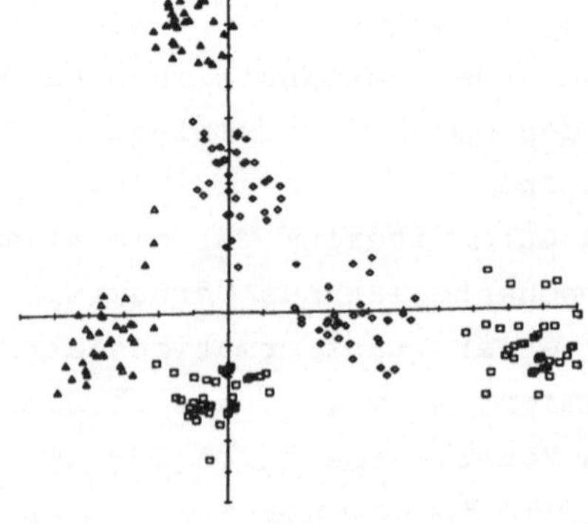

Abb. 13: Erkennungsrate in Abhängigkeit der Komponentenzahl

14: Darstellung von 6 Klassen mit den beiden besten Komponenten

Ergebnisse

Sämtliche Ergebnisse wurden mit einem Klassifikator durchgeführt, der
ähnlich wie der k - nearest-neighbour Klassifikator arbeitet. Bei
Versuchen stellte sich heraus, daß dieser Klassifikator den parametrischen Minimum-Distance oder Bayes deutlich überlegen war. Der Abstand einer Probe der Dimension N zu einer Klasse Y ist definiert durch

$$d\,(x,Y) = \min_{(y_1,\ldots,y_k)} \sum_{i=1}^{k} \left(\sum_{n=1}^{N} \left(\frac{\sigma_n^{(ex)}}{\tilde{\sigma}_n^{(in)}} \cdot |x_n - y_{in}| \right)^r \right)^{1/r}$$

wobei $\sigma_n^{(ex)\,2}$ die Extraklassenvarianz und $\tilde{\sigma}_n^{(in)\,2}$ die Gemittelte Intraklassenvarianz der Komponente n sind. k und r sind beliebige na-
türliche positive Zahlen. Die Probe wird der Klasse mit dem geringsten
Abstand zugeordnet.
Die Ergebnisse wurden erzielt an einem Datensatz von
400 Schriftproben von 10 Schreibern. Zusätzlich wurde ein Experiment
mit einem Merkmal von 20 Schreibern à 36 Schriftproben vorgenommen.

Erkennungsraten der einzelnen Merkmale

Merkmalbeschreibung	Erkennungsrate in %
1. Statistik der Bildpunktketten in der Schrift. Für jede der 8 Richtungen sind 16 Komponenten aufgetragen. Für jede Richtung wird eine Polynomanpassung vorgenommen und die Polynomkoeffizienten der beschriebenen Transformation unterzogen.	97 98
2. Für die Statistik der Bildpunktketten zwischen der Schrift sind Ketten bis zur Länge 32 zugelassen. Die Koeffizienten der Polynomanpassung werden der Datenreduktionstransformation unterzogen.	92 95
3. Der Kreis ist in 6 Sektoren aufgeteilt und für jeden Sektor sind 40 Krümmungswerte zugelassen. Für jeden Sektor sind Schwerpunkt, Streuung, Schiefe und das Integral der Krümmungsverteilung notiert und anschließend transformiert.	93 95
4. Für die Richtungsverteilung der Kurvennormalen ist der Kreis in 24 Sektoren eingeteilt. Die Transformation ergibt auch hier eine Steigerung.	87 91

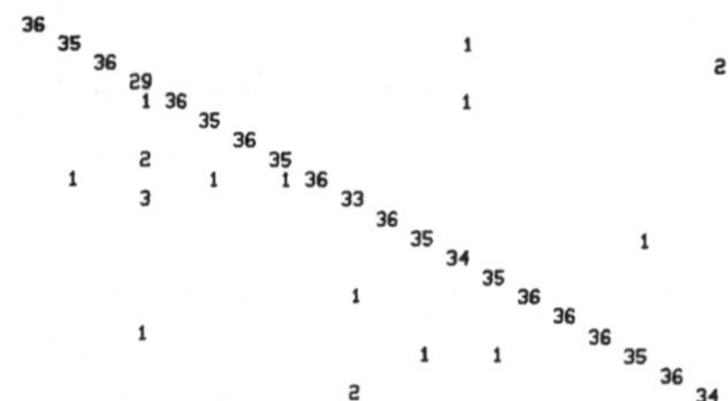

Abb. 15: Erkennungsmatrix mit einem Merkmal (20 Schreiber à 36 Proben)

Erkennungsraten mit allen Merkmalen

Um mehrere Merkmalsgruppen gleichzeitig klassifizieren zu können, müssen die einzelnen Merkmalsvektoren aneinander gehängt werden. Um eine unterschiedliche Gewichtung der einzelnen Komponenten zu vermeiden, werden die Varianzen auf 1 und der Schwerpunkt auf 0 gesetzt.

Merkmalbeschreibung	Erkennungsrate in %
Es handelt sich um einen Merkmalvektor der sich aus den Merkmalsgruppen 1, 2, 3 und 4 zusammensetzt. Wird der Merkmalvektor der beschriebenen Transformation zur Entfernung redundanter Information unterzogen, so reduziert er sich auf 9 Komponenten.	99 100

Zusammenfassung

Die bisherigen Ergebnisse wurden mit Merkmalen erzielt, die unabhängig sind vom geschriebenen Text, sofern genügend Text (3 - 5 Schriftzeilen) vorhanden ist. Die Verfahren, die die Handschrift als Bild betrachten, liefern globale Formmerkmale, wie Schriftzeilenabstände und Strichabstände. Aus der Betrachtungsweise der Handschrift als ebener Linienzug gewinnen wir lokale Eigenschaften, wie Krümmungen und Richtungen. Die Merkmale beider Betrachtungsweisen aneinandergereiht ergeben eine Erkennungsrate von 99 % bei 400 Schriftproben von 10 Schreibern. Entfernt man die Redundanz im Merkmalvektor, so daß die wichtigen Komponenten besser zum Tragen kommen, erhält man 100 %. In Zukunft werden mit interaktiven Eingriffsmöglichkeiten diese und andere Merkmalsextraktionsverfahren textabhängig eingesetzt, und es besteht die berechtigte Hoffnung, daß die hohen Erkennungsraten dann auch bei mehr Klassen zu erreichen sind.

Die Untersuchung wurde im Rahmen eines vom BMFT geförderten Forschungsvorhabens durchgeführt.

Literatur

1. R.N. Nagel and Rosenfeld,"Steps toward Handwritten Signature Verification", First International Joint Conference on Pattern Recognition,
   Washington D.C., 1973
2. W.F. Nemcek and W.C. Lin, "Experimental Investigation of Automatic
   Signature Verification", IEEE Transactions on Systems, Man and
   Cybernetics, January 1974
3. P.C. Chuang, "Machine Verification of Handwritten Signature Image",
   Proceedings of the 1977 International Conference on Crime Counter-
   measures - Science and Engineering, Juli 1977
4. B. Rieger, "Skelettierungsverfahren für die automatische Schreibererkennung", im gleichen Band
5. Fukunaga, "Introduction to Statistical Pattern Recognition", Academic
   Press, New York and London, 1972
6. R. Duda and P. Hart, "Pattern Classification and Scene Analysis",
   John Wiley & Sons, New York 1973

Schreibererkennung durch Spektralanalyse

W. Kuckuck
Kriminaltechnisches Institut im
Bundeskriminalamt, Wiesbaden

Zusammenfassung

Im Rahmen des Forschungsprojektes "Automatisierung und Objektivierung
des Handschriftenvergleichs"[1] sollen, ausgehend vom digitalisierten
Bild einer Handschriftenprobe, Verfahren entwickelt werden, mit denen
eine Identifikation von Schreibern möglich ist. In der vorliegenden Arbeit werden Merkmalsextraktionsverfahren vorgestellt, die auf der Fouriertransformierten basieren. Das Leistungsspektrum wird entweder in Frequenzbereiche aufgeteilt, und die mittleren Leistungen dieser Bereiche werden
als Merkmale verwandt, oder es werden gewisse Funktionen an das Spektrum
angepaßt, und die Koeffizienten dieser Anpassung dienen als Merkmale.
Klassifizierungsexperimente zeigen, daß der Weg über die Spektralanalyse
prinzipiell zur Schreiberidentifikation geeignet ist.

I. Einleitung

Verschiedene Autoren schlagen vor, beim Handschriftenvergleich die Untersuchung der Fouriertransformierten mit einzubeziehen (/1/,/2/). In Ex-
perimenten läßt sich bestätigen, daß sich einerseits die Leistungsspektren von Handschriftenproben verschiedener Schreiber typisch unterscheiden, während andererseits die visuell beurteilte Ähnlichkeit bei Schriftproben des gleichen Schreibers groß ist, wobei der Text von untergeord-
neter Bedeutung ist. Das Problem liegt nun darin, diese Charakteristika
in einen relativ niedrigdimensionalen Merkmalsvektor umzusetzen.
Ausgangspunkt unserer Untersuchungen sind die Leistungsspektren, die
mit der diskreten Fouriertransformation aus der binären Bildfunktion
$b(j,k)$ errechnet werden:

$$P(m,n) = \left| \frac{1}{N^2} \sum_{k=0}^{N-1} \sum_{j=0}^{N-1} b(j,k) \exp(-(jm+kn)2\pi i/N) \right|^2$$

$$m,n = -\frac{N}{2}+1,\ldots,\frac{N}{2}$$

Daneben wird noch das logarithmierte Leistungsspektrum verwandt:

$$L(m,n) = \log(P(m,n)+c)$$

Dabei ist c eine kleine Konstante, um das Argument Null zu vermeiden.

---

[1] Das Forschungsprojekt wird vom Bundesministerium für Forschung und
Technologie unterstützt.

Bei der Extraktion von Merkmalen beschränken wir uns auf die Erfassung des groben Funktionsverlaufs, da sich hierin die Feinstruktur des ursprünglichen Bildes wiederspiegelt. Am Beispiel des Schriftneigungswinkels tritt dieser Zusammenhang deutlich zu Tage.
Ist der Neigungswinkel der Buchstaben gegen die Horizontale α, treten im Bild viele Striche mit ungefähr diesem Winkel auf. Daraus resultieren hohe Leistungen P(m,n) für m/n ≅ tan α, was sich in der ausgeprägten ovalen Form der Spektren niederschlägt (vergl. Abb. 1a und 1b).
Über die gemischten zweiten Momente des Leistungsspektrum läßt sich dieser Winkel leicht berechnen. Abb. 2a und 2b zeigen die gute Übereinstimmung der errechneten mit der tatsächlichen Schriftneigung.

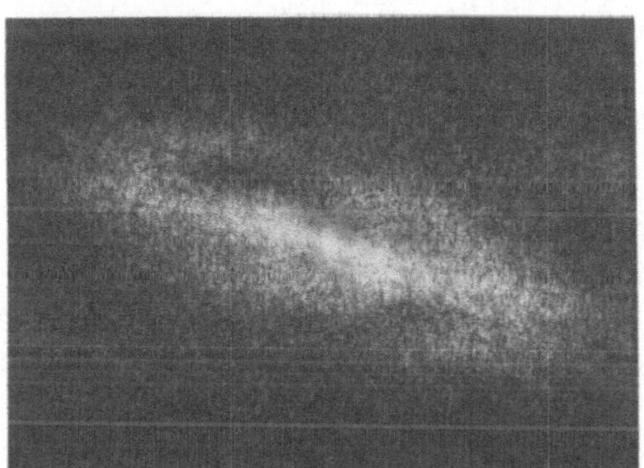 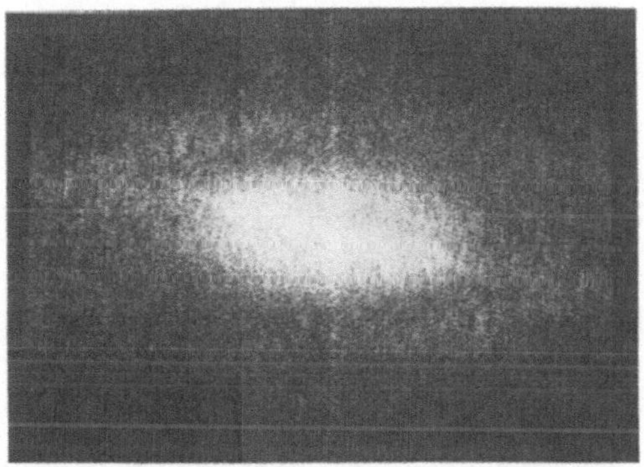

Abb. 1a und b: Grauwertdarstellungen von Leistungsspektren unterschiedlicher Schreiber

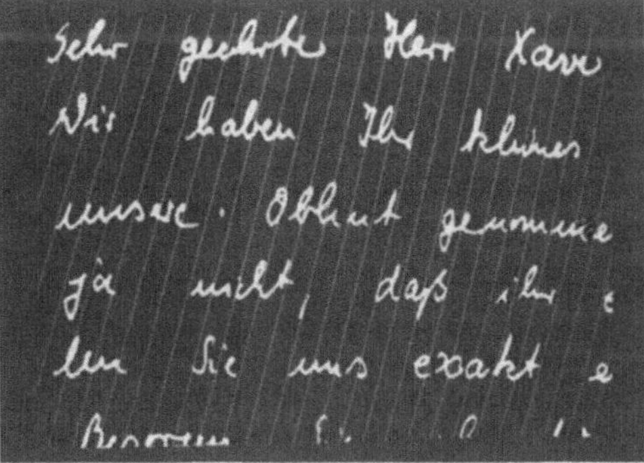

Abb. 2a und b: Aus den Spektren errechneter Schriftneigungswinkel

II. Extraktionsverfahren

Zur Extraktion von Merkmalsvektoren werden zwei Wege beschritten, die
Mittelung über gewisse Frequenzbereiche und die Anpassung von Funktionen
an das Spektrum. Alle Verfahren werden sowohl auf das Leistungsspektrum
$P(m,n)$ als auch auf das logarithmierte Leistungsspektrum $L(m,n)$ angewandt.

1. Aufteilung in Frequenzbereiche

Es werden gewisse Bereiche B_i, $i\varepsilon I$, von Ortsfrequenzen ausgewählt und
die Vektoren (P_i) und (L_i) gebildet.

$$P_i = \frac{1}{|B_i|} \sum_{(m,n)\,\varepsilon B_i} P(m,n) \quad \text{und} \quad L_i = \frac{1}{|B_i|} \sum_{(m,n)\,\varepsilon B_i} L(m,n)$$

$$|B_i| = \text{Mächtigkeit von } B_i$$

Der Vorteil dieses Verfahrens liegt darin, daß die Ermittlung der P_i
und L_i auch analog mit Photodiodenarrays und der bekannten optischen
Anordnung zur Fouriertransformation geschehen kann.
In /2/ ist eine solche Anordnung für radiale und konzentrische Bereiche
beschrieben, mit der auch schon Versuche zur Schreibererkennung durchgeführt wurden. Abb 3a und 3b zeigen die Mittelung des logarithmierten
Leistungsspektrum über quadratische Bereiche.

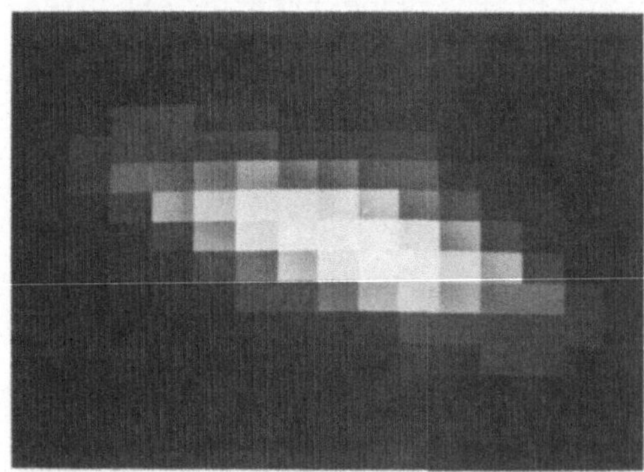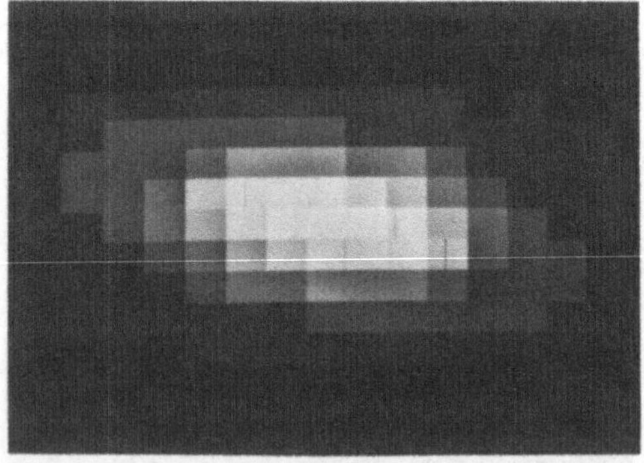

Abb. 3a und b: Mittelung der logarithmierten Leistungsspektren von Abb. 1
über Bereiche der Größe 33x33 Bildpunkte

2. Anpassung von Funktionen

Zu einem Satz gewisser, im Sinne der Abtastwerte linear unabhängiger
Funktionen $f_i(x,y)$, $i\varepsilon I$, ist eine Linearkombination gesucht mit

$$\sum_{m,n} \left(\sum_{i \in I} a_i f_i(m,n) - P(m,n) \right)^2 \text{ minimal.}$$ Dies führt zu einem linearen Glei-chungssystem

$$\sum_{i \in I} \langle f_i, f_j \rangle a_i = \langle f_j, P \rangle \ , \ j \in I, \text{ wobei}$$

$$\langle f, g \rangle = \sum_{m,n} f(m,n) g(m,n)$$

Die Koeffizienten a_i stellen dann den gesuchten Merkmalsvektor a dar.
Gleichwertig mit a ist natürlich auch jeder andere Vektor, der aus a
durch eine reguläre, lineare Transformation hervorgeht, also insbesondere der Vektor $\langle f_i, P \rangle$. Der Standpunkt der Anpassung ist aber nützlich, um von vornherein die Leistungsfähigkeit des angestrebten Verfahrens beurteilen zu können.

Anpassung mit trigonometrischen Polynomen

Da $P(m,n) = P(-m,-n)$ kommen zur Anpassung nur gerade Funktionen in Frage.
Als Funktionssystem fungiert somit $f_{jk}(m,n) = \cos((jm+kn) 2\pi/N)$.
Wegen der Orthogonalität dieser Funktionen stellen die Skalarprodukte
mit den Spektren schon (bis auf einen Faktor) die Kooffizienten der
Anpassung dar. Es sind also die Fouriertransformierten des Leistungs-
spektrums, bzw. des logarithmierten Leistungsspektrums zu berechnen.
Bekanntlich ist die Autokorrelationsfunktion (vergl. etwa /3/)

$$A(j,k) = \sum_{m,n} b(m,n) b(m+j,n+k)$$

die Fouriertransformierte des Leistungsspektrums (bis auf einen Faktor).
Da nur die $A(j,k)$ für kleine Verschiebungen j,k gesucht sind, läßt
sich die Berechnung besser im Ortsbereich durchführen. Hinzu kommt,
daß bei binären $b(j,k)$ die Multiplikation durch ein logisches "And"
ersetzt werden kann, und somit bei binären Bildern gleich mehrere
Multiplikationen parallel durchgeführt werden können.
In diesem Zusammenhang wird noch einmal deutlich, daß die grobe Form
des Spektrums die schreibertypische Information erhält. Die Autokorrelationsfunktion mißt nur bei kleinen Verschiebungen (etwa in Buch-
stabengröße) Schreibertypisches. Bei größeren Verschiebungen enthält
sie Information über die Bildaufteilung. Abb. 4 zeigt die vergrößerte
Grauwertdarstellung der Autokorrelationsfunktion und Abb. 5 die damit
ermittelte Anpassung der Leistungsspektren.

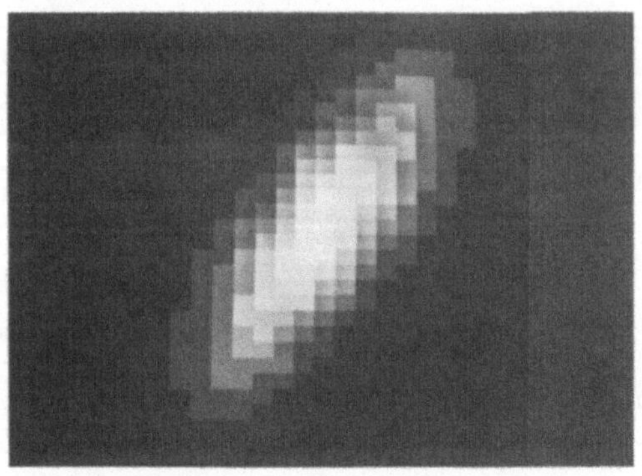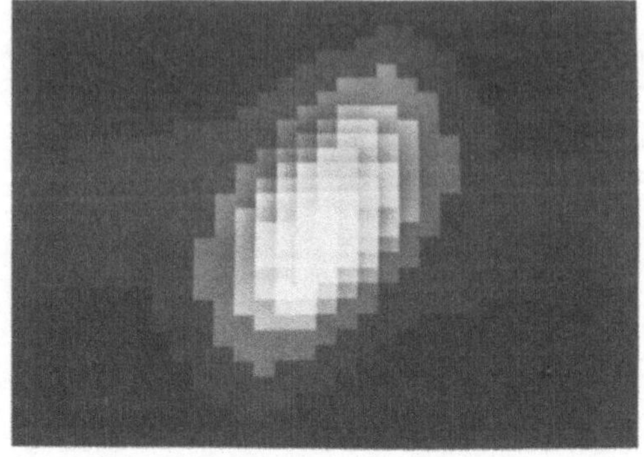

Abb. 4a und b: Autokorrelationsfunktion A(j,k) der Schriftbilder für

j,k = -31,...,31

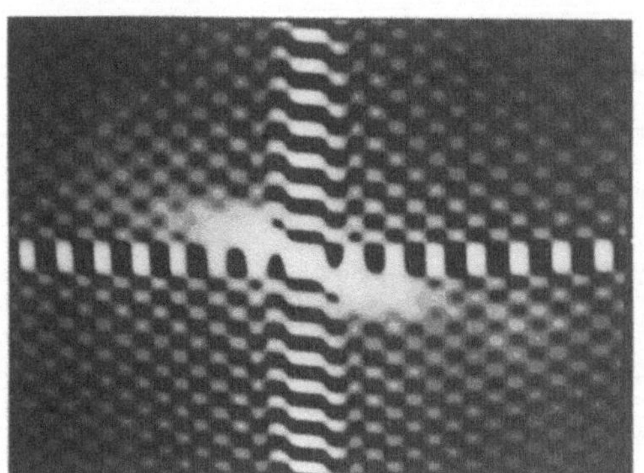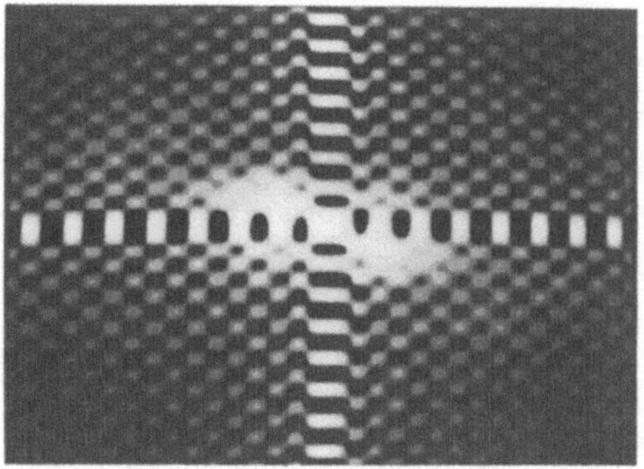

Abb. 5a und b: Anpassung des Leistungsspektrums mit trigonometrischen

Polynomen

Anpassung mit Polynomen

Die Spektren sollen durch Funktionen $p(x,y) = \sum_{j,k=0}^{M} a_{jk} x^j y^k$

angepaßt werden. Die a_{jk} sind allerdings in der Form als Merkmale
nicht zu gebrauchen, da sie sehr instabil sind, bedingt durch die "fast
lineare Abhängigkeit" der Matrix der Skalarprodukte. Die gemischten
Momente $\langle f_{ik}, P \rangle$, $f_{ik}(x,y) = x^i y^k$, weisen im allgemeinen hohe Korrelationen auf und sind somit erst nach geeigneten Transformationen ver-
wendbar. Als gangbarer Weg hat sich die Verwendung orthogonaler Poly-
nome als Funktionensystem erwiesen.

In Anlehnung an den Sprachgebrauch in der Analysis lassen sich diskrete
Legendre-Polynome definieren:

$$f_j(x) = \sum_{i=0}^{j} a_{ij} x^i$$

$$\sum_{m=-M}^{M} f_j(m) f_k(m) = \delta_{jk} \quad \text{(Kroneckersymbol)}$$

Die Funktionen $g_{jk}(x,y) = f_j(x) f_k(y)$ bilden dann ein zweidimensionales,
orthogonales Funktionensystem.

Die Koeffizienten der Legendre-Polynome lassen sich sehr einfach und
schnell mit einem modifizierten Schmidt'schen Orthogonalisierungsver-
fahren bestimmen (siehe /4/, Kap.7).

Abb. 6 zeigt eine Polynomanpassung an das logarithmierte Leistungsspektrum mit 12x12 Koeffizienten (davon sind aus Symmetriegründen die
Hälfte Null).

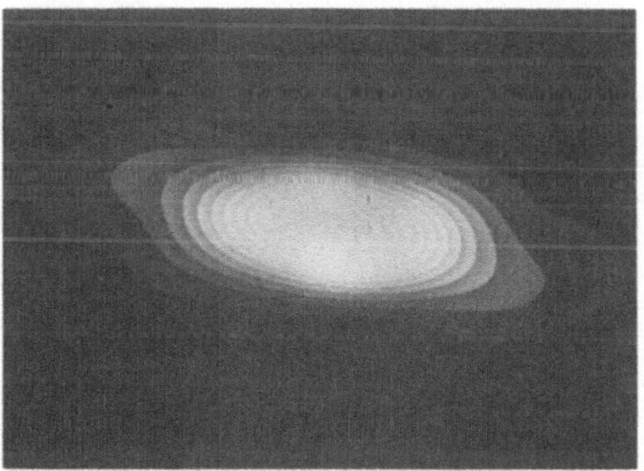

Abb. 6a und b: Anpassung des logarithmierten Leistungsspektrum
            mit Legendre-Polynomen (12x12 Koeffizienten).

III. Klassifikationsergebnisse

Bisher steht ein Satz von 800 Schriftproben (je 40 von 20 Schreibern)
zur Verfügung, von denen die beschriebenen Merkmalsvektoren berechnet
wurden. Es wurden einzelne Klassifikationsexperimente durchgeführt, die
allerdings noch keine abschließende Aussage über die Güte der Merkmalsextraktionsverfahren zulassen. Bis jetzt ergaben sich bei einem "hold-
one-out" Experiment an 400 Schriftproben von 10 Schreibern folgende
Erkennungsraten:

Mittelung über Frequenzbereiche:	90,5%
Autokorrelationsfunktion:	92,0%
Legendre-Polynome:	91,0%

IV. Literatur

/1/ Jean-Marc Fournier, Approche analogique d'une expertise en écriture, un example: l'affaire Dreyfus, Revue internationale de police criminelle, 1974

/2/ Proposal for automatic handwriting verification system, Recognition System, Inc., 1974

/3/ N.Ahmed, K.R.Rao, Orthogonal transforms for digital signal processing, Springer-Verlag, Berlin, 1975

/4/ F.Stummel,K.Hainer, Praktische Mathematik, Teubner-Verlag, Stuttgart, 1971

ANALYSE VON BILDFOLGEN

<u>DIGITALE BILDFOLGENAUSWERTUNG ZUM WIEDERFINDEN</u>
<u>VON OBJEKTEN IN NATÜRLICHER UMGEBUNG</u>

H. Gerlach

Forschungsinstitut für Informationsverarbeitung
und Mustererkennung

7500 Karlsruhe, Breslauer Straße 48

Zusammenfassung

Im folgenden werden Verfahren beschrieben, die in digitaler Form vorliegende Bildfolgen auswerten. Ziel ist das Wiederfinden von Fahrzeugen in einer natürlichen Umgebung. Das bedeutet, daß die entwickelten Verfahren auf alltägliche (z.B. mit einer Filmkamera aufgenommene) Straßenszenen und nicht auf Modellszenen angewendet werden, bei denen ja z.B. durch Wahl einer geeigneten Beleuchtung ein für die Verfahren günstiger Einfluß ausgeübt werden kann.

Abstract

Methods for the processing of sequencies of digital pictures are described in this paper. The purpose is the finding of vehicles in natural surroundings. The developed methods apply to common trafic scenes (as taken by a movie camera) and not to model scenes, where one can create favorable conditions (by suitable light for instance).

Durch die schnelle Entwicklung der Technologie und der Rechenautoma-
ten ist auch eine komplexe digitale Auswertung von Bildfolgen möglich geworden. Ziel der bei uns durchgeführten Simulation war dabei
das Wiederfinden von Objekten (PkW, LkW, militärische Ziele) in einem
natürlichen Szenario. Um die allgemeine Aufgabenstellung der Detektion, des Erkennens und des Wiederfindens von Objekten für ein solches Szenario zumindest teilweise automatisch zu lösen, wurden dem
Menschen die Aufgaben der Detektion und des Erkennens (Markierung des
Fahrzeuges zu Beginn der Bildfolge) und dem Automaten die Aufgabe
des Wiederfindens des Objektes übertragen. Durch diese halbautomati-
sche Lösung der Aufgabe kann der Mensch nach einer initiierenden
Startphase weitgehend entlastet oder sogar ersetzt werden. D.h.,er
kann während der Dauer der Bildfolge andere wichtige Aufgaben über-
nehmen.

Die grundlegenden Komponenten eines halbautomatischen Bildverarbeitungssystems sind in Abb. 1 dargestellt. Die von einem Sensor (z.B.
einer Fernsehkamera aufgenommene Szene wird einer digitalen Bildverarbeitungseinheit zugeführt. Die hierin enthaltenen Bildauswertever-

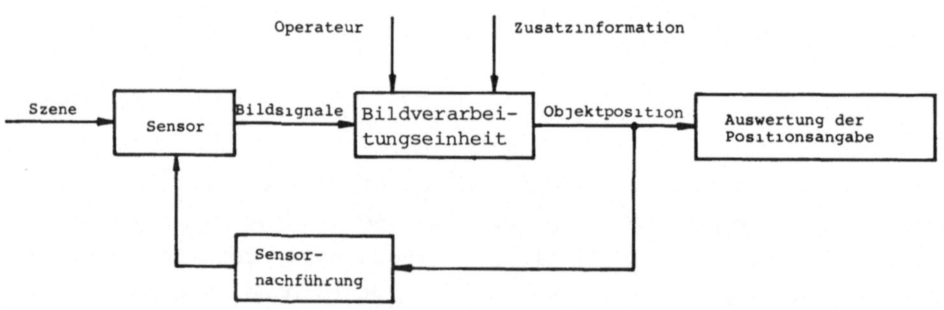

Abb. 1: System zur Auswertung von Bildfolgen

fahren haben die Aufgabe, das Objekt in den Bildern wiederzufinden
und die jeweilige Objektposition zu berechnen. Der Mensch kann den
Verfahrensablauf in der Startphase und in Fehlersituationen beein-
flußen. Durch Zusatzinformation, wie z.B. die Objektentfernung und
die Sensorbewegung kann das Ergebnis der Bildauswertung verbessert
werden. Die Objektposition steht einer anwendungsspezifischen Auswertung zur Verfügung und wird einer Sensornachführung zugeleitet,
die die Aufgabe hat, das Objekt immer in Bildmitte zu halten.

Die Aufgabe des Wiederfindens des Objektes wird durch einen Vergleich,
d.h. durch eine Bestimmung der Ähnlichkeit von Bildern gelöst. Als
Ähnlichkeitsmaß wurde der Korrelationskoeffizient ausgewählt. Es
gilt:

$$K = \frac{\sum_i (x_i - x_m) \cdot (y_i - y_m)}{\sqrt{\sum_i (x_i - x_m)^2 \cdot \sum_i (y_i - y_m)^2}} \qquad \text{Gl. 1}$$

Dieser Koeffizient weist einen festen Wertebereich von -1 bis +1 auf.
Außerdem ist er unabhängig von einer linearen Transformation der
Helligkeitswerte oder der Bildsignale.

Das Blockschaltbild eines auf der Korrelation basierenden Bildverarbeitungssystems ist in Abb. 2 dargestellt. In dem Referenzspeicher A
wird der Bildinhalt des Fensters abgespeichert, mit dem der Operateur
zu Beginn der Bildfolge das ihn interessierende Objekt markiert. Ein
Ausschnitt der aktuellen Szene (Such- oder Erwartungsbereich) wird im
Speicher B zwischengespeichert. Der Korrelator vergleicht die in A
und B enthaltenen Bilder und bestimmt die neue Objektlage in der aktuellen Szene. Dazu wird ein Fenster systematisch über den Suchbereich verschoben, und für jede Fensterposition wird der Bildinhalt
des Fensters mit der Referenz verglichen und ein Korrelationskoeffizient berechnet. Als Ergebnis erhält man also eine Korrelationsmatrix.

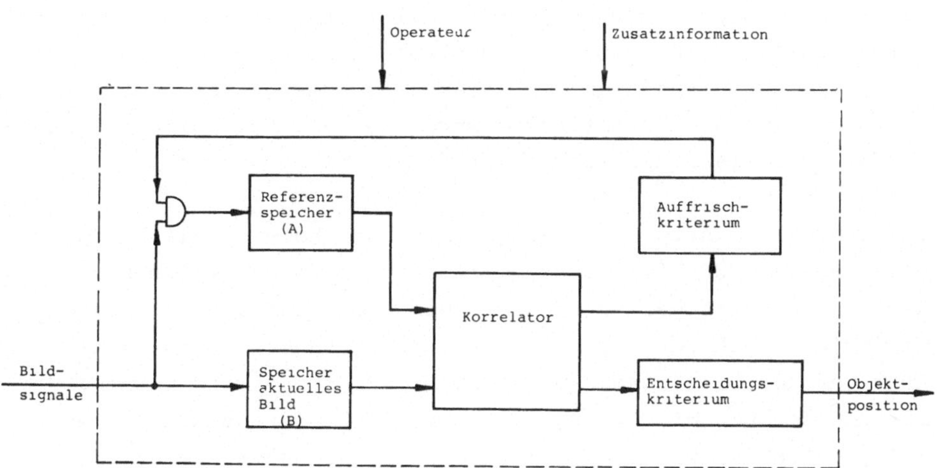

Abb. 2: Bildverarbeitungseinheit eines Korrelationssystems mit
         Vollaustausch der Referenz

Durch ein Entscheidungskriterium wird aus dieser Matrix die Objektposition bestimmt. In einfachen Fällen entspricht die Fensterposition
der Objektlage, die den höchsten Korrelationskoeffizienten aufweist.
Durch eine Extremwertauswertung kann z.B. diese Position bestimmt
werden. Während einer Bildfolge ändert das Objekt seine Ansicht (z.B.
durch Drehung). Infolge dieser Änderung fällt das Korrelationsmaximum
an der Objektposition ab (Ähnlichkeit zwischen aktueller Szene und
Referenz wird geringer) und es besteht die Gefahr, daß insbesondere
durch Hintergrundstrukturen bedingt, weitere lokale Maxima auftreten.
Dies kann zu einer Fehlfunktion des Systems führen. Deshalb wird die
Referenz bei zu geringer Ähnlichkeit von aktueller Szene und Referenz an die aktuelle Situation adaptiert (Auffrischkriterium).

Die das Korrelationssystem (Abb. 2) beeinflussenden Größen (z.B.
Sensorrauschen, Grauwertauflösung, Abbildungsgröße des Objektes,
Vorder- und Hintergrundstörungen) wurden eingehend untersucht und
bewertet. Eine wesentliche Einflußgröße stellt dabei die Vordergrundstörung dar. Da das System nicht zwischen einer Objektveränderung und
einem gestörten Objekt unterscheiden kann, wird bei zu geringer Ähnlichkeit von aktueller Szene und Referenz die Störung in die Referenz eingetauscht. Es tritt dadurch sowohl an der Vorder- als auch
an der Objektposition ein lokales Maximum auf. Das lokale Maximum an
der Vordergrundposition kann dabei schon bei flächenmäßig relativ
geringen Vordergrundstörungen, die einen guten Kontrast zum Objekt
aufweisen, einen höheren Wert erreichen als das an der Objektposition.
Bei einer Extremwertauswertung der Korrelationsmatrix führt dies zu
einer Fehlfunktion des Systems. Grundlegende Ursache der Fehlfunktion
ist die fehlerhafte Adaption der Referenz an das gestörte Objekt.
Zur Reduzierung des Störeinflusses wurde deshalb das Korrelationssystem modifiziert (Abb. 3, schraffierte Systemkomponenten).

Die Referenz wird anstatt bei zu geringer bei hoher Ähnlichkeit von
aktueller Szene und Referenz aufgefrischt. Bei einer solch hohen Ähnlichkeit (hoher Wert des Korrelationsmaximums) hat sich die Szene
nur geringfügig geändert. Tritt eine Vordergrundstörung auf, fällt
die Höhe des Korrelationsmaximums ab. Die Referenz wird nicht ausgetauscht und so auch die Störung nicht in die Referenz übernommen.
Zusätzlich wird die Referenz nicht voll ausgetauscht, sondern es
wird ein Prozentsatz der Helligkeitswerte der aktuellen Szene und
der Referenz aufsummiert. Es entsteht also ein gestapeltes bzw. integriertes Referenzbild, das mit einer gewissen Trägheit an die aktuelle Situation adaptiert wird. Die Schnelligkeit der Adaption läßt

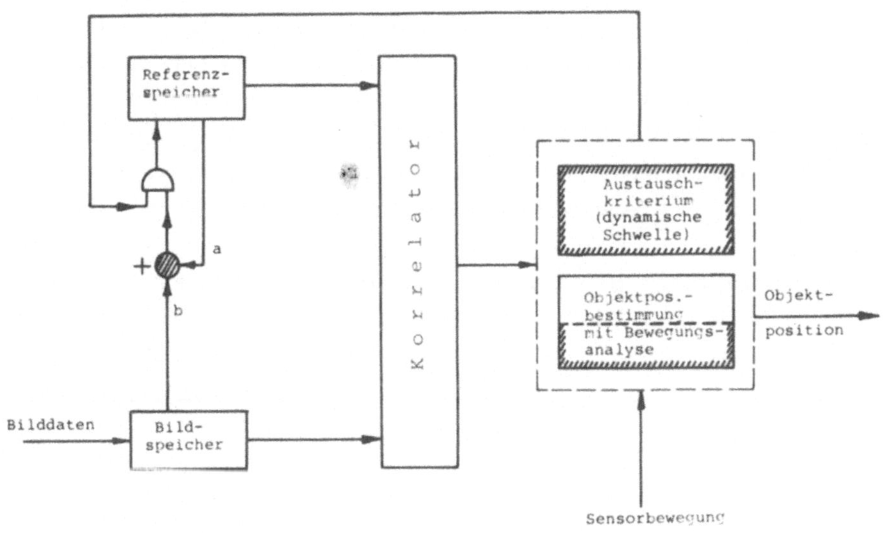

Abb. 3: System mit kontinuierlicher Adaption der Referenz

sich durch die Gewichtsfaktoren a, b (Abb. 3) steuern. Es muß dabei
sichergestellt werden, daß sich die Referenz an Objektveränderungen
(z.B. Drehung) schnell genug anpaßt. Durch die Aufsummation der Referenz entsteht ein rauscharmes Referenzbild. Vordergrundstörungen werden, wenn sie in die Referenz eingetauscht werden, nur mit einem
geringen Prozentsatz ihrer Helligkeitswerte übernommen. Da dieses
System die Bilder bezüglich der Objektposition anpaßt, werden Hintergrundstrukturen bei einem sich bewegenden Objekt in der aufsummierten
Referenz "verwischt" bzw. unscharf dargestellt. Der Hintergrundbe-
reich wird also "homogenisiert". Lokale Maxima infolge der Hinter-
grundstrukturierung treten kaum noch auf. Weiterhin wird bei diesem
System auch die Bewegung des Objektes analysiert. So wird es möglich,
die Lage und die Größe des Suchbereiches vorherzusagen. In starken
Störsituationen, bei denen durch Auswertung der Korrelationsmatrix
keine Positionsentscheidung getroffen werden kann, kann weiterhin die
Objektposition aus dem bisherigen Bewegungsverhalten des Fahrzeuges
geschätzt werden.

Das beschriebene System (Abb. 3) ist in der Lage, einen höheren Prozentsatz an Störungen zu bewältigen als das in Abb. 2 dargestellte
System. Allerdings können langgestreckte Vordergrundstörungen, die

einen geringen Kontrast zum Objekt aufweisen und somit in die Referenz eingetauscht werden und starke Helligkeitsschwankungen im Hintergrund (z.B. Horizontlinie) zu einem Fehlverhalten des Systems führen.
Diese Schwierigkeiten sind dadurch bedingt, daß das System nicht in
der Lage ist, Störungen lokal zu detektieren und beim Vergleich und
beim Austausch der Referenz zu unterdrücken.

Das System wurde deshalb durch zwei weitere Komponenten (Abb. 4,
schraffierte Bereiche) ergänzt. Durch die Erzeugung der Korrelationsmaske sollen beim Vergleich Hinter- und Vordergrundstörungen unter-

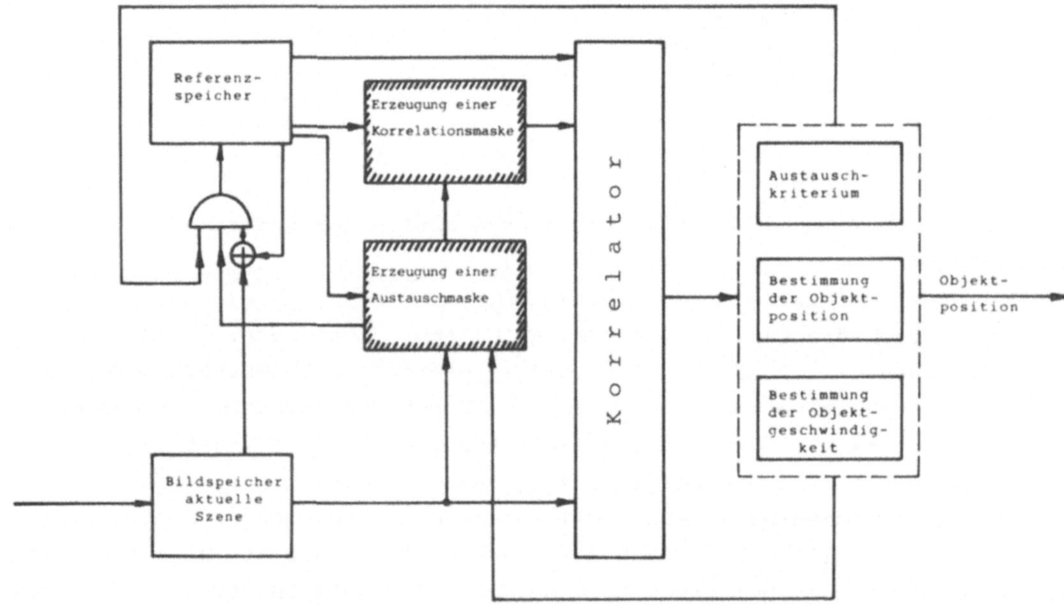

Abb. 4: Bildverarbeitungseinheit eines Korrelationssystems mit
Erzeugung adaptiver Masken

drückt werden. Über starke Veränderungen der Objektansicht (z.B.
Reflexionen) soll ebenfalls nicht korreliert werden. Durch die Verwendung einer Austauschmaske soll die Adaption der Referenz an die
aktuelle Szene lokal gesteuert werden. Störungen durch Hinter- oder
Vordergrund bedingt,sollen dabei nicht in die Referenz übernommen
werden.

Die Erzeugung der Austauschmaske ist in Abb. 5a dargestellt. In
der dargestellten Szene tritt dabei eine teilweise Verdeckung des
Objektes durch Vordergrund und ein Reflex auf dem Fahrzeug auf. Die-

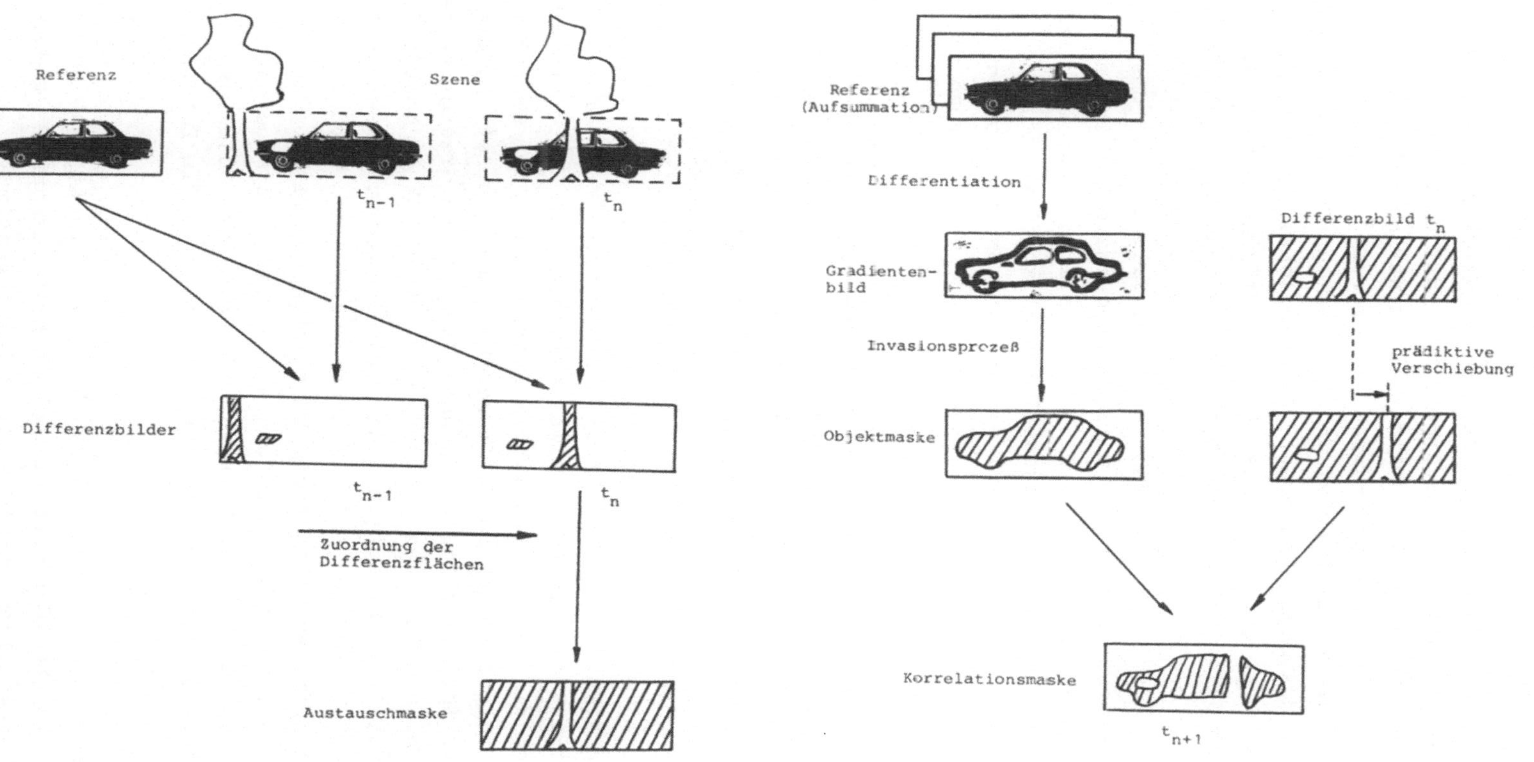

a) Austauschmaske

b) Korrelationsmaske

Abb. 5: Erzeugung adaptiver Masken

se Störungen werden durch eine Differenzbildauswertung lokal detektiert. Dazu werden die Korrelationsfenster der aktuellen Szene von der Referenz subtrahiert. Als Ergebnis erhält man für jeden Zeitpunkt ein Differenzbild. In diesen Differenzbildern sind nur noch Änderungen der Szene enthalten. Durch Hinter- oder Vordergrund verursachte Änderungen der Szene bewegen sich dabei im Gegensatz zu Objektveränderungen durch das auf das Objekt angepaßte Korrelationsfenster. Aufgrund einer Bewegungsanalyse der Differenzfläche (Zuordnungsprozeß) kann also zwischen den beiden Störtypen Objektveränderung und Veränderung der Objektumgebung unterschieden werden. Dies gilt auch für ein sich nicht mehr bewegendes Fahrzeug, wenn in diesem Fall anstatt des aktuellen Bewegungsverhaltens das ehemalige Bewegungsverhalten der Differenzflächen ausgewertet wird. Als Ergebnis erhält man eine Austauschmaske. In dem in Abb. 5a dargestellten Beispiel werden die schraffierten Bereiche (auch Reflex) in die Referenz übernommen. Die als Veränderung der Objektumgebung erkannte Vordergrundstörung wird nicht in die Referenz eingetauscht.

Zur Erzeugung der Korrelationsmaske wird die Referenz ausgewertet. Durch Differentiation entsteht ein Gradientenbild. Dies entspricht einer linienhaften Darstellung von in der Referenz enthaltenen Strukturen. Hintergrundbereiche weisen infolge der Aufsummation der Referenz nur geringe Gradienten auf. Durch einen Invasionsprozeß wird aus dem Gradientenbild die Objektmaske erzeugt. Dabei wird die Maske vom Rand her aus allen Richtungen solange gelöscht, bis bestimmte Abbruchkriterien (z.B. Inhomogenität im Gradientenverlauf) erfüllt sind. Die Objektmaske unterdrückt im wesentlichen alle Hintergrundbereiche. Um auch die lokal detektierten Störungen bei der Korrelation auszublenden, wird zusätzlich das Differenzbild ausgewertet. Da die Korrelationsmaske für die zeitlich nächste Korrelation erzeugt werden soll, müssen sich bezüglich des Fensters bzw. des Objektes bewegende Störflächen prädiktiv (d.h. aufgrund des bisher bekannten Bewegungsverhaltens) verschoben werden. Die so entstandene Maske wird mit der Objektmaske verknüpft. Man erhält die Korrelationsmaske bei der Hintergrundbereiche, Vordergrundstörungen und starke Veränderungen des Objektes ausgeblendet sind. Über Veränderungen des Objektes (Reflex) wird also solange nicht korreliert, bis sich die Referenz an diese Veränderung adaptiert hat.

Durch die Ausblendung von Störungen und nicht zum Objekt gehörenden Bereichen erhält man bei der Korrelation mit Hilfe adaptiver Masken als Ergebnis ein wesentlich steileres Korrelationsmaximum.

Dies wirkt sich insbesondere positiv auf die Positionierungsgenauig-
keit des Systems aus. In den untersuchten Bildfolgen (z.B. Abb. 6)
konnte ein hoher Prozentsatz an Störungen (stationärer Vordergrund,

Abb. 6:   Beispiel einer untersuchten Bildfolge (Fotomontage)

Gegenverkehr, Helligkeitsschwankungen im Hintergrund) bewältigt werden. Zur Anpassung der Referenz auch an schnellen Veränderungen des
gesamten Objektes (z.B. Schlagschatten) wurden weiterhin die beiden
Austauschverfahren Vollaustausch (entspricht Kurzzeitgedächtnis) und
Aufsummation kombiniert. Die Steuerung des Austauschs und das Umschal-
ten auf die Einzelverfahren erfolgt dabei automatisch.

Abb. 7:   Szene mit Schlagschattenstörung

In der in Abb. 7 dargestellten Szene konnte so der PkW ohne Zuhilfe-
nahme einer Prädiktion (Vorhersage der Objektposition) wiedergefunden
werden.

AUTOMATISCHE DREIDIMENSIONALE BESCHREIBUNG BEWEGTER GEGENSTÄNDE

R. KRAASCH, B. RADIG, W. ZACH
Fachbereich Informatik
Universität Hamburg 1979

Wir stellen ein modellgesteuertes Szenenanalyse-System für natürliche
Szenen vor. Die Eingabedaten sind Fernsehbild-Folgen, die einfache
sich bewegende Gegenstände aufzeichnen. Die Bilder werden durch
Symbole beschrieben, die durch Segmentation gewonnen und in einer
relationalen Datenbasis verwaltet werden. Substrukturen der
Bildbeschreibung werden mit Hilfe eines modellgesteuerten
Interpretationsprozesses identifiziert, der zweifach benutzt wird. Er
sucht, gesteuert durch vorgegebene Modelle, markante Punkte in den
Projektionen der Gegenstände in den einzelnen Bildern. Daraus werden
Korrespondenz-Modelle automatisch generiert, mit denen derselbe Prozeß
die Suche nach korrespondierenden markanten Punkten in zeitlich
benachbarten Bildern steuert. Projektionen von identischen
Gegenstandspunkten sollen einander möglichst über die ganze Bildfolge
zugeordnet werden. Die Lösung des Korrespondenz-Problems ist ein
wesentlicher Schritt für die dreidimensionale Rekonstruktion von
Gegenstandskoordinaten durch Bewegungsparallaxe.

1 EINFÜHRUNG

Unter bestimmten Bedingungen /1/ kann man dreidimensionale Information
aus mehreren zweidimensionalen Projektionen einer Szene erhalten.
Übliche Lösungen verwenden Stereo-Aufnahmen mit bekanntem Winkel
zwischen den Kameras /2/ oder Bildserien mit kleinem Bewegungswinkel
der Kamera /3,4/. Unser Ansatz versucht unter folgenden Bedingungen
eine dreidimensionale Beschreibung eines relativ zur Kamera beliebig
bewegten Gegenstands zu erhalten.
- Der Gegenstand wird in diesem Stadium der Bild-Interpretation noch
  nicht erkannt, es wird vielmehr beabsichtigt, die Erkennung mittels
  der dreidimensionalen Rekonstruktion zu unterstützen.
- Der Gegenstand soll sich in einer Ebene bewegen; darüber hinaus
  werden keine Einschränkungen über die Bewegung gemacht.
- Bekannt sind die Höhe der Kamera üeber der Bewegungsebene des
  Gegenstands, die Kamera-Brennweite und, wenn der Maßstab eine Rolle
  spielt, die Entfernung zwischen Gegenstand und Kamera in einem Bild
  der Serie.

Bei der dreidimensionalen Rekonstruktion treten zwei grundlegende
Probleme auf /5/:

- Von Bild zu Bild müssen die Projektionen fester Punkte der
  Gegenstandsoberfläche so einander zugeordnet werden, daß
  Korrespondenz nur zwischen Projektionen desselben Gegenstandspunktes
  besteht.
- Aus den zweidimensionalen Bildkoordinaten dieser Punkte müssen die
  dreidimensionalen Koordinaten der zugehörigen Gegenstandspunkte
  errechnet werden.

Eine allgemeine Lösung des letzteren Problems wurde von Ullman /1/
vorgestellt. Wir verwenden ein Verfahren von Bonde /6/, das speziell
auf unsere Aufgabenstellung zugeschnitten ist. Bondes Programm
errechnet dreidimensionale Koordinaten und Trajektorien von
Gegenstandspunkten aus deren zweidimensionalen Bildkoordinaten, wobei
die oben aufgeführten Kameraparameter als bekannt vorausgesetzt
werden. Für einen Gegenstandspunkt brauchen die Bildkoordinaten nur in
einem Teil der Bildfolge vorzuliegen.

2 MARKANTE PUNKTE

Nur wenn die Änderungen von Bild zu Bild genügend klein sind, ist die
Grauwert-Kreuzkorrelation ein Hilfsmittel zur Lösung des
Korrespondenz-Problems, wie sie z.B. von Nevatia /3/ verwendet wurde.
Er empfiehlt, in den Bildern Gegenstandsmerkmale zu lokalisieren, wie
es z.B. Baker /4/ später getan hat. Arnold /2/ betont die
Effizienzverbesserung, wenn an Stelle der Kreuzkorrelation von
Grauwerten elementare Bildsymbole miteinander in Beziehung gesetzt
werden.
        Die Formalisierung abstrakter Symbole, die körperfeste
Punkte beschreiben, ist schwierig für allgemeine Szenenvorlagen. In
unserem Ansatz umgehen wir zunächst diese Notwendigkeit, indem wir uns
auf "blocks-world" Szenen beschränken. Hier sind Ecken von Blöcken
markante Punkte, die über einen großen Bereich des Sichtwinkels
erkennbar bleiben. Sie drücken sich in den Bildern durch Schnittpunkte
von Gerandenstücken aus, die die Blockkanten repräsentieren.
Natürlich sind nicht alle Schnittpunkte körperfest; einige entstehen
durch Segmentationsfehler, andere dadurch, daß sich Teile des
Gegenstandes gegenseitig verdecken. Die Arbeit von Waltz /7/ liefert
die notwendigen Mittel, um die Schnittpunkte genauer untersuchen zu
können. Um unseren Ansatz erweiterbar auf allgemeinere Szenen zu
halten, verzichteten wir auf Techniken aus dem Repertoire der
"blocks-world" Analyse. Die Entscheidung, ob ein Punkt körperfest ist,
wird verschoben, bis die 3d-Koordinaten berechnet worden sind. Vorerst
betrachten wir alle Schnittpunkte als körperfest.

3 SKIZZE

Zur Berechnung der Schnittpunkte wird ein Bild zuerst in Bereiche, in
sie umgebende Kanten und in die Endpunkte der Kanten zerlegt /8/. Die
Ergebnisse werden als Relationalstruktur (mit den genannten drei Typen
als Trägerelemente) abgelegt. Die Relationalstruktur wird im folgenden
"Skizze" genannt. Eigenschaften der Skizzenelemente sind z.B.
FLÄCHE(BEREICH), X-KOORDINATE(ORT) oder LÄNGE(KANTE). Relationen
zwischen Elementen beschreiben ihre Konfiguration oder ihre
gegenseitigen Abhängigkeiten wie NACHBAR(BEREICH,BEREICH),
GRENZE(BEREICH,KANTE) oder ANFANGSPUNKT(KANTE,ORT). Durch Anpassung
von Geraden an die Kanten wird die Skizze erweitert, indem die
gefundenen Geradenstücke mit ihren Eigenschaften und Relationen
zusätzlich in die Skizze eingetragen werden.

4 MODELLE

Markante Punkte werden durch Modelle beschrieben. Wir verwenden
Modelle für Schnittpunkte von zwei, drei oder vier geraden Linien. Die
Modelle beschreiben bestimmte Eigenschaften und Relationen der
Skizzenelemente, wie z.B. LAENGE(LINIE)>10 oder
10<WINKEL(LINIE1,LINIE2)<170. Unter Verwendung dieser Modelle werden
Skizzenelemente zu Skizzenobjekten gruppiert, von denen jedes eine
Inkarnation des Modells darstellt.
Modelle werden als relationale Struktur formuliert; den formalen
Trägerelementen der Modelle werden während der Interpretation
Skizzenelemente zugeordnet, wobei die im Modell verlangten
Randbedingungen für die Relationalstruktur in der Skizze erfüllt sein
müssen. Zur Beschreibung der Modelle durch den Benutzer wird eine
formale Sprache verwendet; diese Beschreibung wird dann in eine
Repräsentation umgesetzt, die vom Interpretations-Programm verwendet
werden kann. Modelle können hierarchisch aufgebaut werden, so daß
Skizzenelemente zu kleinen Skizzenobjekten gruppiert werden können,
die wiederum zu größeren gruppiert werden, usf.
Die Hierarchieebenen werden durch die "Konstruktions"- Abbildung
verbunden, die Trägerelemente eines Teilmodells in Trägerelemente
eines hierarchisch höherstehenden Modells abbildet. Ein Beispiel für
ein Modell für einen Schnittpunkt am Objektrand, der aus zwei geraden
Linien besteht, ist in Anhang A gegeben.

5 KORRESPONDENZ-MODELL

Barrow et al. /9/ geben eine Abschätzung für den Gewinn bei Verwendung
hierarchischer Modelle gegenüber einem heterarchischem Ansatz. In
unserem System wird dieser Effizienzgewinn wichtig bei der Aufgabe,
die in den Einzelbildern gefundenen markanten Punkte einander

zuzuordnen. Hier wird der gleiche Formalismus wie bei der
ursprünglichen Bestimmung der markanten Punkte verwendet. Im Gegensatz
zu den Modellen der markanten Punkte wird ein Korrespondenz-Modell
automatisch für jedes Bild generiert. Es besteht aus symbolischen
Repräsentanten für alle markanten Punkten, die in einem Bild gefunden
wurden und bestimmten Relationen, die die geometrische Struktur des
Objekts wiederspiegeln (z.B. daß zwei Schnittpunkte Endpunkte einer
gemeinsamen Geraden sind). Dieses Korrespondenz-Modell dient nun als
Schablone sowohl für das folgende als auch für das vorhergehende Bild.
Die Fähigkeit unseres Interpretations-Verfahrens, auch unvollkommene
Interpretationen zu finden, läßt strukturelle Änderungen von Skizze zu
Skizze zu. Um die zu erwartende örtliche Verschiebung des Gegenstandes
zu erfassen, werden die aus der Skizze entnommenen Werte für
Eigenschaften und Relationen im Korrespondenz-Modell auf Intervalle
aufgeweitet. In den meisten Fällen wird man jedoch nur
Teilinterpretationen des Korrespondenz-Modells in der nächsten bzw.
der vorherigen Skizze erhalten.

6 INTERPRETATION

Die Suche nach Übereinstimmungen zwischen Modellen und Teilmengen der
Skizze ist eine Variante der allgemeineren Aufgabe, größte gemeinsame
Teilstrukturen von zwei Relationalstrukturen zu finden. Dieser Prozeß
ist das Kernstück unseres Interpretationsverfahrens. Zwei Stufen sind
dabei unterscheidbar. Für ein ausgewähltes Modell werden Listen von
Kandidaten aufgestellt. Kandidaten sind Inkarnationen eines vom Modell
benötigten Teilmodells, auf der niedrigsten Ebenen sind es die
Skizzenelemente. Von den Listen werden alle Inkarnationen entfernt, in
denen die in ihnen enthaltenen Skizzenelemente nicht die im Modell
geforderten Eigenschaften besitzen. Ebenso werden sie entfernt, wenn
die vorgeschriebenen Relationen zwischen Skizzenelementen nicht
erfüllt sind. Es bleiben in den Listen nur noch für das Modell
passende Einzelteile übrig.
In der zweiten Stufe wird geprüft, ob Relationen zwischen
Skizzenelementen, die aus verschiedenen Kandidaten stammen, erfüllt
sind. Diese Überprüfung wird in das Problem überführt, in einem
Graphen maximale Cliquen zu finden. (Eine Clique ist ein Teilgraph, in
dem jeder Knoten mit jedem verbunden ist; eine Clique ist maximal,
wenn es keinen außerhalb liegenden Knoten gibt, der mit allen Knoten
in der Clique verbunden ist.) In dem in dieser Stufe aufgebauten
Graphen repräsentieren die Knoten hypothetische Zuordnungen von
Kandidaten (aus den Listen) zu Teilmodellen (des Modells). Die Kanten
des Graphen werden wie folgt berechnet:
- Knoten, die Kandidaten aus derselben Liste enthalten, werden
  n i c h t verbunden.
- Knoten, die denselben Kandidaten enthalten, werden n i c h t
  verbunden (Der Fall tritt auf, wenn ein Modell mehrere gleichartige
  Teilmodelle verwendet, dann kann dieselbe Inkarnation in mehreren

Kandidatenlisten auftauchen).
- Knoten mit verschiedenen Kandidaten aus verschiedenen Listen werden
verbunden, wenn zwischen den in ihnen enthaltenen Skizzenelementen
die im Modell geforderten Relationen erfüllt sind.

Die größten maximalen Cliquen in diesem "Kompatabilitäts"-Graphen
repräsentieren die größten gemeinsamen Substrukturen zwischen Modell
und Skizze. Nähere Einzelheiten finden sich in /10/. Für die Suche
nach den Cliquen verwenden wir einen Algorithmus von Bron und Kerbosch
/11/. Die über die Cliquen gefundenen Inkarnationen des Modells werden
bewertet. Es geht die Vollständigkeit, d.h. der Anteil der gefundenen
Teilmodelle, und die Bewertung der verwendeten
Teilmodell-Inkarnationen ein.

7 PFADE

Nachdem für alle Bilder der Folge die markanten Punkte und die
Inkarnationen der Korrespondenz-Modelle gefunden worden sind, kann ein
Graph aufgebaut werden, in dem die Knoten die markanten Punkte sind
und die Kanten die Korrespondenz ausdrücken. Verzweigungen in diesem
Graphen werden beseitigt, indem die Bewertung der beteiligten
Inkarnationen des Korrespondenz-Modells ausgewertet wird. Die
Projektionen eines Gegenstandspunktes sind nun durch einen
unverzweigten Pfad verbunden. Er erstreckt sich über die ganze
Bildfolge, wenn der zugehörige Teil der Gegenstandsoberfläche sichtbar
geblieben ist und keine Segmentations- oder Zuordnungsfehler
aufgetreten sind. Unterbrechungen von einigen Pfaden sind aber auf
die weitere Rekonstruktion ohne Einfluß. Die Koordinaten der markanten
Punkte und ihre Korrespondenz-Beziehung werden in den
3d-Rekonstruktions-Algorithmus eingegeben. Er berechnet die
dreidimensionalen Koordinaten bezogen auf ein am Gegenstand
verankertes Koordinatensystem. Außerdem liefert er Koordinaten der
Rückprojektionen in die Aufnahme-Bildebene. Die Entfernungen zwischen
den markanten Punkten und ihren Rückprojektionen zusammen mit der
Streuung der rückprojizierten Koordinatenwerte geben Hinweise darauf,
welche markanten Punkte nicht körperfest sind. In einer nächsten
Iteration der 3d-Berechnung könnten solche Punkte aus dem
Rekonstruktionsverfahren ausgeschlossen werden, um ein genaueres
Ergebnis zu erhalten.

8 EXPERIMENTE UND AUSBLICK

Es wurden Experimente durchgeführt, die die Anwendbarkeit dieses
Ansatzes demonstrieren. Abb. 1 zeigt ein typisches Bild aus einer
Folge von drei Bildern. Die Beschreibung seiner Kanten durch
Geradenstücke ist in Abb. 2 zu sehen. Die Geradenstücke von drei

Ansichten des Gegenstandes zeigt Abb. 3. Hier sind korrespondierende
markante Punkte durch zusätzliche Linien verbunden. Abb. 4 stellt
schließlich die drei Rückprojektionen der aus den drei Ansichten
berechneten räumlichen Struktur des Gegenstandes dar.

Eine Lösung des Korrespondenz-Problems, das auftritt, wenn man
Bewegungsparallaxe zur dreidimensionalen Beschreibung von Gegenständen
verwenden will, wurde vorgestellt. Obwohl mit stark eingeschränkten
Vorlagen experimentiert wurde, scheint eine Erweiterung auf
allgemeinere Szenen möglich. Zum einen existieren Verfahren, die
Projektionen bewegter Objekte vom Bildhintergrund abtrennen können
/12,13/, zum anderen sind die Modelle für markante Punkte leicht
austauschbar, nur sie müssen an die beobachteten Gegenstände angepaßt
werden.

9   LITERATURVERZEICHNIS

/1/   S. ULLMAN
      The Interpretation of Visual Motion
      MIT Press, Cambridge, Mass., 1979
/2/   R. D. ARNOLD
      Local Context in Matching Edges for Stereo Vision
      Proc. DARPA Image Understanding Workshop, May 1978, Baumann, L.
      (Ed), Science Application Inc.
/3/   R. NEVATIA
      Depth Measurement by Motion Stereo
      Computer Graphics and Image Processing 5 (1976), 203-214
/4/   H.H. BAKER
      Three-Dimensional Modelling
      Proceedings 5th. IJCAI (1977), 649-655
/5/   R.O. DUDA, P.E. HART
      Pattern Recognition and Scene Analysis
      Wiley, New York, 1973, 399
/6/   T. BONDE
      Untersuchungen zur dreidimensionalen Modellierung von bewegten
      Objekten durch Analyse von Formveränderungen der Objektbilder in
      TV-Aufnahmefolgen.
      Diplomarbeit, Fachbereich Informatik, Universität Hamburg, Jan.
      1979
/7/   D. WALTZ
      Generating Semantic Descriptions from Drawings of Scenes with
      Shadows
      Report TR 271, MIT, Cambridge/Mass., Nov. 1972 and in The
      Psychology of Computer Vision (P. H. Winston, ed.) McGraw-Hill,
      New York, 1975
/8/   R. KRAASCH, W. ZACH
      SERF-Ein sequentieller Segmentierungsalgorithmus
      Mitteilung IfI-HH-M-59/78, Fachbereich Informatik, Universität
      Hamburg, 1978
/9/   H.G. BARROW, A.P. AMBLER, R.M. BURSTALL
      Some Techniques for Recognizing Structures in Pictures
      in S. Watanabe (ed.), Frontiers of Pattern Recognition, Academic
      Press, New York 1972, pp. 1-29
/10/ R. BERTELSMEIER, B. RADIG
      Kontextunterstützte Analyse von Szenen mit bewegten Objekten
      in GI/NTG Fachtagung Digitale Bildverarbeitung, H.-H. Nagel

    (ed.), München, 28.-30. Maerz 1977, Informatik Fachberichte, Bd.
    8, pp. 101-128, Springer Verlag, Berlin Heidelberg New York, 1977
/11/ C. BRON, J. KERBOSCH
     Finding all Cliques of an Undirected Graph
     C. ACM 16 (1973), 575-577
/12/ R. JAIN, H.-H. NAGEL
     On a Motion Analysis Process for Image Sequences from Real World
     Scenes
     IEEE Workshop on Pattern Recognition and Artificial Intelligence,
     Princeton, N.J., April 12-14, 1978; und Bericht IfI-HH-B-48/78,
     Fachbereich Informatik, Universität Hamburg, 1978
/13/ B. RADIG
     Parametrisierte Bereichsfindung in digitisierten Fernsehbildern
     als Grundlage für die Beschreibung bewegter Objekte
     in Bildverarbeitung und Mustererkennung, DAGM Symposium, E.
     Triendl (ed.), Oberpfaffenhofen, Oktober 1978, Informatik
     Fachberichte Bd. 17, pp 155-163, Springer Verlag, Berlin
     Heidelberg New York, 1978

Anhang: BEISPIEL EINES EINFACHEN MODELLS

    Das Modell beschreibt einen Schnittpunkt zweier Geradenstücke,
    die am Außenrand eines Modells liegen. Angenommen, wir haben ein
    Modell GERADE   formuliert,   das   Geraden   geeigneter   Länge
    selektiert.   GERADE   besteht   aus   einer Geraden mit Namen
    LINIEN-SEITE und zwei Punkten LINIEN-ANFANG und LINIEN-SCHLUSS.

    Modell ZWEISEITEN-RAND-VERTEX
    Trägerelemente PUNKT: ANFANG, MITTE, SCHLUSS;
            GERADE: SEITE1, SEITE2;
            BEREICH: INNEN-BEREICH, AUSSEN-BEREICH;
    Eigenschaften HINTERGRUND(INNEN-BEREICH) = FALSCH;
            HINTERGRUND(AUSSEN-BEREICH) = WAHR;
    Relationen ANFANGSPUNKT(SEITE1,ANFANG) = WAHR;
            ENDPUNKT(SEITE1,MITTE) = WAHR;
            ANFANGSPUNKT(SEITE2,MITTE) = WAHR;
            ENDPUNKT(SEITE2,SCHLUSS) = WAHR;
            WINKEL(SEITE1,SEITE2) = (10,170)
    Ende
    Konstruktion ZWEISEITEN-RAND-VERTEX
            Quelle GERADE
            Abbildung   LINIEN-SEITE auf SEITE2,
                LINIEN-ANFANG auf ANFANG,
                LINIEN-SCHLUSS auf MITTE;
            Quelle GERADE
            Abbildung   LINIEN-SEITE auf SEITE2,
                LINIEN-ANFANG auf MITTE,
                LINIEN-SCHLUSS auf SCHLUSS;
            Quelle BEREICH
            Abbildung   BEREICH auf INNEN-BEREICH;
            Quelle BEREICH
            Abbildung   BEREICH auf AUSSEN-BEREICH
    Ende

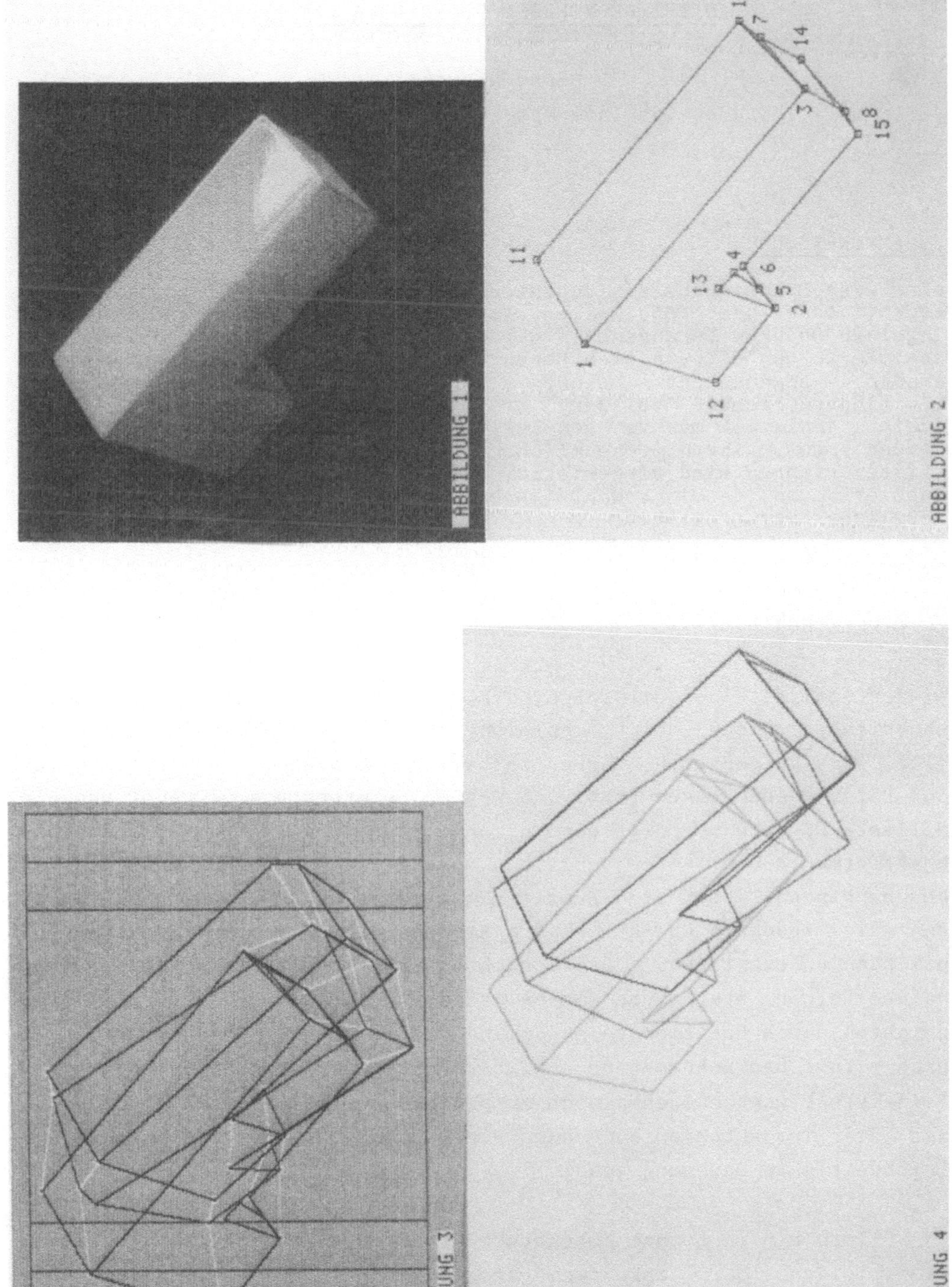
ABBILDUNG 1
ABBILDUNG 2
ABBILDUNG 3
ABBILDUNG 4
11
10
7
14
3
8
15
1
13
4
6
5
2
12

RAEUMLICHE ANALYSE VON BILDSEQUENZEN MITHILFE KORRESPONDIERENDER KANTEN

Bernd Neumann

Fachbereich Informatik, Universitaet Hamburg

ZUSAMMENFASSUNG

Ueber eine Bildsequenz mit bewegten Objekten koennen Aussagen gemacht werden, ohne dass spezielles Vorwissen ueber Form und Bedeutung einzelner Objekte herangezogen wird. Dieser Beitrag geht davon aus, dass die in den Bildern sichtbaren Projektionen von Objektkanten durch Geraden angenaehert sind, und korrespondierende Geraden aufeinanderfolgender Bilder ermittelt werden koennen. Es wird gezeigt, inwieweit man von den Lage- und Richtungsaenderungen einer Geraden auf ihren raeumlichen Verlauf schliessen kann. Ein Analyseverfahren wird vorgestellt, das die Geraden in Objektkandidaten gruppiert und dabei sowohl ihren Bewegungsablauf als auch ihre raeumliche Lage ermittelt.

1. EINLEITUNG

Bei der Analyse einer Bildfolge, die die zeitliche Entwicklung einer natuerlichen Szene zeigt, spielen bewegte Objekte eine besondere Rolle. Sie koennen z.B. unter bestimmten Umstaenden durch Auswerten von Bildveraenderungen vom unbewegten Hintergrund getrennt und als isolierte Objekte verfolgt werden, ohne dass Vorwissen ueber moegliche Objektformen und -eigenschaften herangezogen werden muss [3,7]. Darueberhinaus lassen sich Aussagen ueber ihre 3D-Gestalt ableiten, wenn die bewegten Objekte starre Koerper darstellen und verschiedene Ansichten praesentieren. Das Vorgehen ist analog zur stereoskopischen Analyse einer statischen Szene - in einem Fall werden verschiedene Ansichten durch Positionsveraenderung des Koerpers, im anderen Fall durch solche des Betrachters erzeugt. Allerdings ergeben sich bei der 3D-Analyse bewegter Szenen noch zusaetzliche Probleme, z.B. dadurch, dass die Trajektorien in der Regel unbekannt oder mehrere Koerper gleichzeitig in Bewegung sind.

Ullman hat in seinem "Structure from Motion Theorem" [6] die prinzipiellen Moeglichkeiten aufgezeigt: Aus 3 verschiedenen Ansichten von 4 nicht-koplanaren Punkten eines starren Koerpers lassen sich die relativen 3D-Positionen dieser Punkte errechnen. Ein anwendungsnaeherer Ansatz wurde von Bonde und Nagel [2] verfolgt. Sie betrachten Szenen der natuerlichen Umwelt, bei denen Objekte ebene Bewegungen ausfuehren, z.B. Fussgaenger und Fahrzeuge im Strassenverkehr. Unter der Voraussetzung, dass markante Punkte einzelner Koerper hinreichend genau verfolgt werden koennen, bietet ihr Verfahren die Moeglichkeit, beliebig viele Ansichten in den 3D-Analyseprozess einzubeziehen. Die genannte Voraussetzung ist nichttrivial, sie ist eine Variante des bisher erst fuer eingeschraenkte Szenenvorlagen befriedigend geloesten "Korrespondenzproblems" [1,4].

Der hier vorgestellte Ansatz weicht von den bisher bekannten Verfahren zur 3D-Analyse entscheidend darin ab, dass nicht die Lageaenderung von Punkten sondern Lage- und Richtungsaenderung von geraden Kantenstuecken (im folgenden kurz "Kanten" genannt) ausgewertet wird. Kanten haben den Vorteil, dass die fuer eine 3D-Analyse wesentliche Information aus einer groesseron Bildumgebung abgeleitet wird. Zudem koennen mehr deskriptive Merkmale zur Loesung des Korrespondenzproblems herangezogen werden; dieses wird in diesem Beitrag jedoch ausgeklammert. Vorgegeben seien (projizierte) Lage und Richtung von Kanten als Funktion des Zeitindex einer Bildsequenz. Wie kann man

   A) die Kanten in unabhaengig bewegte Objekte gruppieren (inkl. Hintergrund),

   B) die raeumliche Bewegung eines Objektes ermitteln,

   C) den raeumlichen Kantenverlauf bestimmen ?

In Abschnitt 2 werden zunaechst kinematische Gleichungen fuer eine einzelne Kante angegeben. Sie setzen die unbekannten raeumlichen Winkel- und Bewegungskomponenten mit den vorgegebenen Groessen in Beziehung. Mit diesen Bewegungsgleichungen kann geprueft werden, ob sich mehrere Kanten starr bewegen. Es ergibt sich die Moeglichkeit, die drei Aufgaben A, B und C mit einem einzigen Verfahren zu loesen. Dieses wird in Abschnitt 3 vorgestellt. Abschnitt 4 schliesslich enthaelt Angaben ueber die Implementation.

2: KINEMATIK EINER KANTE

Fuer die folgende Analyse wird angenommen, dass (i) Kanten fest mit der Oberflaeche von starren Objekten verbunden sind (also z.B. keine Schatten sind) und (ii) die Bilder von einer festen Kamera in annaehernd orthographischer Projektion aufgenommen werden. Die raeumliche Bewegung eines Objektes kann durch 3 Translationskomponenten tx, ty, tz und 3 Rotationskomponenten ϱx, ϱy, ϱz in einem festen Koordinatensystem beschrieben werden. Die xy-Ebene wird parallel zur Bildebene gewaehlt. Wegen orthographischer Projektion koennen Verschiebungen in z-Richtung nicht entdeckt werden. Der Nullpunkt der z-Achse ist also irrelevant, ebenso die tz-Komponente, die fortan als Null angenommen wird.

Eine Kante wird als Gerade beschrieben ohne Festlegung von Anfangs- und Endpunkt. Vier Groessen definieren ihren raeumlichen Verlauf (s. Abb. 1):

d, φ	Polarkoordinaten der projizierten Geraden
Θ	Winkel zwischen xy-Ebene und Geraden
ψ	Winkel zwischen xy-Ebene und Ursprungslot auf Gerade

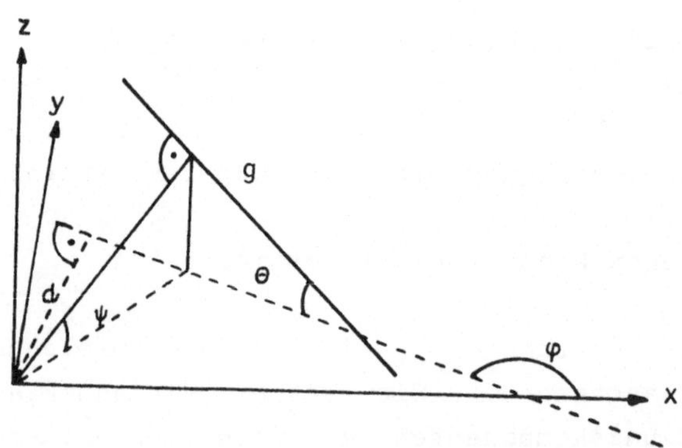

Abb. 1: Eine Gerade g beschrieben durch d, φ, Θ und ψ.

d und φ koennen dem Bild unmittelbar entnommen werden, Θ und ψ dagegen beschreiben den unbekannten raeumlichen Verlauf. Seien 1 und 2 Indizes, die die Zeitpunkte vor und nach einer Rotation kennzeichnen. Dann gelten folgende kinematische Gleichungen:

$$\tan \theta_1 = \frac{\sin \varphi_1 \cos \varrho_x \cot(\varphi_2-\varrho_z) - \cos \varphi_1 \cos \varrho_y - \sin \varphi_1 \sin \varrho_x \sin \varrho_y}{\sin \varrho_x \cot(\varphi_2-\varrho_z) + \cos \varrho_x \sin \varrho_y} \qquad (1)$$

$$\sin \theta_2 = \sin \theta_1 \cos \varrho_x \cos \varrho_y + \cos \theta_1 \sin \varphi_1 \sin \varrho_x \cos \varrho_y$$
$$- \cos \theta_1 \cos \varphi_1 \sin \varrho_y \qquad (2)$$

$$\sin \psi_2 = \sin \psi_1 * (\cos \theta_1 \cos \varrho_x \cos \varrho_y + \sin \theta_1 \sin \varphi_1 \sin \varrho_x \cos \varrho_y$$
$$- \sin \theta_1 \cos \varphi_1 \sin \varrho_y)$$
$$+ \cos \psi_1 * (\cos \varphi_1 \sin \varrho_x \cos \varrho_y - \sin \varphi_1 \sin \varrho_y) \qquad (3)$$

$$1 - \sin^2 \psi_2 / \cos^2 \theta_2 = (d_2/d_1)^2 * (1 - \sin^2 \psi_1 / \cos^2 \theta_1) \qquad (4)$$

Aus (3) und (4) koennen Bestimmungsgleichungen fuer ψ_1 und ψ_2 analog zu (1) und (2) abgeleitet werden, so dass insgesamt folgende Funktionen bercohnet werden koennen:

$$\theta_1 = THETA1(\varrho_x, \varrho_y, \varrho_z, \varphi_1, \varphi_2) \qquad (5)$$
$$\theta_2 = THETA2(\varrho_x, \varrho_y, \theta_1, \varphi_1) \qquad (6)$$
$$\psi_1 = PSI1(\varrho_x, \varrho_y, \theta_1, \varphi_1, d_1, d_2) \qquad (7)$$
$$\psi_2 = PSI2(\varrho_x, \varrho_y, \theta_1, \varphi_1, \psi_1) \qquad (8)$$

θ und ψ einer einzelnen Kante koennen natuerlich nicht bestimmt werden, auch nicht aus beliebig vielen Ansichten, weil mit jeder neuen Ansicht unbekannte Rotationswinkel verknuepft sind. Erst durch Analyse mehrerer gleichbewegter Kanten ergeben sich genuegend viele Bestimmungsgleichungen.

3. DAS ANALYSEVERFAHREN

Das Verfahren geht von einer Menge uninterpretierter Kanten aus, d.h. weder ihr raeumlicher Verlauf noch ihre Zugehoerigkeit zu einzelnen Objekten ist bekannt. Jede Kante ist entsprechend ihrer 3D-Interpretierbarkeit, d.h. ihrer moeglichen θ-ψ-Zuweisungen markiert, anfangs also durch Marken fuer alle moeglichen θ-ψ-Kombinationen. Ausgehend von Bild 1 einer Sequenz, werden nun Bewegungskomponenten hypothetisiert, die die Kanten in die korrespondierenden Kanten des naechsten Bildes transformieren, zunaechst unter der Annahme, dass sich alle betrachteten Kanten gemeinsam als starrer Verband bewegen. Der translatorische Anteil kann als Verschiebung eines heuristisch gewaehlten koerperfesten Punktes abgespalten werden. Die Rotationshypothese erlaubt es, aus den moeglichen Θ-ψ-Kombinationen diejenigen herauszufiltern, die mit den beobachteten d- und φ-Werten kompatibel sind. Nach dem ersten Schritt bleibt fuer jede Kante theoretisch nur noch ein Θ-ψ-Paar uebrig (Anwendung von THETA1 und PSI1); eine realistische Implementation wird jedoch Toleranzen beruecksichtigen muessen (s. Abschnitt 4), so dass im allgemeinen eine reduzierte Menge von Θ-ψ-Kombinationen zu erwarten ist. Durch THETA2 und PSI2 werden die verbleibenden Marken entsprechend der Bewegungshypothese transformiert, so dass sie den moeglichen raeumlichen Verlauf in Bild 2 beschreiben. Daraufhin kann der naechste Schritt analog zum ersten erfolgen.

Kanten, fuer die die Bewegungshypothesen falsch sind, werden nach wenigen Schritten keine moegliche Markierung mehr besitzen und scheiden aus. Sinkt die Zahl der verbleibenden Kanten unter ein Minimum (etwa 2 oder 3), so werden nach den Regeln einer Tiefensuche alternative Bewegungshypothesen erkundet. "Richtige" Hypothesen lassen sich bis zum Ende der Sequenz fortschreiben. Die zugehoerigen Kanten stellen einen Objektkandidaten dar. Nach jedem erfolgreich gefundenen Objektkandidaten wird das Verfahren fuer die verbleibenden Kanten neu aufgesetzt, bis keine sinnvoll interpretierbaren Kanten uebrig sind.

Das Konzept der Tiefensuche wurde gewaehlt, um einfache Verhaeltnisse schnell analysieren zu koennen. Man kann z.B. gleich am Anfang alle unbewegten Kanten durch Verfolgen einer Nullhypothese abtrennen. Bei gleichmaessig bewegten Objekten kann der Suchraum entsprechend durch Verfolgen einer Hypothese konstanter Bewegung klein gehalten werden. Die Filtertechnik ist dem "relaxation labelling" verwandt, wie es z.B. von Rosenfeld [5] fuer Bereichsinterpretationen vorgeschlagen wurde. Die Problemstruktur ist hier jedoch insofern komplizierter, als die Markierungen durch jeden Filterschritt transformiert werden.

4. IMPLEMENTATION

Um den Rechenaufwand klein zu halten und um das Verfahren an ungenaue Ausgangsdaten anzupassen, wurden die 4 Funktionen Gl. 5-8 diskretisiert und tabellarisch implementiert. Dies sei am Beispiel von THETA1 ausgefuehrt. Jeder diskrete Wert repraesentiert ein Intervall, die 5 Argumente insgesamt also einen Hyperwuerfel im Argumenteraum. Als Ergebnis liefert THETA1 die Menge aller diskreten Thetawerte, in deren Intervalle der Hyperwuerfel abgebildet wird. Werden Winkel in 5-Grad-Schritten diskretisiert, ergeben nur ca. 10% aller Hyperwuerfel Thetamengen mit mehr als 3 Elementen (THETA1 ist relativ "glatt"). Dementsprechend ist in der implementierten Tabelle je Eintragung Platz fuer 3 Elemente. Ausnahmen werden als undefiniert markiert.

Der Speicherbedarf fuer alle 4 Tabellen betraegt (unter Ausnutzung von Symmetrien) ca. 10 MByte; hier muss also peripherer Speicher benutzt werden. Durch eine geeignete Organisation in Seiten und einen angepassten Seitenaustausch-Algorithmus koennen dennoch schnelle mittlere Zugriffszeiten erwartet werden. Genauere Ergebnisse und letztlich auch ein Erfolgsnachweis fuer das vorgeschlagene Verfahren stehen noch aus, da derzeit erst einfache Testdatensaetze analysiert worden sind.

LITERATURVERZEICHNIS

[1] T.Banard, W.Thompson: "Disparity Estimation Using Feature Point
     Matching", WCATI, Philadelphia, 1979
[2] T.Bonde, H.H.Nagel: "Deriving a 3D-Description of a Moving Rigid
     Object from Monocular TV-Frame Sequences", WCATI, Philadelphia,
     1979
[3] R.Jain, H.H.Nagel: "On a Motion Analysis Process for Image
     Sequences from Real World Scenes", IEEE Comp. Soc. Conf. PRIP,
     Chicago, 1978
[4] R.Kraasch et al.: "Automatische dreidimensionale Beschreibung
     bewegter Gegenstaende", dieser Band, 1979
[5] A.Rosenfeld et al.: "Scene Labelling by Relaxation Operations",
     IEEE Trans. Sys. Man Cyb. SMC-6, 1976
[6] S.Ullman: "The Interpretation of Visual Motion", MIT Press,
     Cambridge, Mass., 1979
[7] M.Yachida et al.: "Automatic Motion Analysis System of Moving
     Objects from the Records of Natural Processes", IJCPR-78, Kyoto,
     1978

KONZEPT UND REALISIERUNG EINES MIT KONTRASTAUSWERTUNG ARBEITENDEN TV-TRACKERS

K. Landzettel, G. Hirzinger

Deutsche Forschungs- und Versuchsanstalt für Luft- und Raumfahrt

Oberpfaffenhofen

Kurzfassung

Es wird ein TV-Zielverfolgungssystem vorgestellt, das auf vergleichsweise einfacher, dafür sehr schneller Bild-Informationsverarbeitung beruht. Es setzt sich zusammen aus TV-Kamera einschl. Drehstand, Farbmonitor, Kontrastauswertelogik und Prozeßrechner zur Entscheidungsfindung und Steuerung anhand der Bilddaten. Diese Bilddaten werden dargestellt durch jene x- und y-Koordinaten im Bild, bei denen der Grauwert eine vorgegebene Schwelle über- bzw. unterschreitet. Die Koordinaten werden von der Kontrastauswertelogik ermittelt und an den Prozeßrechner zur Weiterverarbeitung übergeben, so daß dieser von der Kontrastermittlung befreit ist und während eines Halbbildes genügend Zeit (20 ms) zur Verarbeitung hat. Die Auswertung der somit kurzzeitig verfügbaren Objektkonturen erfolgt dabei nur in einem Bildfenster, das anfänglich vom Beobachter eingestellt werden kann, sich aber dann automatisch der Objektgröße anpaßt. Zielfenster und Objekt werden auf dem Monitor farbig markiert. Der angekoppelte Prozeßrechner übernimmt folgende Aufgaben in Echtzeit:

a) Berechnung und Ausgabe des Bildfensters

b) Nachsteuerung des Kameradrehstands, so daß sich das Ziel immer in Bildmitte befindet

c) Lösung von Problemfällen beim Auftreten von Störobjekten

Punkt c) stellt den schwierigsten Teil des Programms dar, von dessen Leistungsfähigkeit die Störsicherheit des Trackers abhängt. Wesentliche Kriterien der Behandlung von Störfällen sind zur Zeit die nach rechnerischem Abzug der Kamerabewegung verbleibenden Verschiebungen der Kontrastübergänge im Vergleich zu zurückliegenden Bildfolgen. Sie werden in Form heuristischer Wahrheitstabellen verarbeitet. Verbesserungen des Trackers erfolgen rein softwaremäßig über die Erprobung neuer Algorithmen.

Der Tracker war zunächst gedacht zur Luftzielverfolgung, zwischenzeitlich konnte aber auch die Bodenzielverfolgung im Versuch demonstriert werden. Entsprechendes Filmmaterial liegt vor.

<u>SIMULATION VON ZIELFOLGESYSTEMEN NACH DEM RETICLE-PRINZIP</u>

S. Craubner

Deutsche Forschungs- und Versuchsanstalt
fur Luft- und Raumfahrt
Oberpfaffenhofen

Kurzfassung

Infrarot-Zielsuchköpfe nach dem Reticle-Prinzip finden auch heute noch uberwiegend ihren Einsatz bei der autonomen Flugkörperlenkung (Sidewinder, AIM 9L etc.). Das Reticle beeinflußt durch Modulation der von der Empfangsapertur aufgefaßten Strahlung der Bildszene maßgeblich die Signalverarbeitung. Aus dieser Modulation können Ablage-signale eines (punktformigen) Zieles gewonnen werden, die eine Zielnachführung ermöglichen (Tracking).

Der Vortrag befaßt sich mit der Analyse solcher Reticle-Systeme, wobei das Detektor-Signal als Funktion der Bildszene, bestehend aus Ziel und Hintergrund, angegeben werden kann. Aus der Modulation kann auf die Güte der Ziel-Hintergrund-Unterscheidung geschlossen werden. Dabei werden verschiedene Zielstrukturen (Punktziel, Kantenziel etc.) bei verschiedenen Stör-Hintergrundszenen, sowie der Problemkreis "Mehrfachziele", "Störziele" untersucht.

Das Verhalten eines gegebenen Systems in solchen Anwendungsfällen kann weitgehend durch Simulation ermittelt werden. Es werden einige Methoden hier angewandter digitaler Simulation aufgezeigt.

Zur Detektion von Relativbewegungen in bewegten
natürlichen Szenen

A. Korn, G. Wedlich

Fraunhofer-Institut für Informations-
und Datenverarbeitung, Karlsruhe (IITB)

Zusammenfassung

Die Analyse zeitlicher Veränderungen in Bildern bildet ein Arbeitsge-
biet von schnell zunehmender Bedeutung und einem weiten Anwendungs-
spektrum. Es werden zwei Verfahren zur Bewegungsanalyse in natürlichen
Szenen vorgestellt, die mit einem bewegten Sensor aufgenommen werden.
Die erste Methode vergleicht die Position von Flächenelementen in zwei
aufeinanderfolgenden Bildern. Diese Flächenelemente sind Gebiete mit
konstantem Vorzeichen beider Komponenten des räumlichen Gradienten.
Bei der zweiten Methode wird ein Kontrastmaß zur Verarbeitung herangezogen, in welches a-priori Information über relevante Ortsfrequenzen
eingeht und das allgemein als signalabhängige Bandpaßfilterung definiert werden kann. Es ergeben sich cluster mit ähnlichen Kontrast-
werten, deren Position in Bildsequenzen verglichen wird. Speziell wurde
durch lineare Regression ein Linienbild erzeugt und Parameter wie Linien-
länge, mittlerer Regressionsfehler, mittlerer Kontrast und Polarität
(z. B. Hell-Dunkel-Übergang in Zeilenrichtung) beim Vergleich herangezogen. Durch Bestimmung der Richtung und des Betrages von Bewegungsvektoren kann eine Segmentierung des Bildes in unterschiedlich bewegte
Objekte durchgeführt werden. Es werden Ergebnisse für eine Fahrzeug-
szene vorgestellt, die mit nachgeführter Kamera aufgenommen wurde.

1. Einleitung

Werden 3-dimensionale Szenen mit einem bewegten optischen Sensor aufgenommen, so ergeben sich charakteristische Verteilungen für die
2-dimensionale Projektion der Bewegungsvektoren, deren Analyse sowohl
Aussagen über die 3-dimensionale Struktur der Szene ermöglicht als
auch über Relativbewegungen innerhalb der Szene. Für den Fall, daß
perspektivisch bedingte Scheinbewegungen durch einen hinreichend
großen Sensorabstand ausgeschlossen werden, kann aufgrund plötzlicher
lokaler Änderungen des Vektorfeldes eine Segmentierung der Szene in
relativ bewegtes Objekt und Hintergrund vorgenommen werden /1, 2/.

Vor der eigentlichen Bewegungsanalyse müssen Merkmale definiert werden,
deren zeitliche Eigenschaften in den folgenden Verarbeitungsstufen
untersucht werden (Abb. 1). Die einfachsten Merkmale sind die Grauwerte

selber. Geeigneter sind jedoch Kanten und Approximationen von Ober-
flächenelementen wegen ihrer Invarianzeigenschaften hinsichtlich
Änderungen der Beleuchtungsstärke und der geringeren Störanfälligkeit
bei Änderungen der Aufnahmeparameter oder des Aspektwinkels /3, 4/.
Eine sehr gute Übersicht über bisher angewandte Verfahren der Bewegungsanalyse gibt H.-H. Nagel in /5/.

Zeitliche Änderungen dieser Merkmale im äußeren Bereich seines Gesichtsfeldes lösen beim Menschen Augenbewegungen in Richtung dieser
Änderungen aus. Eine genauere Analyse nach dieser Detektionsphase
führt zu einer Entscheidung, ob in diesen auffälligen Bereichen eine
Bewegung oder nur eine Änderung der Helligkeit stattgefunden hat.
Bewegungswahrnehmung in biologischen Systemen ist in erster Linie
nicht die Wahrnehmung verschiedener Positionen von Merkmalen im Bild,
sondern das Verarbeitungsergebnis eines komplexen orts-zeitabhängigen
Koppelnetzwerks /6/. Im Gegensatz dazu werden bei den üblichen Methoden der Bewegungsanalyse durch Rechner zwei statische Bilder ver-
glichen, um einen Verschiebungsvektor $\Delta \underline{x}$ zu berechnen. Dieser Verschiebungsvektor kann direkt mit Hilfe einer 2-dimensionalen Reihenentwicklung der Grauwertverteilung, z. B. einer Taylorentwicklung, gewonnen
werden. Eine andere Vorgehensweise ist der Vergleich von Parametern
in symbolischen Darstellungen zeitlich aufeinanderfolgender Grauwertbilder. Hierzu werden im folgenden zwei Methoden vorgestellt:
1. Vergleich von Bildbereichen, die durch konstantes Vorzeichen des
   Flächengradienten gekennzeichnet sind,
2. Vergleich der Positionen von Kanten, die durch lineare Regression
   ähnlicher Kontrastwerte berechnet werden.

2. Flächenberechnung

In Abb. 2a ist die Grauwertverteilung des schwarzumrandeten Bereichs
aus Abb. 4a dargestellt (80 x 80 Bildpunkte). Eine symbolische Darstellung soll dadurch erreicht werden, daß die Punkte, für die sich
das Vorzeichen beider Komponenten des Gradienten nicht ändert, einer
zusammenhängenden Fläche zugeordnet werden. Bei dieser Vorgehensweise
wird also ein Spezialfall des von B. Radig in /4/ beschriebenen Verfahrens erfaßt.

Um ausreichend große Flächen zu erhalten, wird zunächst eine Glättungsoperation durchgeführt. In Abb. 2b ist das Ergebnis der Glättung mit
einem 9 x 9 Fenster dargestellt, das sich als günstig erwiesen hat.

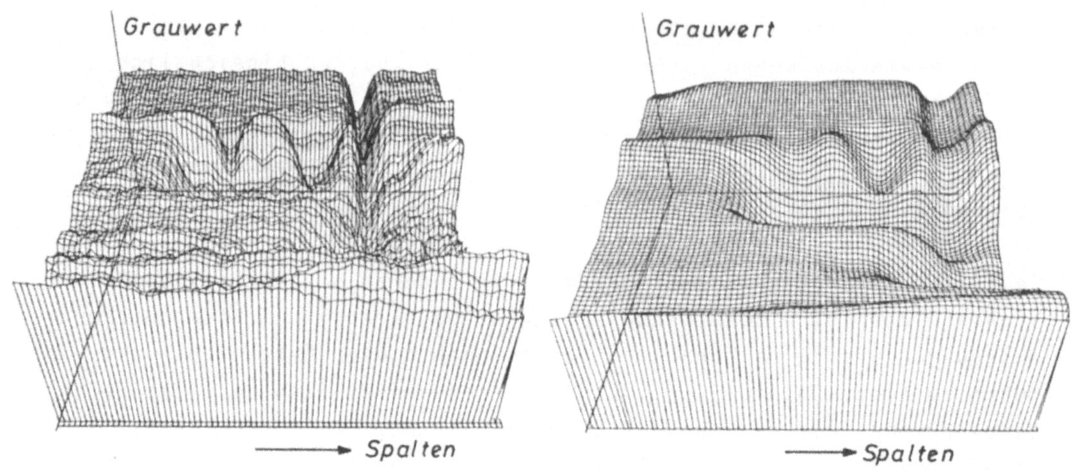

Abb. 2a: 3-dim. Darstellung der Grauwerte des 80 x 80 Fensters (schwarzer Rahmen) in Abb. 4a

Abb. 2b: Dieselbe Darstellung wie in a) nach der Glättungsoperation mit einem 9 x 9 Fenster

In Abb. 3a ist der schwarz umrandete Bereich aus Abb. 4a in symbolischer Form dargestellt. Die Zuordnung der Symbole zu den Vorzeichen der Komponenten geht aus der Matrix in Abb. 3c hervor. Zusammen mit der entsprechenden Darstellung für das nächste Bild der Bildfolge ist ersichtlich, daß durch Zuordnung ähnlicher Bereiche die Hintergrunds- und Fahrzeugbewegung berechnet werden kann. Die Letztere wurde durch die nachgeführte Kamera nahezu kompensiert.

Wenn jede Fläche durch das größte Quadrat ersetzt wird, das vollständig in ihr enthalten ist, kommt man zu einer Darstellung wie sie in Abb. 4b wiedergegeben ist. Hier ist auch die visuelle Zuordnung der hervorgehobenen Bereiche zum Originalbild möglich.

Ein Vorteil des Verfahrens ist die geringe Störanfälligkeit. Nachteile sind die erforderlichen Glättungsoperationen, die u. U. wichtige Konturen verschleifen können, und der relativ große Rechenaufwand.

Abb. 4a: Bild 27 einer Bildfolge mit
nachgeführter Kamera. Teilverdeckung
des fahrenden Panzers durch einen
Baum. Der schwarz umrandete Bereich
enthält 80 x 80 Bildpunkte.

Abb. 4b: Dieselbe Szene wie in a)
mit der eingeblendeten symbolischen
Darstellung ausgezeichneter Flächen
(siehe Text).

3. Vorverarbeitung durch eine nichtlineare Ortsfrequenzfilterung

Die Grauwertamplituden und die örtlichen Abstände der Extremwerte in
Grauwertbildern enthalten die für unsere Aufgabenstellung notwendige
Information, weshalb im folgenden nur Grauwertextrema betrachtet werden.

Um a-priori Information über den Grauwertverlauf an den Kanten relevanter Objekte besser berücksichtigen zu können, wird ein Kontrastmaß
definiert. Dieses bewertet die örtlichen Abstände und Relativamplituden
der Extremwerte sowie das Vorzeichen des Gradienten sowohl in Zeilen-
als auch in Spaltenrichtung. Einige dieser Eigenschaften werden an Hand
von Abb. 5 veranschaulicht.

(1) Derselbe Gradient, jedoch verschiedene Relativamplituden bei m und l
führen zu verschiedenen Kontrasten.

(2) Dieselben Relativamplituden, jedoch verschiedene Gradienten bei
l und o führen zu verschiedenen Kontrasten.

(3) Kleine Fluktuationen werden geglättet. Jeder aktuelle Kontrast
wird korrigiert durch eine Addition der gewichteten Summe vorhergehen-
der Kontraste.

Die Textur des Hintergrundes in den bisher untersuchten Szenen (Wald, Wiese) legt eine Tiefpaßfilterung nahe

$$K(Z,M,L) = \frac{1}{T} \int_M^L [g(Z,S') - g(Z,M)] \cdot e^{-(L-S')/T} dS' \; , \tag{1}$$

$$T = const.$$

$K(Z,M,L)$ ist ein Maß für den Dunkel-Hell-Kontrast zwischen einem lokalen Minimum in Spalte M und dem folgenden Maximum in Spalte L für die Grauwerte $g(Z,S)$ in Zeile Z. Die unter Punkt 3 erwähnten Korrekturen sind bei Gl. 1 fortgelassen. Die Filterfunktion kann an die relevanten Ortsfrequenzen der Szene angepaßt werden. Eine lineare Interpolation zwischen aufeinanderfolgenden Extremwerten vereinfacht Gl. 1 zu

$$K(Z,M,L) = \frac{g(Z,L) - g(Z,M)}{\Delta L} (\Delta L - 1 + e^{-\Delta L}) \; , \tag{2}$$

$$mit \quad \Delta L = (L-M)/T \; .$$

Für einen Abstand $\Delta L \gg 1$ erhält man die Differenz der Extremwerte

$$K(Z,M,L) = g(Z,L) - g(Z,M)$$

Analog zu Gl. 2 wird der Kontrast für Dunkel-Hell-Übergänge in Spaltenrichtung berechnet und für Hell-Dunkel-Übergänge in Zeilen- und Spaltenrichtung, wobei hier die Integration in Gl. 1 zwischen einem maximalen und dem folgenden minimalen Grauwert vorgenommen und der Betrag gebildet wird. Man erhält insgesamt vier Matrizen für die verschiedenen Übergänge.

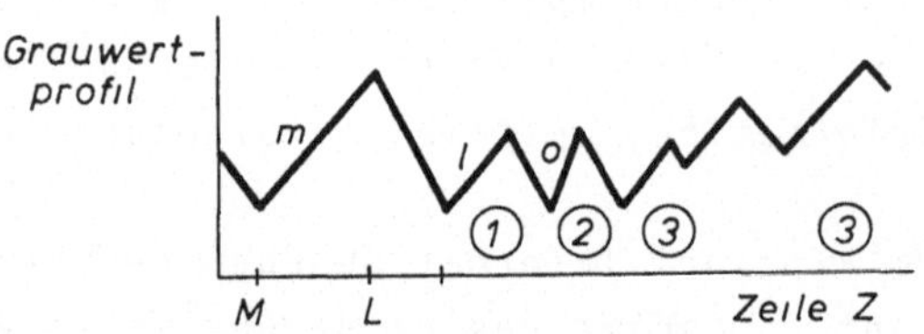

Abb. 5: Zwischen den Extremwerten linearisierter Grauwertverlauf für eine Zeile Z zur Veranschaulichung von Eigenschaften des Kontrastmaßes Gl. 1 (siehe Text).

Ein Problem ist, dem Kontrastwert einen geeigneten Ort im Bild zuzuordnen. Zufriedenstellende Resultate ergaben sich, wenn der Ort der größten Grauwertänderung zwischen den Extremwerten gewählt wurde. Die Kontraste der übrigen Bildpunkte wurden jeweils gleich Null gesetzt.

Zur Veranschaulichung des Verfahrens wird im folgenden der weiß um-

randete Bereich in Abb. 6 betrachtet. Die Hell-Dunkel-Kon-
traste in Zeilenrichtung sind
für die Spalten 1 - 38 in Abb. 7
dargestellt. Sowohl die linke Begrenzung des Panzers als auch
diejenige des Baumes ergeben
große Kontrastwerte in den
Spalten 4 - 8 bzw. 25 - 27. Durch
eine geeignete Schwellwertbildung kann ein großer Teil von
irrelevanten Hintergrundsstruk-
turen eliminiert werden wie aus
Abb. 8 zu ersehen ist. Hier sind
alle Kontraste oberhalb einer
Schwelle von 40 in symbolischer
Form enthalten. Für denselben
Bildausschnitt,jedoch vier Bil-

Abb. 6: Panzer hinter einem Baum.
Dies ist Bild 35 einer Bildserie,
die mit nachgeführter Kamera aufgenommen wurde. Der weiße Rahmen
markiert ein Fenster von 40 x 80
Bildpunkten.

der später, sind die Kontraste in Abb. 9 dargestellt. Die horizontale
Verschiebung des Baumes beträgt acht Spalten, während die Verschiebung
des Panzers nahezu Null ist. Offensichtlich wurde die Kamera sehr genau
nachgeführt.

4. Bewegungsanalyse durch Vergleich von Regressionslinien

Die Bewegung des Hintergrundes und des Fahrzeugs relativ zum Hintergrund
soll berechnet werden durch Positionsvergleich korrespondierender Kanten
wie in der Einleitung erwähnt wurde. Es wurde ein Algorithmus implementiert, der ähnliche Kontraste durch eine Regressionsgerade verbindet.
Das Ergebnis ist eine Liste derjenigen Parameter, durch welche die einzelnen Linien gekennzeichnet werden. Das sind im einzelnen
- mittlere Streuung der verbundenen Punkte
- mittlerer Kontrast
- Orientierung
- Länge
- positiver oder negativer Kontrast.

Die mittlere Streuung ist ein Maß für die Geradheit von Kanten, welche
i. a. besser ist für sog. man-made objects als für natürliche Objekte.

In Abb. 10 sind alle Hell-Dunkel Kontraste in Zeilenrichtung für die
Spalten 1 - 38 der Bilder 35 und 39 eingetragen, wobei die weißen
Symbole Bild 35 und die schwarzen Symbole Bild 39 zugeordnet sind.
Kontraste zwischen 1 und 50 sind durch Kreise und Kontraste größer als
50 durch Quadrate gekennzeichnet. Es wurden in jedem Bild vier Linien
berechnet, deren insgesamt acht Schwerpunkte durch weiße bzw. schwarze
Dreiecke markiert sind. Die gegenseitige Zuordnung erfolgt in diesem
einfachen Beispiel in erster Linie über den minimalen örtlichen Ab-
stand. Ein Vergleich der Linienparameter wurde nur zur Erhöhung der
Sicherheit durchgeführt.

Aus der Tabelle in Abb. 11 ergeben sich Verschiebungen von 8, 8, 2 und
1 Bildpunkten, wodurch zwei Bewegungsklassen definiert sind, die durch
die Buchstaben H (Hintergrund) und
Z (Ziel) in Abb. 10 gekennzeichnet
sind.

B 2 \\ B 1	1 1	1 2	1 3	1 4
2 1	8 0	25 4	12 5	20 6
2 2	33 0	2 0	15 2	27 0
2 3	19 6	14 4	1 0	23 6
2 4	20 6	19 1	170	8 0

5. Diskussion

In Erweiterung vieler bisheriger Ansätze
zum Vergleich von Kantenpositionen /5/
zeigen die bisher im IITB gewonnenen
Ergebnisse, daß aufgrund der fünf in
Abschnitt 4 aufgeführten Parameter die
Zuordnung von Kanten in aufeinanderfolgenden Bildern erleichtert werden kann.

Abb. 11: Tabelle der eukli-
dischen Abstände der Schwerpunkte 1.1 - 1.4 aller Re-
gressionslinien in Bild 35
(B. 1) von den Schwerpunkten
2.1 - 2.4 in Bild 35 (B. 2).

Insbesondere in den unter-
suchten natürlichen Szenen erweist sich als nützlich, daß bereits
einfache Strukturmerkmale wie Geradheit und Orientierung von Linienelementen in den Parametern enthalten sind. Obwohl bisher nur Trans-
lationsbewegungen untersucht wurden, können über den Parameter "Kanten-
orientierung" sehr wahrscheinlich erste Aussagen über Rotationsbewe-
gungen gemacht werden ohne den Umweg über ein "inneres Modell" der gesamten Szene oder relevanter Ausschnitte. Das ergibt sich aus Untersuchungen im IITB zur Richtungsfilterung /7/.

6. Literaturverzeichnis

/1/ J.L. Potter, Scene Segmentation Using Motion Information, Computer
Graphics and Image Processing 6 (1977), p. 558 - 581.

/2/ W.N. Martin, J.K. Aggarwal, Dynamic Scene Analysis: The Study of
     Moving Images, Techn. Report Nr. 184, Inf. Syst. Research Lab.
     The Univ. of Texas at Austin, Austin/Texas Jan. 1977.

/3/ F. Holdermann, H. Kazmierczak, Preprocessing of Gray-Scale Pictures,
     Computer Graphics and Image Processing 1 (1972), p. 66 - 80.

/4/ B. Radig, Parametrisierte Bereichsfindung in digitalisierten Fern-
     sehbildern als Grundlage für die Beschreibung bewegter Objekte,
     DAGM-Symposium "Bildverarbeitung und Mustererkennung", Oberpfaffen-
     hofen 11. - 13. Okt. 1978/hrsg. von E. Triendl, Informatik-Fach-
     berichte Bd. 17, Springer-Verlag, Berlin 1978, S. 153 - 161.

/5/ H.-H. Nagel, Analysis Techniques for Image Sequences, Proceedings
     of the 4th IJCPR, Nov. 7 - 10, 1978, Kyoto, Japan, p. 186 - 211.

/6/ A. Korn, A Physiological Model of Motion Perception, Kybernetik
     1977 - München. 6. Kongreß der Dt. Gesellschaft für Kybernetik,
     Oldenbourg-Verlag, Wien 1978, S. 420 - 425.

/7/ A. Korn, Segmentierung und Erkennung eines Objektes in natürlicher
     Umgebung, DAGM-Symposium, Oberpfaffenhofen, 1978, siehe /4/,
     S. 265 - 274.

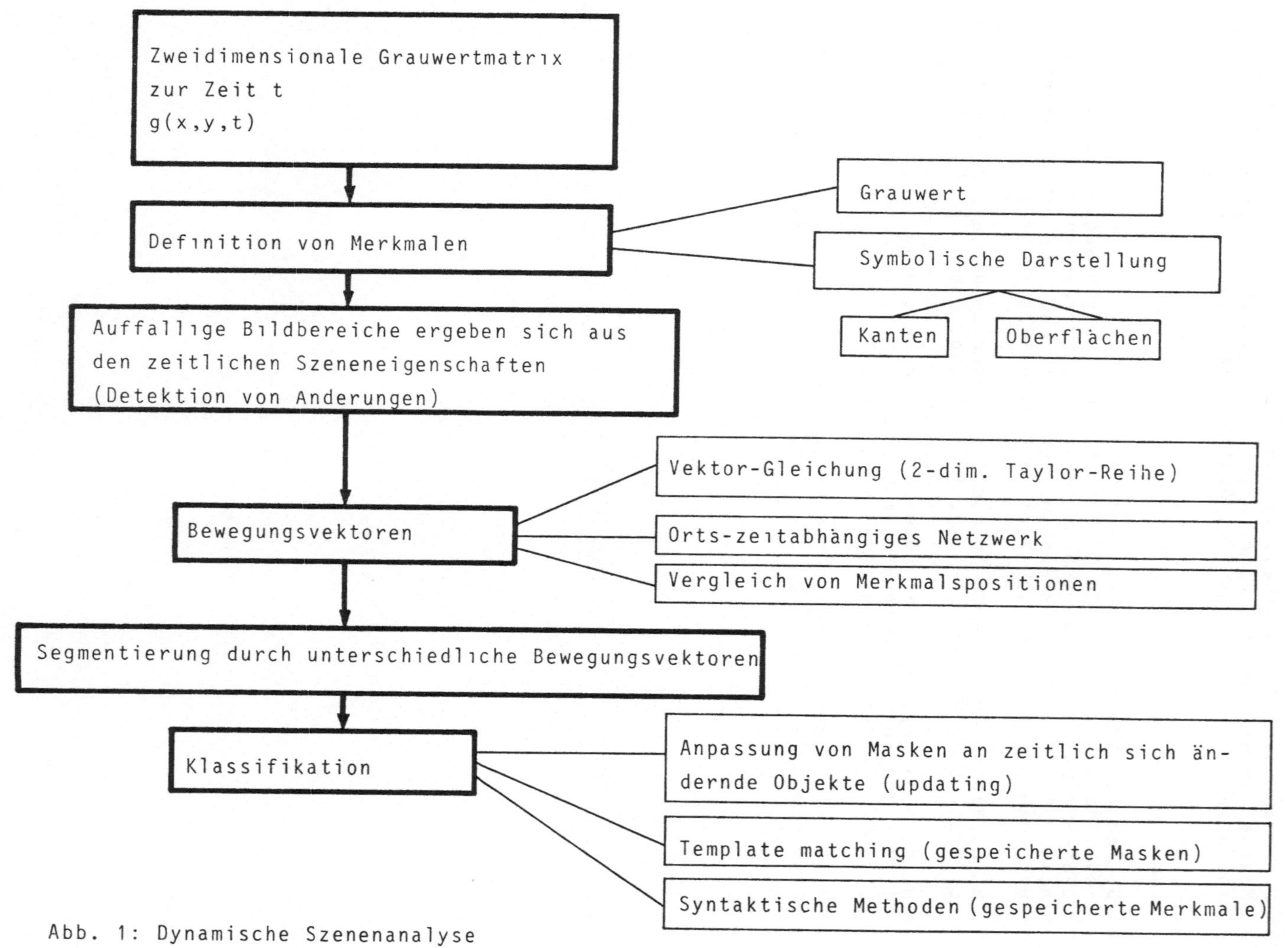

Abb. 1: Dynamische Szenenanalyse

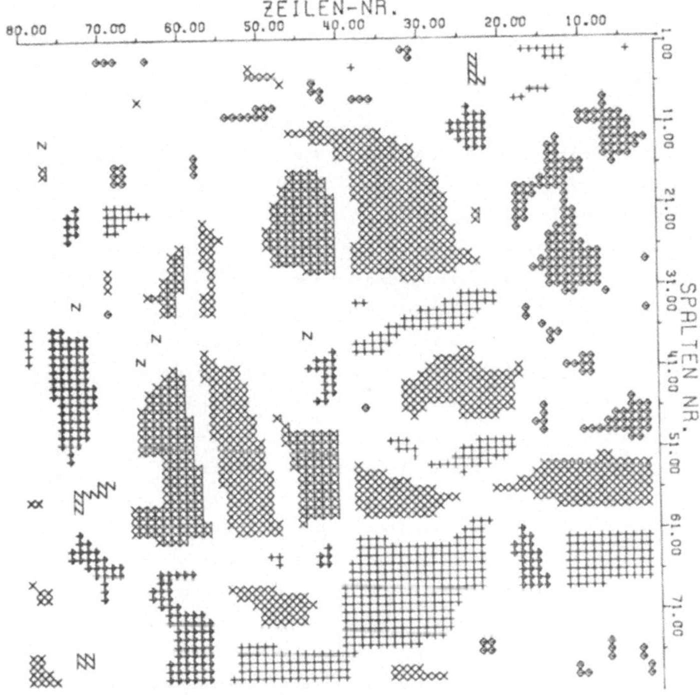

Abb. 3a: Symbolische Darstellung der Flächen in dem Grauwertgebirge aus Abb. 2b, innerhalb derer sich das Vorzeichen beider Komponenten des Gradienten nicht verändert. Die Symbole sind in c) erklärt.

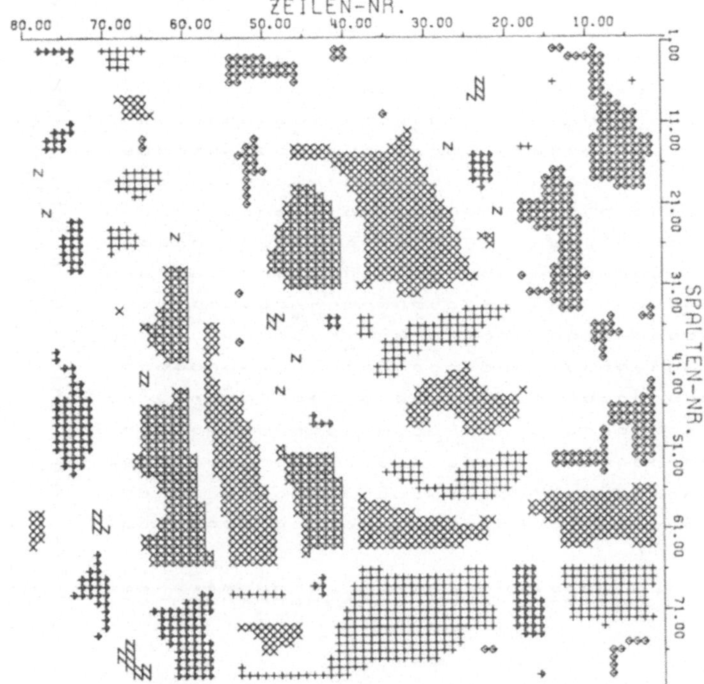

Abb. 3b: Dieselbe Darstellung wie in a) für das nächste Bild der Folge (Bild 28).

Abb. 3c: Zuordnung der Symbole zu dem Vorzeichen der Komponenten des Gradienten.

Bild   39
Zeile 86 – 125
Spalte 133 – 172

	1	2	3	4	5	6	7	8	9	10	11	12	13	14	15	16	17	18	19	20	21	22	23	24	25	26	27	28	29	30	31	32	33	34	35	36	37	38
1	0	0	0	0	1	0	0	0	0	0	0	0	0	1	0	0	0	3	0	0	0	0	0	0	0	0	65	0	0	0	0	0	0	0	0	0	0	0
2	0	0	0	0	0	4	0	0	2	0	0	0	0	0	0	0	0	0	0	0	0	0	0	0	0	60	0	0	0	0	0	0	0	0	0	0	0	0
3	0	0	0	2	0	0	0	0	0	0	2	0	0	0	0	0	2	0	0	0	0	0	0	0	0	0	60	0	0	0	0	0	0	0	0	0	0	0
4	0	0	0	3	0	0	0	0	0	0	0	2	0	0	0	0	0	3	0	0	0	0	0	0	0	64	0	0	0	0	0	0	0	0	0	0	0	0
5	0	0	0	0	2	0	0	0	0	0	1	0	0	0	0	0	0	3	0	0	0	0	0	0	0	66	0	0	0	0	0	0	0	0	2	0	0	0
6	0	1	0	0	0	1	0	0	0	0	0	0	0	0	2	0	0	0	0	0	0	0	0	0	0	72	0	0	0	0	0	2	0	0	0	0	0	0
7	0	0	0	0	0	0	0	0	0	0	0	2	0	0	0	0	0	0	0	0	0	0	0	0	0	72	0	0	0	0	0	0	1	0	0	0	0	0
8	0	0	0	0	0	0	0	0	0	0	0	0	0	0	0	0	0	0	0	0	0	0	0	0	0	66	0	0	0	0	0	0	3	0	0	0	0	0
9	0	0	0	0	0	1	0	0	0	0	0	0	0	0	0	0	0	0	0	0	0	0	0	0	0	72	0	0	0	0	0	0	2	0	0	0	2	0
10	0	0	0	0	0	0	0	0	0	0	0	0	0	0	0	0	0	0	1	0	0	0	0	0	0	84	0	0	0	0	0	0	1	0	0	0	0	0
11	0	0	0	0	0	0	0	2	0	0	0	0	0	0	0	0	0	0	0	0	0	0	0	0	0	0	84	0	0	0	0	0	0	0	0	0	0	0
12	0	0	0	0	0	0	0	0	0	0	0	0	0	0	0	0	0	0	0	0	0	0	0	0	0	0	91	0	0	0	0	0	1	0	1	0	0	0
13	0	0	1	0	0	0	0	0	0	0	0	0	0	15	0	0	0	0	0	0	0	0	0	0	0	0	95	0	0	0	0	0	8	0	0	0	1	0
14	0	0	0	0	0	1	0	0	0	0	0	0	0	20	0	0	0	1	0	0	0	0	0	0	0	0	92	0	0	0	0	0	16	0	3	0	0	0
15	0	0	0	0	0	0	0	0	0	0	0	0	0	0	42	0	0	0	0	0	0	0	0	0	0	0	68	0	0	0	0	0	33	0	0	0	7	0
16	0	6	0	0	0	0	0	0	0	0	0	0	0	0	42	0	0	0	0	0	0	0	0	0	0	0	68	0	0	0	0	0	0	36	0	0	0	0
17	0	0	0	0	0	0	0	0	0	0	0	0	0	0	0	65	0	0	0	0	0	0	0	60	0	0	0	0	0	0	0	0	0	0	44	0	0	0
18	0	0	4	0	0	0	0	8	0	0	0	0	0	0	0	40	0	0	0	0	0	0	0	60	0	0	0	0	0	0	0	0	0	39	0	0	0	0
19	0	0	0	0	0	0	45	0	0	0	0	0	0	0	0	0	0	0	7	0	0	0	0	0	0	55	0	0	0	0	0	0	0	24	0	0	0	3
20	0	0	0	0	0	0	45	0	0	0	0	0	0	0	0	0	0	0	0	0	0	0	0	0	0	56	0	0	0	0	0	0	0	20	0	0	0	0
21	0	2	0	0	0	0	60	0	0	0	0	0	0	0	0	0	0	0	0	0	0	0	0	0	0	44	0	0	0	0	0	0	3	0	0	5	0	0
22	0	0	0	0	0	0	0	40	0	0	0	0	0	0	7	0	6	0	0	0	0	0	0	0	48	0	0	0	0	0	0	0	2	0	5	0	0	3
23	0	0	0	0	0	0	46	0	0	0	0	6	0	0	0	0	0	0	9	0	0	0	0	0	0	50	0	0	0	0	0	0	1	0	0	0	6	0
24	0	0	0	0	0	0	0	48	0	0	0	0	7	0	0	0	8	0	0	0	0	0	0	0	0	66	0	0	0	0	0	0	0	4	0	0	0	0
25	0	0	0	0	0	0	0	63	0	0	0	0	5	0	0	0	4	0	0	0	0	0	0	0	0	60	0	0	0	0	0	0	2	0	0	4	0	0
26	0	0	0	0	0	56	0	0	0	0	0	5	0	3	0	0	0	12	0	0	0	0	0	0	0	15	0	0	0	0	0	0	0	0	0	0	0	0
27	0	0	0	0	0	77	0	0	0	0	0	0	0	2	0	0	5	0	0	0	0	0	0	0	0	40	0	0	0	0	0	0	11	0	0	0	0	0
28	0	0	0	0	0	0	73	0	0	12	0	8	0	0	4	0	6	0	0	0	9	0	6	0	0	21	0	0	0	0	5	0	0	0	0	5	0	0
29	0	0	0	0	0	0	0	81	0	0	0	0	20	0	0	0	0	0	9	0	6	0	0	21	0	0	0	0	0	0	5	0	0	0	5	0	0	0
30	0	0	0	0	0	0	73	0	0	6	0	0	0	9	0	0	0	1	0	0	14	0	0	0	32	0	0	0	0	0	0	7	0	0	6	0	0	0
31	0	0	0	0	0	55	0	0	0	0	12	0	11	0	0	2	0	1	0	11	0	0	0	0	0	32	0	0	0	0	0	2	0	0	10	0	0	0
32	0	0	0	0	0	49	0	0	0	15	0	0	6	0	0	0	1	0	0	0	0	0	0	0	0	48	0	0	0	0	0	8	0	0	0	12	0	0
33	0	0	0	0	0	0	0	0	0	0	53	0	0	0	0	0	7	0	0	9	0	5	0	32	0	0	0	0	0	5	0	12	0	0	0	0	0	0
34	0	0	0	25	0	0	0	0	0	0	24	0	0	2	0	0	9	0	0	7	0	0	0	36	0	0	0	0	0	3	0	2	0	8	0	0	0	0
35	0	0	0	0	13	0	0	0	0	0	0	0	0	0	0	0	0	0	0	0	0	0	0	0	0	80	0	0	0	0	0	8	0	0	0	0	0	0
36	0	0	0	11	0	0	0	0	0	0	0	0	0	0	0	0	0	0	0	0	0	0	28	0	30	0	0	0	0	0	0	0	1	0	0	2	0	25
37	0	3	0	3	0	0	0	0	2	0	0	3	0	0	0	0	0	0	0	0	0	0	35	0	0	24	0	0	0	0	0	3	0	0	0	0	0	0
38	0	0	7	0	0	0	0	0	0	0	0	0	0	0	0	0	0	0	0	0	0	0	0	0	0	60	0	0	0	0	0	4	0	0	0	9	0	13
39	0	2	0	0	1	0	0	0	3	0	0	0	0	0	0	0	0	0	0	0	0	0	65	0	0	0	7	0	0	0	3	0	0	0	0	0	0	0
40	0	4	0	0	0	1	0	4	0	0	0	0	0	0	0	0	0	0	0	78	0	0	0	0	0	0	0	0	0	0	0	4	0	5	0	0	0	28

Abb. 7: Hell-Dunkel Kontraste in Zeilenrichtung für die linke Seite des Panzers und den Baum in Bild 39 der Bildserie, das im wesentlichen Abb. 6 entspricht, wobei die ersten 38 Spalten des Fensters dargestellt sind.

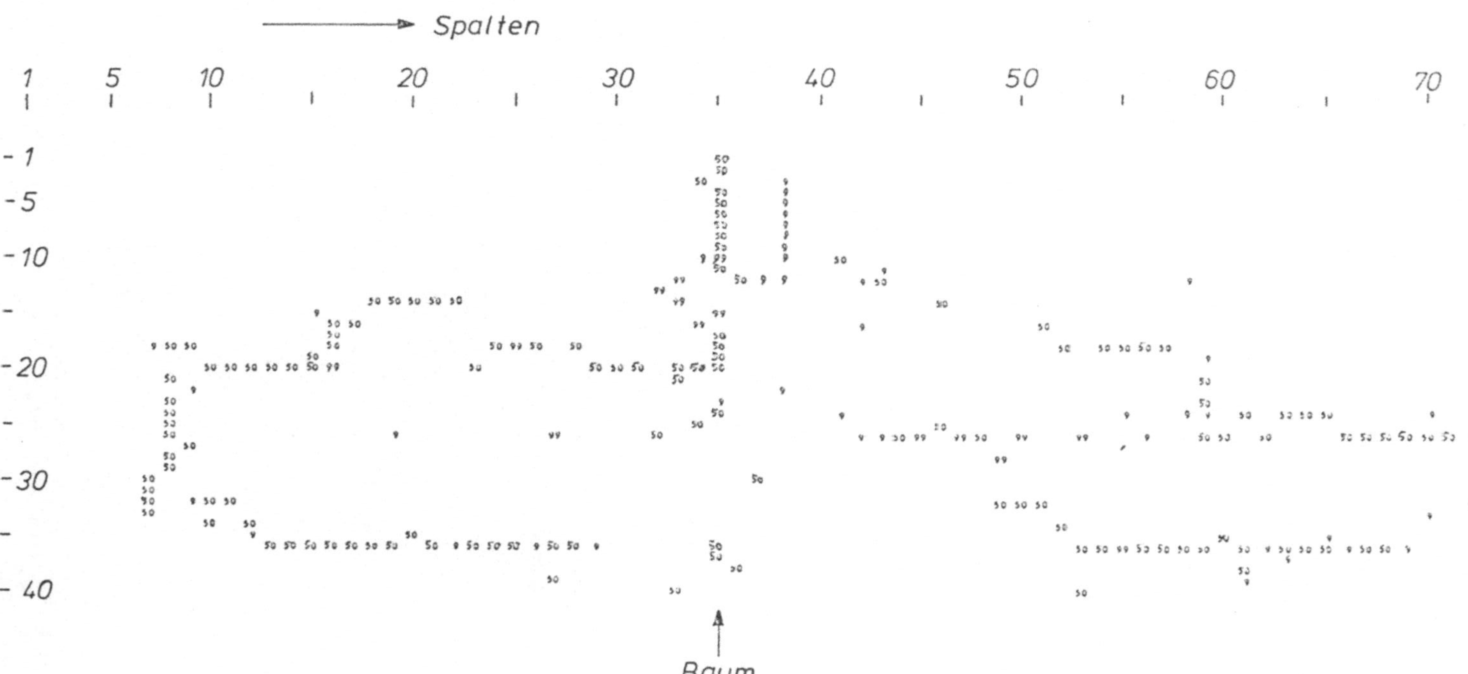

Abb. 8: Das Ergebnis der Vorverarbeitung des 40 x 80 Fensters in Abb. 6 nach einer Schwellwertbildung. Die Symbole 9, 50, 99 entsprechen Kontrasten K mit $1 < K < 50$, $50 \leq K < 99$ und $K \geq 100$. Schwellwert K = 40.

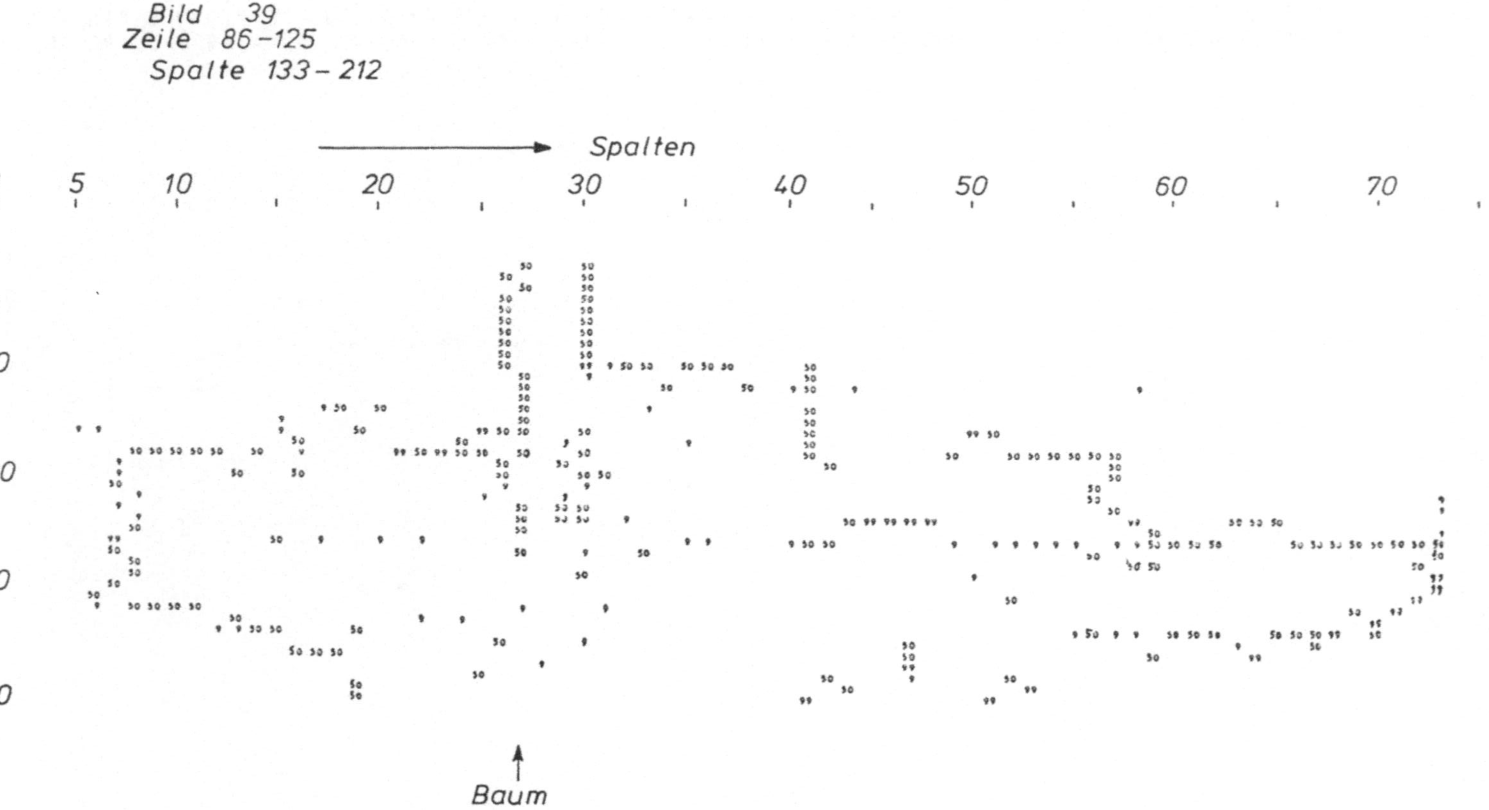

Abb. 9: Das Ergebnis der Vorverarbeitung desselben 40 x 80 Fensters wie in Abb. 6, jedoch für Bild 39 der Bildserie, das hier aus Platzgründen fortgelassen wurde. Der Baum hat sich um acht Bildpunkte gegenüber Bild 35 verschoben. Symbole und Schwellwert wie in Abb. 8.

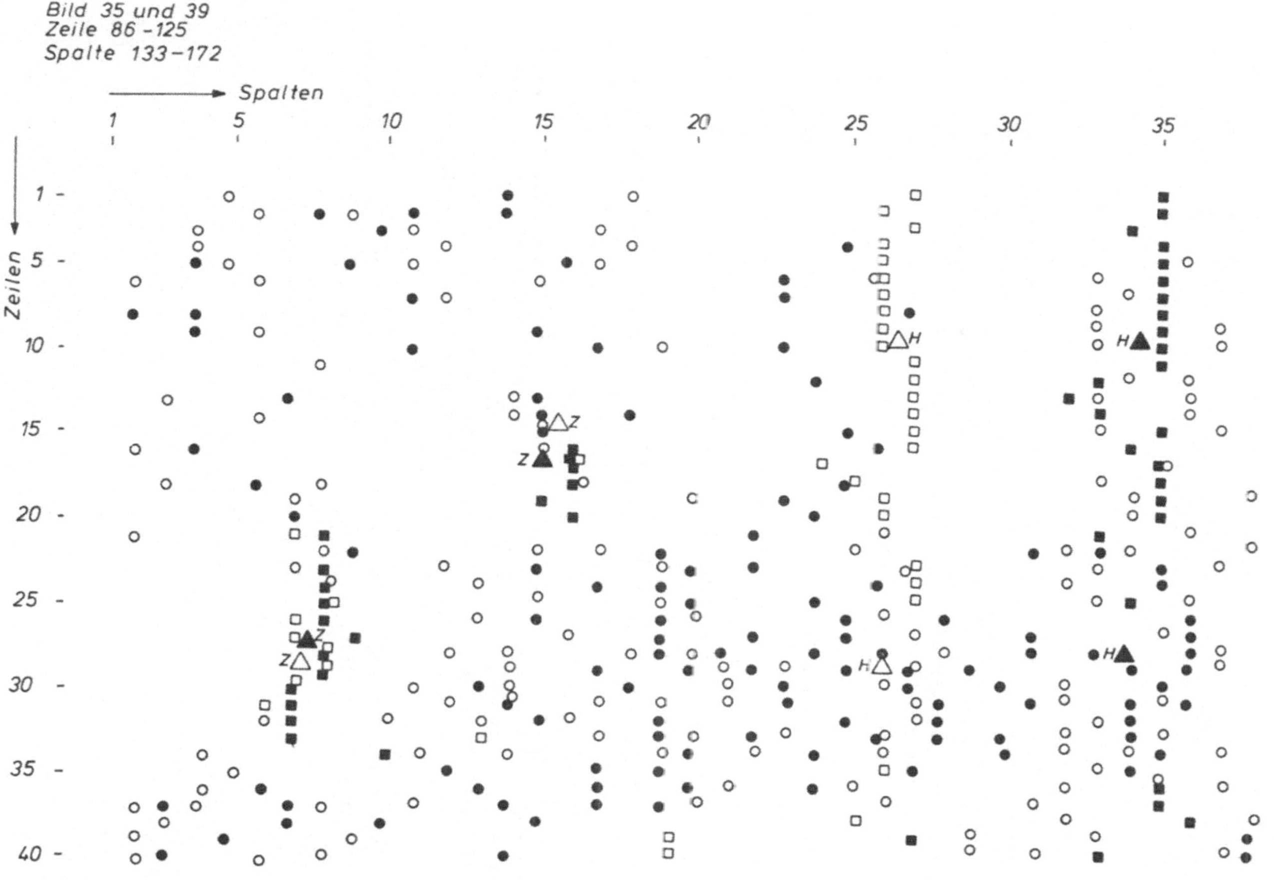

Abb. 10: Überlagerung der symbolischen Darstellung aller Kontrastwerte der ersten 38 Spalten des Fensters in Abb. 6. Zusätzlich dargestellt sind als Dreiecke die Schwerpunkte der 8 Regressionsgeraden. Die Symbole bedeuten:
● ■ Bild 35, Kontrast 1 - 50 bzw. > 50,
○ ◻ Bild 39, Kontrast 1 - 50 bzw. > 50
▲ △ Linienschwerpunkte in Bild 35 bzw. Bild 39, H: Hintergrund, Z: Ziel

BILDANALYSE MIT DETEKTORRASTERN AUS ELEMENTEN MIT UNTERSCHIEDLICHER UND VARIABLER EMPFINDLICHKEIT

R. Röhler

Institut f. medizinische Optik
Universität München

Kurzfassung

In einer kürzlich erschienenen Arbeit 1) des Verfassers wurde untersucht, wie das visuelle System das Problem löst, mit rezeptiven Elementen stark variabler Empfindlichkeit eine sehr genaue Analyse örtlicher Helligkeitsunterschiede durchzuführen. Es wurde gezeigt, daß dies mit Hilfe saccadischer Augenbewegungen möglich ist, und diese Hypothese wurde durch die Diskussion bekannter Eigenschaften des visuellen Systems gestützt. Das Modell beschränkte sich jedoch auf die Annahme linearer Rezeptorcharakteristiken mit anschließender Logarithmierung und die Analyse stationärer Lichtverteilungen.

Dieses Modell wird jetzt verallgemeinert auf Rezeptorelemente mit nichtlinearer Kennlinie, die durch zwei variable Parameter (anstelle des einen Parameters der Empfindlichkeit bei linearen Detektoren) beschrieben werden. Es wird gezeigt, daß für die Helligkeitsanalyse in einer Bildzeile zwei saltatorische, kontrollierte Verschiebungen des Rezeptorrasters notwendig sind und daß nur relative - nicht absolute - Kontraste der Bildstruktur ermittelt werden können.

Eine zweite Verallgemeinerung des Modells betrifft die Analyse zeitlich variabler Helligkeitsverteilungen, wobei jedoch eine lineare Detektorcharakteristik angenommen wird. Es wird gezeigt, daß beliebige zeitlich variable Lichtverteilungen nicht eindeutig analysiert werden können. Der Spezialfall eines starren, translatorisch bewegten Objektes ist jedoch eindeutig lösbar, wenn eine Möglichkeit der Geschwindigkeitsmessung besteht. Auch bewegte Objekte, die ihre Struktur während der Bewegung langsam verändern, können analysiert werden. Eine Hypothese, wie das visuelle System Geschwindigkeitsmessungen durchführt, wird aufgestellt. Ferner ergeben sich Hinweise auf die Anwendung dieses Modells für die automatische Mustererkennung.

1) R. Röhler, Sensitivity Variations in the Visual System, Contrast Resolution and Eye Movements, Biol. Cybernetics $\underline{32}$, 101 - 106 (1979)

SEGMENTATION

BILDSEGMENTIERUNG MIT HILFE EINES
SPLIT & MERGE-ALGORITHMUS

H. Kelle, N. Nickel, C.-E. Liedtke, Universität Hannover

1. Einleitung

Bei vielen Anwendungsfällen der automatischen Bildanalyse stellt sich
das Problem der Zerlegung des Bildes in semantisch definierte Gebiete,
wie etwa bei der Zellbildanalyse die Aufteilung in Kern, Plasma, Hintergrund usw. Diese Gebiete, die auch als Segmente bezeichnet werden,
setzen sich dabei aus einem oder mehreren einheitlichen Gebieten zusammen. Dann bedeutet Bildsegmentierung das Zusammenfassen von einheitlichen Gebieten zu Segmenten. Die Bildung einheitlicher Gebiete
ist damit ein wesentliches Hilfsmittel zur Bildinterpretation. Man
reduziert so die zu verarbeitende Datenmenge von der Vielzahl der Bildpunkte auf die wesentlich geringere Anzahl einheitlicher Gebiete.

Eine Möglichkeit zur schnellen Aufteilung des Bildes in einheitliche
Gebiete stellt das Split & Merge-Verfahren dar.

2. Prinzip des Split & Merge-Verfahrens

Das Split & Merge-Verfahren geht aus von einer Anfangsaufteilung des
Bildes in quadratische Blöcke (Abb.1b). Im ersten Schritt (SPLIT) wird
untersucht welche dieser Blöcke das vorzugebende Einheitlichkeitskriterium erfüllen, bzw. welche feiner zu unterteilen sind. Letztere
werden in vier kleinere quadratische Blöcke unterteilt, die dann erneut auf Erfüllung des Einheitlichkeitskriteriums untersucht und ggf.
neu unterteilt werden (Abb.1c).

Im zweiten Schritt (MERGE) werden benachbarte Blöcke, die gemeinsam
das Einheitlichkeitskriterium erfüllen, zu Gebieten zusammengefaßt
(Abb.1d). Ausgehend von großen Blöcken mit möglichst hohem Einheitlichkeitsmaß werden benachbarte Blöcke derart hinzugefügt, daß einerseits das gemeinsame Einheitlichkeitsmaß möglichst groß wird, andererseits das Einheitlichkeitskriterium erfüllt bleibt.

3. Probleme bei der Behandlung der "kleinen Gebiete"

In der Praxis treten bei der obengenannten Vorgehensweise, bedingt
durch Rauschen und sanfte Übergänge zwischen Segmenten, eine Menge
"kleiner Gebiete" auf, die als störend empfunden werden. Deshalb
müssen in einem weiteren Schritt diese kleinen Gebiete eliminiert,
d.h. denjenigen größeren Gebieten zugeschlagen werden, deren Einheitlichkeitsmaß sie dadurch am wenigsten reduzieren.

Bei einer anderen Vorgehensweise werden solche kleinen Gebiete ignoriert, und der Merge-Prozeß wird mit weniger strengen Einheitlich-
keitskriterien forgesetzt (Abb.2). Diese zweite Vorgehensweise erwies
sich in der Praxis als geeigneter, jedoch erfordert sie mehr Rechenzeit.

4. Wahl der Einheitlichkeitsmaße und des Einheitlichkeitskriteriums

Bei der Untersuchung von Einheitlichkeitsmaßen für Grauwertbilder
kristallisierten sich folgende zwei als besonders geeignet heraus:

1. Die Spannweite, d.h. die Differenz zwischen maximalem und minimalem
   Grauwert innerhalb eines Gebietes.
2. Der maximale Abstand vom mittleren Grauwert innerhalb eines Gebietes.

Das Einheitlichkeitskriterium ist dann erfüllt, wenn das Einheitlichkeitsmaß, also wahlweise die Spannweite oder der Abstand vom Mittelwert, einen vorzugebenden Grenzwert nicht überschreitet.

Um gleichzeitig mehrere Merkmale eines Bildes, z.B. Farbmaße oder
lokale Texturmaße, bei der Aufteilung in einheitliche Gebiete zu berücksichtigen, kann das Verfahren mehrere Bildmatrizen (maximal 7)
parallel verarbeiten (Abb.3). Jede dieser Matrizen kann als ein Grauwertbild angesehen werden. Das Einheitlichkeitskriterium ist dann erfüllt, wenn es für alle einzeln erfüllt ist, wobei jedoch Einheitlichkeitsmaß und Grenzwert unterschiedlich sein können. Die Merkmale
können dabei beliebig definiert werden, und da die zugehörigen Bildmatrizen schon vor der eigentlichen Verarbeitung berechnet und auf
dem Monitor dargestellt werden können, kann gleichzeitig anschaulich
kontrolliert werden, ob die Definition des betreffenden Merkmals
sinnvoll ist oder nicht.

5. Gewinnung der Merkmale

Mit Hilfe der verwendeten Merkmale müssen alle Paare von Segmentklassen voneinander unterschieden werden können. Für jedes einzelne
Merkmal bedeutet das, daß es die Unterscheidung von mindestens einem
oder besser mehreren Klassenpaaren gestatten muß. Dabei haben sich
die Merkmale so zu ergänzen, daß ihre Kombinationen die obige Forderung erfüllt. In Abb. 4 wird dies anhand der Unterscheidung der
Segmentklassen Kern (K), Plasma (P), Erythrozyt (E) und Hintergrund
(H) aus Blutzellbildern veranschaulicht. Das Merkmal GRÜN allein
gestattet es, alle Klassen von Segmenten bis auf das Paar Plasma-
Erythrozyten voneinander zu unterscheiden. Letztere können jedoch
durch ein Merkmal X, das aus GRÜN und BLAU gebildet wird, getrennt
werden. Somit genügen die Merkmale GRÜN und X zur Segmentierung solcher Blutzellbilder.

Bei der Bildung von Sekundärmerkmalen - wie z.B. X - ist zu fordern,
daß sie innerhalb der einzelnen Segmente möglichst gleiche Werte aufweisen, während sich die Merkmalswerte der zu trennenden Segmente deutlich unterscheiden sollen. An der mathematischen Formulierung dieser
Forderung als Optimierungskriterium zur Bestimmung der Koeffizienten
der Kombination von Primärmerkmalen wird gearbeitet. Das z.Z. zur
Unterscheidung von Plasma und Erythrozyten verwendete Merkmal wurde
aus dem ROT-GRÜN-BLAU-Merkmalsraum als Senkrechte zu einer visuell
ermittelten Trennebene gewonnen.

6. Amplitudenverzerrung

Da die bei der Überprüfung der Einheitlichkeit herangezogene Spannweite bzw. Mittelwertsabweichung amplitudenunabhängig ist, arbeitet
der Algorithmus nur dann optimal, wenn die zu unterscheidenden Wert-
niveaus der Merkmale gleichen Abstand voneinander haben. Um dies zu
gewährleisten, werden die Merkmale, wie in Abb. 5 schematisch dargestellt, amplitudenverzerrt.

Aus dem Häufigkeitshistogramm der Merkmalswerte h(x) werden durch
Tiefpaßfilterung irrelevante, durch Störungen bedingte Maxima eliminiert. In dem bereinigten Histogramm h'(x) werden die Maxima detektiert und durch eine stückweise lineare Amplitudenverzerrung in
gleichen Abstand zueinander gebracht. Dieser Abstand stellt gleichzeitig die maximal zulässige Spannweite bzw. das Doppelte der maximal zulässigen Mittelwertsabweichung dar.

7. Ergebnisse

Es wurden bereits mehrere Blutzellbilder nach dieser Methode zerlegt,
wobei in jedem Falle eine korrekte Unterscheidung der Segmente erreicht wurde. Die einzelnen Segmente wurden dabei, wie erwartet,
i.a. in mehrere Gebiete zerlegt.

In Abb. 6 ist das Resultat für den bereits in den Bildern 1 und 2
verwendeten Lymphozyten dargestellt. Als Merkmale wurden GRÜN und X
verwendet, die jeweils als Mittelwerte in einer 3 x 3 - Umgebung für
jeden Bildpunkt berechnet wurden. Die Zahl der gebildeten Gebiete
beträgt 17. Damit ist eine erhebliche Informationsreduktion erzielt
worden, insbesondere wenn man die Gebietszahl mit der Zahl von
128 x 128 Bildpunkten vergleicht.

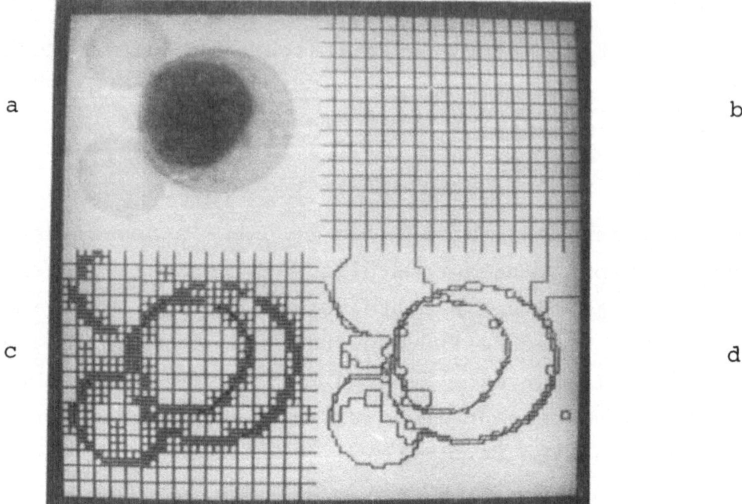

Abb.1: Beispiel für die Arbeitsweise des Split & Merge-
Algorithmus
a) Original
b) Anfangsaufteilung des Bildes
c) Aufteilung nach Split
d) Aufteilung nach Merge

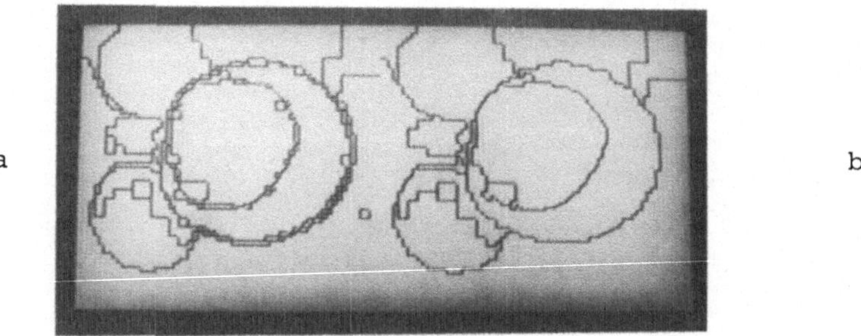

Abb.2: Beispiel zur Elimination kleiner Gebiete
a) Aufteilung des Bildes nach Merge
b) Aufteilung nach Elimination kleiner Gebiete

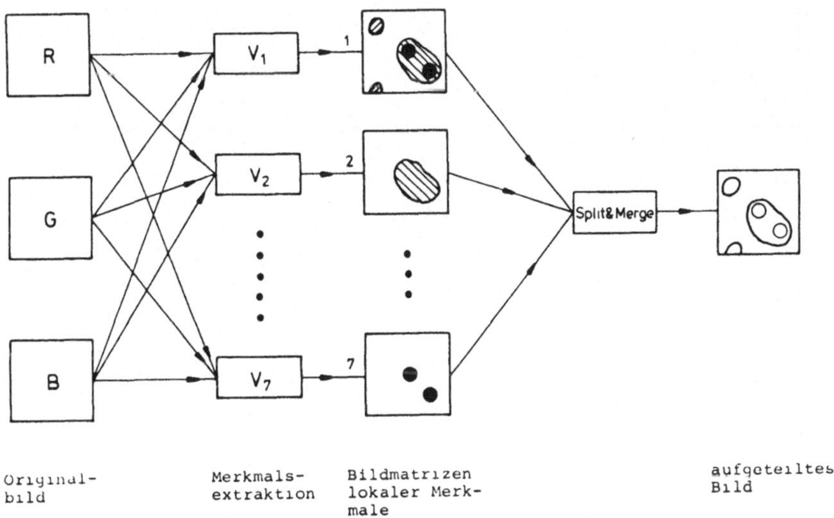

Abb.3: Konzept zur Verarbeitung mehrerer Bildmatrizen

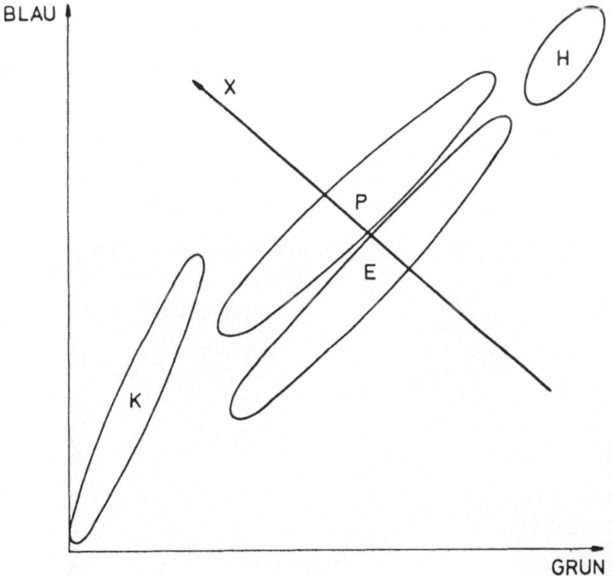

Abb.4: Lage der Cluster von Kern (K), Plasma (P), Erythrozyten (E)
und Hintergrund (H) aus verschiedenen Zellbildern im Blau-
Grün-Farbraum. X deutet die Richtung des Merkmals zur
Unterscheidung zwischen Plasma und Erythrozyten an.

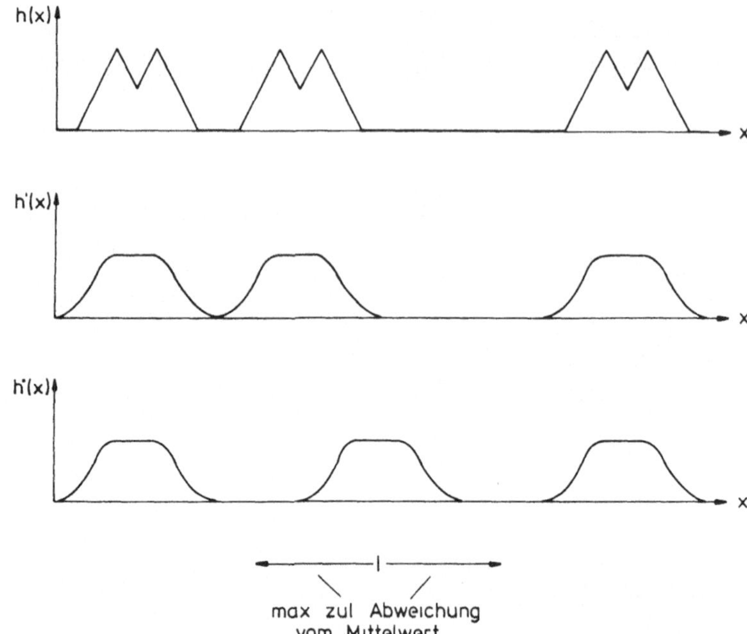

Abb. 5: Schematische Darstellung der automatischen Findung
der max. zulässigen Spannweite bzw. Mittelwertsabweichung durch Histogramm-Modifikation und Amplitudenverzerrung.

h(X) – relative Häufigkeit der Merkmalswerte X
h'(X) – Tiefpaßfilterung von h(X) ergibt 3 Maxima
h"(X) – Amplitudenverzerrung, um gleichen Abstand
        zwischen den Maxima zu erzielen

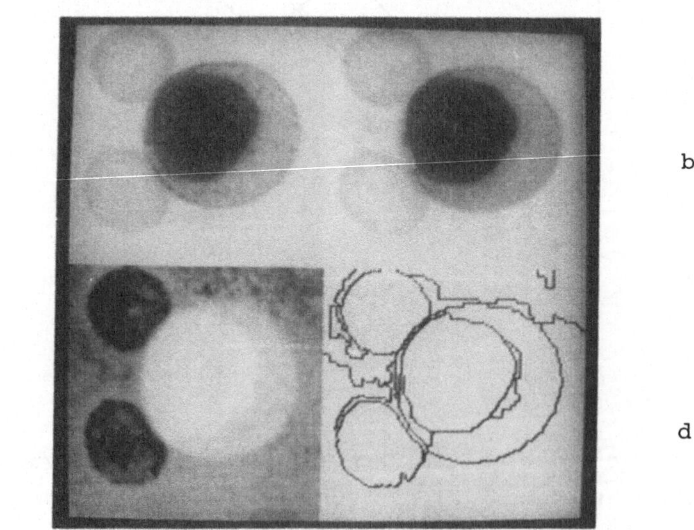

Abb.6: Aufteilung (d) eines Zellbildes (a) unter Zuhilfe-
nahme der Merkmale Grün (b) und X (c), welches insbesondere den Unterschied zwischen Plasma und Erythrozyten betont.

EIN ANSATZ ZUR DIREKTEN SZENENSEGMENTIERUNG

IN SEMANTISCH BEDEUTSAME KOMPONENTEN

V. Klement

Medizinische Hochschule Hannover

Zusammenfassung

Es wird eine Vorgehensstrategie aufgezeigt, wie a priori Wissen während der Segmentierung bildlicher Szenen benutzt werden kann, um zu einer unmittelbaren Aufteilung in semantisch bedeutsame Komponenten zu kommen. Besondere Eignung zeigte sich bei der Lösung praktischer Fragestellungen an biomedizinischen Bildern.

1. Einführung

Die Analyse einer bildlichen Szene zur Lösung anwendungsspezifischer Fragestellungen setzt im allgemeinen das Finden und Abgrenzen der enthaltenen Objekte voraus.

Als Segmentierung einer Szene ist die Zuordnung eines jeden Bildpunktes $N(x_i, y_j)$ zu einer Kategorie λ zu verstehen:

$$\lambda(x_i, y_j) = f \{N(x,y), x_i, y_j\} \tag{1}$$

Die Funktion λ ist eine diskrete ganzzahlige Funktion mit einer gemäß der Fragestellung begrenzten Zahl m an möglichen Zuständen:

$$\lambda := \lambda(1) \text{ mit } 1=1,2,\ldots,m \tag{2}$$

Für die Segmentierung muß gelten:
a) Vollständigkeit (jeder Bildpunkt ist einer Kategorie zuzuordnen),
b) Eindeutigkeit (ein Bildpunkt kann nur zu einer Kategorie gehören).

Segmente im elementaren Sinn /3,10/ bestehen aus topologisch zusammenhängenden Gruppen von nach einem lokalen Kriterium ähnlichen Bildpunkten (Regionen). Sie können jedoch für eine gegebene Fragestellung nicht unmittelbar relevant als Szenenkomponenten sein. Als Ergebnis gefordert ist vielmehr eine auf die jeweilige Fragestellung ausgerichtete Aufgliederung in bedeutsame Segmente, z.B. in Übereinstimmung mit dem visuellen Eindruck eines menschlichen Beobachters.

2. Semantisch definierte Szenenkomponenten

Eine semantisch definierte Szenenkomponente ist auf zwei im Grundsatz
äquivalente Arten beschreibbar:

a) Mehrere elementare Regionen sind durch eine übergeordnete Bedeu-
    tung als zusammengehörig definiert.

b) Komplexe Verknüpfungen verschiedener Kriterien ergeben ein neues
    Einheitlichkeitsmaß zum Zusammenfassen von Bildpunkten.

Beide Formulierungen implizieren die Nutzung von außerbildlichem a
priori Wissen und bildlichem Kontext. Sie berücksichtigen, daß die
Definition einer Szenenkomponente mit der Fragestellung eines Beobachters und dem Kontext variiert /1,9/. Der Vorgang der Szenensegmentierung stellt sich aus dieser Sicht als ein cognitiver Prozeß dar.
Dieser erfordert eine Wechselwirkung zwischen den zu analysierenden
Daten, den benutzten Algorithmen und einem Modell, welches das außerbildliche a priori Wissen über die Szene repräsentiert /7,2,8/.

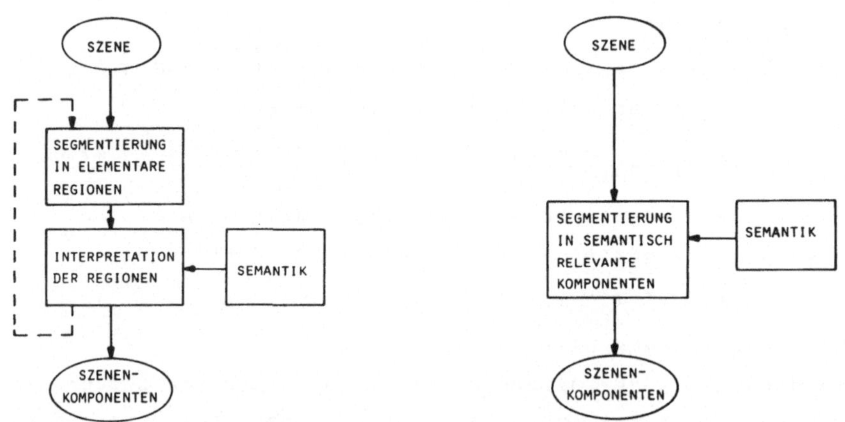

a) zweistufiges Vorgehen   b) einstufiges integriertes
                                     Vorgehen

Abb. 1   Einbringung semantischer Informationen zur Szenen-
         segmentierung

Die Beschreibung nach (a) erscheint zunächst als der konzeptionell
klarere Weg (Abb.1a). Sie führt zu einer Segmentierung in Elementarregionen, der sich eine zweite Stufe mit Einbringung semantischer Information anschließt. Bedenkt man jedoch, daß auch die Auswahlkrite-
rien für die Elementarregionen erhebliches Vorwissen enthalten, so ist
hier keine klare Trennung zwischen bildlicher und außerbildlicher Information mehr gegeben. In der ersten Stufe ist zudem stets eine Über-

segmentierung erforderlich, da in der zweiten Stufe Regionen verschmolzen, nicht aber weiter aufgespalten werden können. Eine Kommunikation zwischen den beiden getrennten Stufen findet nur in Form von
Rücksprüngen bei unplausiblen Ergebnissen der zweiten Stufe statt.

Die Beschreibung nach (b) führt zu einer Integration von Segmentierung
und Interpretation der Szene (Abb.1b). In dieser Möglichkeit zur effi-
zienteren Kommunikation zwischen bildlicher und außerbildlicher Information ist ein wesentlicher Vorzug dieser Vorgehensweise zu sehen. Sie
wird systematisierbar, wenn es gelingt, das zunächst nur in einer
höheren Ebene repräsentierte außerbildliche Vorwissen als Verkettung
elementarer Auswahl- und Entscheidungskriterien darzustellen, so daß
dieses sich formal nicht mehr von Kriterien zur elementaren Segmentierung unterscheidet.

3. Formulierung des außerbildlichen Vorwissens

Zur strukturellen Beschreibung des Inhalts der Klasse möglicher Szenen
wird ein Modell in Form eines Segmentierungsbaumes eingeführt /4,6/,
dessen Knoten semantisch bedeutsame Komponenten darstellen. Diesen
Knoten sind Listen mit Attributen zugeordnet.

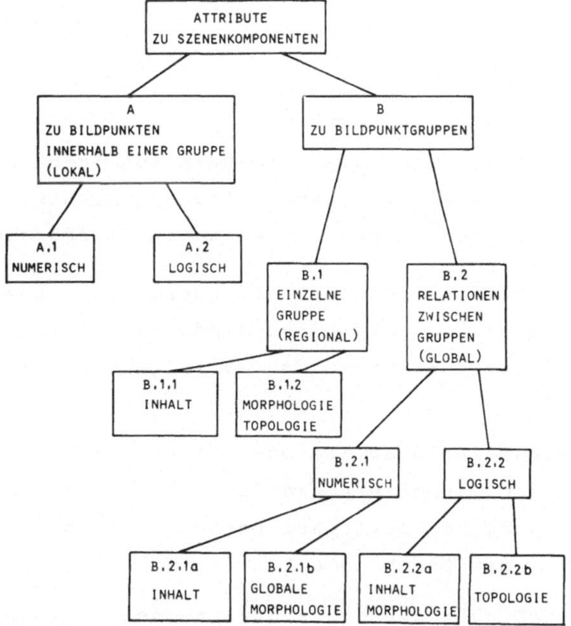

Abb.2 Gruppen von Attributen zu Szenenkomponenten

Abb. 2 zeigt eine Differenzierung der angebbaren Gruppen von Attributen. Die Anwendung von Unterscheidungskriterien, welche aus bildpunkt-
bezogenen Attributen abgeleitet wurden, ist unmittelbar möglich und
liefert elementare Gruppierungen von Bildpunkten. Die Anwendung von
Kriterien hingegen, welche auf einzelne Bildpunktgruppen oder Relationen zwischen Bildpunktgruppen bezogen sind, ist nur dann möglich,
wenn bereits vorläufige Gruppierungen von Bildpunkten vorliegen.

Aus dieser Hierarchie voneinander unabhängiger Kriterien ergibt sich
ein Mechanismus zur sukzessiven Anwendung von Kriterien /6/:

- Mit regionalen Kriterien kann eine anfänglich lokal erhaltene
  Segmentierung verfeinert werden.
- Auf die so erhaltene vorläufige vollständige Szenenaufteilung
  werden nun globale Kriterien angewandt.
- Wird eine derartige Folge mehrfach durchlaufen, so ergibt sich ein
  iteratives Verfahren, bei welchem jeder Schritt das Ergebnis des
  vorhergehenden Schrittes verbessert.

Der geschilderte Mechanismus erlaubt die Realisierung eines aus mehreren Kriterien synthetisierten Einheitlichkeitsmaßes, wie es für semantisch definierte Szenenkomponenten postuliert wurde. Er ermöglicht
den Einsatz aller aus dem a priori Wissen aufstellbaren Gruppen von
Aussagen zur Erscheinungsform von Szenenkomponenten und zu deren
Relationen untereinander.

4. Ablauf der Szenensegmentierung

Die in Abb. 2 gezeigten Attribute sind sämtlich durch elementare Bild-
zugriffsfunktionen darstellbar. Dies erlaubt eine Strategie nach dem
strukturellen Prinzip der in Abb. 3 gezeigten Gliederung in 3 Ebenen.

Während die Bildzugriffsalgorithmen der Operationsebene lediglich
als "primitive programs" zu verstehen sind, ist in der Steuerungs-
ebene die "Intelligenz" der Prozedur mit folgenden Funktionen konzen-
triert:

a) parametrisierte Befehle an die Operationsebene,
b) Verknüpfungen von Parametern und "primitiven" Bildmerkmalen,
c) Verzweigungen aufgrund logischer Entscheidungen,
d) Interaktion mit dem Szenenmodell.

Die Steuerung des Ablaufs durch das Szenenmodell erlaubt die Berück-
sichtigung der hierarchischen Struktur der Szene und vermeidet somit
Eindeutigkeits- und Konvergenzprobleme bezüglich deren endgültiger
Aufteilung.

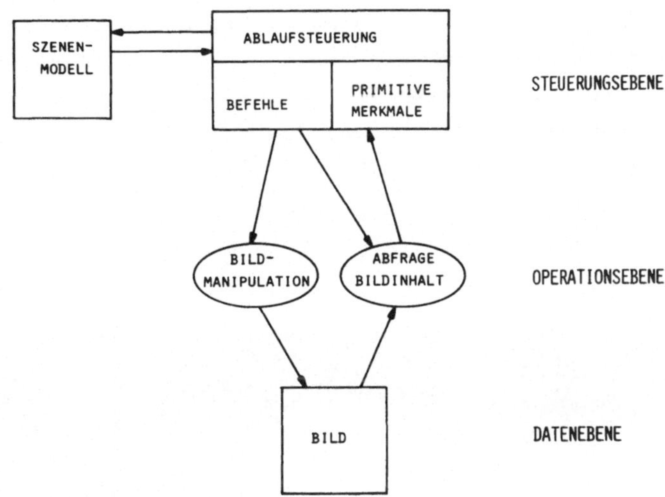

Abb. 3 Struktur der Steuerung des Ablaufs zur
         Szenensegmentierung

Da der Ablauf schrittweise ist, können die in einem Schritt vorge-
nommenen Parameterschätzungen für die nachfolgenden Schritte die
Attributslisten zu den im Szenenmodell vorgesehenen Komponenten ergänzen und verbessern. Das Szenenmodell gliedert sich somit in einen
festen und in einen dynamisch veränderlichen Teil, wodurch eine Adaption an die aktuelle Szene erreicht wird. Neben der Bewältigung hoher
bildlicher Irrelevanzen erlaubt dies weiter die gezielte Beschränkung
des erforderlichen außerbildlichen Vorwissens auf Gegebenheiten mit
auch in Randfällen gesicherter Gültigkeit, also im wesentlichen auf
die Struktur der Szene und auf logische Attribute in Form von Zwängen.

5. Applikation

Vorzüge dieses Verhaltens zeigten sich insbesondere bei den Bildern
aus dem biomedizinischen Bereich, wo häufig eine immense Variabilität
des Szeneninhaltes zu beobachten ist, und wo häufig quantitativ formuliertes Vorwissen fehlt /5,6/.

Ein vereinfachtes Beispiel mag der Veranschaulichung des Segmentie-
rungsmechanismus dienen. Aus drei monochromatischen Spektralauszügen
(Abb. 4 a,b,c) einer unter dem Mikroskop abgetasteten Blutausstrich-
szene ist der enthaltene Leukozyt zu isolieren und in Zellkern und
Zytoplasma zu zerlegen. Das lokale Kriterium Grauwert zur Selektion
des Zellkerns liefert zunächst die Maske(d). Mit dem regionalen

Kriterium, daß der Zellkern keine Löcher beinhalten darf, wird
Maske (e) gewonnen. Durch ein ähnliches Verfahren unter Nutzung der
Farbinformation wurde Maske (f) für die Gesamtzelle erhalten. Das
globale Kriterium der Einbettung des Zellkerns im Zytoplasma führt
über die excl. ODER-Verknüpfung von (e) und (f) zum Zellkern (g).
In (h) sind die Konturen von Zellkern und Zytoplasma im Ausgangsbild (a) markiert worden, (i) zeigt den isolierten Leukozyten.

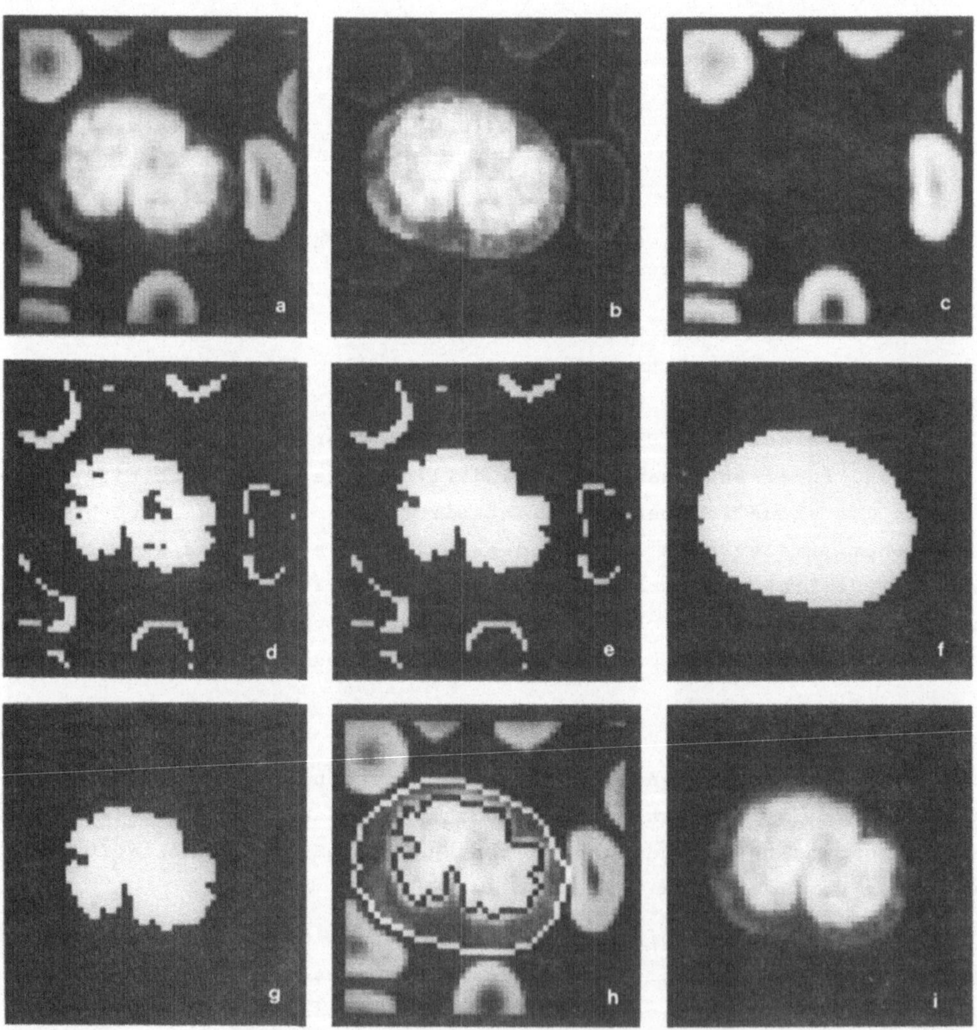

Abb. 4   Vereinfachtes Beispiel, Erläuterungen im Text
         (Blutausstrichszene, WRIGHT-Färbung, 0.5 μ Rastergröße

<u>Literatur</u>

/1/ BAIRD, M.L., M.D. KELLY: A paradigm for semantic picture
recognition. Pattern Recognition 6:61, 1974

/2/ BREMERMAN, H.J.: What mathematics can and cannot do for pattern
recognition, in "Zeichenerkennung durch biologische und technische Systeme", eds. O.J. GRÜSSER, R. KLINKE. Springer,
Berlin 1971

/3/ BRICE, C.R., C.L. FENNEMA: Scene analysis using regions.
Artificial Intelligence 1:205, 1970

/4/ HARLOW, C.A.: Image analysis and graphs. Comp. Graphics and
Image Processing 2:60, 1973

/5/ KLEMENT, V.: Analyse multispektraler mikroskopischer Zellbilder,
in "Bildverarbeitung und Mustererkennung", ed. E. TRIENDL,
Springer, Berlin 1978

/6/ KLEMENT, V.: Über die semantisch gestützte maschinelle Analyse
bildhafter Information am Beispiel mikroskopischer Zellbilder.
Dissertation Universität Hannover, 1979

/7/ PREPARATA, F.P., S.R. RAY: An approach to artificial nonsymbolic
cognition. Inf. Sci. 4:65, 1972

/8/ SHIRAI, Y.: Analyzing intensity arrays using knowledge about
scenes, in "The Psychology of Computer Vision", ed. P.H. WINSTON.
McGraw Hill, New York 1975

/9/ YAKIMOVSKY, Y.: Scene analysis using a semantic base for region
growing. Ph.D.dissertation, Stanford University, 1973

/10/ ZUCKER, S.W.: Region growing: childhood and adolescence.
Comp. Graphics and Image Processing 5:382, 1976

SEGMENTIERUNG IN DIGITALEN CHROMATOGRAMMBILDERN
MIT ABGESTUFTER RASTERGRÖSSE[*]

Harald Kronberg, Hans-Georg Zimmer, Volker Neuhoff
Max-Planck-Institut für experimentelle Medizin, 3400 Göttingen

1. Einleitung

Die zweidimensionale Dünnschicht-Chromatographie trennt auf einer Trägerfolie Substanzgemische in ihre Komponenten, die bei geeigneter Beleuchtung als Flecken auf der Folie erscheinen. Fig. 4a zeigt ein Mikro-Chromatogramm (Originalgröße $3\times4\,cm^2$) dansylierter Aminosäuren unter UV-Beleuchtung. Die Digitalisierung geschieht mit einem Auflicht-Scanning-Mikroskopphotometer und liefert ein Bild mit 400x300 Pixeln und 4096 Graustufen /1,2/. Zur quantitativen Auswertung der Chromatogramme müssen in dem digitalen Bild die zu den getrennten Substanzen gehörenden Flecke erkannt und durch ihre Lage und integrale Intensität charakterisiert werden. In früheren Arbeiten /1,2/ wurden die Meßwerte mit einem Filter der Fenstergröße 3x3 rekursiv geglättet und die Flecke mit einem lokalen Operator der Fenstergröße 5x5 segmentiert. Dies geschah im wesentlichen mit der Festlegung, daß lokale Minima den Untergrund charakterisieren. Das Ergebnis dieser Segmentierung ist in Fig. 4b gezeigt. Es entspricht dem visuellen Eindruck, hat aber für den Biochemiker zwei Mängel: sehr schwache Flecke werden nicht erkannt, weil bei der Fenstergröße 5x5 gegen die Bedingung für ein lokales Minimum nicht verstoßen wird. Schwache Flecke dicht neben starken werden nicht getrennt segmentiert, weil zwischen beiden nur eine Schulter, aber kein Minimum der Intensitätswerte liegt. Zur Klarstellung muß angemerkt werden, daß der Biochemiker diese Mängel nicht "sieht", sondern "weiß". Mit der Beseitigung der genannten Mängel durch das im folgenden beschriebene Verfahren wurde eine Segmentierung erreicht, die deutlich über die Wahrnehmung des Menschen hinausgeht und die globale Struktur der Chromatogrammbilder berücksichtigt.

2. Segmentierung

2.1 Bestimmung des Bilduntergrundes im groben Raster

Vor der Segmentierung wird der Datensatz rekursiv gefiltert durch ein von R. Bernstein /3/ angegebenes Filter mit einem Fenster von 5x5 Pixeln.

---

[*]Mit Unterstützung der Deutschen Forschungsgemeinschaft

Es glättet bei geringerem Rechenaufwand etwas besser als das in /1/ angegebene Filter; für einen Vergleich der beiden Segmentierungsverfahren ist der Unterschied aber belanglos.

Das meßtechnisch vorgegebene Raster kann für die Bestimmung des im wesentlichen ebenen Untergrundes um den Faktor vier in Zeilen- und Spaltenrichtung vergröbert werden. Wir definieren den flachen Untergrund mit Hilfe der Festlegung, daß die mittlere absolute Differenz der Intensitäten zwischen dem Aufpunkt Z und acht im groben Raster um zwei Schritte entfernten Randpunkten R (siehe Fig. 1) eine vorgegebene Schwelle ε nicht überschreiten darf, also als Ort schwacher lokaler Varianz. Die Schwelle $\varepsilon = 6$ hat sich experimentell als optimal herausgestellt, da hiermit einerseits der freie Untergrund weitgehend bedeckt, andererseits schwache Flecke aber nicht zugedeckt werden. Während die Wahl dieser Schwelle unkritisch ist, sollte die in Fig. 1 angegebene Fenstergröße nicht unterschritten werden. Fig. 4c zeigt den so definierten Untergrund in grauer Darstellung.

Die zum flachen Untergrund erklärten Pixel werden von der weiteren Bildverarbeitung ausgeschlossen.

2.2 Bestimmung der Flecklage

Es ist möglich, die Maxima der Flecke ebenfalls im groben Raster zu bestimmen. Dagegen ist die gegenseitige Abgrenzung der Flecke schwierig, da ihre Form sehr asymmetrisch sein kann und im groben Raster nicht mehr darstellbar ist.

Um Informationen sowohl über die Lage als auch über Größe und Form der Flecke zu erhalten, wird die Segmentierung in einem feineren Bildraster fortgesetzt, das aus jedem zweiten Meßwert in Zeilen- und Spaltenrichtung des Originaldatensatzes besteht. In diesem Raster werden die konvexen Bereiche der Intensitätsfläche bestimmt. Fig. 2a zeigt das Fenster um den Aufpunkt Z, der als Pixel eines konvexen Bereichs gezählt wird, wenn seine Intensität für wenigstens sechs Richtungen durch den Aufpunkt größer ist als die mittlere Intensität gegenüberliegender Randpunkte R. Fig. 2b zeigt in der Darstellung A für eine Richtung einen konvexen Intensitätsverlauf, im Fall B einen konkaven Verlauf. Um im Bereich schwacher Flecke diese Segmentierung gegen Einflüsse des Quantisierungsrauschens zu sichern, wird für die Konvexität gefordert, daß die Intensität des Aufpunkts sogar um 2 über der mittleren Intensität der Rand-

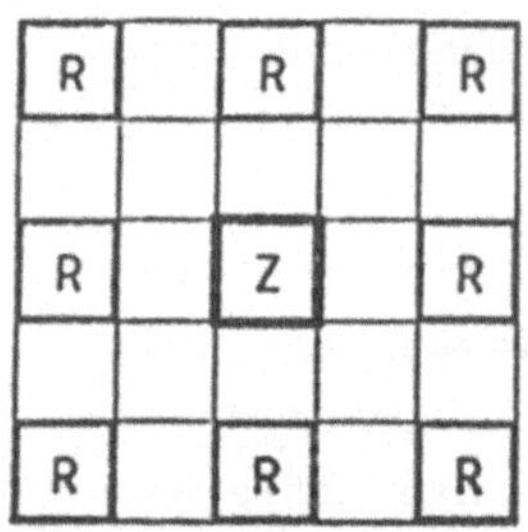

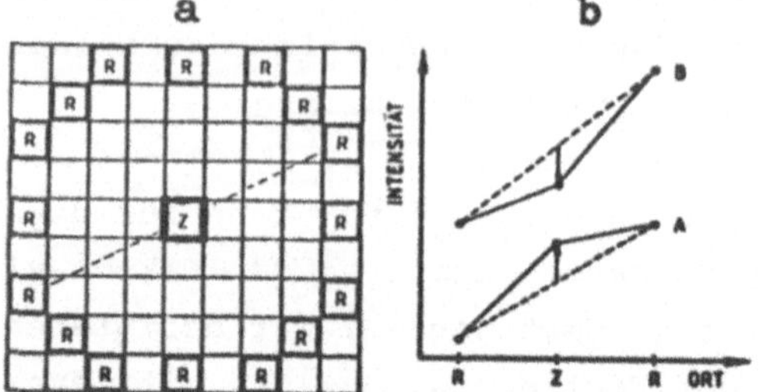

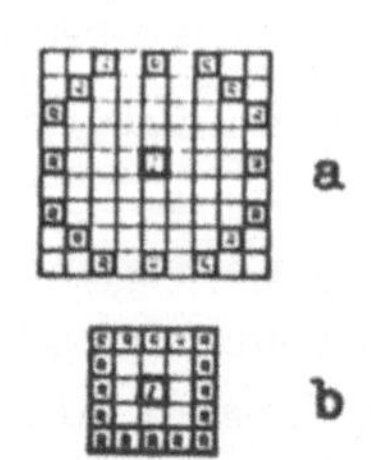

Fig. 1:
Fenster des Untergrund-
diskriminators im groben
Raster

Fig. 2:
Zur Definition konvexer Bereiche im mittel-
groben Raster: a) Fenster des Operators,
b) konvexer Intensitätsverlauf (A) bzw.
konkaver Intensitätsverlauf (B).

Fig. 3:
Fenster
der Dehnungsope-
ratoren

punkte liegt. Außerdem hat es sich als günstig erwiesen, die Konvexität
statt für alle acht nur für mindestens sechs Richtungen zu verlangen,
weil dann auch benachbarte Flecke als getrennt erkannt werden, wenn nur
eine Intensitätsschulter aber kein Minimum zwischen ihnen liegt.
Fig. 4c zeigt die so ermittelten konvexen Bereiche als helle Flecke.
Ein Vergleich des oberen linken Quadranten mit den entsprechenden Quadranten aus Fig. 4a und 4b zeigt einerseits deutliche konvexe Gebiete
am Ort schwacher Flecke, die bislang mit Hilfe des Minimumoperators
nicht entdeckt wurden (Fig. 4b), andererseits werden Flecke getrennt,
die in Fig. 4b zusammengelaufen sind, aber tatsächlich zu verschiedenen
Substanzen gehören.

2.3 Festlegung der Fleckgrenzen

Wegen der geforderten Meßgenauigkeit werden die Fleckgrenzen im feinen
Bildraster des Originaldatensatzes festgelegt.

Die Flecke können gegen den flachen Untergrund oder gegenüber Nachbar-
flecken begrenzt sein. Da die integrale Fleckintensität über dem Untergrund gemessen wird, ist die Lage der Fleckgrenzen an den Auslauf-
flanken in den Untergrund unkritisch. Der Verlauf der Grenzen zwischen
verschiedenen Flecken kann jedoch insbesondere im Falle asymmetrischer
Intensitätsflanken kritisch sein. Daher werden zunächst in Anlehnung an
unser früheres Verfahren /1,2/ "unumstößliche" Fleckgrenzen festgelegt,
die Ort starker lokaler Minima sind. Der Minimumoperator benutzt das
Fenster der Fig. 3a und definiert den Aufpunkt Z als Minimum, wenn für
dessen Intensitätsdifferenz ΔI zu gegenüberliegenden Randpunkten R
in wenigstens einer der acht möglichen Richtungen durch Z gilt: $\Delta I > 6$.
Fig. 4d zeigt die so vorläufig festgelegten Fleckgrenzen als helle
Streifen.

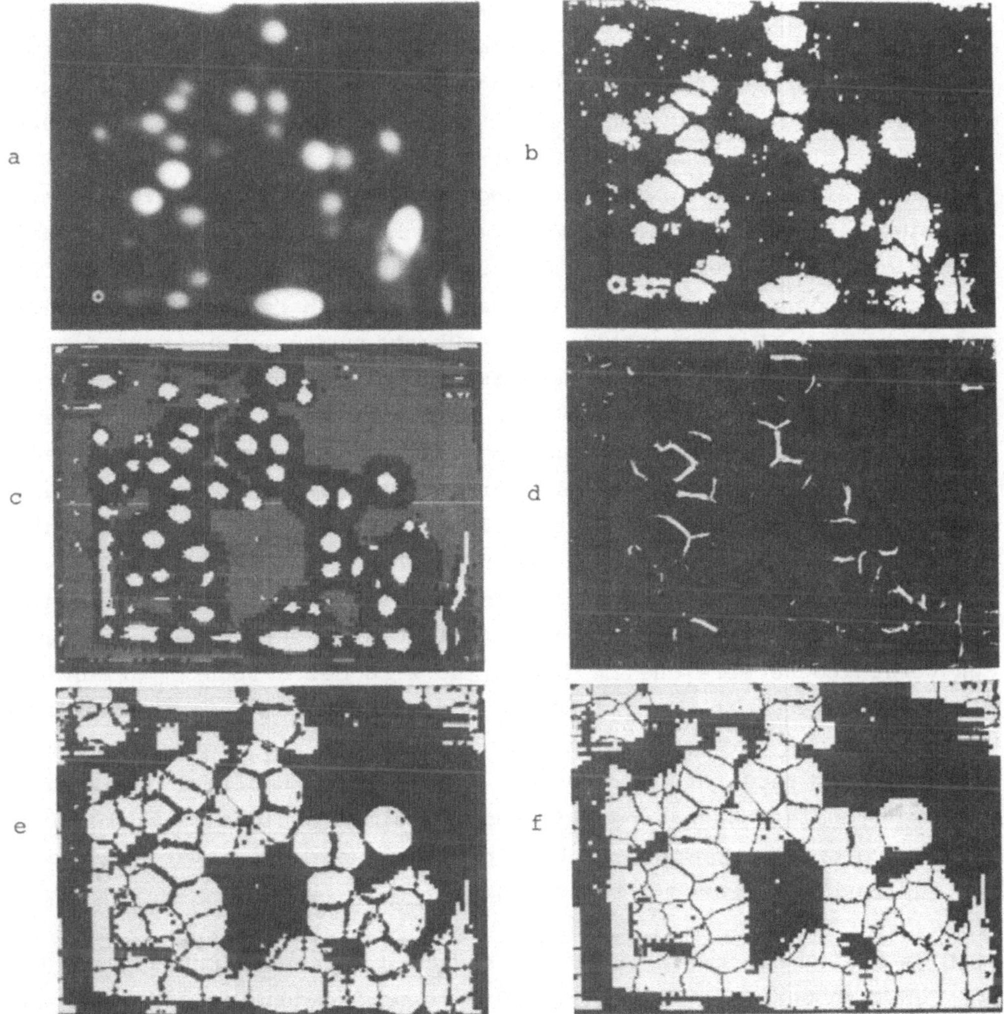

Fig. 4:

a) UV-Photographie eines Mikrochromatogramms dansylierter Aminosäuren
   aus dem Liquor cerebrospinalis des Menschen. Überbelichtet zur De-
   monstration schwacher Flecke.

b) Segmentierung des Bildes a) nach dem in /1/ beschriebenen Verfahren
   mit einem lokalen Operator zur Bestimmung lokaler Intensitätsminima.

c) Segmentierung des Bildes a) in flachen Untergrund (grau, grobes
   Raster), konvexe Bereiche (weiß, mittelgrobes Raster) und unent-
   schiedene Gebiete (schwarz).

d) "Unumstößliche" Fleckgrenzen als Ort starker lokaler Minima (feines
   Raster).

e) Fleckbereiche nach dreimaliger Ausdehnung der konvexen Bereiche aus
   c) in groben Schritten (feines Raster).

f) Fleckbereiche nach weiterer dreimaliger Ausdehnung der Bereiche von
   e) in feinen Schritten (feines Raster).

Mit Hilfe des Minimumoperators ist keine vollständige Flecktrennung
möglich. Zur Vollendung der Grenzziehung können aber globale Informationen über Nachbarschaftsbeziehungen zwischen den Flecken ausgenutzt
werden, indem die zusammenhängenden konvexen Bereiche numeriert werden.
Hierbei ist 'Zusammenhang' durch Berührung der als konvex klassifizierten
Pixel in Zeilen- und Spaltenrichtung definiert. Da die konvexen Bereiche
eine Abschätzung der Fleckformen ermöglichen, können sie durch lokale
Operationen in mehreren Schritten ausgedehnt werden, bis sie den flachen
Untergrund oder unumstößliche Grenzen erreicht haben oder sich gegenseitig treffen. Die gegenseitigen Berühungspunkte bilden dann die
übrigen Fleckgrenzen. Auf diese Weise bleiben einmal getrennte Bereiche
getrennt, selbst wenn keine lokalen Minima zwischen ihnen auftreten. Zur
Fleckdehnung wird in dem Rahmen R um den Aufpunkt Z der Fig. 3a geprüft,
ob entweder keiner, genau einer oder mehrere konvexe Bereiche berührt
werden. Aufpunkte in bereits festgelegten Grenzen werden nicht mehr behandelt. Liegt kein konvexer Bereich im Rahmen, so bleibt die Klassifizierung des Aufpunktes zunächst unentschieden. Liegt genau ein konvexer
Bereich im Rahmen, wird der Aufpunkt mit dessen Nummer versehen, und liegen verschiedene Bereiche im Rahmen, so wird der Aufpunkt vorläufig als
Fleckgrenze markiert. In drei Durchläufen mit dem Fenster der Fig. 3a
dehnen sich die Bereiche schon fast vollständig bis zum Untergrund bzw.
gegenseitiger Berührung aus. Um die Fleckgrenzen schließlich zu ver-
engen, wird die Dehnungsoperation noch dreimal mit dem Fenster der
Fig. 3b vorgenommen, wobei auch Aufpunkte Z betrachtet werden, die als
vorläufige Fleckgrenzen markiert wurden.

Fig. 4e stellt die konvexen Bereiche nach dreimaliger Dehnung mit Hilfe
des Fensters aus Fig. 3a dar. Die Grenzstreifen aus Fig. 4d sind wieder-
zuerkennen. Fig. 4f zeigt die abgeschlossene Segmentierung des Bildes
nach weiterer dreimaliger Dehnung mit dem Fenster der Fig. 3b. Die
Fleckgrenzen sind hier deutlich feiner gezogen.

3. Diskussion

Die nach dem früher beschriebenen Verfahren /1,2/ erfolgte Segmen -
tierung in Fig. 4b scheint auf den ersten Blick besser zu dem Original
(Fig. 4a) zu passen als die hier beschriebene Segmentierung im abge-
stuften Bildraster (Fig. 4f). Tatsächlich ist diese Segmentierung der
früheren aber in drei Punkten überlegen: Die Flecke werden an ihren
sanften Intensitätsflanken weiter in den flachen Untergrund verfolgt.
Schwache, kaum sichtbare Flecke werden klar erkannt und dadurch die Nach-

weisgrenze des Analyseverfahrens verbessert. Einige Flecke, die bislang
mit ihrem Nachbarn zusammengelaufen waren, werden getrennt.

<u>Literatur</u>

/1/ H.-G. Zimmer, V. Neuhoff: Quantitative Auswertung von zweidimensionalen Mikro-Chromatogrammen. Informatik-Fachberichte $\underline{8}$,
Springer 1977, p. 12-20.

/2/ H.-G. Zimmer, H. Kronberg, V. Neuhoff: Quantitative evaluation of
Chromatograms. Proc. 4th Intern. Joint Conf. Pattern Recognition,
Kyoto 1978, p. 834-836.

/3/ H.-G. Zimmer, R. Bernstein, V. Neuhoff: Improvements in micro-
photometry by digital signal processing. Zur Veröffentlichung eingereicht bei "Pattern Recognition".

BILDSEGMENTATION MITTELS TEXTUREIGENSCHAFTEN

K.RODENACKER, P.GAIS, G.BURGER

Gesellschaft für Strahlen- und Umweltforschung mbH München
Institut für Strahlenschutz
- Bildanalyse -
8042 Neuherberg

ZUSAMMENFASSUNG:

An einem Anwendungsfall wird die Vorgehensweise zur Bemessung von Textureigenschaften beschrieben und für die Segmentation von Bereichen
bei Zellbildern benutzt. Außerdem wird versucht, den Begriff Textur zu
präzisieren.

Stichwörter: Segmentation, Texturanalyse, Struktur

1. Einführung

Zur Auswertung von digitalisierten Bildern ist es häufig nötig, diese
in Bereiche mit bestimmten Bedeutungen zu zerlegen. Die Zerlegung (Segmentation) erfolgt nach Kriterien wie "Form", "Farbe" oder "Textur".

Bei automatischer Segmentation hat sich gezeigt, daß eine Trennung
ausschließlich nach Farbe mittels Wahl eines Schwellwertes nicht immer
zum Erfolg führt. Außerdem ist es in natürlichen Szenen im Makro- und
Mikrobereich oft nicht möglich, die Bilder so aufzunehmen, daß eine
Trennung nach Farbe ausreichend gut würde. Hier ist es nun sinnvoll,
auch Textur- und Formeigenschaften zur Segmentation heranzuziehen.

Bei dem hier beschriebenen Verfahren werden nur Textureigenschaften
verwendet. Aber dazu muß der Texturbegriff erläutert werden.

Ein Blick in die Literatur läßt Autoren in drei Klassen fallen:
die einen versuchen, den verwendeten Begriff Textur mehr oder weniger
gut zu beschreiben wie sie ihn sehen (Pickett, Hawkins /1/, Haralick,
Harlow, Preston jr./2/, Rosenfeld /3/, Tamura /4/), der überwiegende
Teil verzichtet auf jegliche Begriffsbestimmung oder bezieht sich auf
obengenannte und ein kleiner Teil von Autoren versucht, Textur ausschließlich als statistisch beschreibbares Phänomen zu fassen (nur als
Beispiel: Conners /5/). Hierbei wird ein Bild und damit auch die darin
enthaltene Textur theoretisch durch alle endlich-dimensionalen Grau-

wertverteilungen dargestellt. Dies entspricht wohl der Möglichkeit,
ein Bild vollständig in einer formalen Sprache zu beschreiben.

Um den verwendeten Texturbegriff zu erklären, sei Hawkins /1/ zitiert,
für den Textur aus den folgenden "Zutaten" besteht:

1. Eine Art "lokale Ordnung", die über ein Gebiet verteilt ist, das
   groß im Vergleich zur Größe der lokalen Ordnung ist.

2. Die Ordnung besteht aus einer nicht zufälligen Anordnung elementarer Teile.

3. Die Teile sind grob gesehen gleichmäßig verteilt mit annähernd gleicher Ausdehnung im betrachteten Gebiet.

Hinzuzufügen wäre wohl noch, daß völlig gleichmäßige Raster, Gitter,
Muster etc. als Sonderfälle von Texturen betrachtet werden müssen, die
eher der Beschreibung bestimmter Texturen dienen.

Hiermit sei nur eine Begriffsbestimmung gegeben. Eine exakte Definition dürfte unmöglich sein, da Textur nicht abgegrenzt werden kann (wo
hört der Wald auf und wo fangen die Bäume an?), aber Abgrenzung gerade
eine Eigenschaft der Definition ist.

In der Hawkins'schen Formulierung tritt eine gewisse Hierarchie auf,
die wohl aus der Erfahrung bei Betrachtung von Oberflächen aus unterschiedlichen Entfernungen (Vergrößerungen) entstammt. Hieraus die Plau-
sibilität eines hierarchischen Textur-Modells (Foith /6/) abzuleiten
ist wohl fraglich. Als Ansatz der Textur begrifflich näherzukommen,
muß dieses Modell jedoch hoch bewertet werden.

2. Verfahren

Die gängigen linearen und nichtlinearen Transformationen (Gradient,
Ableitung, Laplace, Mittelwert, Erosion, Dilatation, Median - s.Anhang-)
wirken auf bestimmte Eigenschaften des digitalisierten Bildes verstär-
kend oder abschwächend. Zum Beispiel beseitigt eine Mittelwertbildung
den größten Teil der Textur und verschmiert die Ränder von Objekten,
wie die Medianoperation, die jedoch Ränder erhält. Der Gradient, hier
Roberts-Gradient, läßt unterschiedliche Ausrichtung in der Textur verschwinden. Der Laplaceoperator verstärkt Ränder, aber auch alle körni-
gen Texturen. Dies sind übrigens Eigenschaften, die schon lange bei
der Bildverbesserung genutzt werden. Das Problem ist nun, charakteristische Größen (und Transformationen) für die abzutrennenden Texturbe-
reiche aufzufinden.

Als Beispiel für eine mögliche Vorgehensweise sei der Versuch skizziert, Textur mit ausgeprägter Richtungskomponente abzutrennen (Bild 1). Hier muß der Gradient unter -45 grad nahezu Null sein, d.h., mit DIX(bild) und DIY(bild), den partiellen Ableitungen in X- bzw. Y-Richtung (fx, fy), sind alle Bildpunkte (k,j) wichtig, für die gilt:

$$f_x(k,j) \ / \ f_y(k,j) \approx + 1$$

Natürlich darf nicht der Einfluß vernachläßigt werden, den die Schrittweite bei der Bestimmung der Ableitungen hat.

Hier hat es sich als sinnvoll erwiesen, aus Ableitungen mit unterschiedlichen Schrittweiten durch lineares Kombinieren zu erhöhten Genauigkeiten zu gelangen (höhere Differenzen verringern den Fehlerterm).

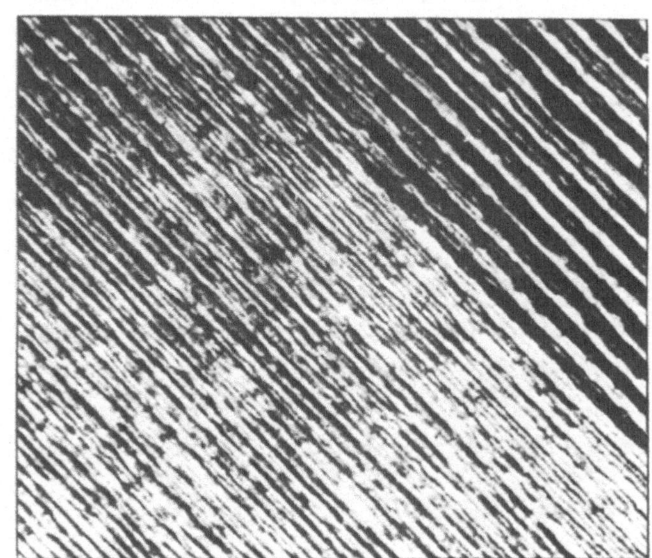

Bild 1

Textur mit ausgeprägter Richtungskomponente

Mit dem Programmsystem DIBIVE war es leicht möglich, verschiedene Verfahren durchzugehen, gewonnene Masken zu verifizieren und auch Binärbildoperationen (logische Verknüpfung verschiedener Masken, Blow- und Shrinkoperationen sowie Auffüllen und Löschen von Störstellen (Abmayr /8/) anzuwenden. Leider war es noch nicht möglich, zu Zeitaussagen mit dem angeschlossenen Arrayprocessor zu gelangen.

3. Anwendung

Bei der automatischen Krebsfrüherkennung ist es notwendig, Objekte in einem größeren Bildfeld zu lokalisieren und Masken für diese Objekte zu bestimmen.

Da es sich immer um Mikroskopbilder handelt mit einer bis zu 1000fachen Vergrößerung, sind die Schärfeebenen sehr schmal, so daß meistens der Untergrund unscharf erscheint, oder, mit anderen Worten, der Untergrund ist ein Gebiet mit geringer oder gar keiner Textur (Bild 2). Hier bietet sich der Laplaceoperator an, der texturverstärkend wirkt (Bild 4).

Bild 6 stellt die Bildpunkte dar, für die der Laplaceoperator die Werte zwischen -2 und +2 annimmt. Diese Maske ist noch nicht gut, so daß erst eine nachfolgende Mittelwert- und anschließende Schwellwertbildung (- 2,2) zu einer ordentlichen Maske führen (Bilder 5, 7 und 3).

Der Vorteil des Verfahrens ist die Möglichkeit, ziemlich genau vorherzusagen, wie gut die Segmentation erfolgen wird.

Die Bilder 8-13 zeigen eine Zelle mit einem Erfassungsfehler, der sich in der Textur auswirkte und entsprechend verfälschte Masken zur Folge hatte.

4. Diskussion

Es wird die Vorgehensweise skizziert, Gebiete mit bestimmten Textureigenschaften abzutrennen. Das Problem ist hier, das mehr oder weniger Vorhandensein dieser Eigenschaft zu bemessen. Der vorgeschlagene Weg führt über die Erkennung von Primitiven, ohne diese explizit zu beschreiben, ihrer Bewertung durch verschiedene Transformationen und Verknüpfung in einer Maßfunktion. In unserem Fall waren die "Primitiven" alle Bildpunkte, deren zwei Schritte entfernte Nachbarn mit dem Mittelpunkt annähernd auf einer Ebene lagen. Selbst in diesem relativ einfachen Fall wurde nach Versuch und Irrtum vorgegangen. Aber gerade diese Arbeit mit den Bildtransformationen sowie der Untersuchung der Ergebniswerte, teilweise nach Einzelpunkten, hat die Wahrnehmung und Beurteilung von Texturen verschärft.

LITERATURHINWEISE

/1/ ·Edt. Lipkin-Rosenfeld
     Picture Processing and Psychopictorics
     Academic Press New York, 1970

/2/ Edt. Rosenfeld
     Digital Picture Analysis
     Springer Verlag Berlin, 1978

/3/ A. Rosenfeld
     Digital Picture Processing
     Academic Press New York, 1976

/4/ Tamura, Mori, Yamawaki
     Proc. of the 3.Int.Joint Conf. of Pattern Recognition, 1976,
     p. 273

/5/ Conners, R.W.
     Some Theory on Statistical Models for Textur and its application
     to Radiographic Image Processing.
     University of Missouri-Columbia
     Disseration

/6/ Foith, J.P.
     Ein hierarchisches Textur-Modell
     Bildverarbeitung und Mustererkennung
     DAGM Symposium Oberpfaffenhofen, Okt. 1978
     Edt. Triendl Springer Verlag Berlin

/7/ Zucker, et al.,
     Picture Segmentation by Texture Discrimination
     IEEE Trans.Comp Dec. 1975, pp 1228-1233

/8/ Abmayr, W.
     Die quantitative Auswertung optischer Information aus dem
     phys. und biomed. Forschungsbereich
     Dissertation
     Oktober 1974, GSF-Bericht S 323

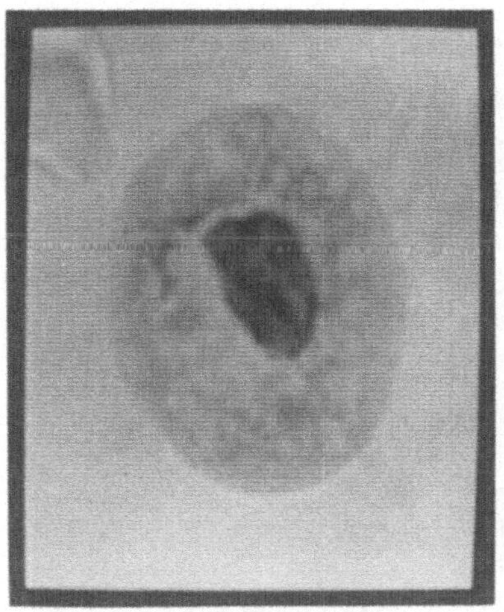

Bild 2:   Original
          Metaplasie

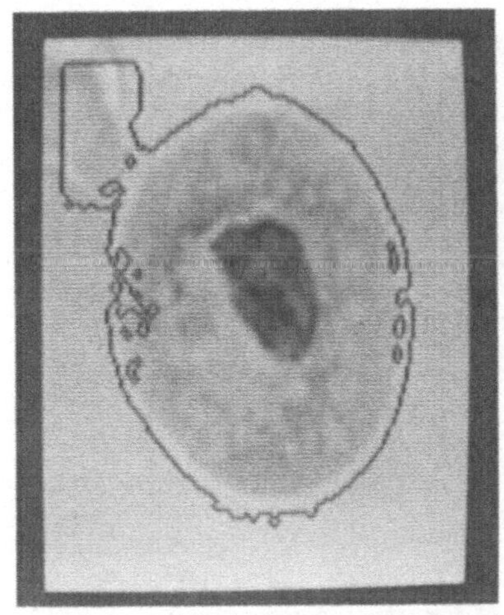

Bild 3:   Original mit
          erzeugtem Rand

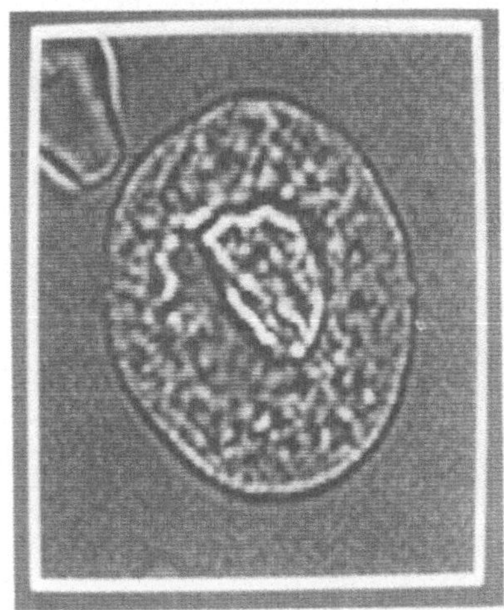

Bild 4:   Original nach LAPLACE-
          Transformation

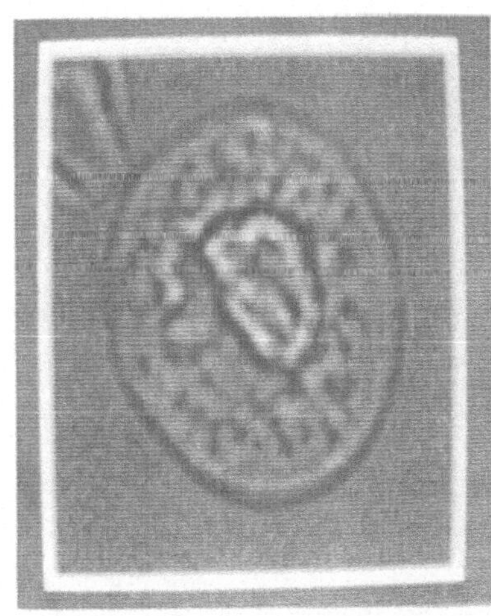

Bild 5:   Bild 3 nach Zwischen-
          raum AVERAGE-Bildung

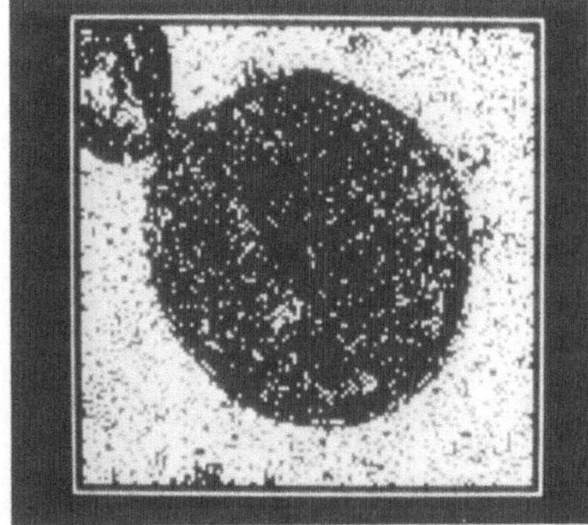

Bild 6:   Schwellbild,
          erzeugt aus Bild 4

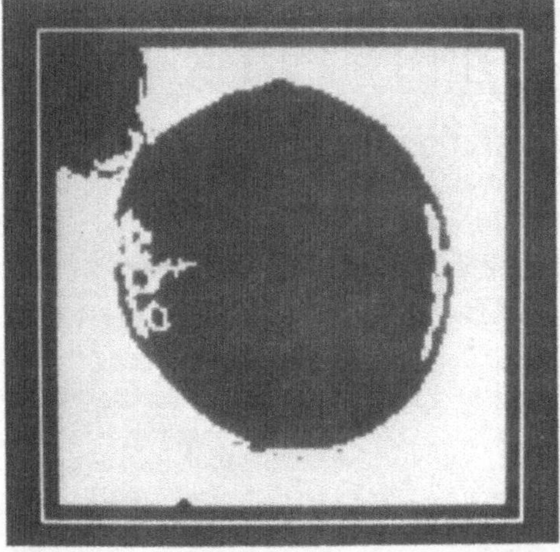

Bild 7:   Schwellbild,
          erzeugt aus Bild 5

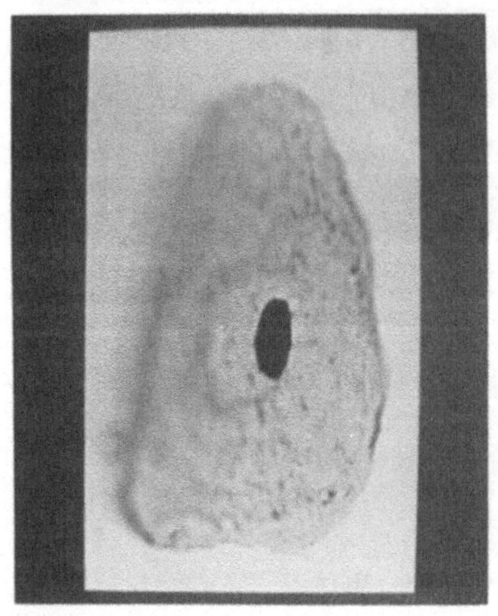

Bild 8: Original
        Intermediärzelle

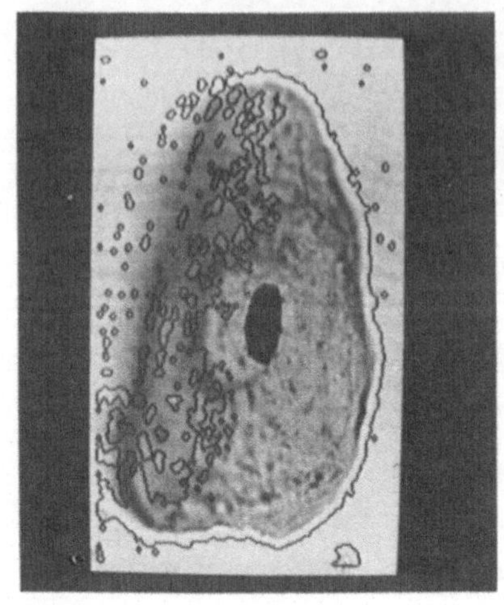

Bild 9: Original mit
        erzeugtem Rand

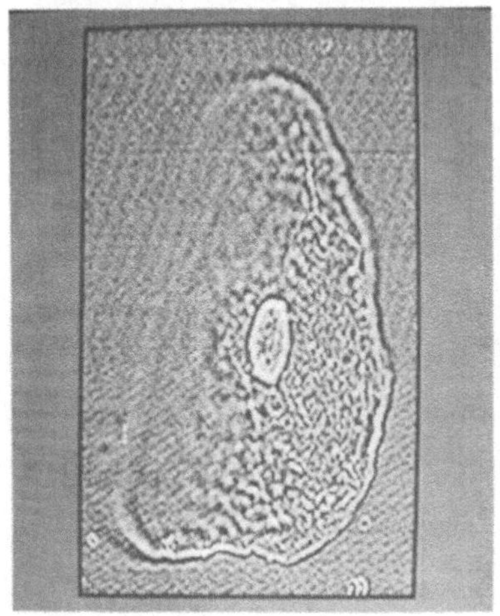

Bild 10: Original nach LAPLACE-
         Transformation

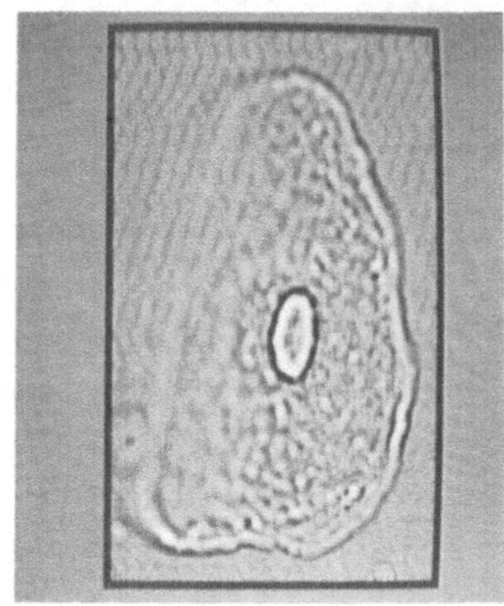

Bild 11: Bild 10 nach
         AVERAGE-Bildung

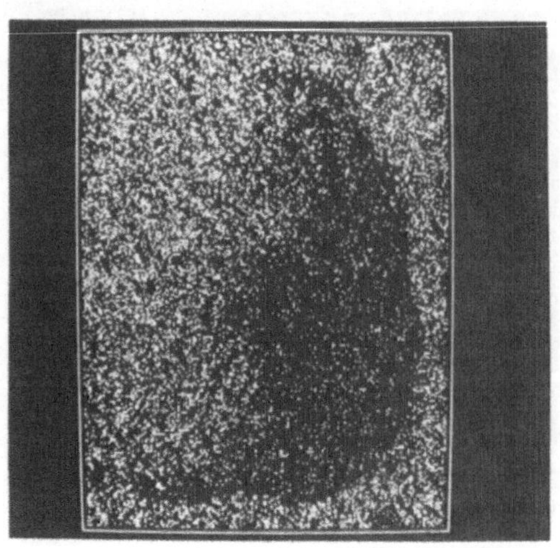

Bild 12: Schwellbild,
         erzeugt aus Bild 10

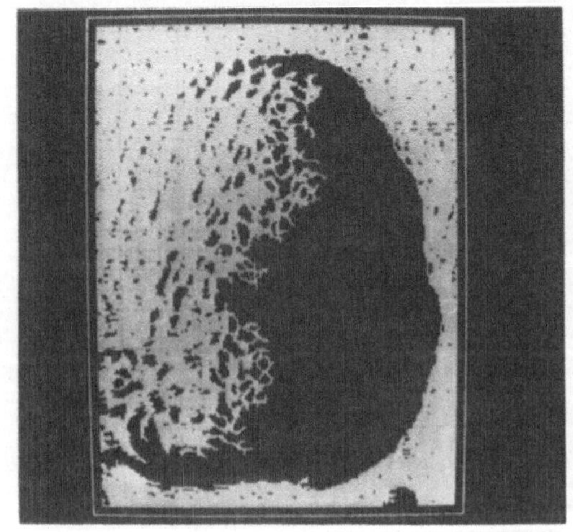

Bild 13: Schwellbild,
         erzeugt aus Bild 11

Blatt 1

Verwendete Transformationen

$$f : A \times B \rightarrow C \qquad \text{mit} \quad A = \{1,2,\ldots,l\}$$

$$B = \{1,2,\ldots,k\}$$

$$C = \{0,1,\ldots,255\}$$

sei das digitalisierte Bild mit

$$l \leq 256 \text{ Spalten}$$

$$k \leq 256 \text{ Zeilen}$$

und bis zu 256 Graustufen.

$$g : A \times B \rightarrow C$$

sei das transformierte Bild, in dem jeweils 2n Randpunkte auf Null gesetzt sind.

Lineare Transformationen

$$g(x,y) = \sum_{i=-n}^{n} \sum_{j=-n}^{n} f(x+i,y+j) \cdot h(i,j) = f * h(x,y)$$

Durch die (2n+1,2n+1) Transformationsmatix h werden die verschiedenen Transformationen beschrieben.

$$h_{LAP} = \begin{pmatrix} & & 1 & & \\ & & 0 & & \\ & & \cdot & & \\ 1 0 & \ldots 0 & -4 & 0 \ldots 0 & 1 \\ & & \cdot & & \\ & & 0 & & \\ & & 1 & & \end{pmatrix} \qquad h_{LAR} = \begin{pmatrix} 1 & & & & 1 \\ & \cdot & & \cdot & \\ & & 0\ 0\ 0 & & \\ & & 0\ -4\ 0 & & \\ & & 0\ 0\ 0 & & \\ & \cdot & & \cdot & \\ 1 & & & & 1 \end{pmatrix}$$

$$h_{DIX} = \begin{pmatrix} 1 & & -1 \\ 0 & & 0 \\ 1 & 0 & -1 \\ 0 & & 0 \\ 1 & & -1 \end{pmatrix} \qquad h_{DIY} = \begin{pmatrix} 1\ 0\ 1\ 0\ 1 \\ 0 \\ -1\ 0\ -1\ 0\ -1 \end{pmatrix}$$

Blatt 2

$$h_{DIN} = \begin{pmatrix} & & 1 & & \\ & 1 & & & \\ 1 & & O & & -1 \\ & & & -1 & \\ & & -1 & & \end{pmatrix} \qquad h_{DIP} = \begin{pmatrix} & & -1 & & \\ & & & -1 & \\ 1 & & O & & -1 \\ & 1 & & & \\ & & 1 & & \end{pmatrix}$$

$$h_{AVG} = \begin{pmatrix} \vdots & \cdots\cdots & \vdots \\ \dfrac{1}{(2n+1)^2} & \cdots\cdots & \dfrac{1}{(2n+1)^2} \\ \vdots & \cdots\cdots & \vdots \end{pmatrix} \qquad h_{ij} = \begin{pmatrix} & & \overset{i}{\downarrow} & & \\ & & 0 & & \\ & & \vdots & & \\ & & 0 & & \\ 0 & .. & 010 & ... & 0 \\ & & 0 & & \\ & & \vdots & & \\ & & 0 & & \end{pmatrix} \leftarrow j$$

Nichtlineare Transformationen

$$g_{ROB}(x,y) = \max\left(|f*h_{DIX}(x,y)|\,,\,|f*h_{DIY}(x,y)|\right) \qquad \text{Roberts-Gradient}$$

$$g_{GRR}(x,y) = \max\left(|f*h_{DIN}(x,y)|\,,\,|f*h_{DIP}(x,y)|\right) \qquad \text{"} \qquad \text{"}$$

$$g_{ERO}(x,y) = \min_{\substack{i=-n,n \\ j=-n,n}}\left(f*h_{ij}(x,y)\right) \qquad \text{Verallg. Erosion}$$

$$g_{DIL}(x,y) = \max_{\substack{i=-n,n \\ j=-n,n}}\left(f*h_{ij}(x,y)\right) \qquad \text{Verallg. Dilatation}$$

$$g_{VAR}(x,y) = \text{Streuung der Grauwerte in der Transformationsmatrix}$$

$$g_{ARR}(x,y) = \arctan\left(f*h_{DIX}(x,y)\,/\,f*h_{DIY}(x,y)\right)$$

$$g_{ARG}(x,y) = \arctan\left(f*h_{DIN}(x,y)\,/\,f*h_{DIP}(x,y)\right)$$

$$g_{GRA}(x,y) = \left(f*h_{DIX}(x,y)^2 + f*h_{DIY}(x,y)^2\right)^{\frac{1}{2}}$$

Bildsegmentation mittels struktureller Texturanalyse

Ludwig Abele

Institut für Nachrichtentechnik, TU München, Arcisstr.21,8000 München 2

Kurzfassung

Eine Reihe von herkömmlichen Bildsegmentationsverfahren basieren auf
der Annahme, daß sich Bildsegmente durch ihre Helligkeit und/oder Farbe
unterscheiden, daß diese Eigenschaften aber innerhalb eines Segments in
etwa konstant sind. Die vorliegende Arbeit beschreibt ein Segmentations-
verfahren, welches Texturinformation in einem mehr allgemeinen Sinn verwendet, wobei der strukturelle Aspekt im Vordergrund steht. Dabei faßt
man unter Annahme einer Bildhierarchie in einem bottom-up Verfahren
schrittweise Elemente einer jeweils niedrigeren Hierarchieebene zu Elementen der nächst höheren Ebene zusammen bis eine Aufteilung des Bildes
in homogene, disjunkte Bildsegmente erreicht ist.

1. Bildhierarchie und strukturelle Texturanalyse

Bildsegmentation und Texturanalyse stellen zwei grundlegende Probleme
für die Analyse und Interpretation von Bildern dar, wobei sich das eine
kaum vom anderen trennen läßt. Textur ist immer die Eigenschaft eines
größeren Bildbereiches, z.B. dessen Farbe, Helligkeit oder Struktur.
Aufgabe einer Bildsegmentation, die auf die Berücksichtigung von Bild-
semantik oder -Syntaktik verzichtet, ist es, Bilder so in Bereiche aufzuteilen, daß die Textur - wobei dieser Begriff zunächst mehr umgangs-
sprachlich verwendet wird - innerhalb eines Bereichs möglichst konstant
und zwischen Bildbereichen möglichst unterschiedlich ist.

Aus der Literatur sind zwei Betrachtungsweisen des Begriffs Textur bekannt. Man spricht auf der einen Seite von einem _statistischen Ansatz_,
welcher statistische Parameter als Eigenschaften von Bildbereichen mißt
und diese dazu verwendet, Bildbereiche zu segmentieren oder zu klassifizieren. Es hat sich gezeigt, daß dieser Ansatz hervorragend dazu geeignet ist, Texturen zu klassifizieren - bei der Segmentation hingegen
tritt folgendes Problem auf: Einerseits müssen die Bildfenster, innerhalb deren die Bildstatistik gemessen wird, möglichst groß sein um diese Messung hinreichend genau zu machen, andererseits verursachen große
Bildfenster Ortsungenauigkeiten an Texturkanten.

Beim _strukturellen Ansatz_, der davon ausgeht, daß Texturen durch Tex-
turelemente (TEM) und ihre Plazierungsregeln beschreibbar sind, vermeidet man diesen Nachteil. Die Eigenschaften eines Bildbereiches sind
nun durch die Eigenschaften seiner Repräsentanten definiert - man benötigt keine festen Bildfenster mehr und umgeht somit das Problem der
Ortsunschärfe an Texturkanten. Die Bildsegmentation aufgrund dieses

strukturellen Ansatzes ist Gegenstand dieser Arbeit.

Es erweist sich als vorteilhaft, eine hierarchische Bildstruktur anzunehmen (siehe auch Foith,1978). Bild 2 zeigt anhand eines einfachen Beispiels den hierarchischen Aufbau eines Texturbildes und das in dieser Arbeit vorgeschlagene Prinzip der Bildsegmentierung.

Ausgehend von der untersten Texturebene (TE), den Bildpunkten, werden mit Hilfe eines Region-Growing-Algorithmus'(siehe Abschn.2) TEM und der Hintergrund extrahiert und ihre wichtigsten Merkmale ermittelt. Ausgehend von diesen Merkmalen faßt man unter Verwendung eines Clusterverfahrens 'ähnliche' TEM zu Texturen zusammen (Abschn.3). Ein weiterer Schritt erzeugt aus TEM jeweils einer Klasse homogene Bildbereiche, deren gegenseitige Überlappung als Kriterium für die Erzeugung disjunkter Bildsegmente verwendet wird (Abschn.4).

2. Extraktion von Texturelementen und Hintergrund

In der vorliegenden Arbeit wurde für die Extraktion der TEM ein Region-Growing-Algorithmus verwendet, der für die Zusammenfassung benachbarter Bildpunkte nur deren Grauwert berücksichtigt. Die Hinzunahme von Farbinformation ist problemlos möglich.

Ausgehend von Initialpunkten, deren Gradientenbetragswerte $\Delta I < T1$ sind (Robert's Cross Operator 3x3), werden benachbarte Bildpunkte einer bereits gefundenen Region R angefügt, falls die Differenz zwischen dem Graumittelwert dieser Region und dem Grauwert des neuen Kandidaten eine bestimmte Schwelle T2 nicht überschreitet. T2 ist eine Funktion der Grauwertstreuung von R und der Anzahl von Bildpunkten in R. Nach der Anfügung eines neuen Bildpunktes werden Mittelwert und Streuung neu berechnet. Dieses Verfahren setzt man solange fort, bis kein der Region

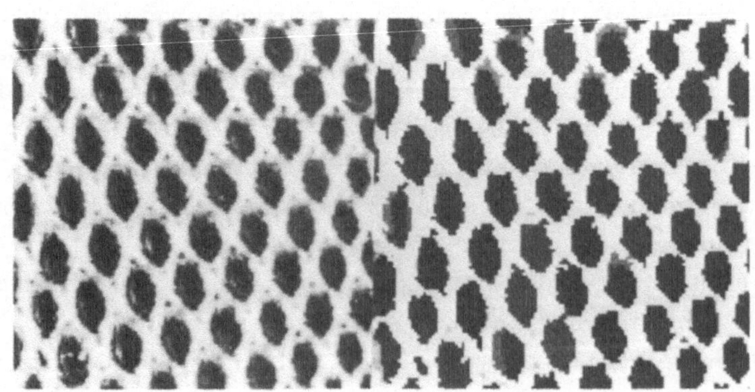

Bild 1 Beispiel für die Extraktion von Texturelementen durch ein Region-Growing-Verfahren

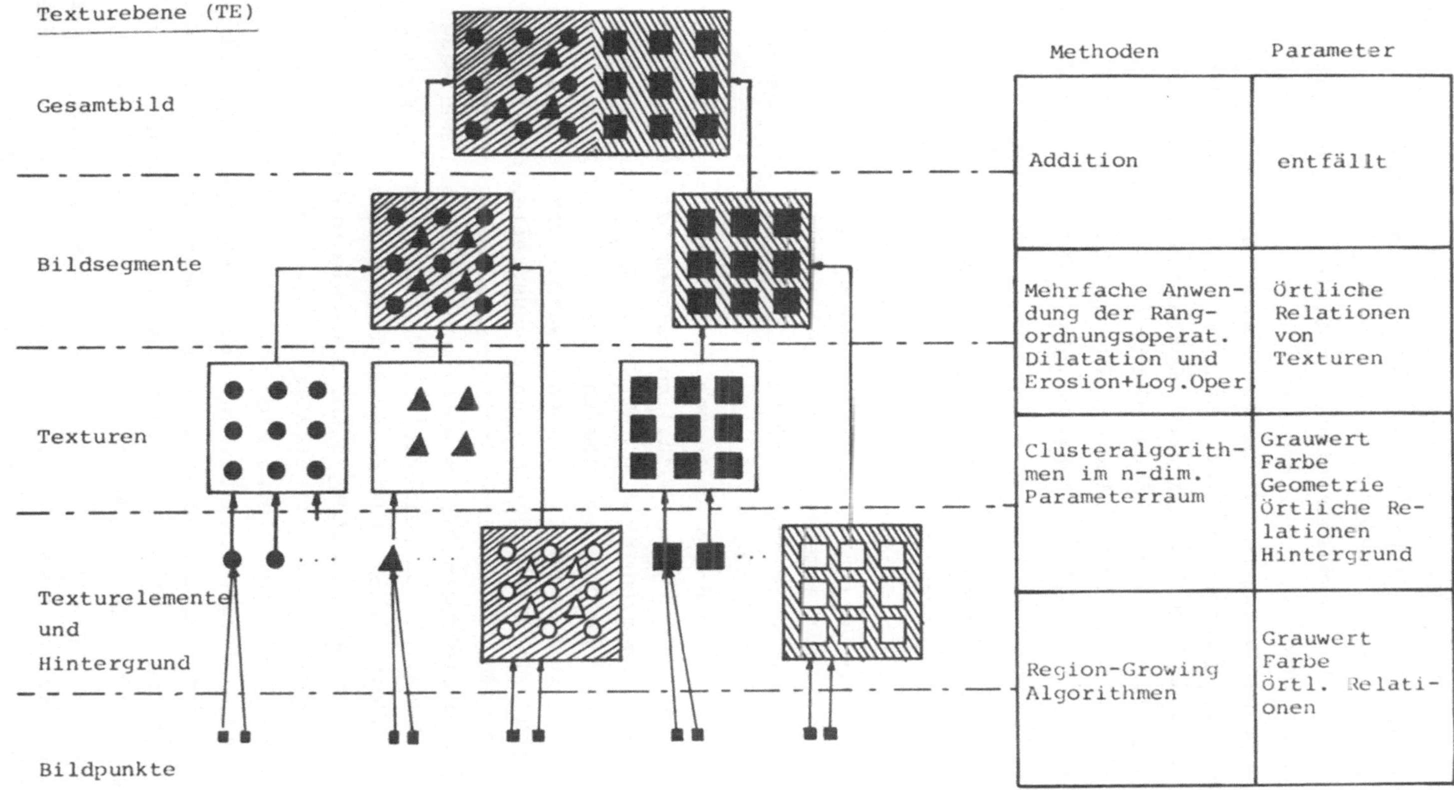

Bild 2 Beispiel einer hierarchischen Bildstruktur

benachbarter Punkt mehr die obige Bedingung erfüllt. Als Kriterium für
Nachbarschaft dient die 4-Punkt-Konnektivität (Rosenfeld,1974). Danach
beginnt das Verfahren mit einem neuen TEM an einem Initialpunkt, der
Δ I $<$ T1 erfüllt; falls kein Initialpunkt mit dieser Eigenschaft mehr zu
finden ist, erhöht sich T1 schrittweise solange, bis alle Bildpunkte
einem TEM zugeordnet sind. Der Hintergrund wird hier auch als TEM behandelt - erst ein späterer Verarbeitungsschritt unterscheidet zwischen
TEM und Hintergrund. Eine abschließende Operation vereinigt sehr kleine
TEM mit ihren größeren, bezüglich des Grauwerts ähnlichsten Nachbarn,
um Rauschpunkte zu beseitigen. Bild 1 zeigt ein Beispiel für die Wir-
kunksweise des beschriebenen Verfahrens. Die verwendete Textur entstammt
dem Buch von Brodatz (1966).

3. Zusammenfassung der Texturelemente zu Texturen

Nach der Extraktion der TEM müssen ihre gegenseitigen Ähnlichkeiten ermittelt und Beziehungen zwischen ihnen hergestellt werden, um 'ähnliche'
Elemente zu einer Klasse (=Textur) zu vereinigen. Bisher wurde der Begriff Ähnlichkeit in einem mehr umgangssprachlichen Sinn verwendet, wenn
aber quantitativ damit gearbeitet werden soll, bedarf es einer genauen
Definition.
Es ist offensichtlich, daß die Anwendung dieses Begriffes nur dann sinnvoll ist, wenn festgelegt wird, bezüglich welcher Eigenschaft zwei Objekte ähnlich sind. Da sich Objekte (=TEM) im allgemeinen aber nur durch
mehrere Eigenschaften beschreiben lassen, muß der Begriff der Ähnlichkeit in einem mehr integralen Sinn gesehen werden und es müssen Angaben
darüber vorliegen, wie die verschiedenen Eigenschaften miteinander ver-
rechnet werden müssen, um zu einem Ähnlichkeitsmaß zu gelangen. Im vorliegenden Fall ist die quantitative Bestimmung eines solchen Maßes immer mit Willkür behaftet, da keinerlei objektive Kriterien über die tat-
sächliche Ähnlichkeit zweier Objekte existieren - es ist weder bekannt,
welche Eigenschaften von Bedeutung sind, noch wie die Einzelmerkmale
eines Objektes bezüglich anderer Merkmale zu bewerten sind. Dieser Sachverhalt taucht zwar bei den meisten Problemen der Mustererkennung auf,
gewinnt hier aber ein besonderes Gewicht, da im Fall der Texturdiskri-
minierung sowohl die Wahl der günstigsten Merkmale als auch deren gegenseitige Gewichtung von Textur zu Textur stark variieren. Mit anderen Worten: Bei sehr vielen realen Texturen beruht die Ähnlichkeit ihrer
TEM auf der Ähnlichkeit bezüglich weniger Merkmale, während die rest-
lichen Merkmale stark streuen. Die wichtigsten, d.h. die am wenigsten
streuenden Merkmale sind aber von Textur zu Textur unterschiedlich, was
dazu führt, daß sich die Klassen im Merkmalsraum durchdringen. Wenn man

berücksichtigt, daß unterschiedliche Texturen örtlich disjunkte Gebiete
besetzen, und die Ortsinformation der TEM als Merkmale verwendet, geht
die Klassendurchdringung in eine Klassenberührung über, was mit den üblichen Clusteranalysealgorithmen nicht lösbar ist.

Das Beispiel in Bild 3a zeigt zwei synthetische Texturen, wobei die
Ähnlichkeit der einen Textur im Grauwert ihrer TEM liegt während ihre
Flächen streuen, bei der anderen Textur liegt der Fall genau umgekehrt.
In 3b sind Grauwerte und Flächen der TEM im 2-dimensionalen Merkmals-
raum schematisch aufgetragen - man erkennt die gegenseitige Durchdring-
ung der beiden Klassen. In 3c enthält der Merkmalsraum als zusätzliche
Dimension die x-Koordinate der TEM - die Cluster berühren sich jetzt
nur noch.

Um eine Trennung dieser Klassen zu erreichen, wurde ein modifiziertes
k-shared-nearest-neighbour-Verfahren nach Jarvis/Patrick (1973) verwendet, das mit einer variablen Metrik arbeitet.

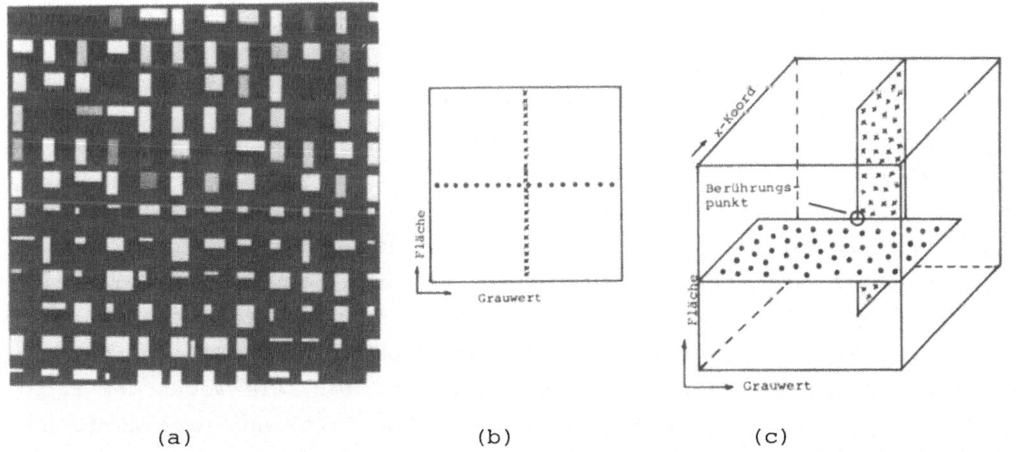

Bild 3 Synthetische Texturen, deren TEM konstante Flächen bzw. konstanten Grauwert besitzen und Darstellung der TEM im Merkmalsraum.

Bei dem ursprünglichen Verfahren von Jarvis/Patrick bestimmt man ausgehend von jedem der Samplepunkte im Merkmalsraum dessen k nächste Nachbarn unter Benutzung eines festen Distanzmaßes. Alle Punkte, die mindestens k_t gemeinsame, nächste Nachbarn besitzen, faßt man zu einer
Klasse zusammen. Zwei Punkte können aber nur dann zusammengefaßt werden,
wenn der jeweils andere Punkt zu den nächsten Nachbarn des einen gehört.
Die vorgenommene Modifikation des Verfahrens besteht in der Verwendung
eines variablen Distanzmaßes, d.h. im Gegensatz zum ursprünglichen Algorithmus ist die Gewichtung der Merkmale nicht konstant wie z.B. beim
Euklidschen Abstand, sondern ändert sich mit jedem neuen Nachbarn entsprechend den Varianzen und Kovarianzen der k-q bis zu diesem Zeitpunkt
gefundenen nächsten Nachbarn; auf diese Weise beeinflusst jeder der bis

dahin gefundenen k-q Punkte die Auffindung des k-q+1-ten Punktes. Ein
für dieses Verfahren geeignetes Abstandsmaß ist die Mahalanobisdistanz
D_{PQ} zwischen den Punkten P und Q, die definiert ist als

$$D_{PQ} = \left[(\underline{x}_P - \underline{x}_Q)^T \underline{S}^{-1} (\underline{x}_P - \underline{x}_Q) \right]^{1/2}$$

$\underline{x}_P$ und $\underline{S}$ sind der Mittelwertvektor bzw. die Kovarianzmatrix eines Samp-
les bestehend aus einem Initialpunkt und seinen k-q nächsten Nachbarn,
die durch das folgende Iterationsverfahren ermittelt werden:

1.Schritt Wahl eines Initialpunktes P mit den Koordinaten $\underline{x}_P$
           $\underline{S} = \underline{E}$ (Einheitsmatrix)
           $q = k - 1$

2.Schritt Suche desjenigen Punktes Q, für den D_{PQ} ein Minimum wird
           $q = q-1$

3.Schritt Berechnung des neuen Mittelwertvektors $\underline{x}_P'$ der k-q Punkte
           $\underline{x}_P = \underline{x}_P'$

4.Schritt Schätzung einer neuen Kovarianzmatrix $\underline{S}$
           Invertierung von $\underline{S}$

5.Schritt Wenn q=0, zu Schritt 1, wenn q > 0, zu Schritt 2,
           wenn alle Punkte bereits Initialpunkte waren, ist das Ver-
           fahren beendet und es wird wie beim ursprünglichen Algo-
           rithmus fortgefahren.

Dieses Verfahren lernt gewissermaßen, welche Merkmale für die Cluster-
rung der TEM von Bedeutung sind. Bild 4 zeigt das Ergebnis der Cluster-
ung, angewandt auf die Texturen aus Bild 3. Jede Klasse wird durch einen anderen Grauwert repräsentiert. Man erkennt, daß fast alle TEM trotz
der Berührung beider Cluster richtig zugeordnet sind. Die waagrecht verlaufende, helle Linie rührt von einer im ursprünglichen Bild vorhandenen Trennung der oberen und unteren Bildhälfte her, die wegen dem recht
begrenzten Arbeitsspeicher der verwendeten PDP 11/45 aus programmtech-
nischen Gründen notwendig war. Diese Trennungslinie wird hier als TEM
behandelt und als eigene Klasse erkannt, bewirkt aber keine Fehler bei
der endgültigen Segmentation.

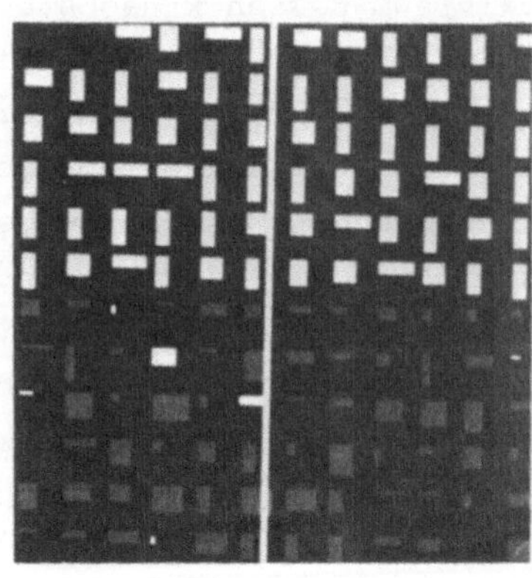

Bild 4 Ergebnis des Clusterverfahrens.
Gleiche Grauwerte repräsentieren gleiche Klassen.

Für die Verarbeitung realer Texturen wurde der folgende Satz von 8
Merkmalen gewählt:

1. LOG_{10} (Fläche)
2. Grauwert des Hintergrundes eines TEM
3. Grauwert des TEM
4. Rundheit = Fläche/Umfang^2
5. Vorzugsrichtung (siehe Anhang)
6. Direktionalität (siehe Anhang)
7. x-Koordinate
8. y-Koordinate

4. Zusammenfassung von Texturen und Erzeugung disjunkter Bildsegmente

Wie das Beispiel in Bild 2 zeigt, genügt es keineswegs, ähnliche TEM
zusammenzufassen und die dadurch definierten 'Basistexturen' als Ausgangspunkt für eine endgültige Bildsegmentation zu verwenden, da Texturen aus mehreren Klassen von TEM, also aus sich durchdringenden Basistexturen bestehen können. Es ist also ein Verarbeitungsschritt erforderlich, der Durchdringungs- und Überlappungsverhältnisse analysiert
und eine geeignete Zusammenfassung von Basistexturen vornimmt. Um eine
solche Analyse durchführen zu können, ist es vorteilhaft, aus den Basistexturen homogene Bildmasken zu generieren, was mit einfachen Dila-
tations- und Erosionsoperationen geschehen kann. Bild 5 zeigt das Prinzip: Hier werden die TEM einer Klasse durch wiederholte Dilatation zu
einer homogenen Maske verschmolzen. Eine gleiche Anzahl von Erosions-
schritten macht die Aufblähung der Maske wieder rückgängig. Dieser Verarbeitung wird jede Basistextur unterworfen und die Masken anschließend
in unterschiedliche Bitebenen des Ausgangsbildes eingetragen. Die so
erzeugten Masken sind in der Regel örtlich nicht disjunkt. Aus diesem
Grund wird das im folgenden beschriebene Verfahren zur Behandlung sich
gegenseitig durchdringender oder überlappender Basistexturen benötigt.

Gegeben seien zwei aus Basistexturen erzeugte Bildmasken M1 und M2
mit den Flächen F1 und F2, sowie den normierten Schnittmengen

$$S1 = (M1 \cap M2)/F1$$
$$S2 = (M1 \cap M2)/F2$$

Wir unterscheiden dann die in Tabelle 1 aufgeführten 5 Fälle. Die dazugehörigen Verarbeitungsschritte finden sich in der letzten Spalte
dieser Tabelle. Wenn alle Masken diese Verarbeitung durchlaufen haben,
bleiben nur noch örtlich disjunkte Masken (=Bildsegmente) übrig. In
Bild 6 ist die Textur aus Bild 3 mit der gefundenen Segmentgrenze, die
hier zufällig mit dem Rand der Maske aus Bild 5f übereinstimmt, darge-

(a) Klassifikations-   (b) Nach einem Dila-   (c) Nach 4 Dilatations-
    ergebnis   tationsschritt   schritten

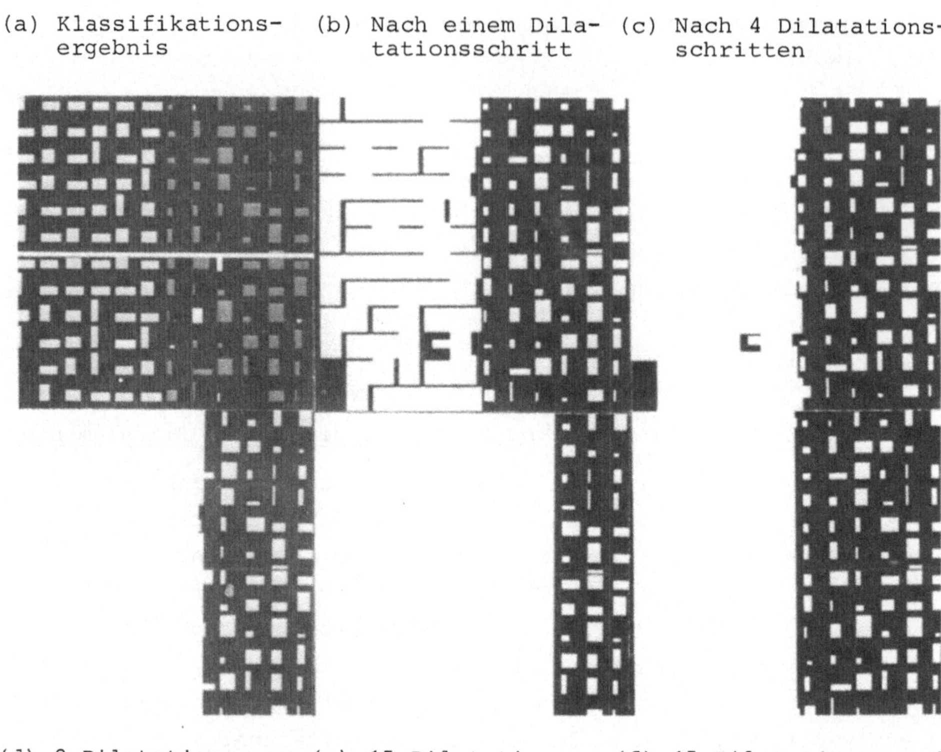

(d) 8 Dilatations-   (e) 15 Dilatations-   (f) 15 Dilatations- und
    schritte   schritte   Erosionsschritte

Bild 5 Erzeugung homogener Bildmasken aus Basistexturen

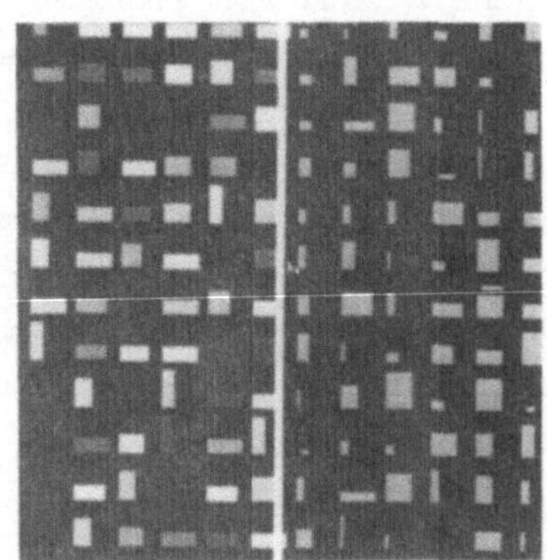

Bild 6 Segmentiertes Texturbild

stellt. Bild 7 enthält das Beispiel eines realen Texturbildes, bei dem
eine der beiden Texturen keine Basistextur ist, also aus mehreren sich
durchdringenden Texturen besteht. Die linke Seite des Bildes enthält
große und kleine TEM unterschiedlicher Form. Die Texturkante wurde auf
die gleiche, oben beschriebene Weise ermittelt und ins Bild eingetragen
(Die helle Kante ist etwas schwierig zu sehen).

Nr.	Schematische Zeichn.	S1	S2	Verarbeitungsvorschrift
1	M1 M2	O	O	M1 und M2 bleiben unverändert
2		1	≤ 1	M1 wird eliminiert
3		≤ 0.5	≤ 0.5	M1 $\cap$ M2 wird Null gesetzt; die entstehende Lücke durch gleichzeitige Dilatation von M1 und M2 aufgefüllt.
4		> 0.5	> 0.5	M1 und M2 werden vereinigt
5		< 0.5	> 0.5	M2 wird eliminiert

Tabelle 1   Verfahren zur Behandlung von Basistexturen

5. Diskussion

In der vorliegenden Arbeit sollte gezeigt werden, daß es möglich ist,
Texturbilder mit Hilfe einer strukturellen Texturanalyse zu segmentieren. Texturkanten in Bildern, die sich aus TEM aufbauen lassen, können
mit den vorgestellten Verfahren im Gegensatz zu einer statistischen
Texturanalyse mit einer sehr kleinen Ortsunschärfe detektiert werden.
Probleme ergeben sich allerdings bei Texturen, deren TEM sich durch
geometrische Eigenschaften auszeichnen und sich berühren oder überlappen,
da hier einfache Verfahren zur TEM-Extraktion versagen.
Darüberhinaus ist bei vielen realen Texturen ein struktureller Ansatz

ziemlich artifiziell, da man dort teilweise von TEM kaum noch sprechen
kann, sondern mehr den Eindruck eines stochastischen Prozesses hat, obwohl sich auch in solchen Fällen zelluläre Strukturen in die Textur
hineininterpretieren lassen. Inwieweit sich eine strukturelle Betrachtungsweise auch auf solche Texturen anwenden läßt, werden weitere Untersuchungen zeigen. Arbeiten zur überwachten Klassifikation von Texturen mittels struktureller Verfahren wurden allerdings bereits durchgeführt (Tomita,1978).

Für diesen Ansatz spricht der Wegfall eines doch recht willkürlich angenommenen festen Bildfensters, das bei statistischen Verfahren definiert werden muß und zu den bereits erwähnten Nachteilen führt. Andererseits ist aus den Untersuchungen von Julesz und Pratt bekannt, daß
gerade das visuelle System des Menschen, das ja in der Erkennung und
Unterscheidung von Texturen sehr leistungsfähig ist, in hohem Maße auf
Änderungen der Bildstatistik anspricht - allerdings auch Gestaltmerk-
male verwendet. Möglicherweise bietet eine geeignete Kombination beider
Verfahren auch in der digitalen Texturerkennung und -diskriminierung
Vorteile.

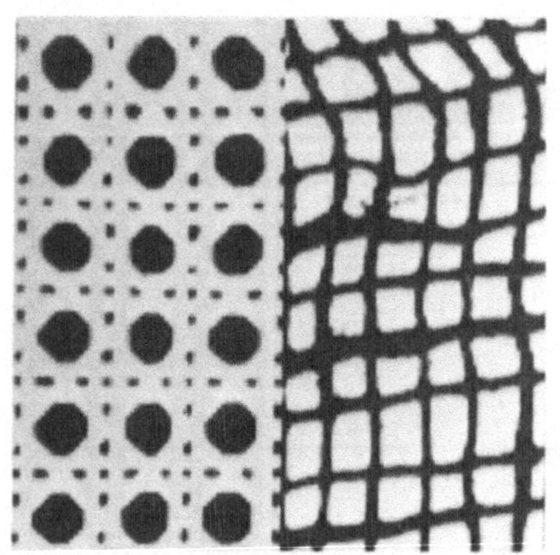

Bild 7 Beispiel für die Segmentation
einer realen Textur

6. Anhang

a) Schätzung der Kovarianzmatrix $\underline{S}'$ aus einer Stichprobe von n=k-q
Samplepunkten

Es wird angenommen, daß der Ortsvektor des Initialpunktes näherungsweise dem Mittelwertvektor der aus k Punkten bestehenden Stichprobe
entspricht und diese Stichprobe eine multivariate Normalverteilung
aufweist. Es muß also nur die Kovarianzmatrix $\underline{S}'$ gelernt werden.
Hierbei ist $\underline{S}'$ die Schätzung der K.matrix der aus k Punkten bestehenden Gesamtstichprobe, $\underline{S}_O$ der Anfangswert der K.matrix - in unserem
Fall wurde $\underline{S}_O = \underline{E}$ gesetzt. $\underline{S}$ ist die K.matrix der n Samplepunkte.

Nach Niemann (/7/) ergibt sich dann $\underline{S}'$ zu:

$$\underline{S}' = (\ v_o \underline{S}_o + n\underline{S}\ )/(\ v_o + n\ )$$

v_o ist ein Maß für die Zuverlässigkeit der Anfangsk.matrix $\underline{S}_o$ und muß geschätzt werden.

b) Definition der Merkmale Vorzugsrichtung und Direktionalität

Die Vorzugsrichtung Θ ergibt sich zu

$$\Theta = 1/2 \ \arctan (\ 2\mu_{11}/(\ \mu_{20} - \mu_{02}\ ))$$

μ_{ij} sind Zentralmomente (siehe Hu,1962)

Die Direktionalität D ist folgendermaßen definiert:

$$D = (\ |\mu'_{02} - \mu'_{20}|\ )/(\ \mu'_{02} + \mu'_{20}\ )$$

μ'_{ij} sind die Zentralmomente bezüglich der beiden Hauptachsen eines TEM:

$$\mu'_{02} = 1/2 \ (\ \mu_{20} + \mu_{02} - (\ \mu_{20} - \mu_{02}\ )\ \cos\ (2\Theta) - 2\ \mu_{11}\ \sin\ (2\Theta)\ )$$

$$\mu'_{20} = 1/2 \ (\ \mu_{20} + \mu_{02} + (\ \mu_{20} - \mu_{02}\ )\ \cos\ (2\Theta) + 2\ \mu_{11}\ \sin\ (2\Theta)\ )$$

7. Literatur

/1/ J.P.Foith: Ein hierarchisches Textur-Modell
Informatik-Fachberichte, Vol.17, Hrsg. E.Triendl, Springer Verlag
Berlin 1978, S.252-56

/2/ A.Rosenfeld: Adjacency in Digital Pictures
Information and Control 26, 1974, pp. 24-33

/3/ P.Brodatz: Textures
Dover Publ., New York 1966

/4/ R.A.Jarvis,E.A.Patrick: Clustering Using a Similarity Measure Based
on Shared Near Neighbours
IEEE Trans., Vol. C-22, No.11, Nov. 1973, pp.1025-34

/5/ F.Tomita et.al.: Classification of Textures by a Structural Analysis
Proc.of the Fourth Int. Joint Conf. on Pattern Recognition, Kyoto
1978, pp.556-58

/6/ F.Vogel: Probleme und Verfahren der numerischen Klassifikation
Vandenhoeck & Ruprecht, Göttingen 1975

/7/ H.Niemann: Methoden der Mustererkennung
Akademische Verlagsgesellschaft, Frankfurt a.M., 1974,S.219

/8/ M.K.Hu: Visual Pattern Recognition by Moment Invariants
IRE Trans. on Information Theory, Feb. 1962, pp.179-87

<u>SCHWELLWERTVERFAHREN UND NICHTLINEARE BINÄRBILDVERARBEITUNGSOPERATIONEN</u>
<u>ZUR SEGMENTIERUNG VON MONOCHROMATISCHEN ZELLBILDERN</u>

W. Abmayr, K. Rodenacker, P. Gais und G. Burger
Gesellschaft für Strahlen- und Umweltforschung mbH München
- Institut für Strahlenschutz -
D-8042 Neuherberg bei München

Einleitung

Die automatische Klassifizierung von Zellen hängt von einer leistungsfähigen Segmentierung ab. Segmentierungsfehler pflanzen sich in der Merkmalsextraktion und Klassifikation fort /5, 8/.

Die Anfärbung der Zellen und der bei der Messung verwendete Spektralbereich spielen eine wesentliche Rolle. So genügt für die Analyse von Feulgen-gefärbten Zellen ein monochromatisches Bild ($\lambda \approx 540$ nm) und eine fest eingestellte Schwelle, um Zellen auf dem gesamten Präparat segmentieren zu können. Die für Routineuntersuchungen zur Früherkennung des Gebärmutterhalskrebses /2/ verwendete PAP-Färbung bereitet hingegen erhebliche Schwierigkeiten bezüglich der Segmentierung. Diese Färbung wurde gezielt als multispektrale Färbung für eine optimale visuelle Beurteilung der Zellen entwikkelt. Für eine automatische Segmentierung werden deshalb häufig ebenfalls 2 oder 3 Farben verwendet.

Bei der Verarbeitung von Zellbildern ist zu unterscheiden zwischen der Segmentierung von Einzelzellbildern die manuell ausgewählt werden, z.B. bei der Erstellung einer Lern-Datenbank, und der Segmentierung von willkürlichen Zellszenen mit mehreren Einzelzellen, wie sie bei der Durchführung einer Präparateanalyse vorkommen.

Für die Segmentierung von manuell ausgewählten Einzelzellen gibt es eine Reihe von Vorschlägen, wie Thresholding, Tracing oder Texturanalyse /1, 6, 8, 10, 12, 13/, die in der Regel dem Kontrastumfang des Einzelobjektes angepaßt sind. Die Segmentierung von Zellbildszenen bereitet größere Schwierigkeiten, da die einzelnen Objekte in einer Szene sehr unterschiedlichen Kontrastumfang haben können und außerdem Objektüberlagerungen und Anlagerungen vorkommen können.

Ziel dieser Untersuchungen ist es, Einzelzellen zur Segmentierung und Verarbeitung aus Zellszenen zu isolieren. Für die dann anwendbaren Methoden der Einzelzellsegmentierung wurden Qualitätskriterien erarbeitet /9, 11/ und ein Vergleich zwischen verschiedenen Methoden durchgeführt /4/. Die verwendete Strategie greift auf Thresholdingverfahren /13/ und nichtlineare Binärbildverarbeitungsoperationen /3/ zurück, die mittels Arrayprocessoren schnell durchgeführt werden können.

Methode

Die Segmentierung einer Zellszene (Abb. 1) führt über die Isolierung der einzelnen
Objekte zur Segmentierung und Verarbeitung der Einzelobjekte. Dies wird in einem
zweistufigen Verfahren realisiert: Grobsegmentierung zur Lokalisierung der Objekte
und Feinsegmentierung zur Trennung von Kern, Zytoplasma und Untergrund für eine jede
Zelle (Objekt) in der Szene. Die Grobsegmentierung gliedert sich in folgende Schritte:

1. Median-Filterung des Bildes: Dadurch wird hochfrequentes Rauschen sowie Texturinformation eliminiert, ohne die Zellkanten abzuflachen /7/. Unter Berücksichtigung
des Aufwandes wird ein Filter mit 5 x 5 Pixels verwendet.

2. Thresholding: Aus dem Histogramm des geglätteten Szenenbildes wird eine Schwelle
für die Trennung von Zytoplasma und Untergrund abgeleitet. Zur Bestimmung dieser
Schwelle wird zum Mittelwert des Untergrundes die Streuung des Untergrundes addiert.
Das dieser Schwelle entsprechende binäre Schwellwertbild markiert Bereiche interessierender Objekte (grobe Zellmasken).

3. Binärbildreinigung: Die groben Zellmasken werden nichtlinearen Verarbeitungsprozeduren, wie BLOW, SHRINK etc., unterzogen, mit dem Ziel, Störstellen in den Masken
aufzufüllen und kleine Flächen (Leukozyten, Schmutz) zu löschen. Die verbleibenden
Masken werden mittels Grassfire-Prozeduren aus der Szene nacheinander isoliert.
Nun wird die einzelne isolierte Maske mittels BLOW so weit vergrößert, daß unter
dieser neuen Maskenfläche auch Punkte des die Zelle umlagernden Untergrundes liegen. Damit ist das Szenenbild in Einzelbereiche um die interessierenden Objekte
zerlegt.

4. Jeder Bereich stellt ein Graubild dar, dessen Histogramm trimodal ist, wenn es
sich beim umschlossenen Objekt um eine echte Zelle handelt.

Diese so gewonnenen Einzelzellen werden nun mittels Thresholdingmethode unter Verwendung von drei Histogrammen (Dichtehistogramm, Gradientenhistogramm und Umfangshistogramm) nach Erstellung eines Kombinationshistogrammes fein segmentiert /6/.

Ergebnisse

In Abb. 1a ist eine typische Szene aus einem Vereinzelungspräparat von einem Vaginalabstrich dargestellt. Sie enthält 4 Metaplasiezellen, eine degenerierte kleine Zelle,
einen Artefakt sowie Leukozyten. Die Szene wurde mikrophotometrisch in 256 x 256 Bildpunkten mit einem Bildpunktabstand von 0.5 µ bei einer Wellenlänge von 546 nm abgetastet. Segmentiert man die Gesamtszene nach der für Einzelzellsegmentierung entwickelten Thresholdingmethode, ergibt sich Abb. 1b. Die Kernsegmentierung ist offensichtlich
nicht für alle Zellen optimal.

Wendet man das beschriebene Verfahren zur Szenenreinigung und Einzelobjektseparierung
an, verbleiben die Objekte der Abb. 2. Die Verbesserung der Kernsegmentierung bei Anwendung des Thresholding-Algorithmus auf Einzelzellen ist am Beispiel des Objektes 1
gezeigt. Der dem Zytoplasma überlagerte Leukozyt kann eliminiert werden. Die Leistungsfähigkeit der Einzelzellsegmentierung wurde in /4/ untersucht und mit einem Tracingalgorithmus /1/ sowie der visuellen Segmentierung verglichen. Für den zur Verfügung

stehenden Datensatz konnten dabei etwa 85 % der Zytoplasmaflächen und 90 % der Kernflächen mit Erfolg segmentiert werden. Eine höhere Genauigkeit ist nur durch den Übergang auf multispektrale Bilder zu erreichen.

In den Objekten 1, 2, 4 und 5 werden akzeptable Kerne segmentiert und damit die Objekte als Zellen identifiziert. Die entsprechenden Grauwerthistogramme der Abb. 3 zeigen schöne trimodale Verteilungen. Dies ist nicht der Fall für das Objekt 3. Hieraus kann gegebenenfalls ein Kriterium zur Zurückweisung des Objekts abgeleitet werden. Der Vergleich der Einzelhistogramme bestätigt die unterschiedlichen Kontrastumfänge der Objekte. Deshalb kommt es beim Gesamthistogramm auch nicht zur Ausbildung eines deutlichen Kernmaximus.

Die dargestellte Methode der Isolierung einzelner Zellen aus Zellszenen stellt einen wesentlichen Schritt für die Durchführung der Präparateanalysen dar und ermöglicht den Übergang von der Szenenanalyse zur Einzelzellanalyse.

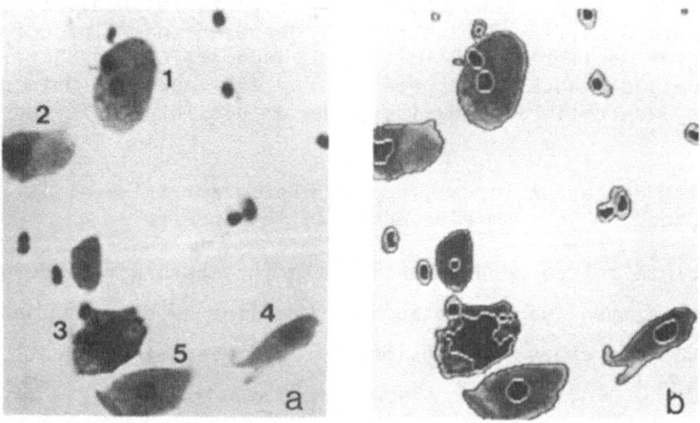

<table>
<tr><td>Abb. 1:</td><td>Szene aus Metaplasiezellen, Leukozyten und Artefakt eines PAP-gefärbten Zervixpräparates, dargestellt am TV-Monitor (256 Zeilen und 256 Spalten mit 0.5 µ Pixelabstand).</td></tr>
</table>

a) Szene unsegmentiert

b) Szene segmentiert

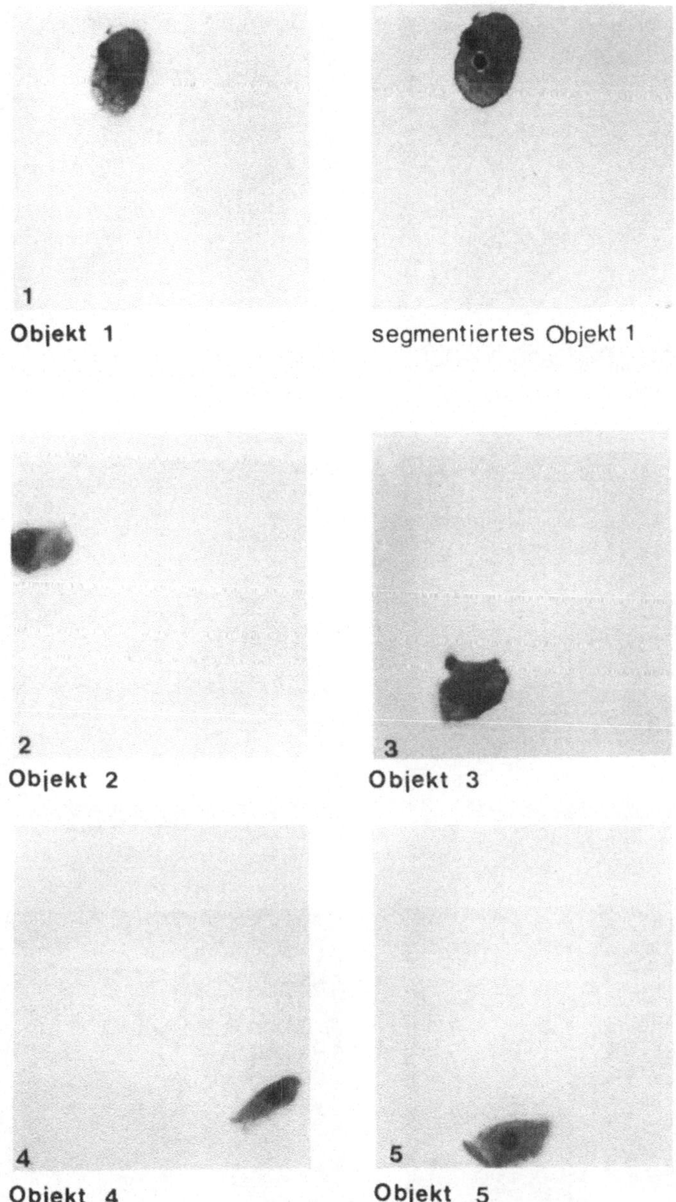

Objekt 1   segmentiertes Objekt 1

Objekt 2   Objekt 3

Objekt 4   Objekt 5

Abb. 2:   Aus der Szene ausgewählte Einzelobjekte 1 - 5 und segmentiertes Objekt 1.

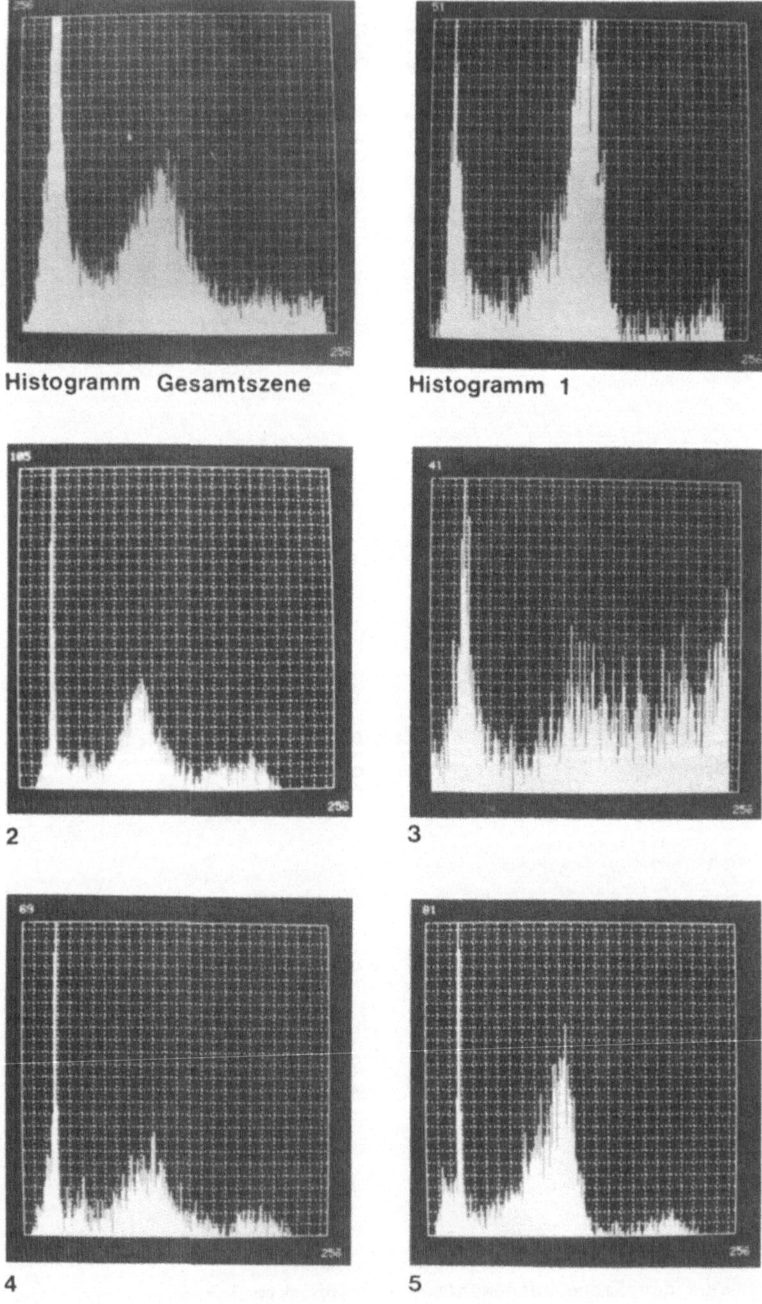

Abb. 3: Histogramme der Gesamtszene aus Abb. 1 und der isolierten Einzelobjekte 1 - 5.

LITERATUR

/1/   L. Abele, C. Lange: Konturfindungsalgorithmen und ihre Anwendung auf dem Gebiete der Medizinischen Bilddatenverarbeitung. Informatik Fachberichte Vol. 17, Springer Berlin, 1978, p. 327

/2/   W. Abmayr, G. Burger, H.J. Soost: Progress report of the TUDAB project for automated cancer cell detection. J. Histochem Cytochem 27, No. 1, 1979, p. 604

/3/   W. Abmayr: Die quantitative Auswertung optischer Information aus dem physikalischen und biomedizinischen Forschungsbereich. Dissertation, TU München, 1974

/4/   W. Abmayr, L. Abele, J. Kugler, H. Borst: Capabilities of a nonlinear gradient and a thresholding algorithm for the segmentation of PAP-stained cervical cells. International Conference on Pattern Recognition of Cell Images, Chicago 1979

/5/   P.H. Bartels, G.L. Wied: Computer analysis and biomedical Interpretation of microscopic images. IEEE Trans Biomed Eng. 65, 1977, p. 252

/6/   H. Borst, W. Abmayr, P. Gais: A thresholding method for automatic cell image segmentation. J. Histochem Cytochem 27, No. 1, 1979, p. 180

/7/   B.R. Frieden: A new restoring algorithm for the preferential enhancement of edge gradients. J. Opt. Soc. Am., Vol. 66, No. 3, p. 280

/8/   K.S. Fu, J.K. Mui: A survey on image segmentation. International Conference on Pattern Recognition of Cell Images, Chicago 1979

/9/   W.A. Yasnoff, J.K. Mui, J.W. Bacus: Error measures for scene segmentation. Pattern Recognition 9, 1977, p. 217

/10/   V. Klement: Über die semantisch gestützte maschinelle Analyse bildhafter Informationen am Beispiel mikroskopischer Zellbilder. Dissertation, TU Hannover, 1979

/11/   L.H. Oliver, R.S. Poulsen, G.T. Toussaint: Estimating false positive and false negative error rates in cervical cell classification. J. Histochem Cytochem 27, No. 7, 1977, p 696

/12/   J.M.S. Prewitt, M.L. Mendelsohn: The analysis of cell images. Ann. NY Acad. Sci. 128, 1966, p. 1035

/13/   J.S. Weszka: A survey of threshold selection techniques. Computer graphics and image processing 7, 1978, p 259

ANWENDUNGEN I

DYNAMISCHE BILDANALYSE UND VERLAUFSBEOBACHTUNGEN ALS ANGEWANDTE SZENEN-ANALYSEN IN DER AUGENHEILKUNDE

M. Mertz

Augenklinik und -poliklinik rechts der Isar
Technische Universität München

Kurzfassung

Für die sinnesphysiologischen Leistungen des Auges und für deren Störung durch krankhafte Prozesse sind sowohl außerordentlich rasch ablaufende Vorgänge, wie auch Veränderungen über lange Zeiträume hinweg von Bedeutung. Klinisch erfaßbare Veränderungen laufen - wie bei Lidschluß- und Pupillenreaktion - in Sekundenbruchteilen ab oder auch - wie bei der Veränderung der Durchblutung des Auges - in Minuten, Stunden oder Tagen. Bei den Erkrankungen des Sehnervens muß die Analyse der Veränderungen sogar über viele Jahre hinaus möglich sein. Das Referat gibt einen Einblick in die sehr unterschiedlichen Meß- und Auswertungsprobleme. Sie sind ausnahmslos im Grenzbereich zwischen Bildanalyse und Bildsynthese, sowie menschlicher und apparativer Szenenanalysen anzusiedeln. Erfahrungen auf diesem Gebiet können wegen der thematischen Vielfalt auch für eine große Reihe benachbarter medizinischer Disziplinen von Bedeutung sein.

<u>Verarbeitung von Bildsequenzen bei der</u>
<u>ortsauflösenden Pupillographie</u>

N.Schultes, D.Doepfer, H.Baldauf, M.Mertz
Augenklinik rechts der Isar der Techn.Univ.München
(Direktor: Prof.Dr.med.H.-J.Merté)

1. <u>Einleitung</u>:

Pupillographie ist eine Messung der Reaktion des Auges auf Änderungen
der Lichtintensität. Alle Meßmethoden, die dazu vorgeschlagen wurden,
nutzen den starken Unterschied in der Lichtreflexion zwischen Iris und
Pupille, der sowohl im sichtbaren wie auch im infraroten Bereich besteht. Bei den bisherigen Untersuchungsmethoden wurden meist nur integrale Faktoren (z.B. die Fläche der Pupille) in Abhängigkeit von der
Zeit gemessen. Eine örtlich auflösende Erfassung der Pupillenbewegung
war kaum möglich, allenfalls beschränkt auf die Messung horizontaler
oder vertikaler Durchmesser. Die Beobachtung lokaler Veränderungen in
der Beweglichkeit des Irisgewebes ist aber für den Kliniker wertvoll,
z.B. zur Beurteilung von Abheilungsvorgängen nach Verletzungen und zur
Kontrolle der Therapie.

Das Ziel unserer Arbeit war daher, eine örtlich und zeitlich auflösende Pupillographie durchzuführen und eine Darstellung zu finden, die dem
Untersucher einen möglichst raschen Überblick über die Beweglichkeit
der Pupille ermöglicht.

2. Messung:

Um ... chs-

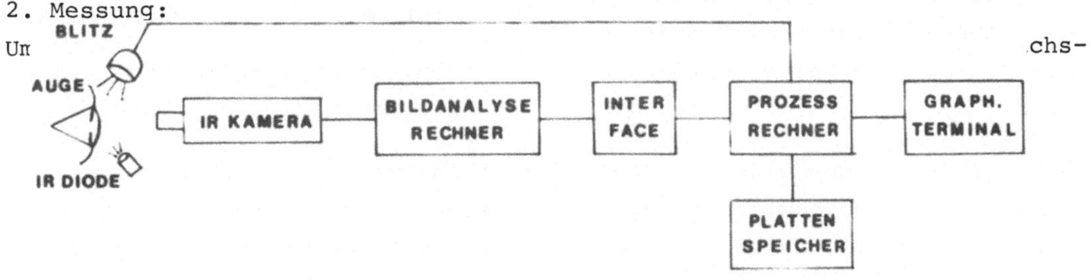

<u>Abb. 1</u>: Meßanordnung

aufbau aus (Abb. 1): Der Patient sitzt in einem abgedunkelten Raum, um die Ausgangspupille möglichst groß werden zu lassen. Das Auge wird von einer Infrarot-Leuchtdiode beleuchtet und mit einer IR-TV-Kamera beobachtet. Zu definierten Zeiten wird das Auge überschwellig gereizt (Blitzfolge 6 sec. = 60 Bilder = 1 Sequenz) und reagiert durch schnelle Pupillenkontraktion mit anschließender langsamer Dilatation (Abb. 3). Wir verwenden zur Beobachtung des Auges ein Bildanalysegerät (Quantimet 720) mit einer Bildfrequenz von 10.8 Hz. Über ein von uns entwickeltes Interface wird für jede Bildzeile jeweils der erste und letzte Punkt des Pupillenrandes an den Prozeßrechner (HP 2100 A) übertragen und dort gespeichert.

Der Rechner steuert außerdem den Blitz. Die auf diese Weise im Rechner gespeicherten Bilder werden nun softwaremäßig weiterverarbeitet. Ein Schema dieser Verarbeitung zeigt Abb. 2. Bilder, die wegen Lidschlägen unbrauchbar sind, werden durch das Sortieren aller aufgenommenen Bildsequenzen ausgesondert. Zu diesem Zweck errechnen wir aus den gespeicherten Bilddaten die Parameter "Fläche", "Umfang" und den "vertikalen" und "horizontalen Durchmesser" der Pupille und stellen diese in Abhängigkeit von der Zeit graphisch dar. Abb. 3 zeigt eine Sequenz, die weiter verarbeitet werden kann.

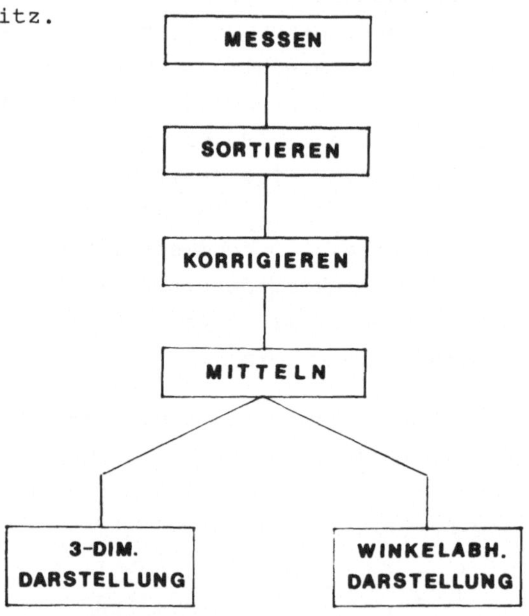

Abb. 2: Softwaremäßige Verarbeitung der Bilder

Während die Fläche einen weitgehend glatten Verlauf zeigt, treten besonders beim Umfang häufig Sprünge auf. Diese rühren von fehlerhaften Punkten her, die z.B. durch elektronische Störungen oder Verunreinigungen am Objektiv verursacht werden. Solche Fehler werden durch ein spezielles Programm korrigiert. Dieses konstruiert aus 3 aufeinanderfolgenden Bildern, die am ruhenden Auge aufgenommen wurden, ein fehlerfreies Bild als Anfangswert. Danach wird jedes Bild mit seinem vorhergehenden verglichen; Abweichungen, die eine gewisse Toleranz überschreiten, werden berichtigt. Die Toleranz ist so bemessen, daß die wirkliche Pupillenveränderung nicht verfälscht wird. Da das lebende Auge während der Messung nicht vollkommen immobilisiert werden kann, wird über dieentsprechenden Bilder aller Sequenzen gemittelt. Erst die so erhaltene Bildsequenz kann für eine

Auswertung verwendet werden.

3. Darstellung:

Für die Darstellung der Beweglichkeit der Pupille
haben wir bisher zwei verschiedene Methoden erarbeitet:

3.1. Dreidimensionale Darstellung

Man bildet zunächst eine Oberflächenfunktion
O (x,y,t), indem man die Pupillenumrisse während
der Kontraktions- oder Dilatationsphase in einer
3-dimensionalen x-y-t-Darstellung aufträgt. Auf
diese Funktion wenden wir ein Gradientenfilter
(Roberts-Gradient) an. Das Ergebnis zeigt Abb.4.
Eine kreisförmige Pupille, die sich mit konstanter Geschwindigkeit völlig gleichmäßig kontra-
hiert, ergäbe einen konzentrischen Ring konstanter Breite und Höhe. Demgemäß lassen sich aus
verschiedenen Ringbreiten Schlüsse auf die unterschiedliche räumliche Ausdehnung der Pupillenbewegung ziehen. Verschiedene Ringhöhen deuten auf
unterschiedliche Änderungsgeschwindigkeiten der
Pupille hin.

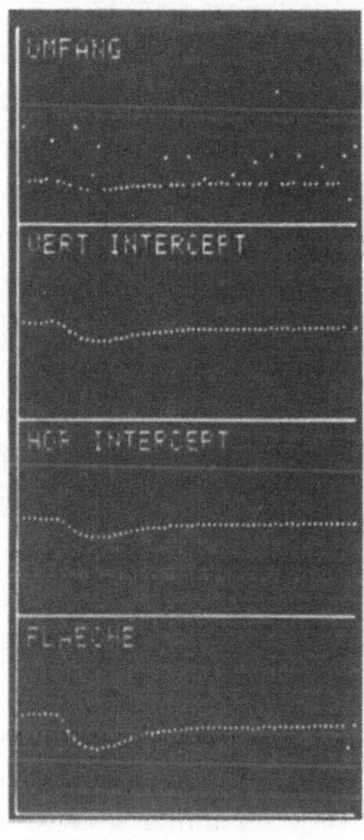

Abb. 3: zeitlicher
Verlauf der vier ge-
messenen Parameter

Abb. 4: Dreidimensionale Darstellung der Pupillenbeweglichkeit.

3.2. Die winkelabhängige Darstellung

Der Pupillenradius r (φ,t) in Richtung φ zeigt qualitativ den gleichen
Verlauf in Abhängigkeit von der Zeit, wie die Parameter in Abb. 3. Interessiert der zeitliche Verlauf nicht, so liefert der Wert

$$B(\varphi) = 1 - \int_0^t \frac{r(\varphi,t)}{r_{max}(\varphi)} dt$$

ein gutes Maß für die Beweglichkeit. $r_{max}(\varphi)$ ist dabei der größte Radius, den die Pupille in Richtung φ annimmt. Die Division im Integranden durch $r_{max}(\varphi)$ sorgt für die erforderliche Normierung. Findet man in den Richtungen φ_1 und φ_2 verschiedene Beweglichkeiten B_1 und B_2, so unterscheiden sich die Kurven $r(\varphi_1,t)$ und $r(\varphi_2,t)$ qualitativ wie in Abb. 6 gezeigt. Die Größen $B(\varphi_1)$ und $B(\varphi_2)$ sind dort durch die schraffierten Flächen dargestellt. B nimmt mit der Beweglichkeit in der betreffenden Richtung zu und liefert in Polarkoordinaten aufgetragen eine übersichtliche Darstellung der winkelabhängigen Pupillenbeweglichkeit Abb. 5).

Die getrennte Auswertung der Kontraktions- und Dilatationsphase ermöglicht eine noch genauere Untersuchung, womit Funktionseinbußen im kontrahierenden System (Sphinktermuskel) und im dilatierenden (Dilatatormuskel) sowie ihrer zugehörigen differenten Innervation an jedem Ort des Irisgewebes quantitativ beurteilt werden können.

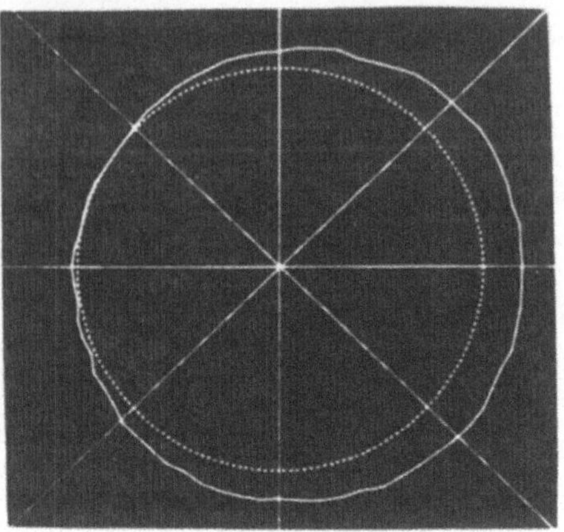

Abb. 5: Winkelabhängige Darstellung der Pupillenbeweglichkeit.

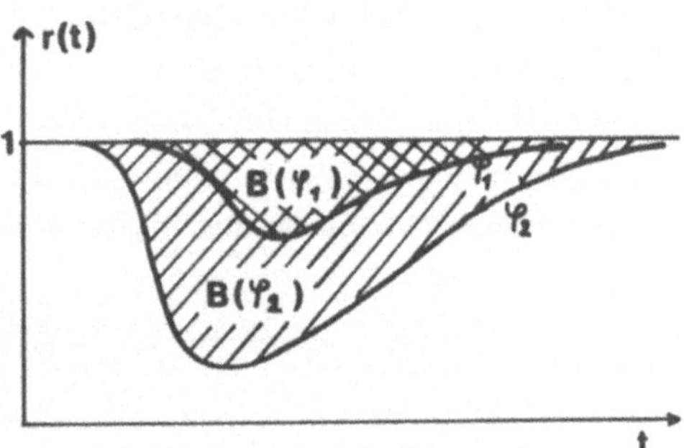

Abb. 6: Anschauliche Bedeutung von B

Literatur

MERTZ, M. und P.ROGGENKÄMPER: Ein bildanalytisches Verfahren zur Messung der Pupillengröße. In: Die normale und die gestörte Pupillenbewegung. Symposion Dtsch. Ophthal.Ges. Bad Nauheim, 10.-13.3.1972 (Hrsg: Dodt, E. und K.E.Schrader) München: J.F. Bergmann 1973; S. 97-103

MERTZ, M.: Quantitative Bildanalyse an beweglichen biologischen Objekten. In: Newsletter '74 in Stereology. (Hrsg.: G. Ondracek) KFK-Ext.6/74-4, Karlsruhe: Ges. f. Kernforschung 1974; S. 185-196

MERTZ, M.: Bildanalytische Morphometrie der Iris. Tagung der Vereinigung Bayerischer Augenärzte, Würzburg, 6.-8.5.1977. Klin. Mbl. Augenheilk. 172, 128 (1978)

AUTOMATISCHE UNTERSUCHER-UNABHANGIGE KONTURERZEUGUNG ZUR LANGFRISTIGEN
VERLAUFSBEOBACHTUNG PATHOLOGISCHER GESICHTSFELDVERÄNDERUNGEN

M. Mertz

Augenklinik und -poliklinik rechts der Isar
Technische Universität Munchen

Kurzfassung

Die Untersuchung des Gesichtsfeldes (Perimetrie) ist eine der wichtigsten sinnesphysiologischen Untersuchungsmethoden der Augenheilkunde und auch für die Neurologie und
Innere Medizin von großer Bedeutung. An verschiedenen Stellen wird stichprobenartig
mit Hilfe von Schwellenwertuntersuchungen die Lichtunterschiedsempfindlichkeit der
Netzhaut festgestellt. Schäden in der Funktion der Netzhaut selbst oder in derjenigen
der nachfolgenden Nervenleitung zum und im Gehirn können damit frühzeitig erkannt
werden und haben in Bezug auf Form, Ausdehnung und Tendenz zu Veränderungen einen
hohen diagnostischen Wert. Die Reproduzierbarkeit und damit die Deutbarkeit von Ver-
laufsbeobachtungen ist jedoch erst seit der Einführung automatisierter Perimeter, z.
B. des Computersystems "Octopus" ausreichend frei von subjektiven Einflüssen. Als
Nachteil der Methode wird jedoch der wesentlich höhere Anfall von Meßdaten empfunden,
welche bildsynthetisch in anschauliche Darstellungen überführt werden müssen, damit
die bisher allein durch die Kenntnisse hochqualifizierter Spezialisten durchführbare
quantitative und qualitative Verlaufsbeobachtung ermöglicht wird. In unserem Vortrag
wird ein auf bicubischen Spline-Interpolationen beruhendes Verfahren angegeben, welches die Übertragung der mit Hilfe bisher schon vorhandener Untersuchungsmethoden
gesammelten nosologischen Kenntnisse auf die Ergebnisse der Computer-Perimetrie erlaubt, und somit Voraussetzungen für eine reproduzierbare, symptomorientierte Analyse
von Gesichtsfeldveränderungen liefert.

DIE GENORMTE FARBMESSUNG MIT DEM LICHTMIKROSKOP ALS
ERWEITERUNG DER ZYTOPHOTOMETRISCHEN METHODIK [*]

Rüter A.[**], Aus H.M., Harms H.

Computergestützte Zytophotometrie Einheit des SFB 105 [***]

ZUSAMMENFASSUNG:

Es wird die Notwendigkeit diskutiert, die computergestützte zytophotometrische Farbauswertung in der Bildanalyse medizinisch/biologischer
Präparate zu standardisieren. Die beiden Möglichkeiten einer genormten
Farberfassung durch Spektral- und Dreibereichsmessung und ihre Auswertung werden erläutert. An hand von Messungen mit dem Mikroskop-Photo-
meter nach dem Spektralverfahren und Überprüfung der Meßwerte mit einem Spektralphotometer wird die bisher erreichte Meßgenauigkeit demonstriert. Die Ergebnisse in dieser Arbeit zeigen, daß eine genormte
Farberfassung mit einem mikroskopisch/zytophotometrischen Meßsystem
grundsätzlich möglich ist. Durch die Anwendung der international genormten Farberfassung auf gefärbte Zellen und Gewebe können bisher
nicht oder nur teilweise gelöste Fragen der computergestützten licht-
mikroskopischen Zellbilduntersuchung mit einer neuen Methodik in An-
griff genommen werden.

[*]   Diese Arbeit ist unterstützt durch die Deutsche Forschungsgemein-
       schaft, Sonderforschungsbereich 105 Würzburg und Az: 01 VH 056-
       ZA/NT/MT 225a, Bundesministerium für Forschung und Technologie
[**]   Die Arbeit ist Teil der Doktor-Arbeit von A.Rüter
[***] Institut für Virologie und Immunbiologie der Universität Würzburg,
       Versbacher Str. 7, 8700 Würzburg

EINLEITUNG:

Zur Untersuchung von Zell- und Gewebepräparaten im Lichtmikroskop wird
das biologische Material angefärbt, um unterschiedliche Bereiche der
Zellstruktur dem menschlichen Beobachter sichtbar zu machen. Die bei
der Präparation des Zellmaterials eingebrachten, meist aus mehreren
Komponenten bestehenden Farbstoffe, führen zu Farbeffekten, die vor
allem zur Diagnose von Zellveränderungen herangezogen werden. In der
photometrischen Untersuchung mikroskopischer Zellpräparationen sind
die entwickelten Methoden, wie Größen- und Formbestimmung, Struktur-
und Texturanalyse und das Erfassen von Farbunterschieden mit einfachen
Computersoftware- und Hardwaremethoden nicht ausreichend, wenn maligne
Zellveränderungen erfaßt werden sollen. Bisherige Systeme können zwar
gewisse Zellveränderungen identifizieren, sind aber nicht in der Lage,
aus einem routinemäßig erstellten Zellausstrich maligne von benignen
Neubildungen oder Artifakte zu differenzieren. Hierzu wird es unerläßlich sein, neben Zellstrukturveränderungen Farbeffekte als Folge spe-
zifischer Anfärbungen zu berücksichtigen.
Die vorgelegte Arbeit untersucht die Möglichkeiten einer mikroskopischen Farbmessung als Voraussetzung für eine zytophotometrische Analyse gefärbter Zellpräparationen.

STAND DER BISHERIGEN ZYTOPHOTOMETRISCHEN FARBAUSWERTUNG:

Die einfachste Form der Farbmessung wird entweder mit zwei /5,7,8,
10-12,19,21/, drei /4,9,16,20,29,30/ oder mehreren /6,31/ möglichst
schmalbandigen Filtern vorgenommen. Die Filter werden so gewählt, daß
ihre Transmissionsmaxima mit den Absorptionsmaxima der jeweils zu untersuchenden Farbkomponente des verwendeten Farbstoffes übereinstimmen.
Die Angaben in der Literatur, bei welcher Wellenlänge dies erreicht
ist, schwanken zuweilen erheblich /35/. Eine geeignete Wahl der Filter
verlangt Kenntnisse über die spektralen Eigenschaften der durch die
Färbung entstandenen Farbkomponenten, deren Spektren nicht immer klar
ersichtliche Absorptionsmaxima in schmalen Spektralbereichen zeigen
oder diese Absorptionsmaxima liegen für die einzelnen Komponenten einer Farblösung zu dicht beieinander. Keine standardisierte Färbung, ja
nicht einmal eine standardisierte Zusammensetzung von als gleich bezeichneten Farblösungen ist bis heute in der klinischen Routineanwen-
dung möglich geworden $^{(++)}$. Trotz der Schwierigkeiten haben mehrere
Untersuchungen gezeigt, daß durch Verwendung solcher Filter und durch
mehr /4,5,7-12,14,16,19-21,29-33/ oder weniger /6,9/ gekoppelte Verarbeitung solcher gescannter Bilder ein echter Informationsgewinn zu

erreichen ist. Die Verwendung von drei Filtern ist einer zweidimensionalen Verarbeitung überlegen /20/. Die benutzten Merkmale bringen zwar meist Farbunterschiede zum Ausdruck, sind aber nur schwer mit dem System Farbe zu korrelieren, wie es vom menschlichen Gesichtssinn erfaßt und verarbeitet wird /5,7-11,14,19,20,29-33/. Auch wenn in Analogie zur Dreidimensionalität der natürlichen Farben drei solcher gefilterter Bilder kombiniert werden /1-3,13,16,20/ haben die dadurch erzeugten Farbräume den Nachteil, daß sie von den Filtern und vom Meßsystem abhängig sind und daß sie in ihren Eigenschaften weitestgehend unbekannt sind. Aus der Lage der Meßpunkte in ihnen sind nicht direkt Rückschlüsse auf das farbliche Aussehen dieser in der Originalszene zu ziehen. Die Störanfälligkeit eines solchen Systems gegenüber ungewollten Schwankungen im Bereich der Messung sind sehr groß. Exakte Vergleiche zwischen Farbmeßergebnissen unterschiedlicher Arbeitsgruppen wären nur bei strengster Gleichhaltung aller Meßbedingungen möglich.Zu diesen Bedingungen gehört auch die Präparations- und Färbungstechnik. Deshalb sind Vergleiche bei Verwendung unterschiedlicher Färbungen also nicht durchführbar. Weiterhin ist bei solchen Farbräumen eine visuelle Kontrolle der Farbparameter mit medizinischen Merkmalen nicht möglich. Außerdem haben solche ungenormten Verfahren zur Erfassung von Farbunterschieden den Nachteil, daß sie nur einen Unterbereich der natürlich vorkommenden Farben erfassen können /22/, der durch die Primärvalenzen bestimmt wird.

Eine weitere Möglichkeit ist es, sich auf das Erfassen eines durch einen Farbmonitor oder/und einer Farbkamera festgelegten Unterraum des Bereiches der natürlichen Farben /18/ zu beschränken. Je nachdem, wie die farbmetrischen Eigenschaften der benutzten Datenerfassungs- und Wiedergabegeräte berücksichtigt werden, gelingt dies nur mehr oder weniger reproduzierbar. Möglich ist auch eine zu geringe Auflösung bei der Messung oder Verarbeitung, in deren Folge man nur von einer Pseudofarbdarstellung sprechen kann. Zur Pseudofarbdarstellung zählt vor allem die gewichtete Zuordnung der zur Verfügung stehenden Farbvalenzen (z.B. Phosphore des Farbmonitors) zu einzelnen Grauwertbereichen. Dies hat zur Kontrasterfassung durch den Menschen bzw. zur Kontrastverstärkung in bestimmten Bereichen sicher seine Bedeutung, hat aber

(++) persönliche Mitteilung von Dr. Gunzer, Hämatologisches Labor der
     Medizinischen Universitätsklinik der Universität Würzburg

mit einer sinnvollen Farberfassung und -auswertung im hier gemeinten
Sinn nichts mehr zu tun /17/.

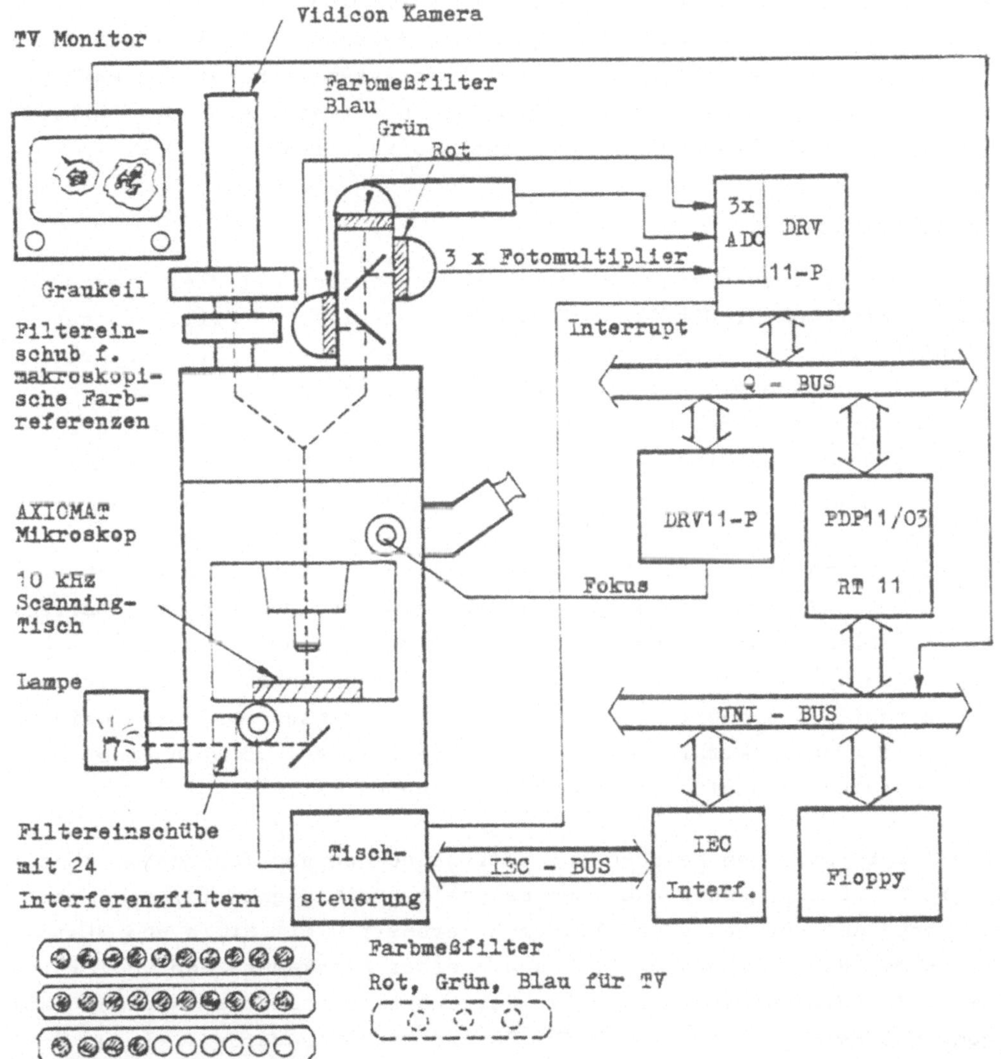

Abb. 1: Die Komponenten des Bildanalysesystems zur lichtmikroskopi-
schen Analyse und Computererkennung pathologischer Zellveränderungen sind u.a. ein Axiomat-Mikroskop; eine PDP 11/50 zur
eigentlichen Bildanalyse; ein Mikroprozessor (LSI-11) zur
Steuerung des Scanningtisches (10kHz, 0,25µm), des Fokus, des
3λ-Strahlenteilers mit den 3 in bezug auf hohe Empfindlichkeit besonders ausgesuchten Photoelektronenvervielfachern
(R 446, S-20 Kathode); ein Tektronix 4014 Terminal. Die Spek-
tralmessungen werden mit einer Vidicon-TV-Kamera (effektive
spot size<0,1µm bei 50x und 4x Nachvergrößerung und 24 Interferenzfiltern von 378nm in Intervallen von 10 bis 20nm bis
741nm (Bandbreite 8-12nm) durchgeführt. (Für weitere Details
siehe /36/).

GENORMTE FARBMESSUNG:

Die genormte Farbmessung bezieht sich auf ein 1931 festgelegtes System
von Anweisungen. Die danach durchgeführte Messung führt zu Ergebnissen,
die sich kontrollieren lassen. Da das Normsystem sich auf die Farberfassung durch den menschlichen Gesichtssinn bezieht, sind die Farbmeß-
ergebnisse mit den Angaben des Menschen korrelierbar.

<u>Dreibereichsmessung:</u>

Bei der Dreibereichsmessung wird die Farberfassung mit drei genormten
Filtern vorgenommen. Die Transmissionskurven dieser 3 Filter müssen,
gewichtet mit der speziell verwandten Lichtart, der Empfindlichkeit
des Empfängers und mit all den zunächst unbekannten spektralen Einflüssen des Meßsystems, die Empfindlichkeiten der 1931 von der CIE
festgelegten Normspektralwertkurven ergeben /23,25/. Diese Spektralwertkurven gelten als die genormten Empfindungskurven, mit denen ein
Normalfarbsichtiger mit dem Gesichtssinn das Licht im sichtbaren
Spektralbereich bewertet. Theoretisch sollten die Filter der Luther-
Bedingung (/34/ S.133) entsprechen, was technisch nur schwer zu erreichen ist. Die gemessenen Werte X, Y, Z werden von der jeweiligen Be-
leuchtungsart im Mikroskop beeinflußt, die eine genormte Vergleichs-
messung häufig erschwert. Außerdem ermöglicht dieses Verfahren keinen
Einblick in das spektrale Verhalten des Farbbildes, wodurch eine exakte (spektrale) Farbortbestimmung nicht gegeben ist.

Bisherige Erfahrungen beruhen auf Untersuchungen von Tenenbaum, Kender
und Price /26-28/. Diese Analysen beinhalten die Segmentierung farbi-
ger Szenen auf der Basis der Niederen Farbmetrik mit Hilfe von Histogrammen der Rot-, Grün- und Blaukanäle einer Farbkamera und von Histogrammen der daraus transformierten Farbbestimmungsstücke Farbton, Sättigung und Helligkeit und der NTSC Farbfernseh-Standards Y, I, Q. Die
spektralen Eigenschaften der verwendeten optischen Filter sind nicht
genau angegeben, entsprechen aber sicherlich der Farbfernsehnorm für
die Rot-, Grün- und Blaukanäle einer Farbfernsehkamera (/28/ S.104,
/26/ S.3). Informationen über die Begrenzung der Flächen unterschiedlicher Farbe wurden zunächst nicht direkt aus der Farbinformation entnommen, sondern mit Gradientenverfahren bestimmt (/26/ S.5).

<u>Spektralverfahren</u>:

Beim Spektralverfahren werden Informationen erhalten, die von den Einflüssen des jeweils benutzten Meßsystems unabhängig sind, vorausgesetzt die Transmissionskurve der Lichtquelle überdeckt den gesamten
sichtbaren Spektralbereich. Die einmal berechneten und gespeicherten
Meßwerte können in jedes gewünschte Farbsystem transformiert werden.

Als photometrisch zu untersuchende Farbobjekte wurden sechs, 6x6 mm^2
große Agfachrome Filmstreifen der für die Fotografie wichtigen Grund-
farben "Magenta", "Rot", "Gelb", "Grün", "Zyan" und "Blau" verwendet.
Das zunächst unbekannte spektrale Transmissionsverhalten dieser Filme
wurde mit einem Spektralphotometer (PMQ 2 der Firma C.Zeiss, Oberko-
chen) bestimmt (Abb.3).
Für jeden Farbfilm erfolgte die Berechnung der Farbwerte X, Y, Z :
Jede der sechs Spektralkurven $\beta(\lambda)$ wurde nacheinander mit den Norm-
spektralwertkurven $\overline{x}(\lambda)$, $\overline{y}(\lambda)$ und $\overline{z}(\lambda)$ /23,25/ und der spektralen Verteilung einer Beleuchtung $S(\lambda)$ gewichtet. Die Flächen unter den da-
durch entstehenden theoretischen Transmissionskurven im Bereich des
sichtbaren Lichtes bilden die gewünschten Farbwerte X, Y, Z. Damit ist
jede Farbe eindeutig durch diese 3 Koordinaten im dreidimensionalen
Farbenraum festgelegt.

$$X = k \int_{K}^{L} S(\lambda)\; \beta(\lambda)\; \overline{x}(\lambda)\; d\lambda$$

$$Y = k \int_{K}^{L} S(\lambda)\; \beta(\lambda)\; \overline{y}(\lambda)\; d\lambda \qquad\qquad (1)$$

$$Z = k \int_{K}^{L} S(\lambda)\; \beta(\lambda)\; \overline{z}(\lambda)\; d\lambda$$

mit   K - Grenzwellenlänge im kurzwelligen Bereich (380nm)
      L - Grenzwellenlänge im langwelligen Bereich (720nm)

$k = 100,0 : \int_{K}^{L} S(\lambda)\; \overline{y}(\lambda)\; d\lambda$ ist ein Normierungsfaktor, der

dafür sorgt, daß für ein in allen Bereichen des sichtbaren Spektrums 100% durchlässiges Objekt Y=100 ist.
für $S(\lambda)$ wurde eine theoretische, nicht existierende Lampe
mit "energiegleichem Spektrum" (die wirkende Strahlungslei-
stung ist in jedem Wellenlängengebiet gleich groß /34/)

angenommen.

Die Berechnung der bestimmten Integrale wird in der Praxis durch Summation ersetzt:

$$X = k \sum_{380}^{720} S(\lambda)\, \beta(\lambda)\, \overline{x}(\lambda)\, \Delta\lambda \qquad \text{mit } \Delta\lambda = 1 \quad /23,25/ \qquad (2)$$

Y und Z analog

Zur übersichtlichen graphischen Darstellung werden die Normfarbwertanteile x, y berechnet:

$$x = \frac{X}{X+Y+Z} \qquad y = \frac{Y}{X+Y+Z} \qquad (3)$$

Die dritte Dimension dieses transformierten Farbenraumes bildet der Hellbezugswert Y, der durch die Festlegung der Normspektralwertkurve $\overline{y}(\lambda)$ direkt der Helligkeitsbewertung durch den menschlichen Gesichtssinn entspricht. In Abb. 2 sind die berechneten Farbarten (x,y) der 6 Farbfilme in das genormte CIE-DIN-Farbort-Diagramm eingezeichnet.

Abb. 2:

Das genormte CIE-Farbart-Diagramm für die Standardbeleuchtung E ("energiegleiches Spektrum"). Den Kurvenzug bilden die Farbarten der maximal gesättigten Spektralfarben von 380-780nm. Die Verbindung von rot mit der Wellenlänge 780nm und blau der Wellenlänge 380nm ist die Purpurgerade. Eingezeichnet sind die mit dem PMQ 2 bestimmten Farbörter der sechs untersuchten Farbfilme (●) und der Farbartbereich der mit dem zytophotometrischen Mikroskop-Meßsystem und dem Computer berechneten Werte (□).

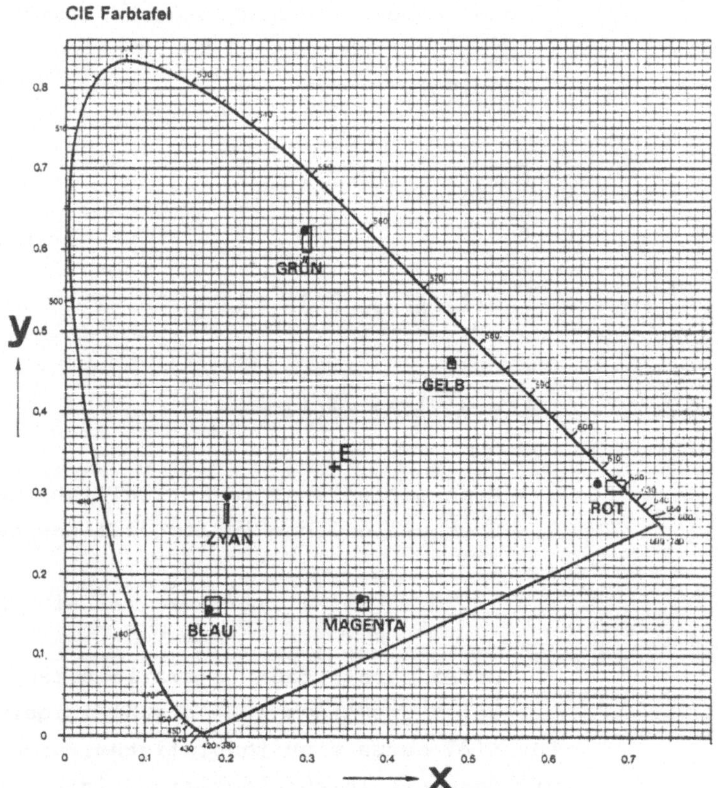

Die sechs Farbfilme wurden nun nacheinander mit einer Maske aus
schwarzer Pappe und einem Stativ an einer Stelle in den Strahlengang
des Mikroskopes gebracht, an der ihre makroskopischen Eigenschaften
(Körnigkeit des Filmes) kaum sichtbar waren und damit kein Hindernis
für die weiteren Untersuchungen darstellten. Für jede Farbe wurden mit
der TV-Kamera 24 Ausschnitte, jedesmal gefiltert mit einem anderen der
vorhandenen Interferenzfilter von 378nm bis 741nm, einer Größe von
60x60 Pixel gemessen. Als Lichtquelle diente ihrer hohen Intensität
wegen eine Xenon Lampe (150W).

Um die Daten unabhängig von der spektralen Verteilung der Beleuchtung
und sämtlichen spektralen Einflüssen durch das Meßsystem zu erhalten,
wurde bei jedem Filter erneut gemessen; diesmal befand sich kein Farbfilm im Strahlengang. Die 24 Mittelwerte dieser ebenfalls 60x60 großen
Flächen dienten als Weißreferenzwerte. Da die 6 Farbfilme in den einzelnen Spektralbereichen sehr unterschiedliche Transmissionsgrade aufweisen (Abb.3), des weiteren die Vidicon-Kamera im kurzwelligen blauen
und im roten Spektralbereich sehr unempfindlich ist, mußte ein (mechanisch regulierbarer) Graukeil (C.Zeiss) verwendet werden, um die
Lichtintensität jeweils an den dynamischen Bereich der Kamera anzupassen. Da sich zeigte, daß der Graukeil in bezug auf das sichtbare Spektrum nicht neutral war, wurde er mit dem PMQ 2 untersucht; die gewonnenen Daten wurden dem Computer eingegeben. Die maximale Transmission
bei mechanisch geöffnetem Graukeil beträgt 0,542 (bei 421nm), die minimale Transmission bei geschlossenem Graukeil 0,024 (bei 721nm).

Aus den gemessenen Daten wurden nun mittels erstellter Computerpro-
gramme in Analogie zu Formeln (2) und (3) wiederum die Farbarten (x,y)
und zusätzlich die Hellbezugswerte Y der 6 Farbfilme berechnet:

$$ X = k \sum_{i=1}^{24} S_i(\lambda) \; \frac{MV_i}{\tau V_i} \frac{\tau W_i}{WV_i} \; \tau_i \; \bar{x}(\lambda) \, \Delta\lambda_i \qquad (4) $$

Y und Z analog

mit τ_i - Transmissionsgrad des Filters i (i=1,...,24)

$\Delta\lambda_i$ - Wichtungsfaktor entsprechend den unterschiedlichen Fil-
terabständen (Abb.3)

$\Delta\lambda_i$=20 für i=1 oder i=24

sonst
$$ \Delta\lambda_i = \frac{\lambda(\text{Filter } i+1) - \lambda(\text{Filter } i-1)}{2} $$

MV_i - gemessener digitaler Wert bei Filter i

WV_i - errechneter Weißreferenzwert (Mittelwert) bei Filter i

τV_i - Transmission des Graukeiles bei Messung des Filmes mit Filter i

τW_i - Transmission des Graukeiles bei Messung der Weißreferenz mit Filter i

Um die Güte der mit dem Mikroskop photometrisch erfaßten und berechneten Transmissionseigenschaften der Filme zu kontrollieren, wurden durch das Programm die aus den Meßdaten bestimmten, vom mikroskopischen Meßsystem erfaßten, spektralen Verhalten der Filme ausgegeben. Die mit dem PMQ 2 bestimmten Spektralkurven wurden jetzt als Sollwerte betrachtet. Die mit dem mikroskopischen Meßsystem und dem Computer bestimmten Transmissionskurven wurden den Sollwerten gegenübergestellt (Abb.3). Dazu wurden die Kurven von "Grün", "Blau", "Zyan" und "Gelb" so normiert, daß der Wert bei 555nm dem der Sollkurven entsprach; für "Rot" und "Magenta" wurde die Normierung auf den Wert bei 640nm durchgeführt.

DISKUSSION:

Die in dieser Arbeit gezeigten Eich-Ergebnisse der genormten Spektralfarbmessung zeigen, daß eine standardisierte Farberfassung mit einem zytophotometrischen Meßsystem grundsätzlich möglich ist.
Vergleicht man die mit dem Mikroskop photometrisch bestimmten Farbarten (x,y) der sechs Farbfilme mit den mit dem PMQ 2 bestimmten Sollwerten (Abb.2) so ist eine im allgemeinen gute Übereinstimmung festzustellen. Abweichungen sind vor allem durch Analyse der Spektralkurven zu erklären (Abb.3):
Die Soll- und Haben-Kurve von "Rot" stimmen im Bereich 670nm bis 741nm nicht überein. Die konkave Krümmung ist zwar erfaßt, liegt aber an der falschen Stelle. Dies hat zur Folge, daß die Transmissionskurve insgesamt stärkere Änderungen aufweist; die Abweichungen vom idealen Weiß (überall gleich große Transmission) nehmen zu, der Farbart-Bereich

<u>Abb. 3:</u>

Gegenüberstellung der mit dem PMQ 2 im Abstand von 5nm bestimmten, als Sollkurven betrachteten Transmissionsspektren der sechs untersuchten Farbfilme (○ oder △) und den entsprechenden, mit dem Mikroskop zytophotometrisch gemessenen und berechneten Spektren (● oder ▲).
A) "Rot" (○, ●), "Blau" (△, ▲)
B) "Grün" (○, ●), "Magenta" (△, ▲)
C) "Gelb" (○, ●), "Zyan" (△, ▲)

A
0.3
0.2
0.1
0.0
Transmission
378 400 500 600 700 741
Wellenlänge / nm
B
0.3
0.2
0.1
0.0
Transmission
378 400 500 600 700 741
Wellenlänge / nm
C
0.6
0.5
0.4
0.3
0.2
0.1
0.0
Transmission
378 400 500 600 700 741
Wellenlänge / nm

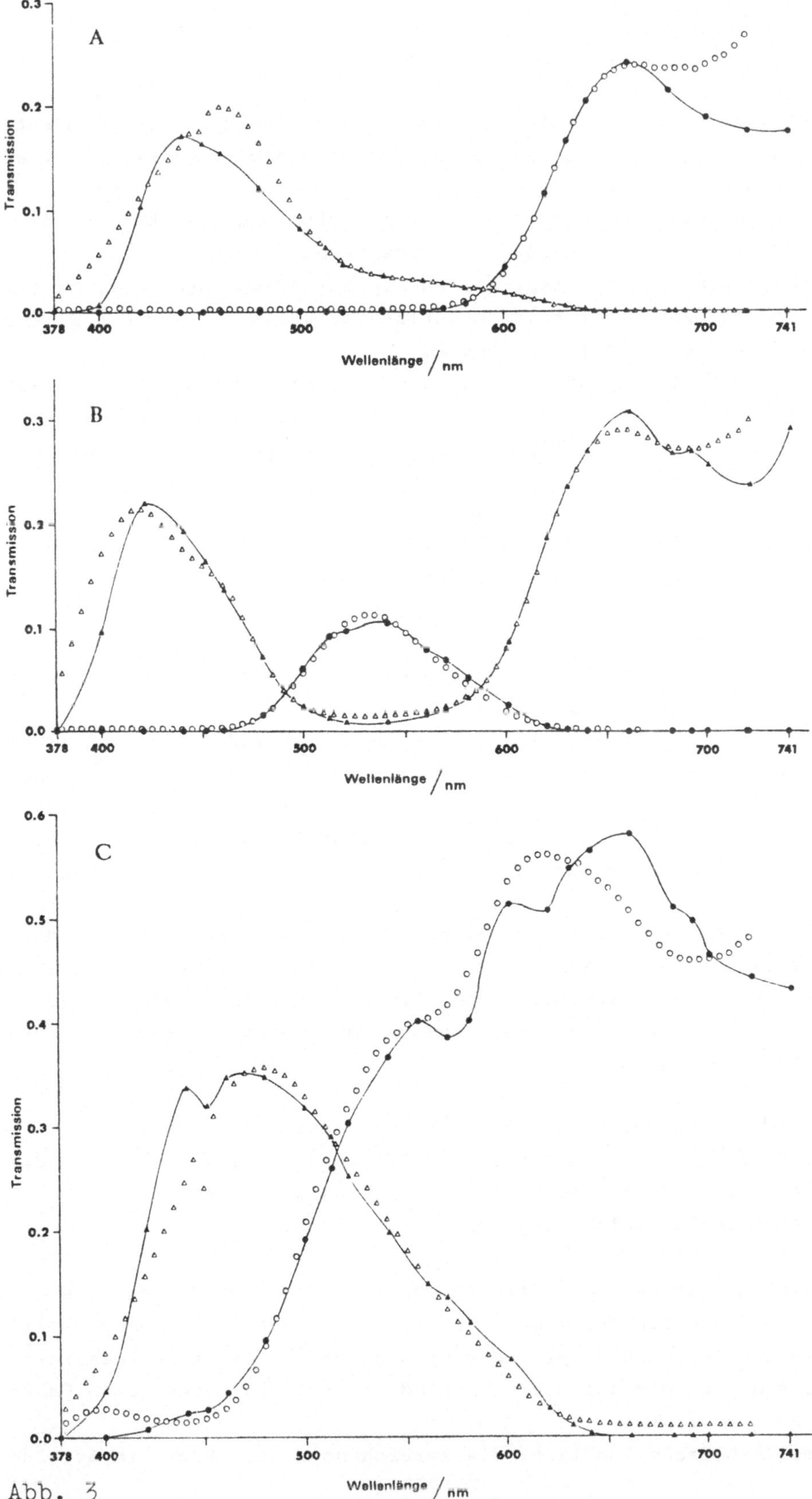

Abb. 3

entfernt sich von der Farbart Weiß (für das "energiegleiche Spektrum"
x=0,3333, y=0,3333) (Abb.2), d.h., der Weißanteil der Farbe hat abge-
nommen, die Sättigung ist größer.
Die gleiche Wirkung, nur in umgekehrter Richtung, ist bei "Grün"
(Abb.3B) und "Blau" (Abb.3A) zu beobachten.
Die Kurve von "Grün" entspricht zufriedenstellend dem Soll. Da sie im
Bereich 510-620nm aber etwas abgeflachter verläuft, ist die gemessene
Farbe "Grün" ungesättigter (Abb.2).
Bei "Blau" treten größere Abweichungen im kurzwelligen Bereich auf,
die mit der größeren Unempfindlichkeit der Kamera zusammenfallen. Die
Differenzen im Bereich 420-510nm können auf grund der Meßanordnung nur
gedeutet werden.
Das gleiche gilt für "Zyan" (Abb.3C).
In den spektralen Kurven von "Magenta" treten größere Abweichungen im
kurzwelligen blau und, wie bei "Rot", im roten Spektralbereich auf
(Abb.3B), die wiederum den unempfindlicheren Bereichen der Kamera entsprechen. Die gegenüber der Kontrolle stärkeren Transmissionsänderun-
gen im roten Spektralbereich haben eine leicht größere Sättigung des
photometrisch gemessenen "Magenta" zur Folge (Abb.2).
Bei "Zyan" (Abb.3C) ist eine Zunahme des blau (420-470nm) auf Kosten
des grün (470-550nm) zu erkennen. Dies bedeutet eine Verschiebung des
berechneten Farbtones von grün in Richtung blau (die farbtongleiche
Wellenlänge ist festgelegt durch den Schnittpunkt eines Strahles vom
Weißpunkt E durch den Ort der Farbart mit dem Spektralfarbenzug /23,
25,34/.
Der Farbfilm "Gelb" war der hellste der 6 Filme (Abb.3C). Bei den hier
im Verhältnis zu den anderen Filmen größeren Zahlenwerten wirken sich
Fehler durch Multiplikationen und Divisionen (Formel 4) besonders
stark aus (Bereich 550-741nm). Dessen ungeachtet ist aber die Farbart-
bestimmung gut gelungen.

Die berechneten Hellbezugswerte betrugen geordnet nach Größe
Y("Rot")=3,753, Y("Blau")=5,319, Y("Magenta")=6,917, Y("Grün")=8,277,
Y("Zyan")=17,249, Y("Gelb")=41,074. Die Relationen zwischen den be-
rechneten Werten entsprechen dem visuellen Eindruck.

Abweichungen in den Farbartwerten der Spektralfarbmessung, die mit
Hilfe der Spektren der gemessenen Farbfilme vor allem im kurzwelligen
blauen und im roten Bereich des sichtbaren Spektrums zu lokalisieren
sind, sind auf die geringere Empfindlichkeit des verwendeten Empfängers zurückzuführen.
Weitere Fehlerquellen (z.B. die Abweichungen bei "Blau" im Bereich

420-510nm (Abb.3A) lassen sich auf grund der Meßanordnung nicht vermeiden. Aus technischen Gründen konnten nicht die gleichen Ausschnitte
aus den Farbfilmen im PMQ 2 und in der Zytophotometrie-Einheit untersucht werden. Außerdem konnten bei Messung im Mikroskop durch Stativ-
bewegungen die Teststreifen nur schwer in eine optische Ebene gebracht
werden, in der die Körnung der Filme nicht mehr auf die Kamera-Front-
platte abgebildet wurde. War dies nicht gegeben, schlug sich dies in
der Varianz der berechneten Farbartkoordinaten deutlich nieder (z.B.
bei guter Sichtbarkeit der Körner im "Gelb": $\Delta x_1 = 0,0563$, $\Delta y_1 = 0,0445$
gegenüber hier: $\Delta x_2 = 010042$, $\Delta y_2 = 0,0040$). Zuletzt sei noch die Möglichkeit einer ganz einfachen irreversiblen farblichen Änderung durch die
starke Beleuchtung erwähnt. Dies alles läßt es ratsam erscheinen, für
weitere Eichmessungen zumindest zusätzlich geeichte Farbgläser zu verwenden, bei denen diese Fehler ausgeschlossen werden können.

Eine Möglichkeit zur Standardisierung und damit zur Überwindung der
aufgezeigten Probleme bei der bisherigen zytophotometrischen Farbauswertung ist die genormte (CIE und DIN) Farbmessung /23-25/. Sie hat
gegenüber den bisherigen Methoden folgende Vorteile: das System nimmt
sich den menschlichen Gesichtssinn zum Vorbild; die Ergebnisse sind
mit den visuellen Einschätzungen über Farbtafeln korrelierbar und darüber hinaus werden die stets subjektiven, visuell bestimmten Farb-
merkmale kontrollierbar; auch feine Farbunterschiede sind erfaßbar;
die Messung aller natürlichen Farben ist möglich.

ANMERKUNG:

Für die technische Assistenz von M.Haucke und die wertvolle Unterstützung durch F.Meinl (C.Zeiss, München), H.Loof (C.Zeiss, Oberko-
chen) und R.Schläfer (Jenaer Glaswerk Schott&Gen, Mainz) sei hiermit
herzlich gedankt.

LITERATUR:

/1/   Young IT: Automated Leukocyte Recognition. Ph. D. Thesis, Mass.
       Institute of Technology, Cambridge, Mass., 1969

/2/   Young IT: Automated Leukocyte Recognition. In: Automated Cell
       Identification and Cell Sorting. Herausgeber Wied GL u. Bahr GF.
       Academic Press, New York, 1970

/3/   Young IT: The Classification of White Blood Cells. IEEE Trans on
       Biomed Eng, Bd. BME-19 Nr.4, 1972

/4/   Young IT, Paskowitz IL: Localization of Cellular Structures.
       IEEE Trans on Biomed Eng, Bd. BME-22 Nr.1, 1975

/5/   Brenner JF, Gelsema ES, Necheles TF, Neurath PW, Selles WD,
        Vastola E: Automated Classification of Normal and Abnormal Leu-
        kocytes. J Histochem Cytochem, Bd.22 Nr.7 :697-706, 1974

/6/   Brenner JF, Dew BS, Horton JB, King Th, Neurath PW, Selles WD:
        An Automated Microscope for Cytologic Research, A Preliminary
        Evaluation. J Histochem Cytochem, Bd.24 Nr.1 : 100-111, 1976

/7/   Mui JK, Fu KS: Feature Selection in Automated Classification of
        Blood Cell Neutrophils. IEEE CH 1318-5, 1978

/8/   Mui JK, Fu KS, Bacus JW: Automated Classification of Blood Cell
        Neutrophils. J Histochem Cytochem, Bd.25 Nr.7 :633-640, 1977

/9/   Aggarwal RK, Bacus JW: A Multispectral Approach for Scene
        Analysis of Cervical Cytology Smears. J Histochem Cytochem,
        Bd.25 Nr.7 :668-680, 1977

/10/   Bacus JW: A Whitening Transformation for Two-Color Blood Cell
        Images. Pattern Recognition 8 :56-60, Pergamon Press, 1976

/11/   Mui JK, Bacus JW, Fu KS: A Scene Segmentation Technique for
        Microscopic Cell Images. Proc Symp Comp Aided Diag of Medical
        Images. Herausgeber Sklansky S, San Diego, Calif., IEEE 76 CH
        1170-0C, 1976

/12/   Bacus JW: An Automated Classification on the Pherical Blood
        Leukocytes by Means of Digital Image Processing. Ph D Thesis,
        Univ. of IL Med. Center, 1971

/13/   Dew B, King Th, Mighdoll D: An Automatic Microscope System for
        Differential Leukocyte Counting. J Histochem Cytochem, Bd.22
        Nr.7 :685-696, 1974

/14/   Mansberg HP, Saunders AM, Groner W: The Hemalog D White Cell
        Differential System. J Histochem Cytochem, Bd.22 Nr.7 :711-724,
        1974

/15/   Cheng GC: Color Information in Blood Cells. J Histochem Cytochem,
        Bd.22 Nr.7 :517-521, 1974

/16/   Tycko DH, Ambalagan S, Liu HC, Ornstein L: Automatic Leukocyte
        Classification Using Cytochemically Stained Smears. J Histochem
        Cytochem, Bd.24 Nr.1 :178-194, 1976

/17/   Huth GC, Luk AL, Levis RL, Hall EL, Frei W: Image Enhancement
        Techniques in Computed Tomography. Proceedings of the Symposium
        on Computer Aided Diagnosis of Medical Images, IEEE :67-83, 1976

/18/   Thiessen G, Thiessen H: Microspectrophotometric Cell Analysis.
        Progress in Histochemistry and Cytochemistry, Bd.9 Nr.4 :10-34.
        G.Fischer Verlag, Stuttgart - New York, 1977

/19/   Aus HM, Gunzer U, ter Meulen V: A Note on the Usefullness of
        Multi-Color Scanning and Image Processing in Cell Biology.
        Microscope 24, 1976

/20/   Aus HM, Rüter A, ter Meulen V, Gunzer U, Nürnberger R: Bone
        Marrow Cell Scene Segmentation by Computer-Aided Color Cytopho-
        tometry. J Histochem Cytochem, Bd.25 Nr.7 :662-667, 1977

/21/   Rüter A, Harms H, Haucke M, Aus HM: Digitale Auswertung der Farb-
        information von lichtmikroskopischen Zellbildern. Herausgeber:
        E Triendl, Informatik Fachberichte 17 :311-317, Springer Berlin-
        New York, 1978

/22/   Lang H: Farbmetrik und Farbfernsehen. Einführung in die Nach-
        richtentechnik. R.Oldenbourg München-Wien, 1978

/23/   Colorimetry. Publikation CIE Nr.15 (E-1.3.1), 1971

/24/ DIN 6174 - Normblattentwurf: Farbmetrische Bestimmung von Farb-
     abständen von Körperfarben nach der CIELAB-Formel. Farbe und
     Lack 83:8, 1977

/25/ DIN Normblatt 5033, Teil 1-9: Farbmessung.

/26/ Tenenbaum JM, Garvey TD, Weyl S, Wolf HC: An Interactive Facili-
     ty for Scene Analysis Research. Artificial Intelligence Center
     Technical Note 87, Stanford Research Institute, 1974

/27/ Kender JR: Saturation, Hue and Normalized Color: Calculation,
     Digitization Effects, and Use. Department of Computer Science,
     Carnegie-Mellon Univ., Pittsburgh, 1976

/28/ Price KE: Change Detection and Analysis in Multi-Spectral
     Images. Department of Computer Science, Carnegie-Mellon Univ.,
     Pittsburgh, 1976

/29/ Green JE: A Practical Application of Computer Pattern Recogniti-
     on Research - The Abbott ADC-500 Differential Classifier. J
     Histochem Cytochem, Bd.27 Nr.1 :160-173, 1979

/30/ Green JE: Rapid Analysis of Hematology Image Date - The ADC-500
     Processor. J Histochem Cytochem, Bd.27 Nr.1 :174-179, 1979

/31/ Kulkarni Av: Effectiveness of Feature Groups for Automated Pair-
     wise Leukocyte Class Discrimination. J Histochem Cytochem, Bd.27
     Nr.1 :210-216, 1979

/32/ Shack R, Baker R, Buchroeder R, Hillman D, Shoemaker R, Bartels
     PH: Ultrafast Laser Scanner Microscope. J Histochem Cytochem,
     Bd.27 Nr.1 :153-159, 1979

/33/ Taylor J, Puls J, Lydra J, Bartels PH, Bibbo M, Wied G: A System
     for Scanning Biological Cells in Three Colors. Acta Cytologica
     Bd.22 Nr.1 :29-35, 1978

/34/ Richter M: Einführung in die Farbmetrik. Sammlung Göschen.
     Walter de Gruyter Berlin-New York, 1976

/35/ Ruthmann A: Methoden der Zellforschung. S.177. Franck'sche Ver-
     lagsbuchhandlung Stuttgart, 1966

/36/ Harms H, Rüter A, Aus HM: A Microprocessor Controlled Axiomat
     Microscope for Acquisition of Cell Images. Proc Intern Conf on
     Pattern Recognition of Cell Images, Chicago, 21.-23.Mai, 1979
     (in Druck)

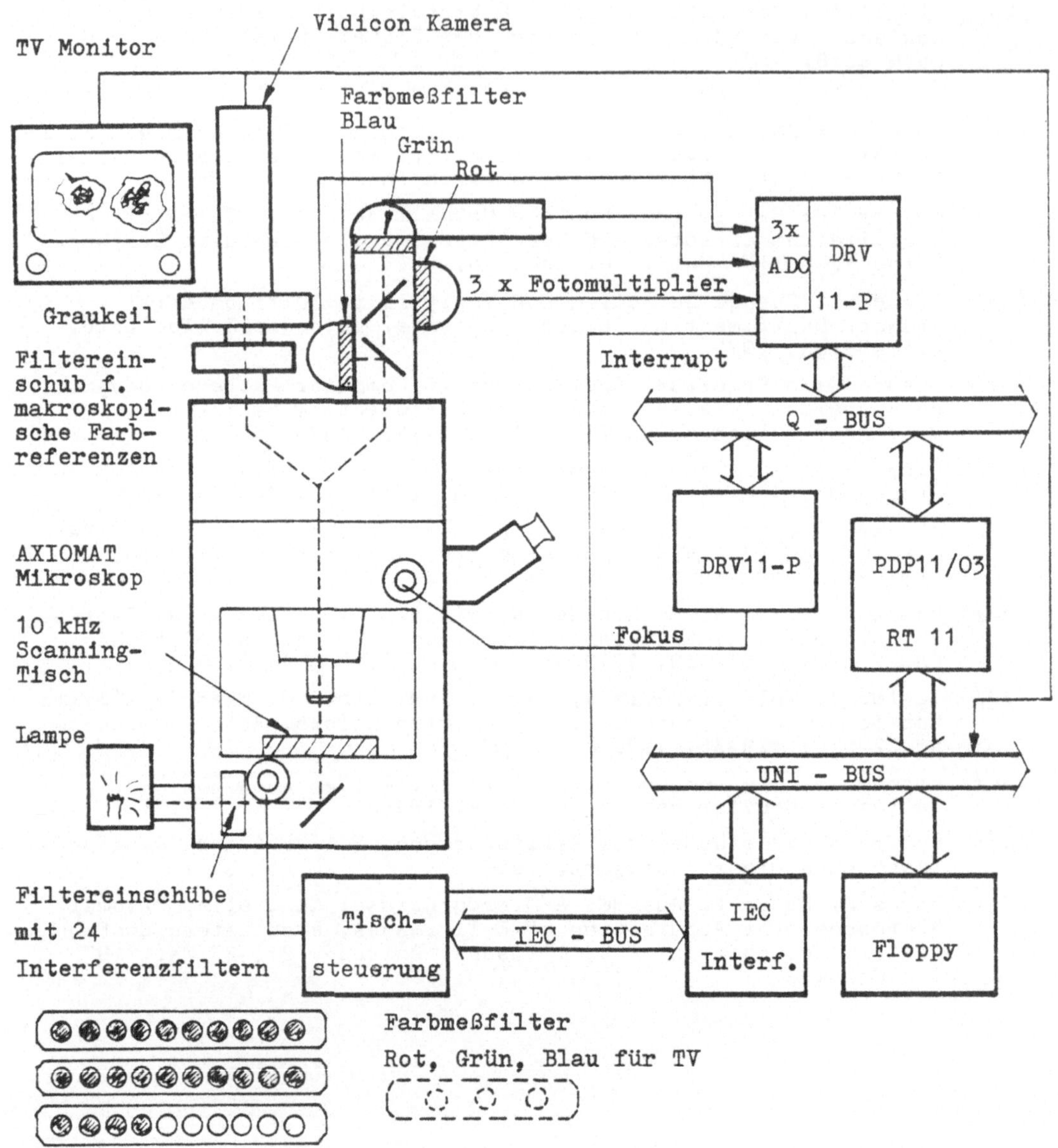

TV Monitor
Vidicon Kamera
Farbmeßfilter
Blau
Grün
Rot
Graukeil
Filterein-
schub f.
makroskopi-
sche Farb-
referenzen
AXIOMAT
Mikroskop
10 kHz
Scanning-
Tisch
Lampe
Filtereinschübe
mit 24
Interferenzfiltern
3 x Fotomultiplier
3x
ADC
DRV
11-P
Interrupt
Q - BUS
DRV11-P
PDP11/03
RT 11
Fokus
UNI - BUS
Tisch-
steuerung
IEC - BUS
IEC
Interf.
Floppy
Farbmeßfilter
Rot, Grün, Blau für TV

CIE Farbtafel

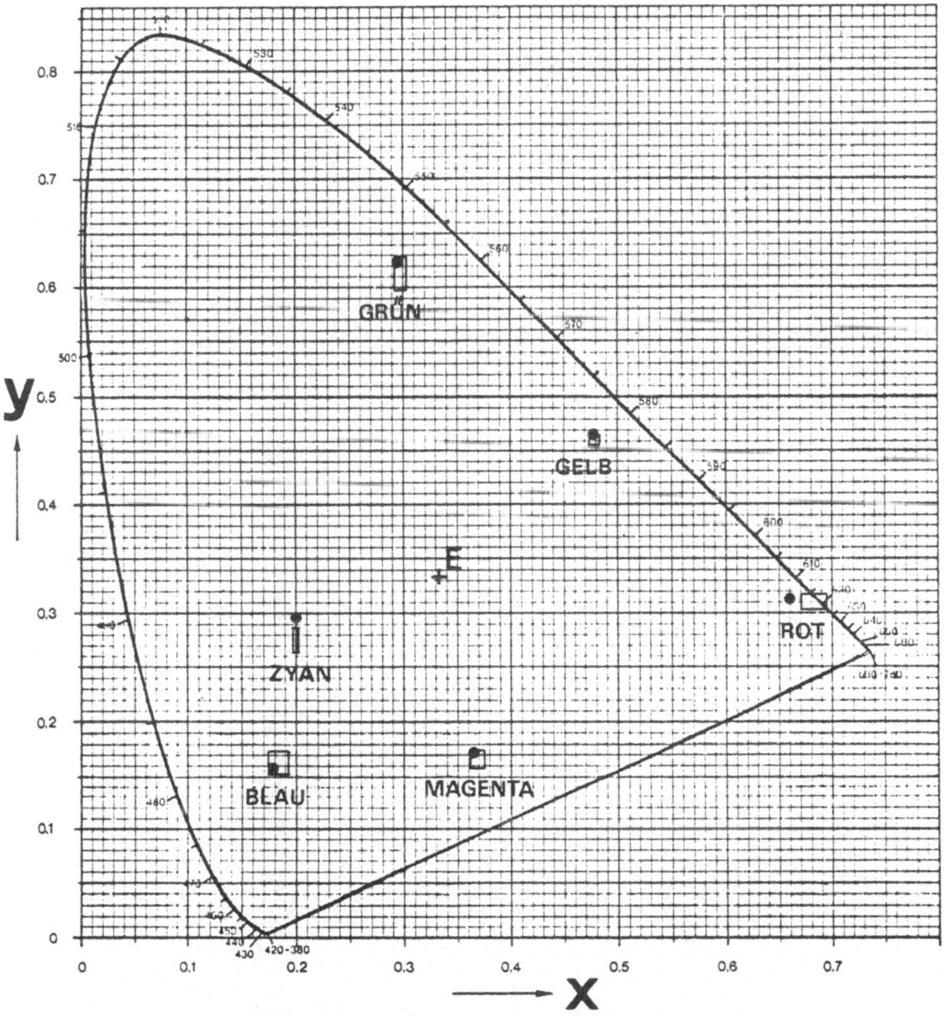

STANDARD BELEUCHTUNG E: x = 0.3333 y = 0.3333

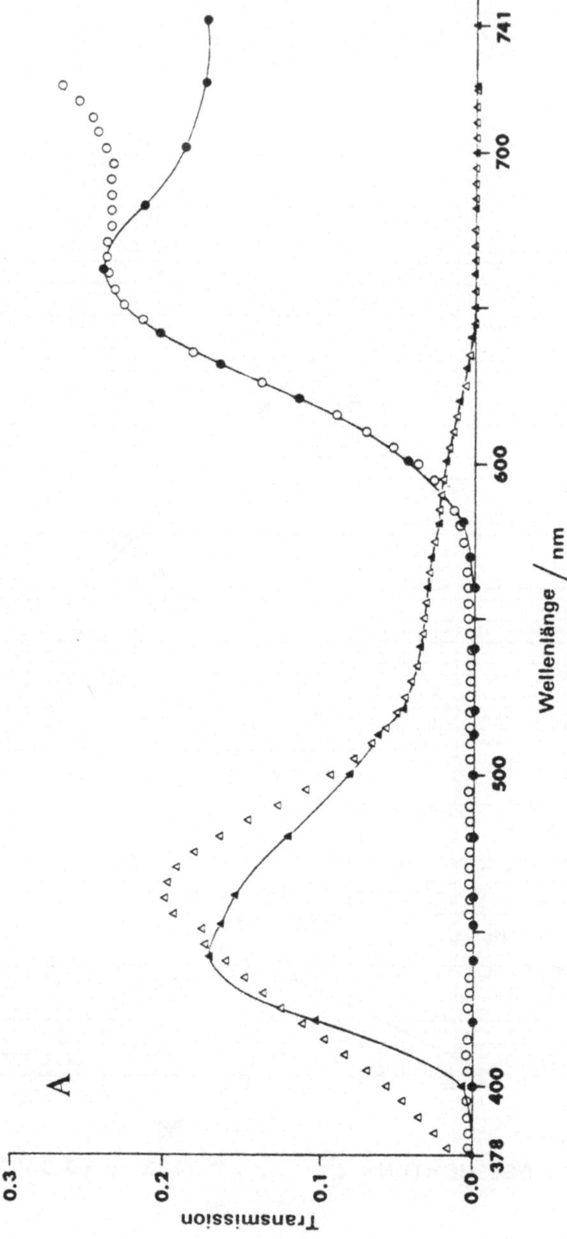
A
Transmission
0.3
0.2
0.1
0.0
378
400
500
600
700
741
Wellenlänge / nm

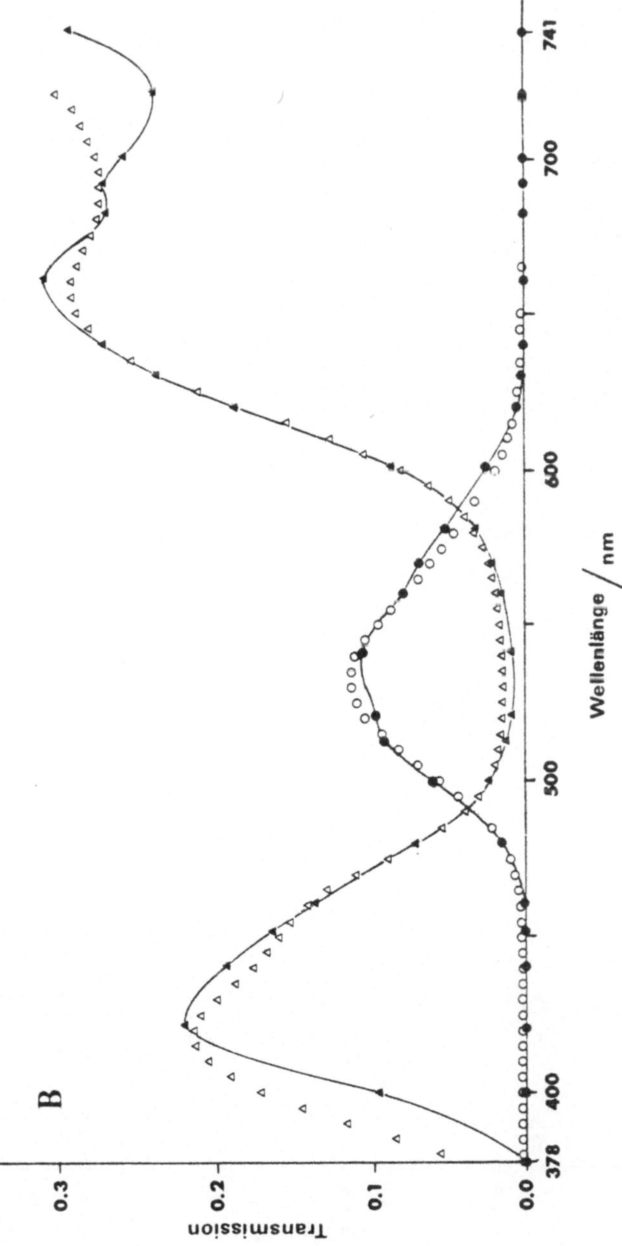
B
Transmission
0.3
0.2
0.1
0.0
378 400 500 600 700 741
Wellenlänge / nm

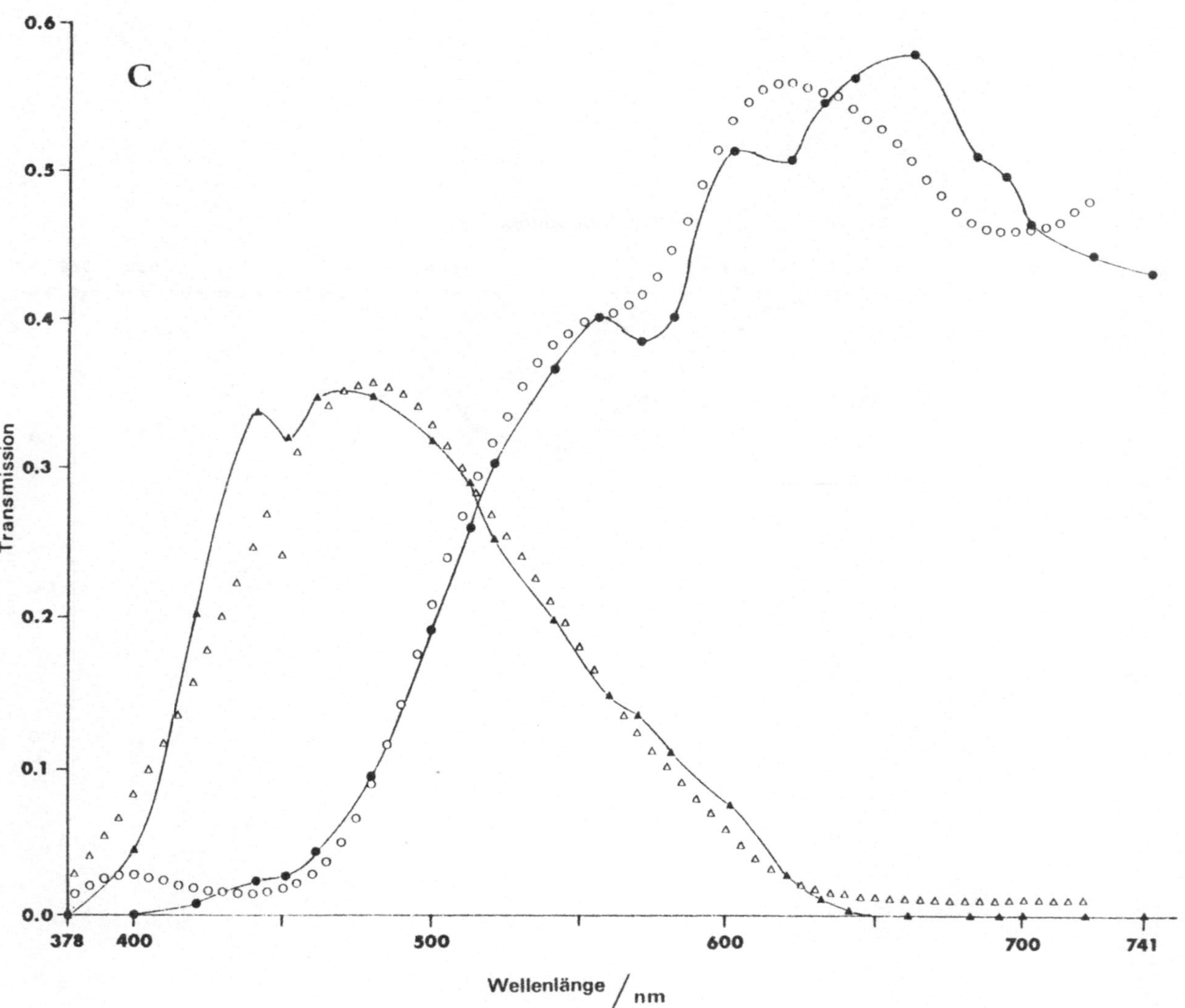
C
Transmission
0.6
0.5
0.4
0.3
0.2
0.1
0.0
378
400
500
600
700
741
Wellenlänge / nm

NUKLEARMEDIZINISCHE DIAGNOSTIK VON MOTILITÄTSSTÖRUNGEN DES MENSCHLICHEN HERZENS MIT PARAMETRISCHEN BILDERN

D.P. Pretschner

Abt. für Nuklearmedizin und spezielle Biophysik
Department Radiologie (Prof.Dr. H. Hundeshagen)
Medizinische Hochschule Hannover

Kardiovaskuläre Erkrankungen stehen als Todesursache an führender Stelle. Die sichere Diagnose erfolgt durch Ventrikulographie und Koronarangiographie, invasive Untersuchungsverfahren, die mit Morbidität und Mortalität belastet sind. Nichtinvasive nuklearmedizinische Untersuchungsmethoden haben für eine strenge Indikationsstellung der invasiven Diagnostik daher große Bedeutung. Außerdem liefern sie neue Ansätze zur Krankheitsforschung und Beurteilung von Therapiemaßnahmen durch die Möglichkeit nicht belastender Verlaufskontrollen und Interventionsstudien.

Ein Kennzeichen regionaler Minderperfusion des Herzmuskels bei der koronaren Herzkrankheit ist die regionale Kontraktionsanomalie. Detektion, Lokalisation und Quantifikation von myokardialen Motilitätsstörungen gelingen nichtinvasiv mit parametrischen Bildern.

Nach radioaktiver Markierung des Blutes wird das orts- und zeitvariable Kernstrahlungsfeld über dem Herzen zusammen mit dem EKG während 500 - 1000 Herzschlägen registriert. Danach erfolgt eine phasengleiche Addition zeitgleicher Herzzyklen zu einem statistisch hinreichenden, repräsentativem Herzschlag. Die Aktivitätszeitkurven über jedem Bildpunkt des Herzens sind den Volumenänderungen äquivalent. Verschiedene Analysen dieser Funktionen ergeben Zahlen, die als Grau- oder Farbwerte codiert, das parametrische Bild erzeugen. Als Parameter haben sich bewährt: Schlagvolumen, Auswurfsfraktionen, Amplitude und Phase des ersten Fourierkoeffizienten der Reihenentwicklung, Beträge lokaler Gradienten, Kontraktions- und Relaxationsgeschwindigkeit.
Da die Zählratenschwankungen volumenäquivalent sind, gelingt es, nicht nur Motilitätsstörungen am Herzaußenrand in der jeweiligen Projektion zu erfassen (Konturfindung parallel zum Kollimator), sondern auch in der dazu senkrechten Ebene.

Mit Modelluntersuchungen und klinischen Beispielen wird die Aussagekraft verschiedener parametrischer Bilder demonstriert. Ein Film verdeutlicht die klinisch relevante Parameterextraktion aus szintigraphischen Bildsequenzen vom schlagenden Herzen.

OBJEKTSELEKTION UND DISKRIMINATION IN EINEM BILDANALYSESYSTEM

R. Nawrath

Ernst Leitz Wetzlar GmbH.

Kurzfassung

Objektselektion durch Formparameter

Objekte gleichen Grauwerts oder gleicher Kantensteilheit lassen sich mit einem mehr oder weniger intelligenten Diskriminator automatisch für eine binäre Bildanalyse ermitteln. Häufig besteht aber die Aufgabe, Objekte gleicher Grauwerteigenschaft (Grauwert, Kantensteilheit) als Funktion ihrer äußeren Form zu selektieren, z.B. zur Unterscheidung von Körnern und Körner-Aggregaten bei pulverförmigen Teilchen oder von faser- und nichtfaserförmigen Teilchen bei Asbestablagerungen.

Binäre Bildtransformationen wie Expanding, Shrinking oder ihre Verallgemeinerung, wie sie z.B. aus der mathematischen Morphologie bekannt sind, können für SW-Fernsehsignale in Echtzeit durchgeführt werden. Mit ihnen können Maße bzw. Parameter angegeben werden, die die Beschreibung und damit die Selektion von Objekten nach ihrer Form ermöglichen. Als Beispiel eines solchen Maßes sei genannt der Quotient aus der Fläche eines Objekts nach einer zweidimensionalen Expanding / Shrinking Transformation und der Originalobjektfläche. Mit diesem Maß lassen sich Aggregate von Einzelobjekten separieren.

Es wird gezeigt, wie mit Hilfe der binären Bildtransformationen neue Maße (Formfaktoren) bzw. Parameter zur Objektbeschreibung ermittelt werden können, für welche Anwendungsfälle sie geeignet sind und wie die Formparameterbestimmung in einem binären Bildanalysesystem realisiert ist.

Algorithmen zur Diskrimination von Objekten

In einem binären Bildanalysesystem wird das Graubild des Bildgebers, z.B. einer tv-Kamera, zuerst immer durch einen Diskriminator in ein binäres Bild transformiert. Als intelligent wird ein Diskriminator bezeichnet, wenn er den ortskonstanten oder ortsvariablen Schwellwert zur Umwandlung des Grau in ein SW-Bild auf Grund eines à priori Wissens über den Bildinhalt selbst ermittelt.

Ein bekanntes Verfahren zur automatischen Bestimmung der Diskriminationsschwelle ist die Aufnahme eines lokalen oder globalen Grauwert-Histogramms. Als Schwellwert wird der Grauwert gewählt, für den das Histogramm eindeutig ein Extremum annimmt. Dieses Verfahren funktioniert bei Bildvorlagen, die viele kontrastreiche Details enthalten, gut.

Bei Vorlagen mit wenig Bildinhalt versagt es aber häufig, da das Extremum im Rauschen versinkt.

Diesem Nachteil wird begegnet durch die Entwicklung eines Algorithmus zur zweidimensionalen Gradientendiskrimination. In dem Algorithmus wird die Bildvorlage nach Bildpunkten mit einem Gradienten vorgebbarer Größe abgesucht und ein Gradientenhistogramm ermittelt. Aus diesem läßt sich eine Diskriminationsschwelle ablesen. Die Realisierung des Algorithmus besteht aus einem einfachen Diskriminator und einem binären Bildspeicher, die beide mikrocomputerkontrolliert arbeiten.

Es werden die Variationsmöglichkeiten dieses Diskriminators aufgezeigt und seine Anwendungsmöglichkeiten erörtert.

EIN DIGITALES ON-LINE STEREOKORRELATIONSSYSTEM

P. Gemmar

Forschungsinstitut für Informationsverarbeitung und
Mustererkennung

Breslauer Straße 48, 7500 Karlsruhe

Kurzfassung

Der Entwurf eines on-line Stereokorrelationssystems wird vorgestellt
und die Leistungsfähigkeit des Korrelators abgeschätzt. Die Anforderungen an ein digitales System für die Stereobildkorrelation und Methoden für eine verbesserte und effektive Korrelation werden erläutert. Das on-line Korrelationssystem besteht aus einem schnellen und
flexiblen Bildabtastgerät, einem Entzerrungsrechner, einem Transfor-
mations- und Prädiktionsrechner und einem schnellen Korrelationsrech-
ner.

Abstract

A system for on-line correlation of stereo images is outlined and
assessed.Requirements on a digital system for stereo correlation are
discussed. Special methods are considered to gain higher efficiency
and improvement of correlation. The system consists of a fast image
scanning device, a rectification processor, a differential image
transform and prediction processor, and a fast correlation processor.

1. Einleitung

Die konventionelle Herstellung von Karten oder Kartenersatzprodukten,
wie z.B. Digitales Geländemodell, Orthophoto oder Schichtlinienbild,
unter Verwendung analoger oder teilautomatisierter analytischer Auswerteverfahren ist zeitraubend und teuer. Eine weitgehende Automatisierung photogrammetrischer Verfahren (z.B. Luftbildmessung) läßt
sich durch den Einsatz digitaler Verarbeitungsmethoden und -einheiten

erzielen. Hiermit werden die gewünschten Ergebnisse (Produkte)
schneller und billiger erzielt und auch erhöhte Genauigkeitsanforderungen lassen sich leichter beherrschen.

Eine drastische Reduktion der Produktionszeiten der o.g. Produkte erfordert die Überwindung zweier Engpässe in der Stereophotogrammetrie:
die geometrische Bildtransformation und die Stereobildkorrelation.
Die Anwendung dieser Verfahren an Luftbildern (z.B. vom Format
23 x 23 cm bei einer Auflösung von 12 Linienpaaren/mm) führt zu entsprechenden Anforderungen an ein digitales Verarbeitungssystem. Dies
sind im wesentlichen eine hohe Rechenleistung und große Speicherkapa-
zitäten mit schnellen Zugriffsmöglichkeiten. Durch den Einsatz moder-
ner digitaler Bauelemente und speziell strukturierter Verarbeitungs-
einheiten lassen sich beide Anforderungen erfüllen. Im folgenden wird
ein on-line Stereokorrelationssystem vorgestellt, welches sich durch
seine hohe Flexibilität und Leistungsfähigkeit auszeichnet.

2. Lokale digitale Korrelation

Aufgabe der Korrelation ist es, entsprechende (homologe) Bildpunkte
oder -bereiche in den gemeinsamen Überdeckungsbereichen von Stereo-
bildpaaren zu finden. Mit Hilfe der dabei festgestellten Verschiebung
von Bildpunkten aufgrund von Höhenverzerrungen durch Geländeneigung
lassen sich dann die Höhenkoordinaten z_i der Geländepunkte x_i, y_i bestimmen. Zur Bestimmung der Verschiebung wird ein kleines Gebiet von
Bildelementen (Maske M) um einen bestimmten Punkt P_i' im ersten Bild
(U) mit gleichgroßen Gebieten mehrerer Punkte P_{il}'' (Suchbereich S) im
zweiten Bild (V) verglichen (Bild 1). Dazu wird der Kreuzkorrelations-
koeffizient k_l für alle Verschiebepositionen l der Maske M im Suchbereich S berechnet.

Das Maximum der so gebildeten Korrelationsfunktion zeigt dann die
Verschiebung des gesuchten Punktes (über seine lokale Umgebung) im
zweiten Bild an. Die Korrelation wird umso sicherer, je kontrast-
reicher die Bilder sind. Diese Operationen sind sehr rechenintensiv
und unter Berücksichtigung maximal auftretender Verzerrungen - was
u.a. die Masken- und Suchbereichsgrößen beeinflußt - auch sehr zeitraubend. Diese Nachteile zu umgehen und vor allem um die Genauigkeit
und Zuverlässigkeit des Verfahrens zu erhöhen, werden die folgenden
Maßnahmen während der Korrelation durchgeführt:

- Korrelation auf Kernstrahlen
- Suchbereichsprädiktion
- dynamische Maßstabsanpassung

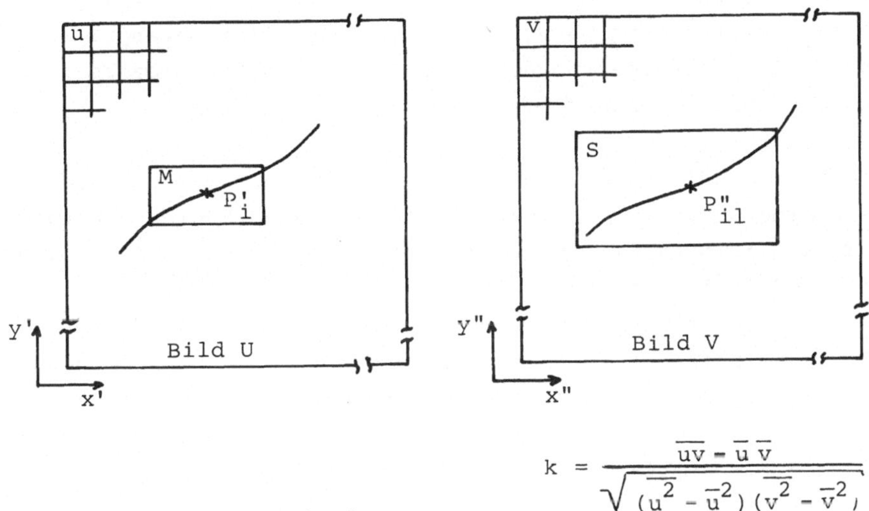

$$k = \frac{\overline{uv} - \overline{u}\,\overline{v}}{\sqrt{(\overline{u^2} - \overline{u}^2)(\overline{v^2} - \overline{v}^2)}}$$

<u>Bild 1:</u> Lokale Korrelation

Bei der Korrelation auf Kernstrahlen reduziert sich die vorher zweidimensionale Korrelation (-sfunktion) zu einer eindimensionalen. Punkte
auf einem Kernstrahl im ersten Bild sind auf dem entsprechenden Kernstrahl im zweiten Bild zu finden. Damit sind Verschiebebewegungen während der Korrelation nur noch in Richtung der Kernstrahlen durchzuführen. Kernstrahlen lassen sich unter Kenntnis der relativen Orientierung der beiden Aufnahmepunkte des Stereobildpaares ermitteln.

Eine Suchbereichsprädiktion für den nächsten ausgewählten Bildpunkt
wird durchgeführt. Unter Berücksichtigung der in der engeren Nachbarschaft bereits erzielten Korrelationsergebnisse wird z.B. eine lineare
Annäherung des gesuchten Bildpunktes durchgeführt.

Durch eine dynamische Maßstabsanpassung der beiden Stereobilder während der Korrelation wird eine höhere Genauigkeit und Zuverlässigkeit
des Korrelationsprozesses erzielt. Maßstabsanpassungen können z.B.
partiell aufgrund der Welligkeit des Geländes durchgeführt werden.

Die Anwendung der o.g. Maßnahmen gewährleistet einen effektiven Korre-
lationsprozeß. Der Entwurf eines leistungsfähigen Korrelationssystems
mit diesen Anwendungen wird im nächsten Abschnitt beschrieben.

3. On-line Korrelationssystem

Das on-line Korrelationssystem läßt sich in 3 Systemblöcke untergliedern. Dies sind: eine Systemeinheit zur Bilddatenspeicherung und -erfassung (≙ Massenspeicher), eine Einheit zur Datenaufbereitung für eine effektive Verarbeitung (≙ aktueller und schneller Datenpuffer) und die eigentliche Verarbeitungseinheit (= Korrelationsprozessor). Die Arbeitsweise des Gesamtsystems ist wie folgt (Bild 2):

Mit Hilfe eines schnellen und flexiblen Bildabtasters werden beide Bilder des Stereopaares auf korrespondierenden Kernstrahlen abgetastet. Die digitalisierte Bildinformation wird in jeweils einen Pufferspeicher für jedes Bild eingeschrieben. Das Abtastsystem wird von einem Entzerrungsrechner überwacht. Dieser Entzerrungsrechner führt eine geometrische Bildkorrektur unter Berücksichtigung der gegebenen Aufnahmeparameter durch und steuert die Abtastung auf den Kernlinien. Um die geforderte Datenrate (ca. 2 Millionen Koordinatenpaare/sec) zu erfüllen, wurde ein Multi-Pipline Prozessor für diese Aufgabe entwickelt.

Die Bildelemente der Kernstrahlen werden in den Pufferspeichern für die Verarbeitung zwischengespeichert. Einschreiben und Auslesen der Bildinformation in diesen Speichern geschieht gleichzeitig. Das Auslesen wird von einem Prädiktions- und Transformations-Prozessor gesteuert. Dieser Prozessor schätzt den nächsten Suchbereich unter Berücksichtigung der bereits erzielten Ergebnisse in der lokalen Umgebung eines ausgewählten Punktes ab. Außerdem ermöglicht er eine dynamische Maßstabsanpassung der beiden Bilder in den betreffenden Gebieten. Die Aufgabe des Korrelationsprozessors ist die Berechnung der Korrelationskoeffizienten für die möglichen Verschiebepositionen der Maske M im Suchbereich S. Um den hier auftretenden hohen Anforderungen an Rechenleistung zu genügen, wurde ein speziell strukturiertes Multiprozessorensystem zur Berechnung der Korrelationskoeffizienten k_1 (Bild 3) entwickelt. Dieses Prozessorensystem ist ein flexibles und erweiterbares synchrones Multi-Pipeline-System, das gleichzeitig die Korrelationskoeffizienten k_j für mehrere Verschiebepositionen j (j $\leq$ l) berechnen kann. Die Struktur dieses Multiprozessorensystems zeichnet sich dadurch aus, daß trotz seiner hohen Verarbeitungsgeschwindigkeit von mehr als 200 MIPS (Millionen Instruktionen Pro Sekunde) die erforderliche Eingabedatenrate sehr niedrig gehalten wurde ($\leq$ 12 Mbyte/sec für die Korrelation).

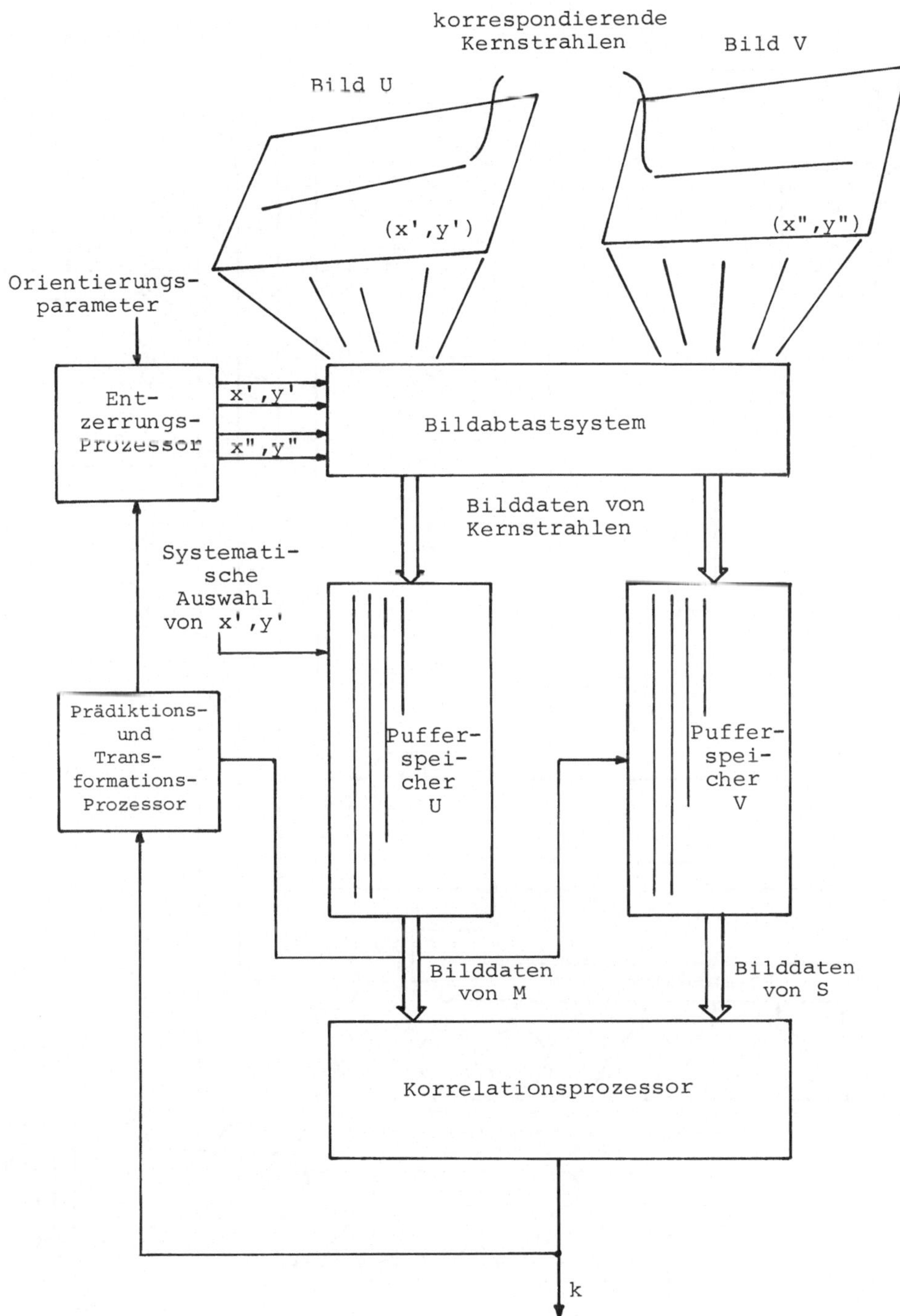

<u>Bild 2</u> On-line Stereokorrelationssystem

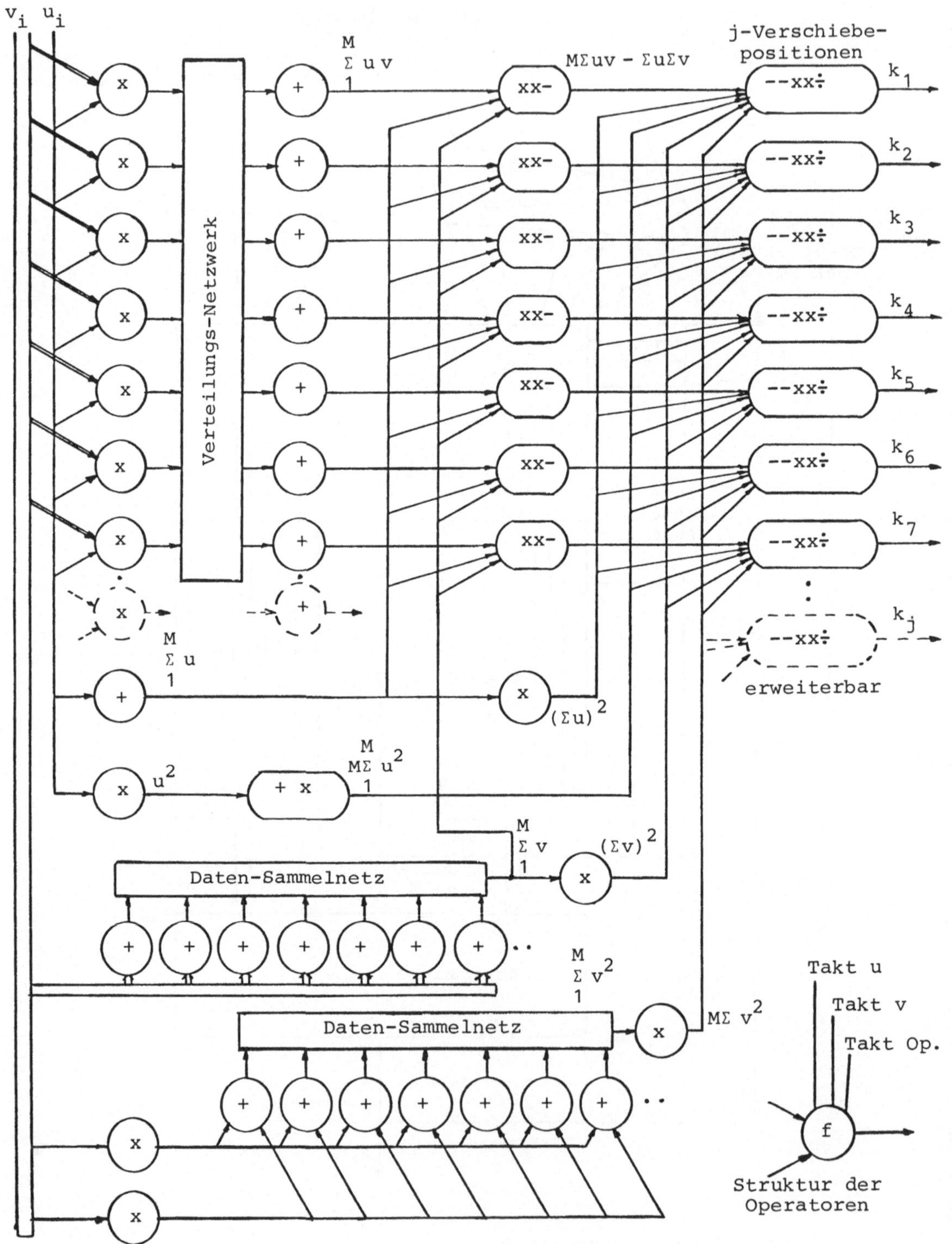

Bild 3: Synchroner Multi-Pipeline Prozessor

4. Zusammenfassung

Das vorgestellte Korrelationssystem ist flexibel und leistungsstark
in seiner Anwendung. Mit ihm wurde ein Weg gezeigt, die zu Beginn
aufgezeigten Engpässe in der Stereophotogrammetrie zu überwinden. Die
aufgestellten Anforderungen (Rechenleistung, Datenspeicher- und Über-
tragungskapazität) werden erfüllt. Die lokale, digitale Korrelation
wird durch einige Parameter beschrieben. Dies sind im wesentlichen:
die Maskengröße, Suchbereichsgröße, Abstand ausgewählter Punkte und
Auflösung der verwendeten Stereobilder. Diese Parameter müssen berücksichtigt werden, wenn die Leistungsfähigkeit des vorgestellten Systems
abgeschätzt oder mit der anderer Systeme verglichen werden soll. In
diesem Sinne ergibt ein Leistungsvergleich des vorgestellten on-line
Korrelationssystems mit einem modernen Großrechner ($>$ 1,5 MIPS) eine
Leistungssteigerung von 100:1 bis 200:1 für die Ausführung der Stereo-
korrelation, oder eine Reduktion der Rechenzeiten von Stunden auf
Sekunden.

5. Literaturverzeichnis

/1/ Gemmar, P.,   Digital On-Line Stereo Correlation System,
     Kazmierczak, H.   Technical Report, FIM, Karlsruhe, 1978

/2/ Konecny, G.,   Digitale Prozessoren für Differentialentzer-
     Kazmierczak, H.,   rung und Bildkorrelation, BuL. No. 3-78
     Gemmar, P.

ANWENDUNGEN II

EINE SENSOR-KONFIGURATION AUS EINEM MODULAREN SYSTEM FÜR DEN GRIFF AUF EIN BEWEGTES FÖRDERBAND

J.P. Foith

Fraunhofer-Institut für Informations- und Datenverarbeitung (IITB/IID)
Karlsruhe

Zusammenfassung

Digitale Bildsensoren finden eine Vielzahl von Anwendungen im Bereich der Fertigung und Handhabung durch NC-Maschinen und Industrieroboter. Um den verschiedenen Bedingungen dieser Anwendungen gerecht zu werden, wurde ein Baukastensystem MODSYS entwickelt, aus dessen Moduln problemangepaßte Sensoren konfiguriert werden können. Ein Beispiel einer Anwendung ist der sensorgesteuerte Griff eines Industrieroboters auf ein bewegtes Förderband. Der Sensor analysiert Binärbilder der Werkstücke auf dem Band. Um hohe Verarbeitungsgeschwindigkeiten zu erreichen, wird ein Teil der Bildanalyse in Echtzeit während der FS-Bildabtastung vorgenommen: Komponentenmarkierung, Berechnung von Schwerpunkten, Flächen und Konturlängen aller Regionen im Bild. Die nachfolgende Analyse verarbeitet sowohl diese Daten als auch ausgewählte Regionen des gespeicherten Bildes. Für die gesamte Analyse der Bilder werden - trotz Verwendung eines Mikroprozessors - weniger als 500 ms benötigt.

1. ANGEWANDTE SZENENANALYSE: DIE ERKENNUNG VON WERKSTÜCKEN FÜR HANDHABUNGSAUFGABEN MIT INDUSTRIEROBOTERN

Es ist Aufgabe der Szenenanalyse, eine Beschreibung über Art, Anzahl, Lage und Zustand der in der Szene enthaltenen Objekte zu machen. Solche Informationen werden beispielsweise benötigt, wenn ein Industrieroboter ungeordnet liegende Werkstücke von einer Unterlage in eine Bearbeitungsmaschine einbringen soll. Für solche Handhabungsaufgaben sowie für Prozeßsteuerungen und die automatische Qualitätskontrolle werden bildverarbeitende Sensoren immer wichtiger [FOITH & KÖNIG '78].

Für den praktischen Einsatz solcher Bildsensoren legen verschiedene Randbedingungen die möglichen Realisierungen von Sensorsystemen fest. Zu den wichtigsten Bedingungen gehören:

- Der Sensor muß auf einfache Weise programmiert werden können. Dies erfolgt entweder durch Einsatz einer geeigneten Programmiersprache (z.B. [HOLLAND '76]) oder durch Vorzeigen - 'Teach-In' genannt. Beim Teach-In wird dem Sensor das Werkstück in definierten Lagen vorgelegt. Der Sensor ermittelt automatisch die Merkmale jeder Lageklasse.

- Der Sensor muß wirtschaftlich sein. Dies setzt voraus, daß als Zentraleinheit höchstens ein Mini- oder Mikro-Computer eingesetzt wird. Problematisch ist hierbei die Verarbeitungsgeschwindigkeit und der Datendurchsatz.

- Der Sensor muß in seinen Verarbeitungszeiten an die Taktzeiten der Handhabungs- und Fertigungseinrichtungen angepaßt sein, d.h. die Verarbeitungszeiten sollten deutlich unter einer Sekunde liegen.

Mit diesen Randbedingungen liegen die möglichen Realisierungen von Sensoren fest. Um diesen Anforderungen gerecht zu werden, wurde am IITB (IID) ein modulares System (MODSYS) entwickelt, aus dessen Moduln sich verschiedene, problemangepaßte Sensoren konfigurieren lassen. Eigenschaften dieses Baukastensystems sind in [LÜBBERT & RINGSHAUSER '78 ; FOITH, GEISSELMANN und andere '78; OSSENBERG '79] beschrieben. Hier wird ein besonders leistungsfähige Konfiguration vorgestellt.

2. DER SENSORGESTEUERTE GRIFF EINES INDUSTRIEROBOTERS AUF EIN LAUFENDES BAND

Die Handhabung von Werkstücken auf einem laufenden Förderband ist ein wichtiger Anwendungsfall, da hier besonders einfach dem Roboter Teile

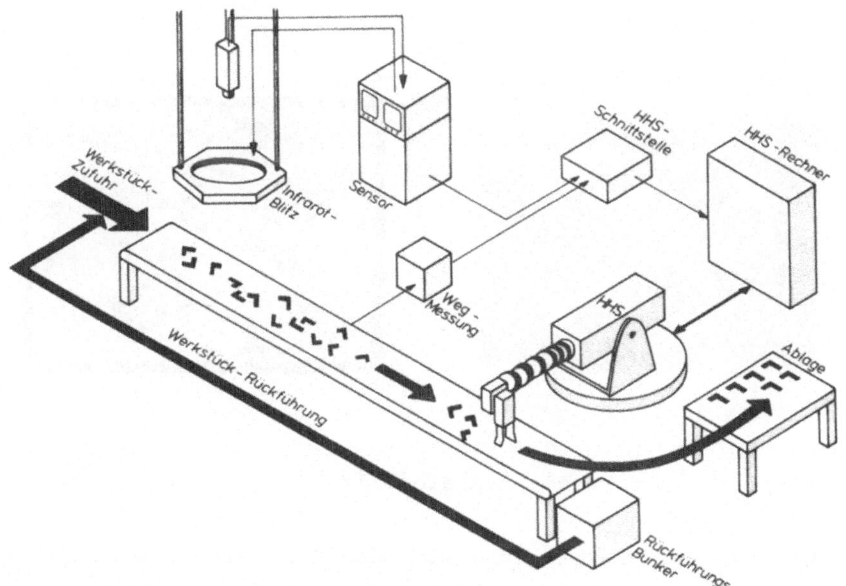

Bild 1: Schematischer Aufbau des Experimentes

vereinzelt zugeführt werden ([KARG & LANZ '79; WARD und andere '79]).
Im Gegensatz zu anderen Sensorsystemen wird hier lediglich gefordert,
daß die Werkstücke sich nicht berühren. Eine schematische Ansicht des
Aufbaus der Anlage zeigt Bild 1: auf einem Förderband werden Werkstücke
einem Industrieroboter zugeführt, wobei eine FS-Kamera das Band von
oben beobachtet. Zur Vermeidung der Bewegungsunschärfe wird ein Blitz-
licht verwendet, das durch geeignete Dioden im Infrarotbereich realisiert wurde. Dies hat die Vorteile, unsichtbar für das menschliche Auge
zu sein und schmalbandig ausgefiltert werden zu können.

3. ECHTZEITVERARBEITUNG VON BINÄRBILDERN ZUR WERKSTÜCKERKENNUNG UND
   -VERMESSUNG

Bild 2 zeigt, welche Bilder verarbeitet werden müssen. Es treten hier
zwei Lageklassen auf: von den drei vollständig abgebildeten Werkstük-
ken befindet sich das rechte obere in der Lage 1, die beiden anderen
in Lage 2. Aus dem Binärbild wird deutlich, daß das Bild eines Werkstückes bei der Binarisierung in mehrere Regionen zerfällt. Für die
Erkennung müssen also zusammengehörige Regionen zusammengesucht werden. Um kurze Verarbeitungszeiten für die Analyse dieser Bilder zu erreichen werden Teile der Analyse durch spezielle Schaltungen vorgenommen, die das Bild nach verschiedenen Gesichtspunkten während der
FS-Abtastung auswerten. Insgesamt läuft die Analyse in sechs Phasen
ab.

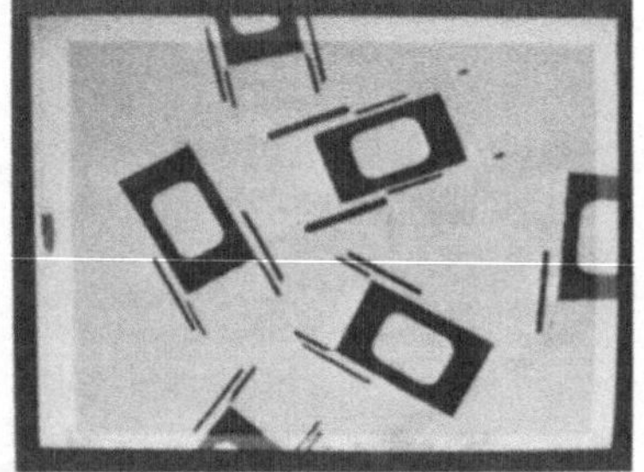

Bild 2: Beispiel einer Szene: A-Analogbild B-Binärbild

Phase 1: Während der FS-Abtastung wird das Bild binarisiert und in einem
"Szenenspeicher" gespeichert. Parallel dazu werden die Zusammenhangs-
komponenten im Bild in der Reihenfolge ihres Auftretens bei der Abtastung mit Nummern markiert, und es werden für jede Zusammenhangskompo-

nente die Fläche, Konturlänge und die Schwerpunktkoordinate berechnet
und gespeichert [ENDERLE & FOITH '79].

Phase 2: Nichtkonvexe Regionen erhalten in der Regel bei der Komponentenmarkierung mehrere Nummern. Diese müssen in der zweiten Phase vom
µP gesammelt werden. Die entsprechenden Merkmale werden aufsummiert und
in eine "Szenentabelle" eingetragen. Diese enthält alle Daten, die in
Phase 1 ermittelt wurden und "beschreibt" das Binärbild durch Angabe
aller Regionen mit deren Lagen und Merkmalen.

Phase 3: Grundlage der Erkennung sind interne Modelle, die in einer
Lernphase interaktiv aufgebaut werden. Dabei wird aus den Regionen, die
im Binärbild einer Lageklasse eines Werkstückes auftreten, eine besonders auffällige ausgesucht - die "Dominante". Die Relationen der weiteren Regionen zur Dominante sind ebenfalls Bestandteile der Modelle. In
der dritten Phase des Meßvorganges muß aus der Szenentabelle eine Region ausgewählt werden, die als Dominante in einem der eingelernten
Modelle auftritt. Diese Auswahl erfolgt mit Hilfe der Merkmale (Fläche
und Konturlänge).

Phase 4: Ist eine Region gefunden worden, die als Dominante in Frage
kommt, so muß diese im Bild isoliert werden. Dies geschieht hardware-
mäßig, indem das Bild aus dem Szenenspeicher mit FS-Geschwindigkeit
ausgelesen und die Komponentenmarkierung wiederholt wird. In diesem
Arbeitsmodus wirkt die Komponentenmarkierung wie ein Filter, indem nur
diejenigen Nummern freigegeben werden, die zur ausgewählten Region gehören. Das so gefilterte Bild wird in einen zweiten Speicher - den
"Auswertespeicher" - geschrieben. Das im Szenenspeicher befindliche
Ursprungsbild bleibt erhalten.

Phase 5: Das Bild im Auswertespeicher enthält lediglich die ausgewählte
Region. Für ihre Erkennung und die Bestimmung der Drehlage in der Bildebene wird ein Polarcheck durchgeführt [GEISSELMANN '77]. Hierbei wird
ein Kreis mit bestimmtem Radius um den Schwerpunkt gelegt, und es werden die Schnittpunkte zwischen Kreis und Kontur bestimmt. Die Folge
der Schnittpunkte wird mit einer eingelernten Referenzfolge verglichen.
Aus dem Vergleich ergibt sich sowohl die Erkennung der Region als auch
ihre Orientierung.

Phase 6: Nach Erkennung der Dominante können die übrigen Regionen, die
im Modell enthalten sind, leicht gefunden werden. Da ihre Relationen
zur Dominante im Modell gespeichert sind, kann vorhergesagt werden, an

welchen Stellen im Bild diese auftreten müssen. Der Erkennungsvorgang ist beendet, wenn alle vom Modell geforderten Regionen gefunden wurden.

Phase 3 bis 6 werden solange wiederholt, bis alle Werkstücke im Bild erkannt sind. Durch die teilweise Verlegung der Analyse in Hardware werden sehr kurze Verarbeitungszeiten erreicht, die unter 500 ms liegen.

Die Entwicklung des MODSYS-Baukastens wurde gefördert vom Bundesminister für Forschung und Technologie im Rahmen des Forschungsprogrammes "Humanisierung des Arbeitslebens". Ein Teil der Schaltungen wurde in Projekten entwickelt, die von der Deutschen Forschungsgemeinschaft im Schwerpunktprogramm "Funktionen und Zuverlässigkeit produktionstechnischer Handhabungssysteme" gefördert werden. Einige spezielle Schaltungen wurden in Industrieprojekten gefördert.

Der MODSYS-Baukasten wurde entwickelt von :

E. Enderle, C. Eisenbarth (Fa. IBAT - AOP,Essen), J.P.Foith,

H. Geisselmann, H.Ringshauser und Zimmermann.

LITERATUR

E. Enderle; J.P. Foith: "Optische Erkennung und Vermessung technischer Muster bei Vorhandensein von Fremdmustern". Forschungsbereich, IITB, Frauenhofer-Gesellschaft, Karlsruhe, Februar 1979

J.P. Foith; M. König: "Schwarz-Weiß-Bildsensoren in der Fertigungstechnik". Technisches Messen atm 1978, Heft 3, S. 79 - 82 und Heft 4, S. 135 - 140

J.P. Foith; H. Geisselmann; U. Lübbert; H. Ringshauser: "A Modular System For Digital Imaging Sensors For Industrial Vision". Proc. of 3rd CISM IFToMM Symp. on Theory and Practive of Robots and sanipulators, Sept. 1978, Udine, Italy

H. Geisselmann: "Fernsehsensor zur Werkstückerkennung, Positionsmessung und Qualitätsprüfung". IITB-Mitteilungen 1977, Frauenhofer-Gesellschaft, Karlsruhe, S. 27 - 32

S.W. Holland: "A Programmable Computer Vision System Based On Spatial
Relationships". General Motors Research Publication GMR-2078,
Warren, Mich., U.S.A,, 1976

R. Karg; O.E. Lanz: " Experimental Results With A Versatile Optoelec-
tronic Sensor In Industrial Applications". Proc. of 9th Int. Symp. on
Industrial Robots, March 1979, Washington D.C., U.S:A., S. 247 - 264

U. Lübbert; H. Ringshauser: " Ein modulares System für Fernsehsensoren".
IITB-Mitteilungen 1978, Frauenhofer-Gesellschaft, Karlsruhe, S. 9 - 13

K. Ossenberg: "Zur Entwicklung von optischen Sensoren für den industriellen Einsatz". In: "Wege zu sehr fortgeschrittenen Handhabungssystemen"
Fachberichte Messen-Steuern-Regeln, Band 4 Springer Verlag, Heidelberg,
1979

M.R. Ward; L. Rossol; S.W. Holland; R. Dewar: "CONSGHT: A Practical
Vision-Based Robot Guidance System". Proc. of 9th Int. Symp. on
Industrial Robots, March 1979, Washington D.C., U.S.A., S. 195 - 211

ANWENDUNG VON BILDANALYSETECHNIKEN ZUR AUTOMATISCHEN

SICHTKONTROLLE VON BAUTEILEN IM AUTOMOBILBAU

R. Bertelsmeier, G. Hille

Unternehmensberatung Rubow Weber

Dieckmühlenweg 2, 2ooo Hamburg 62

1. <u>Einleitung</u>

In den Anwendungsbereichen Bauteilprüfung und Teileidentifikation
ist die Industrie an leistungsfähigen Bildverarbeitungssystemen interessiert. Die Leistungsfähigkeit einer solchen Anlage wird nach
der Komplexität der Aufgabe, der Rate von Fehlentscheidungen, dem
Zeitbedarf für eine Entscheidung und nach dem Preis des Systems beurteilt. Durch diese Randbedingungen scheidet ein Großteil der heute für die <u>Mustererkennungsforschung</u> verwendeten Rechner und speziellen Bildabtastelektronik für eine Anwendung im industriellen Bereich aus. Ähnliches gilt in abgeschwächter Form für die dort entwickelten Verfahren und Algorithmen.
Die von uns verwendete Apparatur, bestehend aus einem 16 Bit-Mini-
rechner mit 64 K Byte Kernspeicher, einem Binärbildinterface und
einer Industriefernsehkamera, stellt nach obigen Maßstäben bereits
eine aufwendige Version eines Bildverarbeitungssystems dar.

2. Lenkgetriebeprüfung

2.1 Beschreibung der Prüfstellen

Mit dem TV-Kamera/Minirechnersystem wurde in den Jahren 1977/78 der
Einsatz eines optischen Prüfsystems unter Produktionsbedingungen
getestet. Das Prüfobjekt war ein Automobil-Lenkgetriebe (Abb. 1-2),
Ziel des Versuchsaufbaus die automatische Sichtprüfung des voll-
ständigen und fehlerfreien Zusammenbaus des Lenkgetriebes. Folgende Prüfungen mußten hierzu durchgeführt werden:

Prüfmerkmal	Test auf Vollständigkeit	Fehlerbeschreibung
Sprengring	fehlt doppelt vorhanden	Sprengring ist vor- handen, aber nicht aufgefedert
Manschette	sitzt nicht auf dem Haltering	Richtiger Sitz auf dem Haltering, aber Abstand Haltering-Mitnehmer ist zu groß
Nadelhülse	./.	fehlende oder zu schwache Verkörnung
Schraubverbindung	./.	die Farbmarkierung von der Drehmomentkontrolle fehlt
Schlauchbinder	fehlt	vorhanden, aber 1. Binder seitlich ver- rutscht 2. Binder nicht richtig gequetscht

2.2 Angewendete Methoden

2.2.1 Grauschwelle

An allen Prüfstellen hat sich ein heuristischer Grauschwellenalgorithmus bewährt, der auch bei Beleuchtungsänderungen (Alterung
der Lichtquelle) einen für die Analyse geeigneten Schwellwert bestimmt. Für jede Prüfstelle wurde empirisch eine Fläche am Bauteil ausgewählt, die noch von der Beleuchtung erfaßt wird und
bei einer Testserie von Lenkgetrieben annähernd gleiche Reflexionseigenschaften besitzt (z.B. die Gehäuseoberfläche). Im Bildausschnitt dieser Referenzfläche wird für jedes Bauteil die Grauschwelle auf einen festen Anteil von weißen Bildpunkten eingestellt. Durch eine additive Konstante ergibt sich der Schwellwert,
mit dem das Bild der Prüfstelle binarisiert wird.

2.2.2 Lokalisierung

Für die Prüfung von Manschette, Schlauchbinder und Schraubverbindung müssen Lokalisierungsverfahren eingesetzt werden, da die
Lage der montierten Komponente von Bauteil zu Bauteil stark variieren kann. An zwei Prüfstellen werden spalten-und zeilenweise
die Häufigkeiten von weißen Bildpunkten errechnet. Durch Auswertung dieser Histogramme wird der Ort der Objekte hinreichend genau bestimmt.

Die Lage des Binders, der sich auf einem Kreisringsegment um die
Lenkgetriebeachse befinden kann, wurde durch Zählen weißer Bildpunkte entlang einer vorgegebenen Spur (der Spur der Binderoberkante) und Faltung der erhaltenen Funktion mit einer Testfunktion
bestimmt.
Aus den Ergebnissen der Lokalisierungsprogramme wurden die Entscheidungen über die Vollständigkeit abgeleitet.

2.2.3 Klassifikation

Ein Fleckfinderprogramm liefert die Übergangskoordinaten von zusammenhängenden weißen oder schwarzen Gebieten im Suchbereich.
Aus diesen Daten werden folgende Gebietseigenschaften bestimmt:

- Fläche
- Schwerpunktskoordinaten
- Breite und Höhe des umschließenden
  achsenparallelen Rechtecks
- Rundheit
- Exzentrizität

In Testläufen mit fehlerfreien Bauteilen wurde eine Statistik
über diese Meßgrößen gewonnen. Auf der Basis dieser Statistik
wird die Gut/Schlecht-Klassifikation vorgenommen.

Für die Formanalyse des Schlauchbinders ist ein Template-Matching,
Verfahren eingesetzt worden, die Mustermatrix wurde durch eine
Auswahl von richtig gequetschten Bindern ermittelt. Die Korrelation zwischen Musterbild und Binärbild wurde in einem dreistufi-
gen Verfahren mit jeweils verfeinerter Bildauflösung ermittelt.

2.2.4 Ergebnisse

Bei der Erprobung des Systems im 4. Quartal 1978 wurden folgende Ergebnisse erzielt:

Rückweisungsrate:

Prüfmerkmal	als fehlerhaft zurück- gewiesene I.O.-Teile (%)
Sprengring	4,5
Manschette	o,4
Nadelhülse	3.3
Schraubverbindung	o,2
Schlauchbinder	5,5

Fehlerrate:

Beim mehrmaligen Durchlauf von 25 fehlerhaft montierten Lenkgetrieben
durch das Produktionsband ergaben sich für die Merkmale:

Merkmal	Fehlererkennungssicherheit
Sprengring nicht vorhanden	1oo%
Sprengring nicht verspannt	1oo%
Manschette sitzt nicht auf Haltering	96%
Haltering sitzt nicht am Mitnehmer	1oo%
Farbmarkierung fehlt	1oo%
Nadelhülse nicht verkörnt	92%
Schlauchbinder nicht vorhanden	1oo%

Für die Bestimmung der Binderform erwies sich das Template-Ver-
fahren als nicht ausreichend, da ein verdrehter Binder zu gleichen
Korrelationen wie ein fehlerhaft gequetschter Binder führte.
Eine Bilddrehung der Mustermatrix oder des Binärbildes war innerhalb der vorgegebenen Taktzeit nicht möglich.

3. Oberflächenprüfung

3.1 Prüfstellen

Die Prüfung von Metalloberflächen auf Material- oder Bearbeitungs-
fehler gehört zu den Standardaufgaben der Qualitätskontrolle in
Automobilwerken. Für die VW AG wurde ein Prüfsystem zur automatischen Prüfung von Schwungraddeckeln entwickelt. Das Vorhandensein
von Wuchtbohrungen und Ausnehmungen fordert Mustererkennungstech-
niken zur Unterscheidung zwischen zulässigen Mustern und Oberflächen-
fehlern.

3.2 Apparatur

Zur Bildaufnahme wird eine Photodiodenzeilenkamera mit 256 Bildpunkten benutzt, die an einen Microrechner mit Z80 Prozessor ge-
koppelt ist. Eine zweidimensionale Bildmatrix entsteht durch Drehung der ringförmigen Prüfflächen unter der Zeilenkamera. Die ver-
langte Auflösung von 0,1 mm erfordert eine Bildmatrix mit 8000 x
256 = 2 x 10^6 Bildpunkten für ein vollständiges Bild der Prüffläche.
Zur Datenreduktion wird das Videosignal mit einer vorgebbaren Referenzspannung verglichen und die Zeilenadresse der Photodiode übertragen, bei der die Referenzspannung über- oder unterschritten wird.
Einzelne Rauschpunkte werden durch eine Rauschunterdrückungslogik
eliminiert. Im Verhältnis zu einer Binärbildmatrix wird bei fehler-
freier Oberfläche eine Datenreduktion von 10 : 1 erreicht.
Ein Abtastvorgang dauert ca. 0,5 sec.

3.3 Mustererkennungsverfahren

1. Grauschwellenadaption

Zur Anpassung an sich verändernde Grundhelligkeiten, bedingt durch
Alterung der Beleuchtungseinrichtung oder durch unterschiedlich
reflektierende Oberflächen, werden vor der Binarisierung Minimum
und Maximum des Videosignals bestimmt. In diesem Intervall wird
der Schwellwert geeignet festgelegt.

2. Fleckfinder

Auf dem Datenbereich der Übergangsadressen arbeitet ein Algorithmus,
der eine Zusammenhanganalyse durchführt und alle zusammenhängenden
Bereiche der Bildmatrix mit folgenden Merkmalen abliefert:

1. Koordinaten des achsenparallelen umschreibenden Rechtecks
2. Fläche
3. Konturlänge.

3. Erkennungsverfahren

Die gefundenen Flecken müssen klassifiziert werden in Fehlstellen
und objektsspezifische Bereiche wie z.B. Wuchtbohrungen, Nute, Ausnehmungen. Mit Hilfe der Fleckdaten wird der erste Fleck, der nicht
als prüfobjektsspezifisch erkannt wird, als Fehlstelle interpretiert.

4. Ergebnisse

Bei praktischen Tests der Prüfanlage in einem Automobilwerk (Abb.
3-5) wurden bei 1644 Teilen folgende Ergebnisse erzielt:

Fehlererkennungssicherheit : 99,4%
Rückweisungsrate   : 1,8%

4. Ausblick

4.1 Hardware

Für beide oben vorgestellten Apparaturen ist typisch, daß die Muster-
erkennungsprogramme einen wesentlichen Teil der Analysezeit mit einfachen Operationen auf Binärbildern verbrauchen. Diese Operationen
sind z.B. Integration der Bildfunktion auf beliebigen Ausschnitten
des Binärbildes, das Auffinden von zusammenhängenden Komponenten
des Binärbildes und deren Beschreibung durch Merkmale wie Flächen,
Umfang, Schwerpunkt sowie die Erzeugung von Konturdaten. Bei gege-
bener Taktzeit beschränkt der hohe Zeitbedarf für diese Operationen
die Anwendung von anspruchsvolleren Mustererkennungsverfahren. Daher zielt die gegenwärtige Entwicklung auf eine Kombination von spezieller Binärbildauswertelogik und Microprezessor, die neben ver-
größerten Möglichkeiten für den Entwickler eine Verkürzung der Ana-
lysezeiten und eine erhebliche Reduzierung der bisherigen System-
kosten in Aussicht stellt (BBC, TITB, Quantimed).

4.2 Mustererkennungsverfahren

Der Informationsverlust beim Übergang vom Graubild des Bildsensors
auf ein Binärbild beschränkt den Anwendungsbereich von brauchbaren
Analyseprogrammen auf kontrastreiche, gleichmäßig und reproduzierbar beleuchtete Objekte mit gleichförmigen und reproduzierbaren Reflexionseigenschaften ihrer Oberflächen. Läßt man mehr als eine
Bildaufnahme pro Analyse zu, lassen sich auf Kosten der Antwortzeit
mehrere Ebenen der Grauwertfunktion analysieren. Ausgesprochen aufwendig gestalten sich die Analysen von Texturen, Bildbereichen mit
örtlich variierender Grundhelligkeit und die Shadingkorrektur.
Eine Echtzeit-Graubildanalyse erfordert die Entwicklung von Grau-
bildsystemen, in denen Prozessoren häufig benutzte Funktionen auf
der Grauwertmatrix errechnen.

Abbildungen:

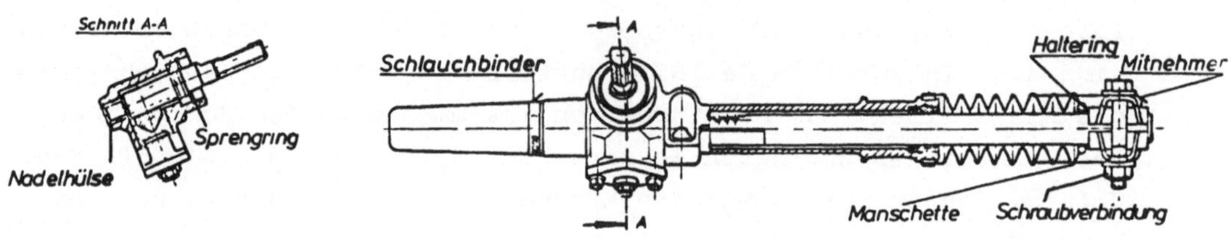

Abb. 1 Prüfobjekt Lenkgetriebe

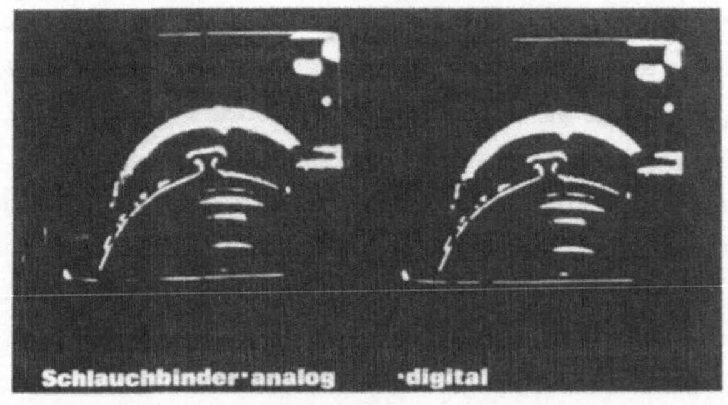

Abb. 2 Prüfstelle Binder

Abb. 3 Prüfapparatur in der Fertigung

Abb. 4 Prüfobjekt Schwungraddeckel

Abb. 5 Linescan-Kamera mit Lichtleiter-Beleuchtung

<u>AUTOMATISIERTE VERARBEITUNG HOLOGRAFISCHER INTERFERENZMUSTER</u>

U. Thönnessen, R. Schärf

Forschungsinstitut für Informationsverarbeitung und
Mustererkennung

Breslauer Straße 48, 7500 Karlsruhe

<u>Kurzfassung</u>

Für die zerstörungsfreie Materialprüfung ist die Messung von Objektbewegungen und -verformungen interessant. Diese wird durch Auswertung
holografischer Interferogramme ermöglicht. Eine automatische Unterstützung der Auswertung kann den bisher erforderlichen visuellen Aufwand erheblich reduzieren.

Nach Verbesserung der Nutz-Störsignalverhältnisse durch lokale Bildvor-
verarbeitung werden die Interferenzstreifen im Bild durch einen Verfol-
gungsalgorithmus detektiert. Die für das Meßproblem wichtige Zuordnung
relativer Ordnungszahlen zu den Interferenzstreifen wird für übersichtliche Muster bereits in diesem Verarbeitungsschritt mit interaktiver
Unterstützung gelöst. Für kompliziertere Muster ist zur Ordnungszahlen-
Zuordnung ein Vergleich mit einem phasenverschobenen Referenzmuster notwendig, der in einem Nachverarbeitungsschritt realisiert ist.

1. Problemstellung

Die holografische Interferometrie wird heute zunehmend in der Materialprüfung und Schwingungsanalyse eingesetzt, um Objektverformungen und
Objektbewegungen zu messen. Man erstellt dazu vom Objekt im Ausgangs-
zustand und vom Objekt im veränderten Zustand jeweils ein Hologramm
und überlagert diese. Dabei entsteht ein holografisches Interferenz-
muster, aus dem sich die Objektänderung ermitteln läßt. Dies ist mit
unterschiedlichen quantitativen Auswerteverfahren möglich /1/ KREI,
für die eine Gleichung (1) über den Zusammenhang von Objektänderung,
holografischem Aufbau und Eigenschaften des Interferenzmusters herleit-
bar ist.

$$n_B \; \gamma = d \; (c_1 - c_2) \tag{1}$$

| | | | charakterisiert holografischen Meßaufbau
| | | Veränderungsvektor der zu vergleichenden Objektzustände
| | Wellenlänge des LASER-Strahls
| Interferenzstreifenzahl

Die Interferenzstreifenzahl n_B wird durch die Differenz der Streifenordnungen n und n' ermittelt, die beim statischen Verfahren /1/ KREI
im interessierenden Objektpunkt O und in einem Bezugspunkt O' des Inte-
ferogrammes gemessen werden. Die Streifenordnungen n und n' sind hierbei reelle Zahlen. Kernprobleme der Auswertung sind also, die Lokalisierung der Interferenzstreifen, die Ermittlung der Streifenzuordnung
und die genaue Lagebestimmung der Meßpunkte durch Interpolation.

Die manuelle Auswertung erweist sich als sehr zeitaufwendig und kann
zusätzlich durch Störungen im Interferogramm erheblich behindert werden. Die dem in Abb. 1a schematisch dargestellten Nutzsignal überlagerten Störungen haben folgende Ursachen:

- Die Intensitätsverteilung im Querschnitt des LASER-Strahls ist nicht
  konstant, sondern entspricht einer Gaußverteilung (Abb. 1b).

- Lichtbeugungen an Fremdkörpern im Strahlengang führen zu ringförmigen Interferenzen im auszuwertenden Muster (Abb. 1c).

- Durch die rauhe Objektoberfläche entstehen Specklesinterferenzen,
  deren Größe von Aufnahmeparametern abhängt (Abb. 1d).

- Die Oberfläche des zu prüfenden Objektes bildet den Hintergrund des
  Interferogramms (Abb. 1e).

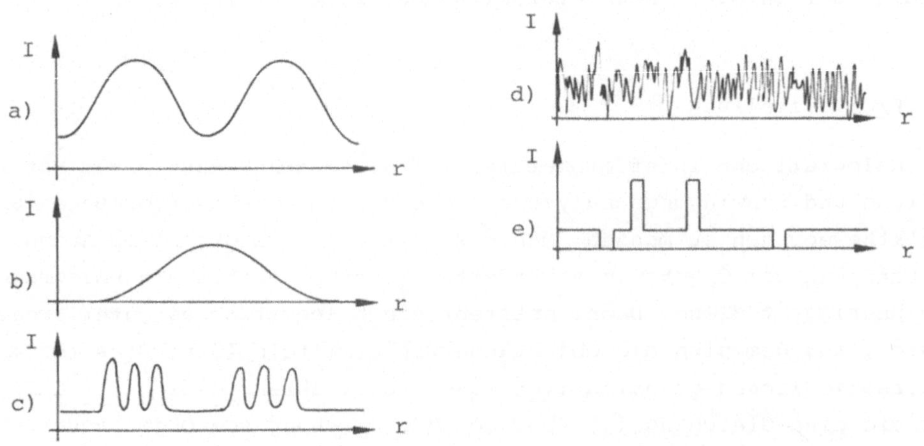

Abb. 1   a) Nutzsignal, b)-e) Störkomponenten (schematisch)

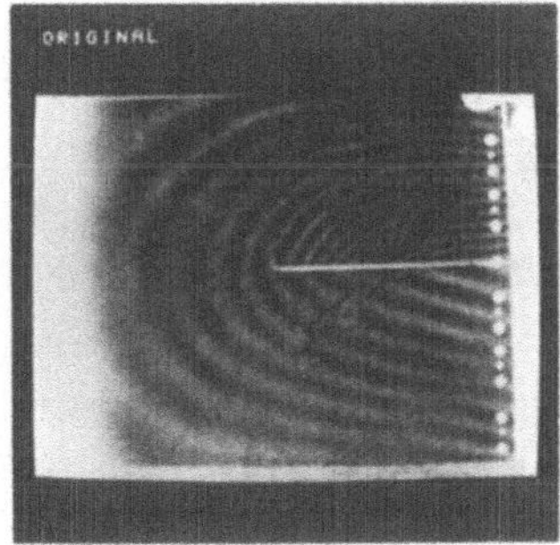

Abb. 2   abgetastetes Interferogramm

Ein Bildausschnitt eines abgetasteten Interferogrammes mit den genannten Störungen ist in Abb. 2 dargestellt.

Die manuelle und automatisierte Auswertung kann durch Störungsminderung mit Hilfe lokaler Bildvorverarbeitungsoperationen erleichtert
worden. Darüber hinaus ist eine Automatisierung folgender Probleme der
Auswertung untersucht worden.

- Lokalisierung der Interferenzstreifen im Meßbereich (Streifendetektion)
- Zuordnung relativer Ordnungszahlen zu den Interferenzstreifen.

Als Bildmaterial standen für die Untersuchungen mehrere reale Interferogramme zur Verfügung. Die Untersuchungen zur Störungsminderung
durch Bildüberlagerung und zur Zuordnung der Ordnungsnummern machten
es dabei erforderlich, daß jeweils 4 Aufnahmen mit einem um 90 $^{\circ}$ gegen-
einander phasenverschobenen Referenzstrahl vorlagen.

Die entwickelten Algorithmen zur Automatisierung der genannten Aus-
wertungsschritte lassen sich in ein interaktives Verarbeitungssystem
integrieren, welches es erlaubt, à priori Wissen über die Streifen-
dichte, Vorzugsrichtung, Störungsart, den Ort starker Störungen, Meß-
bereichszonen, etc. in die Auswertung mit einzubeziehen.

2. Störungsminderung durch homogene Bildoperationen

Die im vorliegenden Bildmaterial enthaltenen Störungen sind in jedem
Bildbereich unterschiedlich kombiniert und durchmoduliert. Zudem
schwanken die Ortsfrequenzen der Nutzinformation und der Störmuster in
weiten Grenzen. Deshalb sind die Störmuster durch homogene Bildopera-

tionen nicht vollständig zu beseitigen. Trotzdem ist zumindest eine
weitgehende Störungsminderung erreichbar, wenn die Operationsparameter
interaktiv entsprechend den Bildparametern optimiert werden. Von den
untersuchten Operationen sind die Medianfilterung, Binärisierung und
Überlagerung nicht oder nur eingeschränkt tauglich. Demgegenüber ist
die Tiefpaßfilterung sowohl für eine visuelle als auch automatisierte
Weiterverarbeitung geeignet, die Lokaladaption vorrangig für eine visuelle Interpretation als bildverbessernd einzustufen. Bei einer Anpassung der Maskengröße an die Ortfrequenz lassen sich gute Ergebnisse
erzielen (Abb. 3).

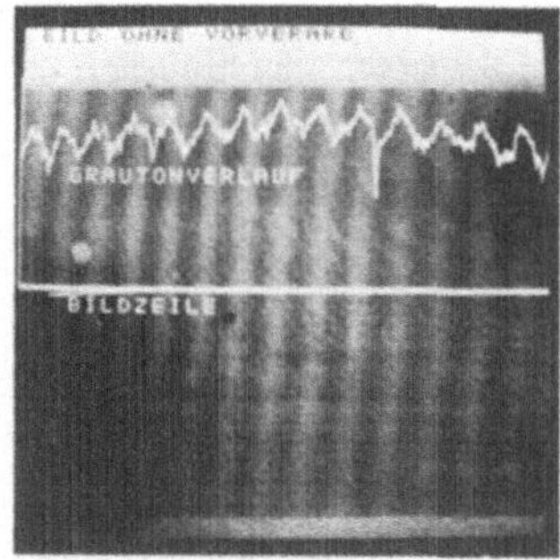
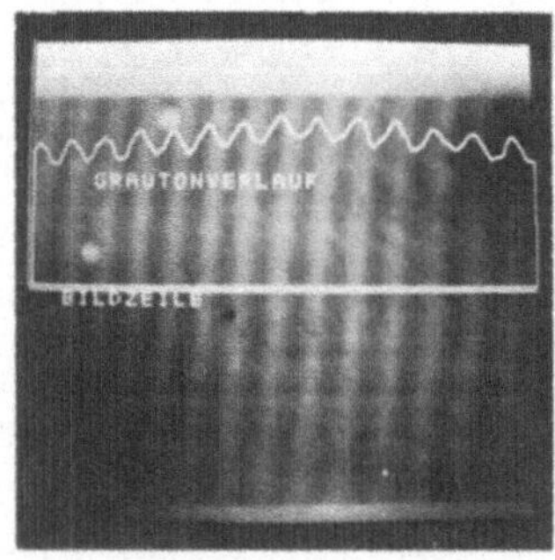

__Abb 3a__ Original unverarbeitet   __Abb. 3b__ Ergebnis der Tiefpaßfilte-
                                                       rung

3. Streifendetektion

Im vorliegenden Interferogramm wird bei der Streifenlokalisierung der
Verlauf des Streifenmaximums gesucht und so ein Skelettbild der Interferenzstreifen erzeugt. Man setzt dabei voraus, daß der Verlauf des
Streifenmaximums ausreicht, um die gesuchten Bewegungskomponenten zu
bestimmen.

Die Ermittlung der Streifenspur ist Aufgabe eines Verfolgungsalgorith-
mus, der für jeden Streifen in sequentiellen Schritten stückweise die
Streifenspur erzeugt, zusammenfügt, glättet und abspeichert. Der zu
bearbeitende Bildausschnitt und die Bearbeitungsstrecke, auf der die
Startpunkte für die Streifenverfolgung zu ermitteln sind, müssen vom
Betrachter interaktiv festgelegt werden. Dabei soll er topografische
Merkmale des Musters, die für die Zuordnung der Ordnungsnummern von
Bedeutung sind, berücksichtigen.

3.1 Verfolgungsalgorithmus

Die Detektion der Streifenspur wird stückweise in einem Streifen vorgenommen. Dazu wird jeweils ein rechteckiger Bildausschnitt, der ein
Stück des Interferenzstreifens umfaßt, aus der Bildebene in eine norma-
lisierte Form transformiert /2/ KES. Zur Datenreduktion werden dabei nur
eine bestimmte Anzahl von repräsentativen Schnitten berücksichtigt
(Abb. 4a). In jedem dieser Schnitte wird das Intensitätsprofil gemessen,
durch eine analytische Funktion approximiert und die Lage des Maximums
errechnet. Im konkreten Fall wurde das Profil durch ein Polynom 2.
Grades angenähert, wobei vorher eine Intervallbegrenzung (Abb. 4b) mit
einem geeigneten Schwellwert durchgeführt wurde. Andere Approximations-
verfahren, wie die Approximation durch ein Polynom 3. Grades sowie eine
Faltungsoperation wurden untersucht und sind alternativ zur Profil-
auswertung einsetzbar. Aus den Maxima der einzelnen Schnitte resultiert
eine Punktfolge, durch die nochmals ein Polynom zweiten Grades gelegt
wird. Damit erhält man ein Kurvenstück, das den Maximumverlauf im
Rechteckausschnitt beschreibt (Abb. 4c).

Eine größere Unempfindlichkeit gegenüber Störungen wird durch mehrere
Maßnahmen erreicht:

- Eine überlappende Verarbeitung, bei der nur die erste Hälfte des
  approximierenden Kurvenverlaufs als Resultat abgespeichert wird.

- Einbau von Kriterien für eine Lagekorrektur des Rechteckes bei un-
  günstiger Positionierung (z.B. Längen- und Richtungskorrektur, wenn
  der Streifen das Rechteck an einer Längsseite verläßt.

- Anpassung der Breite des Bildausschnittes an die Breite des Interferenzstreifens.

- Höhere Gewichtung der Maximalwerte des oberen Bereiches gegenüber
  denen aus dem unteren Bereich.

Ist die Auswertung innerhalb eines Bildausschnittes abgeschlossen,
müssen die Koordinaten für das nun folgende Rechteck ermittelt werden.
Diese werden durch den letzten Punkt der Resultatkurve und die Tangente
an die Gesamtkurve in ihrem Endpunkt bestimmt (Abb. 4c).

Die in den Übergängen zwangsläufig entstehenden Unstetigkeitsstellen
werden durch eine B-Spline Approximation nach Erfassung des gesamten
Streifens geglättet.

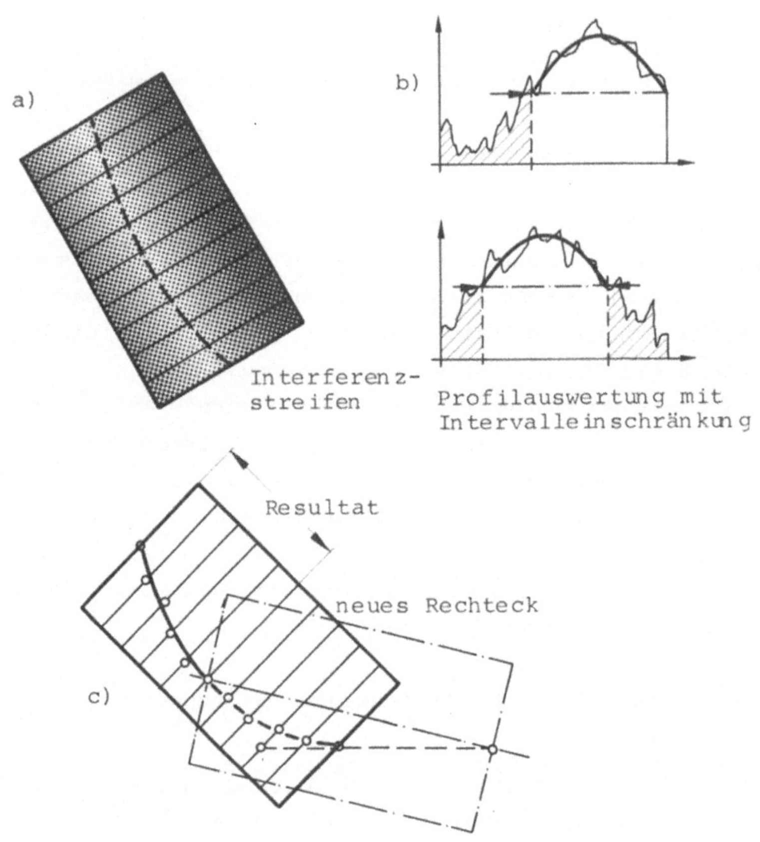

<u>Abb. 4</u> Prinzip der Streifendetektion

3.2 Streifenstartpunktsuche

Das erste Rechteck wird durch interaktive Vorgabe der Startpunkte auf
einem Interferenzstreifen festgelegt und die Reihenfolge der Streifen-
bearbeitung durch eine Bearbeitungsstrecke bestimmt.

Nach Bearbeitung der Interferenzstreifen in den vorgegebenen Bildaus-
schnittsgrenzen werden die Startpunkte für das erste Rechteck auf dem
Nachbarstreifen gesucht. Dazu analysiert man von den Startpunkten des
letzten Streifens ausgehend zwei zur Bearbeitungsstrecke parallel verlaufende Intensitätsprofile. Das jeweils erste gefundene Maximum in
jedem Profilverlauf definiert einen Startpunkt für den neuen rechtek-
kigen Ausschnitt. Zur Störungsminderung in den Intensitätsprofilen
wird eine Filteroperation nach Gleichung (2) durchgeführt:

$$G'(T/2+i) = \sum_{j=0}^{i-1} (G(T+j) - G(j+1)) \quad i = 1(1)m \tag{2}$$

$$T \text{ Fensterbreite, } T = 2n+1, \; n \in \mathbb{N}$$

Das Resultat läßt eine Bestimmung der Maxima mit genügender Genauigkeit
zu (Abb. 5).

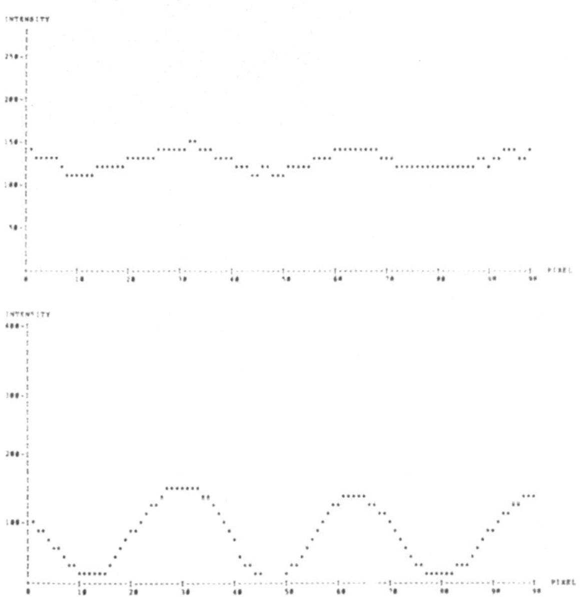

<u>Abb. 5</u> Profil vor (oben) und nach (unten) Filteroperation

Einige Resultate der Streifendetektion sind mit Gegenüberstellung von
Original und Ergebnis der Bearbeitung in den Abb. 6 und 7 abgebildet.

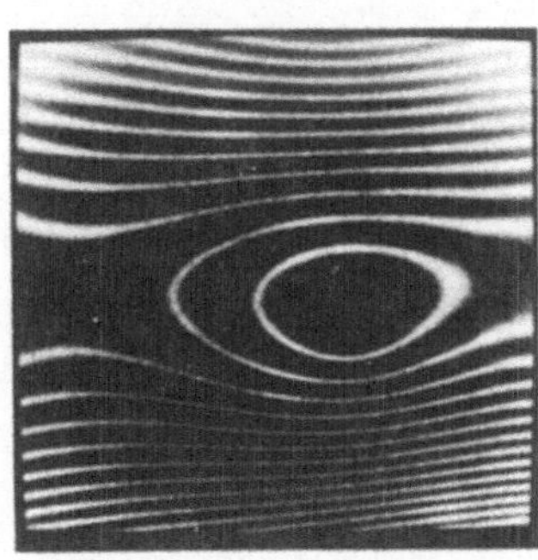
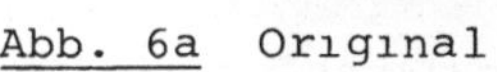
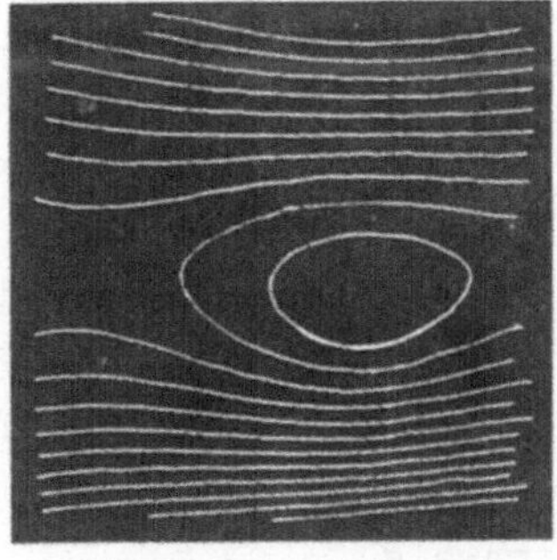

<u>Abb. 6a</u> Original   <u>Abb. 6b</u> bearbeitetes Muster

In Bereichen sehr geringer Streifenabstände (kleiner 8 Punkte) wie in
Abb. 7a rechts oben, versagt das beschriebene Verfahren zur Streifendetektion. Ein in /2/ KES beschriebenes und für die spezielle Problemstellung modifiziertes Verfahren ist jedoch geeignet, die Interferenzstreifen bis zu einer geringeren Abstandsgrenze zu erfassen.

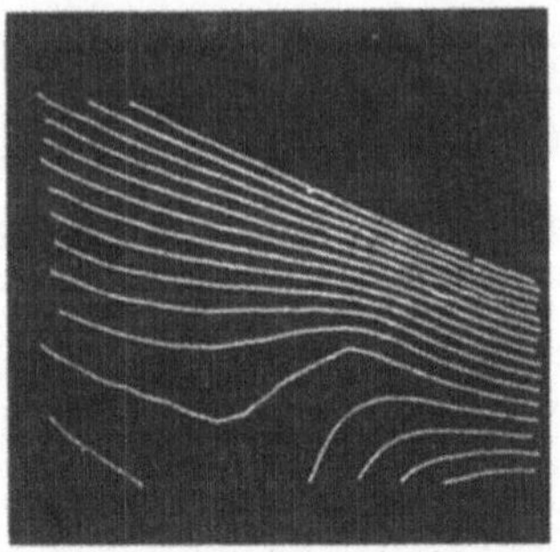

Abb. 7a Original   Abb. 7b bearbeitetes Muster

4. Ordnungsnummerzuweisung

Die Ordnung eines Interferenzstreifens läßt sich durch zwei Kriterien
bestimmen:
- stetige Vergrößerung bzw. Verkleinerung von Streifenabständen (Ab-
  standskriterium)
- Verschieberichtung des Interferenzstreifens bei geänderter Phasenlage des Referenzstrahls (Phasenkriterium).

Bei einfachen Mustern ist die Sequenz der Ordnungsnummernzuordnung für
den Betrachter sofort oder durch Überblenden von zwei Mustern unterschiedlicher Phasenlage erkennbar und kann interaktiv in den Algorithmus
der Streifendetektion eingebracht werden. Die relative Ordnungsnummer
der Streifen entspricht dann der Reihenfolge bei der Bearbeitung.

Bei komplexen Mustern ist es notwendig, ein korrespondierendes Muster
zu bearbeiten und in die Zuordnung einzubeziehen. Im Bereich der interaktiv festgelegten Bearbeitungsstrecken wird durch kombinatorische
Auswertung der Streifennachbarschaften nach Überlagerung beider Muster
die Verschieberichtung der Streifen ermittelt und die Zuordnung relativer Ordnungsnummern nach dem Phasenkriterium durchgeführt. Diese
Verarbeitungsschritte sind ebenfalls automatisiert.

Literaturnachweis

/1/   Kreitlow, H.:   Untersuchungen quantitativer Zusammenhänge in
                        der holografischen Interferometrie, insbesondere
                        im Hinblick auf eine Auswertung holografischer
                        Interferenzmuster:
                        Dissertation, TU-Hannover 1976

/2/   Kestner, W.:   Semiautomatic Extraction of Roads from Aerial
                        Photographics, AD-A060065

ANALYSE VON OBERFLÄCHENDEFORMATIONEN EINES ZYKLISCH SCHWINGENDEN
METALLSPIEGELS MITTELS GEPULSTER HOLOGRAFISCHER INTERFEROMETRIE

F. Heiniger, T. Tschudi
Institut f. angewandte Physik
Universität Bern

Kurzfassung

Die holographische Interferometrie erlaubt die Detektion von Oberflächendeformationen
eines Objekts mit einer Auflösung von /um. Schwierig wird die Anwendung der hologra-
phisch-interferometrischen Methode, wenn Formabweichungen - zum Beispiel Durchbiegun-
gen - an einem bewegten Objekt gemessen werden sollen. Deformations- und Vibrations-
analysen von Objekten mit großer Eigenbewegung sind ohne Kompensation dieser Objekt-
bewegung nicht möglich. Anhand von Deformationsmessungen an einem schwingenden Metallspiegel wird gezeigt, wie fur Objekte mit zyklischer Eigenbewegung mittels gepulster Holographie und geeigneter Trigger-Vorrichtung auswertbare Doppelbelichtungs-
hologramme hergestellt werden können. Der verwendete Metallspiegel schwingt mit einer
Frequenz von 50 Hz. Die freien Enden des Spiegels erfahren dabei Auslenkungen von
einigen mm. Über die Spiegelfläche von 10x15 cm wurden Deformationen von einigen
/um gemessen.Die Resultate zeigen, daß die Doppelpulsmethode geeignet ist zur Messung von hochfrequenten Eigenschwingungen und stoßartigen Belastungen bewegter Objekte. Als Lichtquelle wurde die 2. Harmonische eines Nd:YAG-Riesenpulslasers verwendet.

OPTISCHER KORRELATOR FUER QUALITAETS- UND FORMKONTROLLE MIT INKO-
HAERENT-KOHAERENT BILDWANDLER FUER DIFFUS REFLEKTIERENDE OBJEKTE

B. Schneeberger

Institut für angewandte Physik, Universität Bern
Sidlerstrasse 5, 3012 Bern, Schweiz

Der kohärent optische Korrelator ermöglicht die Erkennung von Strukturen und Formabweichungen von kleinen Objekten und findet daher z.B. Anwendung zur Formerkennung und Qualitätskontrolle in der industriellen
Präzisionsmesstechnik. Mit dem dabei verwendeten Prinzip der hologra-
phischen Korrelationstechnik mit Toleranzvorgabe sind nicht nur digitale, sondern auch analog quantitative Aussagen möglich. Bei der Prüfung von Objekten im Durchlicht konnten wir Formfehler in der Grössen-
ordnung von µm (bzw. weniger als 1 % der Objektoberfläche) detektieren
[1,2,3].
Für die Messung von diffus reflektierenden Objekten ergeben sich Schwierigkeiten, da die Information über das Oberflächenprofil durch das von
der unregelmässigen Mikrostruktur der Oberfläche erzeugte Speckle-Rau-
schen beeinträchtigt wird. Inkohärente Beleuchtung des Objektes beseitigt dieses Problem. Um dabei die entscheidenden Vorteile des kohärent
optischen Korrelators nicht zu verlieren, ist ein Bildwandler notwendig.
Er überträgt die Intensitätsvariation des vom Objekt reflektierten in-
kohärenten Lichtes in eine lokale Phasenmodulation eines kohärenten
Lichtstrahles [4].
Wir entwickelten einen Bildwandler, der auf dem Prinzip der Oberflä-
chendeformation eines Oelfilmes basiert. Das einfallende inkohärente
Signal moduliert entsprechend seiner Intensität die Oberflächenspannung
und damit die Dicke des Oelfilmes. Dieses Dickenrelief dient als Pha-
senmuster für den kohärenten Auslesestrahl, der anschliessend im kohä-
rentoptischen Korrelator weiterverarbeitet wird. Die Empfindlichkeit
des Wandlers ist vergleichbar mit photographischen Emulsionen. Auflö-
sungen von 200x200 Bildpunkten und Repetitionsfrequenzen von einigen Hz
wurden realisiert. Anhand von Anwendungsbeispielen werden die System-
eigenschaften solcher Korrelatoren diskutiert [5].

<u>Literatur:</u>

[1] G. Indebetouw, T. Tschudi, J. Steffen
     Appl. Opt. <u>17</u>, 911 (1978)

[2]   T. Tschudi, G. Indebetouw
      "Laser 77, Opto-Electronics", Conf. Proc., Ed. W. Waidelich,
      ipc science and technology press, Guildford (GB), 462

[3]   G. Indebetouw
      App. Opt. 16, 1944 (1977)

[4]   T. Tschudi, F. Laeri, B. Schneeberger
      "Opt. Corr. Techn. in the Quality Control of Micromechanics",
      wird publiziert in "Laser 79 Opto-Electronics", Conf. Proc.,
      Ed. W. Waidelich, ipc science and technology press, Guild-
      ford (GB)

[5]   B. Schneeberger, F. Laeri, T. Tschudi
      "Realtime Spatial Light Modulator"
      eingereicht in Optics Communications

<u>EINE METHODE DER LAGEERKENNUNG VON WERKSTÜCKEN MIT UNGENAUEM</u>

UMRIß

A. Lux
Laboratoire IMAG
Université de Grenoble
B.P. 43
F-38041 GRENOBLE CEDEX

Dies Referat behandelt die Ergebnisse einer Projektstudie zur visuellen Lageerkennung von Karosserieteilen unter bisher nicht in Betracht gezogenen Bedingungen und stellt eine einfache Lösungsmethode vor: durch die Analyse von Teilen einer Höhenlinie, die als Schnitt des Werkstückes mit einer Lichtfläche
erzeugt werden.

Diese Arbeit, ausgeführt im Rahmen des "Projet Robotique" der Forschungsgruppe
"Künstliche Intelligenz und Robotik", wurde unterstützt vom Forschungsvertrag
DGRST 77.0110.

1 PROBLEMSTELLUNG

Wir behandeln die Lageerkennung von a priori bekannten Werkstücken, die
in einer als bekannt angenommenen Stellung auf einer ebenen Fläche liegen und
von einem Greifroboter erfaßt werden sollen. Es geht also um die Positionsbestimmung, obwohl wir die Objektbestimmung später mit in Betracht ziehen wollen.

Die für unser Problem wichtigen Aspekte der Anwendung (Pressenstraße) sind:
  - Die Werkstücke sind relative groß; die Dimensionen betragen maximal 1x2m,
    die Höhe 0.25m. Die Abbildungen 2a und 3a zeigen zwei typische Stücke.
  - Die Abweichung von der Normlage beträgt maximal $\pm$10cm in x-y-Richtung,
    $\pm30^{\circ}$ Drehung.
  - Die erforderte Genauigkeit beträgt $\pm$1mm in x-y-Richtung, $\pm1^{\circ}$ Drehung.
  - Die Erfassungszeit beträgt 0.6sec.

Bis zu diesem Punkt läßt sich das Problem durchaus mit bekannten Methoden der
Umrißanalyse lösen (z.B. [1],[2]). Es kommen jedoch erschwerende Bedingungen
hinzu:
  - Das Gerät soll in einer Werkhalle mit diffuser Beleuchtung arbeiten.
    Dazu kommen Ölspritzer, reflektierende Metallstücke, so daß es äußerst
    schwierig wird, den für diese Methoden nötigen Kontrast zwischen Objekt
    und Hintergrund zu erhalten.
  - Die Stücke befinden sich in verschiedenen Stadien der Fertigung, in den
    ersten Stadien ist der Umriß ungenau und somit unbenutzbar.

2 LOSUNGSMETHODE

Einige exotischere Lösungsmöglichkeiten, zum Beispiel mit hilfe von Ultraschall, haben wir schnell zugunsten einer optischen Lösung aufgegeben. Diese Lösung muß in irgendeiner Weise die dreidimensionale Struktur der Werkstücke ausnutzen. In Frage kommen dabei insbesondere Triangulationsmethoden mit Lasern [3,4] und die Auswertung von Schnitten mit Lichtflächen [5].

Von diesen Methoden haben wir einen Lösungsvorschlag abgeleitet, an dem es uns besonders auf die Einfachheit ankam: Schnitt mit einer einzigen Lichtfläche. Diese Einfachheit ist einerseits von Vorteil für eine wirtschaftliche Realisierung, beschränkt jedoch andererseits die Anwendungsbreite.

2.1 Versuchsanordnung

In der einfachsten Ausführung wird mit hilfe eines Lasers und einer zylindrischen Linse einer der Auflageebene parallele Lichtfläche auf das Werkstück projiziert. Der Schnitt der Lichtfläche mit dem Werkstück ergibt eine Kurve, die von einer oberhalb gelegenen Kamera aufgenommen wird und der Positionsbestimmung dient.

Die entscheidenden Eigenschaften dieser Anordnung sind:
- Durch die Benutzung eines Lasers und eines entsprechenden Interferenzfilters wird der Einfluß der umgebenden Beleuchtung völlig ausgeschaltet (der berühmte Sonnenstrahl, der die gesamte Bildanalyse durcheinander bringt).
- Aus demselben Grunde enthält das Bild einzig die Schnittkurve. Es bedarf keiner komplizierten Methoden, sie aus einem vollständigem Bild herauszufiltern.
- Als Teil einer Höhenlinie überträgt die Schnittkurve direkt eine dreidimensionale Information.

Die Abbildungen 2b und 3b zeigen in einem informellen Versuch erhaltene Schnittkurven mit den daneben abgebildeten Werkstücken.

3 BILDAUSWERTUNG
3.1 Prinzip

Für die Bildauswertung ergibt sich folgendes Problem: Die Normlage des Werkstückes ist durch eine vorgegebene vollständige Höhenlinie H definiert. Die Schnittkurve S muß als Teil dieser Höhenlinie identifiziert werden, und es gilt eine Drehung und eine Verschiebung zu berechnen (die das vorliegende Werkstück in die Normposition überführen).

Wären die Kurven H und S geschlossen, wäre unser Problem auf das der Umrißanalyse zurückgeführt. Diese Vereinfachung ist in unserem Falle jedoch unstatthaft:

- Eine vollständige Kurve kann nur mit mehreren Kameras erfaßt werden, was eine Reihe neuer Probleme aufwirft.

- Es bedeutet eine zu starke Einschränkung der Form der erkennbaren Werkstücke.

3.2 Methode

Die Kurven H und S werden in eine positionsunabhangige Form übergeführt, und zwar in die natürliche Gleichung

$$k = g(s)$$

mit der Krümmung k und der Kurvenlänge s.

1) Die Identifizierung von S in H reduziert sich nun auf die Suche des Teiles von H, der mit S (praktisch) identisch ist. Um diesen Programmteil nicht zu kombinatorisch zu gestalten ($[6]$), suchen wir zunachst einige charakteristische Stellen von S (Ecken, Krümmungsmaxima, Sattelpunkte, usw.), und testen anschließend die vollstandige Übereinstimmung.
Nach der Identifizierung wird die Position in zwei weiteren Etappen bestimmt:

2) Die Drehung durch Vergleich der Steigung der entsprechenden Punkte von H und S.

3) Die Verschiebung durch Vergleich der Koordinaten der entsprechenden Punkte von H und S.

Diese drei Etappen stellen keine besonderen Schwierigkeiten, die kritische Phase ist die Überfuhrung in die naturliche Gleichung. Die ursprungliche Form der Kurve als diskrete Folge von Bildrasterpunkten ist drehungsabhängig, und zur Berechnung der Krummung und der Kurvenlänge muß man sie als Annäherung einer stetigen Kurve auffassen. Die Wahl der Annäherungsmethode ist entscheidend sowohl für die Qualitat des Ergebnisses als auch für den Rechenaufwand.

Die Abbildung 1 zeigt die Situation im falle der einfachsten Lösung (lineare Interpolation). Die Treppenkurve entspricht den ursprünglichen Bildpunkten. Die Punkte werden gemittelt (kleine Kreuze) und die natürliche Gleichung

$$k = g(i) \quad i=1,2,\ldots$$

in Tabellenform berechnet. Die zweite Kurve in der Abbildung ist aus der natürlichen Gleichung rekonstruiert.

4 ZWISCHENBILANZ

Eine verbindliche Angabe über die Leistung dieser Methode können wir
nicht geben, da wir im Augenblick (Juli 79) noch nicht über die nötige Aus-
rüstung verfügen. Die Einfachheit der Methode hat jedoch Beschränkungen
als Kehrseite:

- Damit eine auswertbare Höhenlinie überhaupt sichtbar wird, muß das Werkstück nach oben gewölbt und an der betreffenden Stelle nicht zu flach
  sein.

- Die verarbeiteten Teile der Höhenlinie müssen ausreichend Information
  tragen (z.B. Ecken, Sattelpunkte, Löcher). Es dürfen keine Symmetrien
  auftreten.

Die zweite Beschränkung ist jedoch nicht absolut unüberwindbar: Wenn ein Kurvenstück S nicht genug Information liefert, kann man mehrere Kurvenstücke
S_1, S_2, ... analysieren und die Ergebnisse kombinieren. Dazu sind allerdings
unter Umständen mehrere Kameras und/oder mehrere Laser notwendig.

Allgemein gesehen kann man unsere Methode als eine der einfachsten in
einem kontinuierlichen Spektrum von optischen Sensoren betrachten, das vom
technisch Einfachen, aber nur begrenzt Anwendbaren, zum technisch Aufwendigen,
aber in der Anwendung Allgemeinen reicht. Wir meinen, zwischen diesen Extre-
men einen interessanten Kompromiß gefunden zu haben.

LITERATURHINWEISE

1 J.D. Dessimoz: Visual Identification and Location in a Multi-object
   Environment by Contour Tracking and Curvature Description.
   8th ISIR, Stuttgart 1978, S.764

2 J.P. Foith: Lageerkennung von beliebig orientierten Werkstücken aus der
   Form ihrer Silhouetten
   8th ISIR, Stuttgart 1978, S.584

3 F. Röcker, A. Kiessling: Methods for Analyzing Three-dimensional Scenes
   4th IJCAI, Tbilisi 1975, S.669

4 M. Ishii, T. Nagata: Feature Extraction of Three Dimensional Objects and
   Visual Processing in a Hand-Eye System Using Laser Tracker
   Pattern Recognition, vol.8,4(Okt.76), S.229

5 R.J. Popplestone, A.P. Ambler: Forming Body Models from Range Data
   D.A.I. Research Report n$^\circ$46, Univ. Edinburgh, Okt. 1977

6 M.Yachida, S.Tsuji: A Versatile Machine Vision System for Complex Industrial
   Parts. IEEE Trans. on Computers, vol. C-26,9, (Sept.77), p.882.

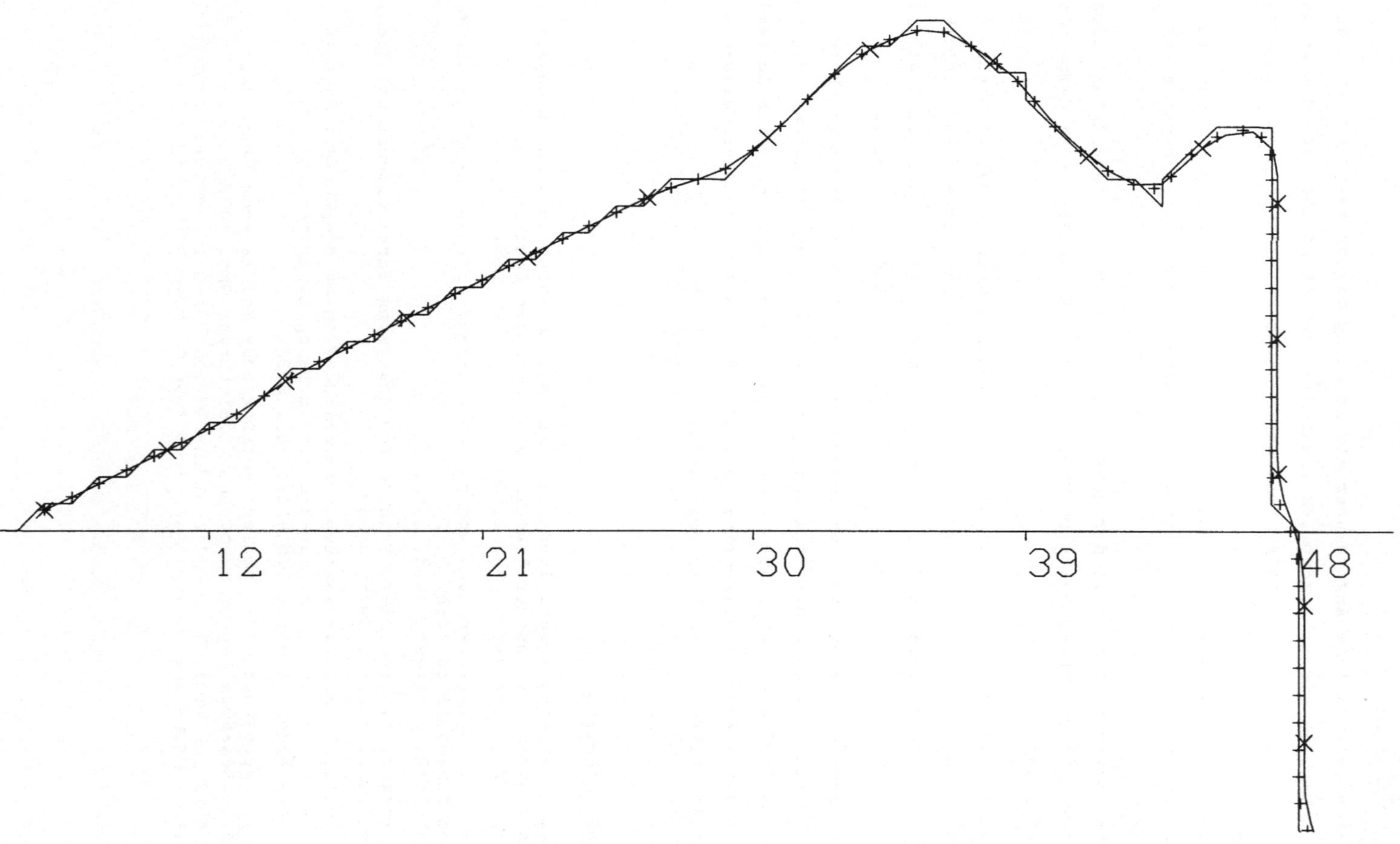

12
21
30
39
48

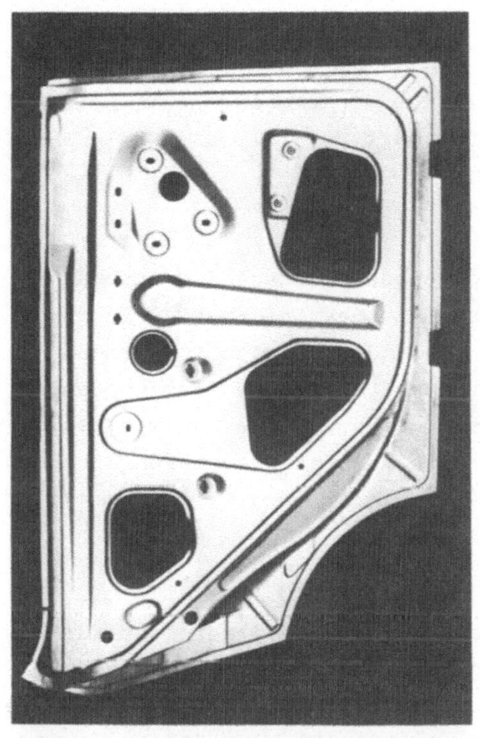

2a

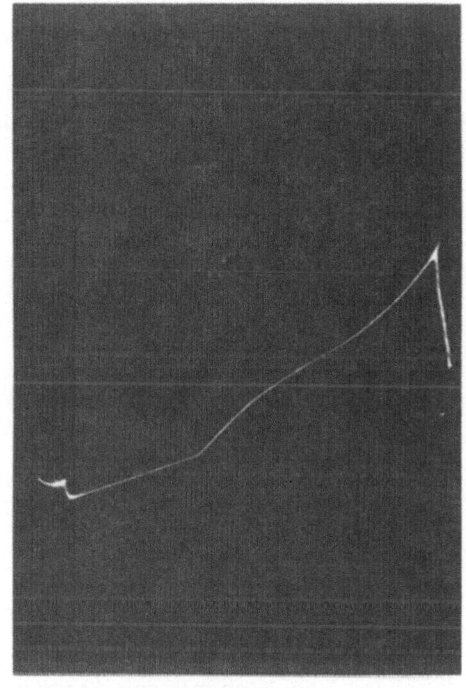

2b

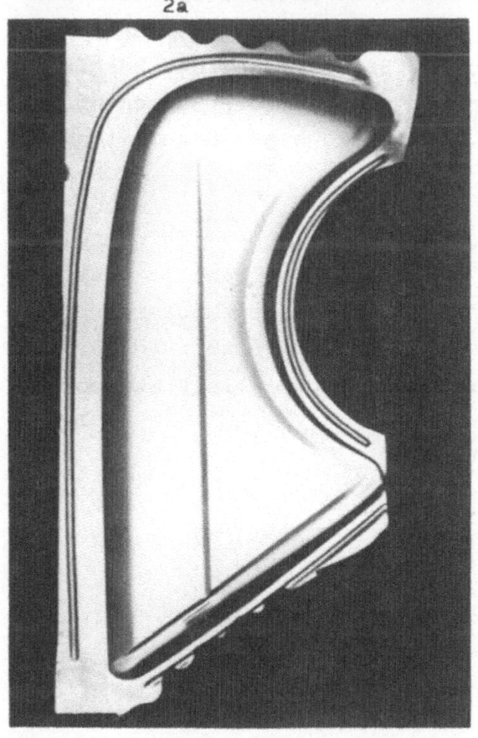

3a

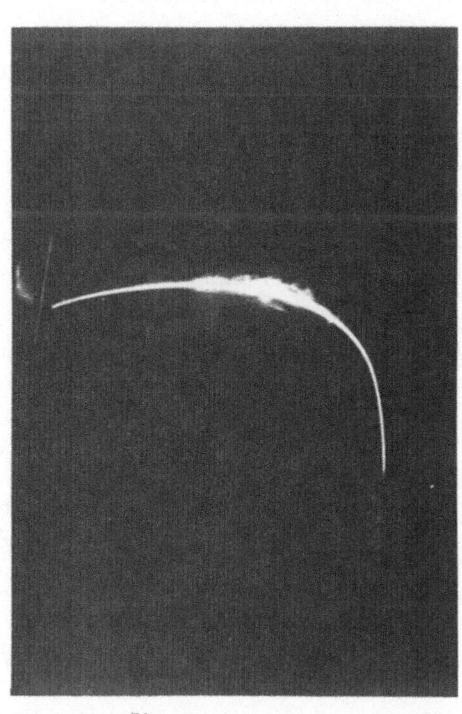

3b

AUTOMATISCHE WOLKENBILDANALYSE AUS SATELLITENBILDERN

E.R. Reinhardt, P. Schwarzmann

Institut für Physikalische Elektronik
Universität Stuttgart

Zusammenfassung

Für die automatische Bestimmung des Wolkenbedeckungsgrades aus Satellitenbildern wird ein Verfahren beschrieben, das Information aus spektralen Bildern(sichtbar und infrarot) verwendet. Zusätzlich werden
durch Anwendung lokaler Operatoren strukturspezifische Elemente angehoben oder unterdrückt. Dadurch ist es möglich für die Gebietsbestim-
mung der Wolkenfelder neben den spektralen auch strukturbeschreibende
Merkmale zu verwenden.

Einleitung

Die Gewinnung meteorologischer Daten aus Satellitenbildern ist für
verschiedene Anwendungen von Bedeutung. So interessiert für die Entwicklung und Planung von Stationen für die solare Energiegewinnung die
Globalstrahlung örtlich und zeitlich aufgelöst. Diese Größe kann mit
meteorologischen Modellen, die insbesondere den Strahlungstransport/1/
durch die Atmosphäre berücksichtigen, aus Satellitenbilder bestimmt
werden, wenn verschiedene Eingabeparameter wie z.B. die Bedeckung bekannt sind. Dieser Parameter kann z.B. automatisch aus Satellitenbildern bestimmt werden.

Die im einzelnen zu lösenden Teilaufgaben sind in Abb. 1 dargestellt.
Da die meteorologischen Daten örtlich und zeitlich aufgelöst bestimmt
werden sollen, sind hohe Anforderungen an die Verarbeitungszeiten gestellt. Daraus folgt, daß für die geometrische Feinentzerrung der Bilder (angestrebte Genauigkeit: ca. 1 Bildpunkt) spezielle Prozessor-
systeme notwendig sind.

> Satellitenbildempfang
> (multispektral)
>
> Datenaufbereitung
> (Kalibrierung, Entzerrung)
>
> Bestimmung der Wolkengebiete
>
> Strukturanalyse und
> Klassifikation

Abb. 1: Aufgabenteilung zur Wolkenbildanalyse aus Satellitenbildern

Diese Problematik wird im Rahmen der gesamten Fragestellung auch bearbeitet; im folgenden soll jedoch insbesondere das Problem der Bestimmung der Wolkengebiete erörtert und die Möglichkeit der Struktur-
analyse angesprochen werden.

Verfahren zur Bestimmung der Wolkengebiete

Da aus der visuellen Bildbeschreibung nur bedingt leistungsfähige
Merkmale abzuleiten sind, die sich für die automatische Wolkenbestimmung eignen, empfehlen sich heuristische Verfahren, die mit Hilfe
einer festgelegten Systematik versuchen, geeignete Merkmale zu bestimmen. Diese Verfahren müssen so angelegt sein, daß große Datenmengen zu verarbeiten sind, insbesondere wenn neben Strukturmerkmalen
auch spektrale Information ausgewertet werden soll. Da die Leistungsfähigkeit der Algorithmen nur anhand repräsentativer Stichproben
nachgewiesen werden kann, erfordert bereits die Simulationsphase hohe
Verarbeitungsgeschwindigkeiten. Daraus ergibt sich die Forderung, daß
die Algorithmenentwicklung den Möglichkeiten des Verarbeitungssystems
angepaßt sein muß (prozessororientierte Algorithmenentwicklung).

Für die automatische Bestimmung der Wolkengebiete werden spektrale
und strukturbeschreibende Merkmale benutzt. Die Verknüpfung spektraler
Bilder kann durch mehrdimensionale Histogramme erfolgen. Für Spektral-
bilder (sichtbar, infrarot) vom Wettersatelliten NOAA5 ist ein solches 2-dimensionales Histogramm in Abb. 2 c dargestellt. Das Element
$b\,(S_i,\ I_j)$ bedeutet, daß b Bildpunkte im sichtbaren Bild den Grauwert S_i und im infraroten den Grauwert I_j besitzen.

Durch Anwendung lokaler Operatoren können strukturspezifische Elemente aus Bildern angehoben oder unterdrückt werden. Solche Operatoren sind durch örtlich begrenzte Nachbarschaftsbeziehungen zu beschreiben. Insbesondere bieten sich Erosions- und Dilatationsprozesse
an, die allgemein für Graubilder definiert sind /2/. So können mit
Hilfe dieser Bildtransformationen wolkenspezifische Strukturen in
Satellitenbildern hervorgehoben oder unterdrückt werden. Werden diese
Bildoperationen auf beide Spektral-Kanäle angewandt, lassen sich von
den transformierten Bildern weitere 2-dimensionale Histogramme berechnen. Aus der charakteristischen Veränderung dieser verschiedenen
Histogramme können Entscheidungsregeln für die Segmentierung von
Wolkengebieten abgeleitet werden.

Die lokalen Bildoperationen (Erosion, Dilatation) können durch parallel
arbeitende Prozessoren sehr schnell durchgeführt werden /3/ und

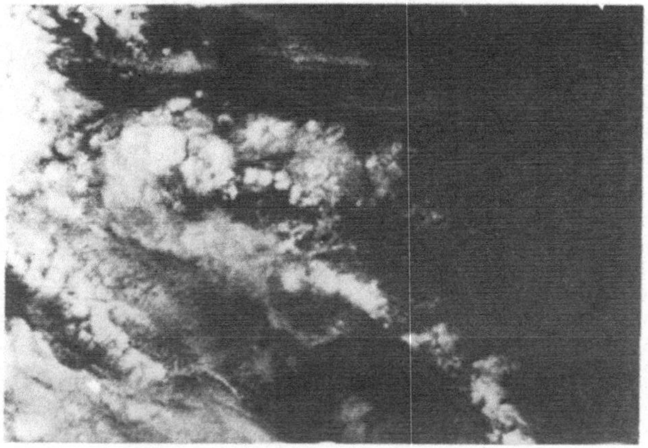

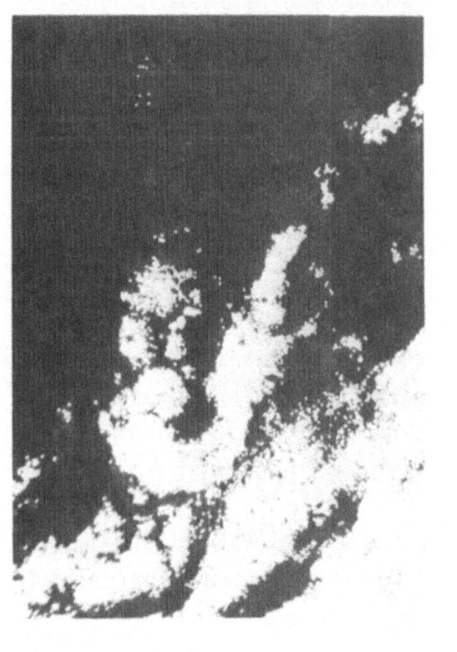

Abb.2a Satellitenbild (sichtbarer Kanal)

Abb.2b Automatisch bestimmte Wolkengebiete

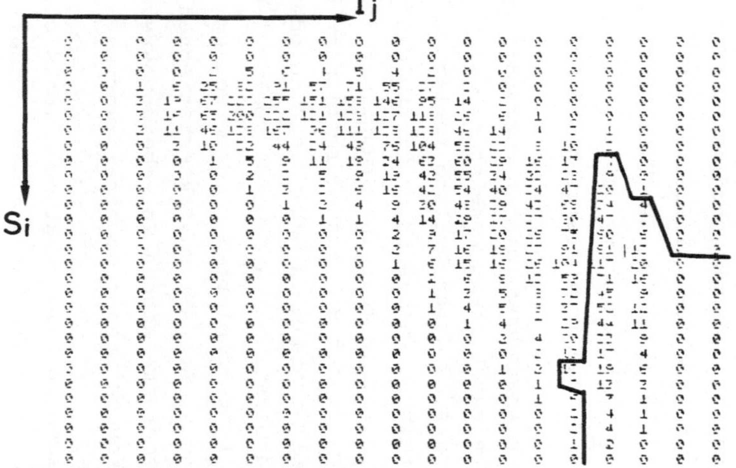

Abb.2c 2-dimensionales Histogramm bestimmt aus zwei Spektralbildern

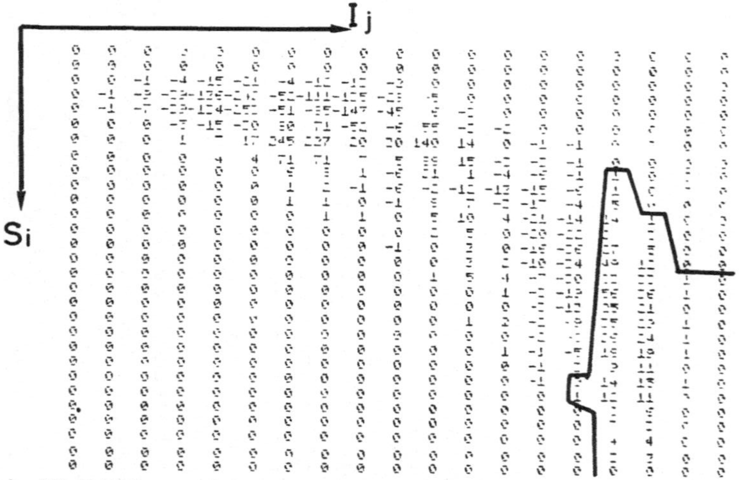

Abb.2d Differenzhistogramm ermittelt aus verschieden transformierten Spektralbildern

ermöglichen somit die Verarbeitung großer Datenmengen.

Ergebnisse

Im Rahmen eines Pilotexperiments wurde die prinzipielle Wirkungsweise
des Verfahrens anhand von 24 Bildausschnitten geprüft. Die Original-
bilder (sichtbar und infrarot) wurden erodiert und dilatiert, wobei
durch Simulationsexperimente die Reichweite dieser lokalen Operationen
auf 2 Bildpunkte festgelegt wurde. Von diesen verschieden transformierten Bildern wurden dann die 2-dimensionalen Histogramme berechnet.
Durch einfache Subtraktion dieser Häufigkeitsverteilungen kann die
Veränderung angezeigt werden. In Abb. 2 d ist ein solches Differenzhistogramm dargestellt.

Die zu den Wolken gehörenden Elemente sind verstärkt in den "hellen
Regionen" zu erwarten, d.h. im Histogramm in Gebieten mit großen S_i,
I_j-Werten. Durch eine einfache Auswahlregel wurde die im Differenzhistogramm eingezeichnete Linie als Gebietsgrenze bestimmt und ins
Originalhistogramm übernommen (s. Abb. 2 c). Alle Bildelemente, die mit
den nach rechts unten abgegrenzten Histogrammelementen (Abb. 2 c)
korrespondieren, wurden als Wolkenelemente klassifiziert. In Abb. 2 a
ist ein Ausschnitt eines Satellitenbildes (sichtbar) dargestellt. In
Abb. 2 c sind die automatisch bestimmten Wolkengebiete eingeblendet.
Der Bedeckungsgrad ergibt sich aus dem prozentualen Anteil der Wolken-
fläche zur Gesamtfläche.

Die visuelle Beurteilung der bisher durchgeführten Experimente führte
zu zufriedenstellenden Ergebnissen. Ein quantitativer Vergleich der
so ermittelten Bedeckungsgrade mit den von verschiedenen Wettersta-
tionen bestimmten Werten ist in Vorbereitung.

Diskussion

Die bisher durchgeführten Experimente zeigen, daß die vorgeschlagene
Strategie zur automatischen Wolkenbestimmung prinzipiell arbeitet.
Eine Steigerung der Leistungsfähigkeit kann durch verschiedene Maß-
nahmen erzielt werden:

      Implementierung von a priori Wissen über wolken-
      freie oder vollkommen bewölkte Bilder.

      Verbesserte Auswertung der charakteristischen
      Unterschiede der verschiedenen Histogramme.

Das Verfahren muß dann mit einer wesentlich größeren Stichprobe von Satellitenbildern getestet werden.

Die Klassifikation der Wolken nach verschiedenen Typen erfordert einen gekennzeichneten Datensatz, der vorallem die Wolkentypen aus der Sicht der Satelliten beschreibt. Es ist geplant eine solche Datenbank zu erstellen.

Literatur:

/1/   E. Raschke: Strahlungstransport in der Erdatmosphäre; Meteorologische Fortbildung, 2, 1972, 5

/2/   E.R. Reinhardt, R. Erhardt, P. Schwarzmann, W.H. Bloss, R. Ott: Structure Analysis and Classification of Cervical Cells Using a Processing System Bases on TV; Analytical and Quantitative Cytology, A, 1979, No. 2 ;

/3/   R. Erhardt, E.R. Reinhardt, W. Schlipf, W.H. Bloss: A System for Fast Automated Cell Segmentation, Cell Image Analysis and Feature Extraction Based on TV-Image Pickup and Parallel Processing (FAZYTAN System). Eingereicht zur Veröffentlichung in: Analytical and Quantitative Cytology.